U0803694

高等院校电子商务专业系列规划教材

“十三五”江苏省高等学校重点教材（编号：2017-1-107）

# 电子商务概论

第2版

杨风召◎主 编

韩耀 刘英卓 李德强 胡曦 吴薇 徐德华◎参编

電子工業出版社

Publishing House of Electronics Industry

北京 • BEIJING

## 内容简介

本书系统地介绍电子商务领域的基本理论知识，具体包括电子商务概述、电子商务技术基础、电子商务模式、网络零售、网络营销、电子商务物流、电子支付、电子商务安全、电子商务法律规范、电子商务项目规划与管理等，涵盖了电子商务中商流、物流、信息流和资金流、法律规范及项目管理的基本内容，力争反映近年来电子商务领域出现的新概念、新理论、新方法和新模式等。

本书体系完整，结构清晰，注重实践。每章前有“引导案例”，后有“案例研究”、“本章关键概念”、“本章复习思考题”、“本章论述题”和“本章实践项目”，中间穿插“关键词语”、“前沿话题”和“相关链接”等栏目。

本书可作为高等学校电子商务专业或其他相关专业的本科生和研究生教材，也可作为电子商务从业人员的培训用书和参考资料。



未经许可，不得以任何方式复制或抄袭本书之部分或全部内容。
版权所有，侵权必究。



图书在版编目（CIP）数据

电子商务概论 / 杨风召主编. —2 版. —北京：电子工业出版社，2020.4
高等院校电子商务专业系列规划教材
ISBN 978-7-121-38948-1

Ⅰ. ①电…　Ⅱ. ①杨…　Ⅲ. ①电子商务—高等学校—教材　Ⅳ. ①F713.36

中国版本图书馆 CIP 数据核字（2020）第 059986 号

责任编辑：刘淑敏　　文字编辑：张　京
印　　刷：三河市兴达印务有限公司
装　　订：三河市兴达印务有限公司
出版发行：电子工业出版社
　　　　　北京市海淀区万寿路 173 信箱　邮编　100036
开　　本：787×1 092　1/16　印张：18.75　字数：480 千字
版　　次：2011 年 1 月第 1 版
　　　　　2020 年 4 月第 2 版
印　　次：2021 年 8 月第 3 次印刷
定　　价：58.00 元

凡所购买电子工业出版社图书有缺损问题，请向购买书店调换。若书店售缺，请与本社发行部联系，联系及邮购电话：（010）88254888，88258888。

质量投诉请发邮件至 zlts@phei.com.cn，盗版侵权举报请发邮件至 dbqq@phei.com.cn。

本书咨询联系方式：（010）88254199，sjb@phei.com.cn。

# 第 2 版前言

本书第 1 版自 2011 年出版以来，已经 8 年有余。在这期间，电子商务行业发生了翻天覆地的变化。2018 年，我国网络零售额突破 9 万亿元，其中实物商品网上零售额为 7 万亿元，对社会消费品零售总额增长的贡献率达到 45.2%，农村网络零售额达到 1.37 万亿元，跨境电商零售进出口总额为 1347 亿元；近 10 年，中国互联网网民数量迅猛增长，网民数量 10 年复合增长率达到 8.9%，超过中国同期的 GDP 平均增速；移动电子商务快速崛起，网络团购、O2O、C2B、新零售、社交电商等新模式和新概念层出不穷；互联网与实体经济融合发展的趋势更加明显；云计算、工业互联网成为驱动企业数字化转型的重要动力；大数据、人工智能等新兴科技的发展和应用，为精细化运营提供了良好的技术支撑；国家近年来也出台了一系列关于电子商务的政策法规，以对电子商务进行鼓励、引导和规范，特别是从 2019 年 1 月 1 日开始实行的《电子商务法》，为电子商务的发展开辟了一个新时代。

电子商务是一个快速发展的新兴学科，本书第 1 版显然不能反映近年来电子商务日新月异的发展变化，因此迫切需要进行修订。幸运的是，本书修订获得了“十三五”江苏省高等学校重点教材（修订）立项。

本次修订总的指导思想是：首先要能反映近几年电子商务发展中出现的新概念、新技术和新模式；其次要能适应学生知识结构的变化；最后要能满足探究式教学的需要。因此我们将篇章结构进行了调整，内容由原来的 8 章增加到 10 章，增加了“网络零售”、“电子商务法律规范”和“电子商务项目规划与管理”3 章，删去了第 1 版中的“企业电子商务”。这样处理的原因一方面是由于近几年新零售的快速崛起、我国首部电子商务法的颁布实施及学生参与实践项目的需要，另一方面是本书第 1 版中的企业电子商务的内容较为陈旧，单独成章已没必要，可以将有关内容融入其他章节。在编写体例上，我们保留了第 1 版的“引导案例”、“本章学习目标”、“专业术语”或“关键词语”、“前沿话题”、“相关链接”和“本章复习思考题”等栏目，删去了第 1 版中的“教学建议”栏目和每章后的“模拟实验”。每章都增加了“案例研究”、“本章关键概念”、“本章论述题”和“本章实践项目”。之所以这样处理，首先由于第 1 版的体例得到了广大师生的肯定，所以我们保留了大部分栏目，而去掉的“教学建议”栏目拟在配套的教辅资料中提供；其次由于目前电子商务在青年学生中广泛普及，已经成为他们生活的一部分，模拟实验对他们意义不是很大，他们迫切需要的是提高分析问题、解决问题和实践动手的能力，这可以通过参与案例讨论、观点论述和实践项目获得。在编写的内容上，我们对一些过时的内容和案例进行了更新，增加了新出现的概念、理论和方法，能够紧跟学科的发展和时代的进步。

本书共分10章。第1章电子商务概述，介绍了电子商务的概念和内涵、本质特征、体系框架及其对社会经济的影响等内容；第2章电子商务技术基础，重点讲解电子商务技术的内涵、电子商务系统的基本结构、网络的基本知识、电子商务系统的设计开发及电子商务中的新技术等内容；第3章电子商务模式，讲述电子商务模式、分类、运作流程及盈利模式等内容；第4章网络零售，主要讲述网络零售的范畴及优势、系统的构建、运营模式及网络零售的发展趋势等内容；第5章网络营销，讲述网络营销的概念、特点、理论、方法和策略等相关内容；第6章电子商务物流，讲述电子商务和物流的关系、电子商务物流的特征、电子商务物流技术等相关内容；第7章电子支付，主要讲解电子支付的概念和特征、支付方式、支付工具、网上银行及第三方支付的相关内容；第8章电子商务安全，介绍电子商务的安全性需求、计算机网络安全技术及电子商务安全技术；第9章电子商务法律规范，主要讲述电子商务中的法律问题、隐私权保护、知识产权保护和中国电子商务法的有关内容；第10章电子商务项目规划与管理，主要讲述电子商务项目内涵、项目规划、项目开发方式和项目运作的有关内容。

本书由南京财经大学电子商务系的部分教师集体编写，这些教师长期从事“电子商务概论”课程的教学工作，具有丰富的教学经验。本书由杨风召担任主编，第1章和第4章由韩耀编写，第2、3章由杨风召编写，第5章由胡曦和吴薇编写，第6、7、8章由刘英卓和杨风召编写，第9章由徐德华和杨风召编写，第10章由李德强编写。

需要说明的是，本书是在第1版的基础上修订的，在此也向第1版编者的辛勤付出表示衷心的感谢，他们是韩耀（第1章）、杨风召（第2、3章）、曾范清（第4、5章）、曹杰（第6章）、毛彦妮（第7、8章）。

由于编者水平有限，加之时间仓促，书中的错误和不当之处在所难免，敬请各位读者批评指正。

杨风召

# 目录


第 1 章　电子商务概述......1

1.1　从传统商务到电子商务......2

1.1.1　什么是商务......2

1.1.2　商务活动的运作流程......2

1.1.3　商务活动的“四流”......3

1.1.4　传统商务的电子化......3

1.2　电子商务的定义......5

1.2.1　对电子商务的不同理解和表达......5

1.2.2　对电子商务的不同定义......5

1.2.3　不同电子商务定义的比较......6

1.2.4　对电子商务内涵的认识......7

1.3　电子商务的产生与发展......8

1.3.1　电子商务产生与发展的动力......8

1.3.2　电子商务产生与发展的条件......9

1.3.3　电子商务的发展阶段......10

1.3.4　电子商务的发展趋势......11

1.4　电子商务的功能与特征......13

1.4.1　电子商务的功能......13

1.4.2　电子商务的特征......15

1.5　电子商务对社会经济的影响......17

1.5.1　电子商务对经济的影响......17

1.5.2　电子商务对企业的影响......18

1.5.3　电子商务对政府的影响......21

1.6　电子商务应用的一般框架......22

1.6.1　电子商务应用的体系构成......22

1.6.2　电子商务应用的层次......23

1.6.3　电子商务应用的支柱......24

1.6.4　电子商务应用的范围和领域......25

本章关键概念 ........ 28
本章复习思考题 ........ 28
本章论述题 ........ 28
本章实践项目 ........ 28
第 2 章　电子商务技术基础 ........ 29
2.1　电子商务技术概述 ........ 30
2.2　电子商务网络平台 ........ 32
2.2.1　局域网和广域网的定义 ........ 32
2.2.2　局域网 ........ 32
2.2.3　Internet ........ 35
2.3　电子商务应用系统开发技术 ........ 40
2.3.1　网页设计与制作技术 ........ 40
2.3.2　Web 编程技术 ........ 41
2.3.3　数据库技术 ........ 43
2.4　电子商务网站建设 ........ 44
2.4.1　电子商务网站的类型 ........ 44
2.4.2　电子商务网站的体系结构 ........ 46
2.4.3　电子商务网站的总体设计 ........ 46
2.4.4　电子商务网站的软/硬件环境建设 ........ 48
2.5　其他电子商务技术简介 ........ 51
2.5.1　电子数据交换技术 ........ 51
2.5.2　商务智能技术与大数据技术 ........ 52
2.5.3　云计算技术 ........ 54
2.5.4　物联网技术 ........ 55
本章关键概念 ........ 57
本章复习思考题 ........ 58
本章论述题 ........ 58
本章实践项目 ........ 58
第 3 章　电子商务模式 ........ 59
3.1　电子商务模式概述 ........ 61
3.1.1　商务模式及其关键要素 ........ 61
3.1.2　电子商务模式的定义 ........ 62
3.1.3　电子商务盈利模式 ........ 63
3.1.4　电子商务模式分类 ........ 65
3.2　B2C 电子商务 ........ 71
3.2.1　B2C 电子商务的主要经营模式 ........ 72
3.2.2　B2C 电子商务模式的基本流程及主要优势 ........ 73
3.2.3　适合 B2C 电子商务经营的商品 ........ 74
3.2.4　B2C 电子商务的主要盈利模式 ........ 75
3.3　B2B 电子商务 ........ 76
3.3.1　B2B 电子商务模式分类 ........ 76

3.3.2　B2B 电子商务的特点和优势 80
3.3.3　B2B 电子商务的交易流程 81
3.3.4　B2B 电子商务交易平台 82
3.3.5　电子供应链管理 83
3.4　C2C 电子商务 86
3.4.1　C2C 电子商务交易平台 86
3.4.2　建立网上店铺和商品发布的流程 86
3.4.3　购物流程 87
3.4.4　C2C 电子商务模式的创新 88
本章关键概念 90
本章复习思考题 90
本章论述题 91
本章实践项目 91
第 4 章　网络零售 92
4.1　网络零售的范畴及优势 94
4.1.1　网络零售的概念及范畴 94
4.1.2　网络零售的特征 95
4.1.3　网络零售的成本优势 96
4.1.4　网络零售的效率优势 97
4.2　网络零售系统的构建 98
4.2.1　网络零售系统的构成 98
4.2.2　网上商店系统的构建 99
4.2.3　网络零售的规划与实施 101
4.3　网络零售的运作模式 103
4.3.1　电子商务企业的运作模式 103
4.3.2　传统企业的运营模式 105
4.3.3　网络零售模式的创新 106
4.4　网络零售的发展趋势及展望 109
4.4.1　网络零售的发展趋势 109
4.4.2　网络零售的展望 115
本章关键概念 121
本章复习思考题 122
本章论述题 122
本章实践项目 122
第 5 章　网络营销 123
5.1　网络营销概述 125
5.1.1　网络营销的定义 125
5.1.2　网络营销产生的基础 126
5.1.3　网络营销的功能 128
5.1.4　网络营销的特点 130
5.2　网络营销的理论基础 131

5.2.1 直复营销理论 ......132
5.2.2 关系营销理论 ......132
5.2.3 软营销理论 ......132
5.2.4 整合营销理论 ......133
5.2.5 全球营销理论 ......134
5.3 网上市场调研 ......134
5.3.1 网上市场调研概述 ......134
5.3.2 网上市场调研具体实施方法 ......136
5.4 网络营销策略 ......138
5.5 网络广告 ......140
5.6 新媒体营销 ......145
5.6.1 微博营销 ......145
5.6.2 微信营销 ......146
5.6.3 视频营销 ......147
本章关键概念 ......150
本章复习思考题 ......151
本章论述题 ......151
本章实践项目 ......151
第 6 章 电子商务物流 ......152
6.1 电子商务物流概述 ......154
6.1.1 电子商务物流的产生与发展 ......154
6.1.2 电子商务物流的含义与研究对象 ......155
6.1.3 电子商务与物流的关系 ......155
6.1.4 电子商务条件下物流的特点 ......156
6.2 电子商务物流系统 ......157
6.2.1 电子商务对传统物流系统的影响 ......157
6.2.2 电子商务物流系统的特点 ......159
6.2.3 传统物流系统与电子商务物流系统的比较 ......161
6.2.4 电子商务物流系统的合理化 ......161
6.3 电子商务物流模式 ......164
6.3.1 企业自营物流 ......164
6.3.2 物流企业联盟 ......166
6.3.3 第三方物流 ......167
6.3.4 国际物流 ......169
6.3.5 第四方物流 ......170
6.3.6 绿色物流 ......172
6.4 电子商务物流技术 ......174
6.4.1 条形码和射频识别技术 ......174
6.4.2 GIS 技术 ......177
6.4.3 GPS 技术 ......178
本章关键概念 ......183

本章复习思考题 ......183
本章论述题 ......183
本章实践项目 ......184
第 7 章　电子支付 ......185
7.1　电子支付概述 ......186
7.1.1　电子支付的概念与特征 ......186
7.1.2　电子支付的方式 ......187
7.1.3　电子支付的发展历程 ......189
7.2　电子货币 ......189
7.2.1　电子货币的概念 ......189
7.2.2　电子货币的发展状况 ......191
7.2.3　几种典型的电子货币 ......192
7.3　网上银行 ......196
7.3.1　网上银行的定义 ......196
7.3.2　网上银行运行的特点 ......197
7.3.3　网上银行在我国的发展状况 ......197
7.4　第三方支付 ......198
7.4.1　第三方支付的概念 ......198
7.4.2　第三方支付的优缺点 ......200
7.4.3　第三方支付平台的工作流程 ......200
7.4.4　我国第三方支付的发展历程 ......201
本章关键概念 ......203
本章复习思考题 ......203
本章论述题 ......204
本章实践项目 ......204
第 8 章　电子商务安全 ......205
8.1　电子商务安全问题 ......206
8.1.1　电子商务的安全性需求 ......207
8.1.2　安全策略与安全体系 ......207
8.2　计算机网络安全 ......210
8.2.1　计算机网络安全的定义 ......210
8.2.2　影响计算机网络安全的因素 ......210
8.2.3　计算机网络安全技术 ......211
8.3　数据加密与信息安全 ......215
8.3.1　数据加密技术简介 ......215
8.3.2　私有密钥加密 ......217
8.3.3　公开密钥加密 ......218
8.4　电子商务安全认证技术 ......219
8.4.1　电子商务安全认证技术发展背景 ......219
8.4.2　数字签名 ......220
8.4.3　身份认证和报文认证 ......223

8.4.4 数字证书技术 ......227
8.5 电子商务安全协议......232
8.5.1 安全套接层协议 ......232
8.5.2 安全电子交易协议 ......232
8.5.3 SSL 协议与 SET 协议的比较 ......232
本章关键概念 ......234
本章复习思考题 ......234
本章论述题 ......235
本章实践项目 ......235
**第 9 章 电子商务法律规范**......236
9.1 电子商务中的法律问题......237
9.1.1 电子商务引发的法律问题 ......237
9.1.2 电子商务法的概念和特征 ......238
9.1.3 电子商务法的立法目的 ......239
9.2 中华人民共和国电子商务法......240
9.2.1 《电子商务法》的立法过程 ......240
9.2.2 《电子商务法》的立法思路 ......241
9.2.3 《电子商务法》的主要内容 ......241
9.3 隐私权保护 ......244
9.3.1 什么是隐私权 ......244
9.3.2 我国有关隐私权保护的法律法规......244
9.3.3 欧盟的通用数据保护条例 ......247
9.4 知识产权保护 ......248
9.4.1 什么是知识产权 ......248
9.4.2 网络著作权保护 ......248
9.4.3 域名保护 ......249
本章关键概念 ......252
本章复习思考题 ......252
本章论述题 ......252
本章实践项目 ......252
**第 10 章 电子商务项目规划与管理**......253
10.1 电子商务项目内涵......255
10.1.1 什么是项目 ......255
10.1.2 电子商务项目的定义及特征 ......257
10.2 电子商务项目规划......259
10.2.1 电子商务项目规划的目的 ......259
10.2.2 电子商务项目规划的步骤 ......260
10.2.3 电子商务项目规划的任务 ......260
10.2.4 电子商务项目成本和效益分析 ......261
10.3 电子商务网站开发策略......267
10.3.1 电子商务网站开发方式 ......267

10.3.2　如何处理自主开发与外包之间的平衡……269
10.4　电子商务项目运作……270
10.4.1　电子商务项目运作的目的……270
10.4.2　电子商务项目运作的模式……271
10.4.3　电子商务项目运作的流程……271
本章关键概念……276
本章复习思考题……276
本章论述题……276
本章实践项目……276
附录 A　中华人民共和国电子商务法（全文）……277
参考文献……286

# 第 1 章

# 电子商务概述

**本章学习目标**

- 理解电子商务的概念及内涵；
- 掌握电子商务的本质特征；
- 认识电子商务对社会经济的影响；
- 了解电子商务体系框架。

## 引导案例

### 亚 马 逊

1994 年的一天，30 岁的杰夫 · 贝佐斯（Jeff Bezos）惊讶地发现：网络使用率每年提高 2300%，这对他而言是一项重要发现。他开始思考：既然有这样的趋势，自己该如何在这样的网络空间中创造无穷的商机呢？他最后得出的结论是：网络完全可以创造更高的顾客价值，这种价值足以催生出一个崭新的经营和消费模式。

随后，贝佐斯得到了好友的支持和父母 30 万美元退休金的资助，在咨询了创业专家及律师后，于 1995 年 7 月创建了亚马逊。这是一个完全建立在信息网络技术基础上的新型商务模式。按照贝佐斯的观点："现实世界的商店最有力的武器就是地段；而对于网上经营来说最重要的是技术。"这一指导思想自亚马逊创建之日起就被不停地强调，这使得在亚马逊的经营中，高科技含量不断提高。贝佐斯非常自豪于自己公司的软件，因为其公司的技术软件不断创新，竞争者难以望其项背。

强调技术的重要性，并不等于对商务和顾客的忽视。相反，在贝佐斯的心目中，顾客一直被摆在核心的地位，而技术则是更好地为顾客服务的手段。亚马逊成立初期，贝佐斯就有一个想法：创造世界上最重视顾客的公司。事实上，亚马逊一直在为顾客提供方便、舒适的网上购物环境。方便购书是亚马逊的最大特色，通过网络，顾客可以任意检索、预览、购买任何书籍。通过"一点通"（One-Click）设计，顾客只要在该网站买过一次书，其通信地址和信用卡账号就会被安全地存储下来。下次再购买时，顾客只要用鼠标单击欲购之物，网络系统就会帮助其完成以后的手续，包括消费者的收件资料，甚至刷卡付费也可由网络系统代劳。亚马逊还利用软件收集顾客在购物爱好和购物历史方面的信息，随时为顾客购买图书提供建议。

从顾客的角度出发，亚马逊提出了LIP（Listen、Invent、Personalize），即“聆听、发明、量身定制”的企业经营理念。亚马逊认为：“不会聆听顾客的公司肯定无法生存，但单靠聆听，甚至按照顾客要求去做还不够，应根据需求，推出创新的消费方式，最后为顾客量身定做他们的购物天地。例如，你喜欢科幻小说，亚马逊便根据你的买书习惯，推出个人界面，推荐你爱看的科幻书。”

不断发展的电子商务和电子商务技术成为亚马逊持续发展的动力和新增长点。2006年，亚马逊1700名员工的人均销售额为38.5万美元，比全球最大的拥有2.7万名员工的Bames & Noble图书公司要高3倍以上。亚马逊的成功也使贝佐斯成为电子商务领域的传奇人物。《时代》杂志资深评论员彼尔·菲尔兹博士说：“亚马逊是互联网时代的典型象征之一，也是伟大的幸存者。亚马逊的成功得益于其首席执行官贝佐斯的智慧和分析能力。”他还说：“贝佐斯最大的本事是创造和利用了技术，用最佳的消费模式将商品转移到顾客的手中。”直至今天，亚马逊仍是全球最大的电子商务公司，在其引领下，各种新型的电子商务企业不断涌现，整个世界也迈入了一个崭新的电子商务时代。

**案例思考题**

1. 亚马逊与传统书店有何不同？
2. 亚马逊反映了电子商务的哪些基本特征？
3. 亚马逊为何能取得成功？

## 1.1 从传统商务到电子商务

### 1.1.1 什么是商务

商务，即商业事务。一般所说的商务活动，就是指至少有两方参与的有价物品或服务的协商交换过程，它包括买卖各方为完成交易所进行的各种活动。

商务活动是一种最基本的经济活动。在人类社会发展的过程中，由于社会分工的出现和日益深化，人们各自生产不同的产品，这些产品主要不是为了自己的需要，而是要作为商品进行销售，于是就产生了商务活动。通过商务活动，生产者收回生产的成本，并实现产品价值的增值，从而使整个经济过程得以延续并在延续中不断发展。所以，在市场经济的条件下，商务活动是一切经济活动的基础。

### 1.1.2 商务活动的运作流程

#### 1. 交易准备

在进行交易之前，买卖双方都需要为交易进行一些准备，包括物质上的准备，如卖方必须备有可供出售的商品，买方必须备有可以用来购买商品的资金，还包括信息上的一些准备，如卖方需要了解有哪些可能的买主及这些买主的有关信息，而买方也需要了解有哪些可能的卖主及这些卖主的有关信息。只有掌握了这些信息后，买卖双方才有可能寻找到合适的交易对象和产品。

#### 2．交易协商

经过前一阶段的准备工作，交易双方在确定了可能的交易对象后，就进入了交易协商阶段。在这一阶段，交易双方就交易内容及条件等有关事项进行沟通和磋商，向对方传达自己的意愿和要求，并了解对方的意愿和要求，再就各种具体问题进行协商谈判，以消除双方的差距，最后达成一致。

#### 3．合同签订

如果协商谈判顺利，最后双方能够达成一致，双方即可签订交易合同，将有关约定以法律形式确定下来。合同的作用是规范交易双方的行为，避免交易过程中的随意性和不确定性。合同作为具有约束力的正式法律文件，一经签订，双方都必须认真履行。

#### 4．合同执行

在这一阶段，交易双方按照合同的约定完成交易。卖方按照合同的规定为买方提供符合其要求的产品并通过一定的形式提交给对方，买方则按照规定将一定数额的货款通过一定方式支付给卖方。当这个过程完成后，交易过程也就全部完成。

### 1.1.3　商务活动的“四流”

从上面的分析可以看出，在商务活动中实际上存在着“四流”：一是商流，即商品的所有权从卖方向买方的流动；二是物流，即商品从卖方向买方的流动；三是资金流，即资金从买方向卖方的流动；四是信息流，即信息在交易各方间的流动。在这“四流”中，信息流是最为重要的，没有信息流就没有交易，也就不会有商流、物流和资金流的发生。所以，有关信息流的活动是商务活动的最基础和重要的内容。

### 1.1.4　传统商务的电子化

#### 1．传统商务的运作流程及其局限

信息流的过程也就是进行信息搜寻、传递和交流的过程，而这一过程必须借助一定的工具来完成。受到技术条件的限制，传统的商务活动通常只能采取面对面的方式，借助一些简单的工具，通过一些纸质的文件与单据来传递信息，如图 1-1 所示。

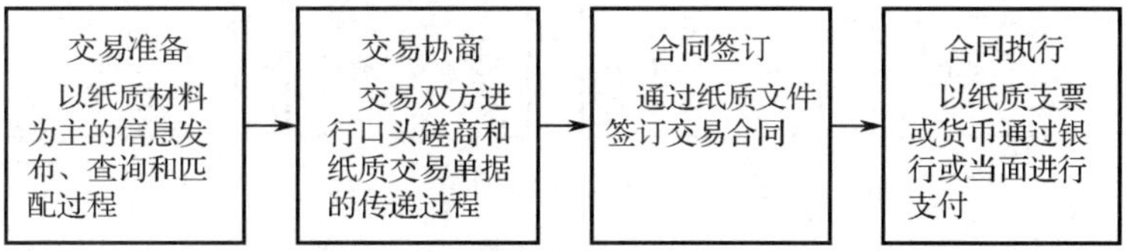


图 1-1　传统商务的运作流程

在当时的技术条件下，传统商务受到很多制约，存在着很多不尽如人意的地方。一是信息的不完全，因为由人工搜集信息，受人的能力限制，所获得的信息是非常有限的，不

可能得到全部信息；二是受到时间和空间的限制，因为由人来进行交易活动，其工作时间及活动的空间范围都必然受到一定的限制；三是交易成本很高，人工的信息搜集、处理和传递效率很低，因而在交易过程中需要花费大量的人力、物力和财力。

### 2．技术进步与商务工具的变革

正是由于传统商务存在着许多局限，因此人们在商务实践中一直在寻求新的技术和手段，并将其运用到商务活动中，以降低商务活动成本，提高商务活动效率。从历史上看，商务发展的过程也就是商务技术进步的过程。其中，电子信息技术的发展和应用，从早期的电报机与电话机，到后来的传真机、计算机，一直到现在的计算机网络（包括互联网），在商务发展的过程中起到了至关重要的作用。这些技术的发明和在商务活动中的应用，使得商务工具不断变革，促成了商务活动的电子化，如图 1-2 所示。

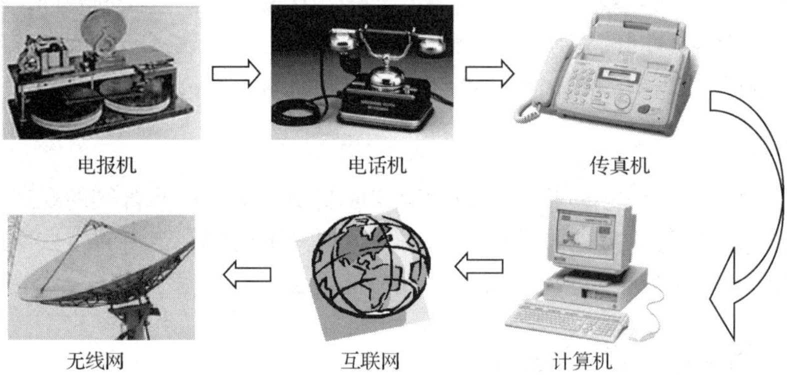


图 1-2　商务工具的变革

### 3．电子商务的运作流程及其优越性

同样，商务活动电子化也是一个渐进的过程。在早期的电子信息技术的应用，包括电报机、电话机、传真机及单个的计算机应用，只是在局部改变了商务活动的某些环节的实现方式，所发生的变化还仅仅是量的变化。直至在计算机技术的基础上，进一步将许许多多计算机连接起来，构成计算机网络，并出现了互联网这样的国际网络，这时的商务电子化进程由量变开始转变为质变，出现了真正意义上的电子商务。

与传统商务相比，电子商务并没有改变商务活动的内容，它同样也包括交易准备、交易协商、合同签订及合同执行等内容，如图 1-3 所示。电子商务所改变的是商务活动的方式和手段，将信息网络技术应用于商务活动之中，商务活动的工具发生了根本性的变革。

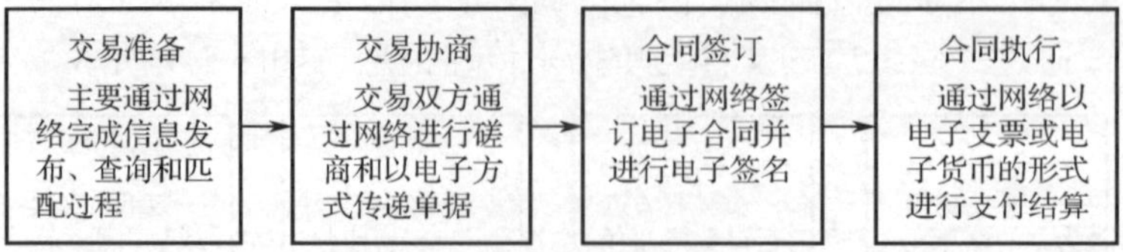


图 1-3　电子商务的运作流程

信息网络技术的应用，使传统商务所受到的局限在很大程度上得到解决。首先，信息网络的应用使信息的搜集、处理、传递变得更加便捷，可以获得更加丰富的信息，使信息不充分的问题在很大程度上得以改善；其次，在交易过程中，许多业务由计算机通过网络

来进行，这样就突破了时间与空间的限制，使商务活动可以在一个更加广阔的时间和空间范围内进行；最后，信息网络技术的应用使许多业务可以由计算机系统自动完成，不仅使交易效率大大提高，也使交易成本大大降低，这就为商务活动的开展创造了更加有利的条件。

正因为如此，从传统商务到电子商务的转变，被认为是商务发展史上的一次根本性的重大变革。毋庸置疑，将来所有的领域和行业都必将进行信息化、网络化的改造，完成从传统商务到电子商务的转变，这是一个不可逆转的必然趋势。

## 1.2 电子商务的定义

### 1.2.1 对电子商务的不同理解和表达

顾名思义，电子商务就是应用电子技术所开展的商务活动的总称。然而，由于对电子技术和商务活动的界定范围不同，因此对电子商务的理解和表达也有所不同。

在英文中，电子商务主要有两个词与之相对应：一是 Electronic Commerce，简写为 E-Commerce；二是 Electronic Business，简写为 E-Business。采用 E-Commerce 还是 E-Business，实际上反映了人们对电子商务在理解和认识上的差异。

就词义来看，Commerce 和 Business 有相同的地方，但又存在着一定的差别。按照词典中的解释：Commerce 主要是指商业、贸易，即商品的买卖，尤指大规模的如城市和国家之间的贸易；而 Business 除了一般的商业交易外，还包括了工业和职业的交易，尤其是交易涉及的工商企业外部与内部的各项事务。仅就 Commerce 和 Business 这两个词的意思来看，Commerce 的词义相对要窄一些，而 Business 的词义要更加宽泛。因此，人们一般将 E-Commerce 称为狭义电子商务，而将 E-Business 称为广义电子商务。

### 1.2.2 对电子商务的不同定义

#### 1. E-Commerce 的定义

将电子商务理解为 E-Commerce，是很多政府所支持的观点。

美国政府在其制定的《全球电子商务纲要》中为电子商务所下的定义是：电子商务是指通过 Internet（因特网）进行的各项商务活动，包括广告、交易、支付、服务等活动，全球电子商务将涉及全球各国。

欧洲议会在《电子商务欧洲动议》中对电子商务的定义是：电子商务是通过电子方式进行的商务活动。它的技术是通过电子方式处理和传递数据，包括文本、声音和图像。它的商务则涉及许多活动，不但包括货物电子贸易和服务、在线数据传递、电子资金划拨、电子证券交易、货运单证、商业拍卖、合作设计和工程、在线资料、公共产品获得等有形商品的商务活动，而且包括无形商品（服务）的商务活动，如信息服务、金融服务、法律服务、健身服务、教育服务等。

国际商会举行的“世界电子商务会议”对电子商务的定义是：电子商务是指对整个贸易活动实现电子化。全世界商业、信息技术、法律等领域的专家和政府部门的众多代表在会议上共同探讨了电子商务的概念问题。电子商务从外延方面可以定义为：交易各方以电子交易方式而不是通过当面交换或直接面谈方式进行的任何形式的商业交易。它的技术是一种多技术的集合体，包括交换数据（如电子数据交换、电子邮件）、获得数据（共享数据库、电子公告牌）及自动捕获数据（条形码）等。它的商务包括信息交换、售前售后服务、销售、电子支付、运输、组建虚拟企业、公司和贸易伙伴可以共同拥有和运营共享的商业方法等。

2. E-Business 的定义

将电子商务理解为 E-Business，则是企业界，特别是一些信息产业著名企业的观点。

E-Business 的这一表达实际上是由 IBM 公司首先提出来的。IBM 公司认为：电子商务是在 Internet 等网络的广泛联系与传统信息技术系统的丰富资源相互结合的背景下应运而生的一种相互关联的动态商务活动。电子商务是在 Internet 上进行的重要事务，它利用前所未有的网络方式，将顾客、销售商、供货商和雇员联系在一起，将有价值的信息迅速传递给需要的人们，而不仅仅是商业交易。

另一家积极倡导 E-Business 的企业是 Intel 公司。Intel 公司指出：电子商务是基于网络连接的不同计算机间建立的商业运作体系，它利用 Internet/Intranet 来使商务运作电子化。电子交易是电子商务的一部分，是企业与企业之间或企业与消费者之间使用 Internet 所进行的商业交易（如广告宣传、商品订购、付款、售后服务等）。

SUN 公司以更加专业性的语言对电子商务进行了描述：电子商务就是利用 Internet 进行的商务交易。在技术上可以给出如下定义：在现有的 Web 信息发布的基础上，加上 Java 网上应用软件以完成网上公开交易；在现有的企业内部网（Intranet）的基础上，开发 Java 网上企业应用软件，达到企业应用 Internet 化，进而扩展到外部网（Extranet），使外部客户可以使用企业的应用软件进行交易；电子商务客户将通过包括 PC、网络电视机顶盒（Set Top Box，STB）、电话、手机、个人数字助理（PDA）和 Java 设备进行交易。

一些国际组织也赞同 E-Business 的观点。例如，世界贸易组织（WTO）就认为：电子商务就是通过电信网络进行的生产、营销、销售和流通活动，它不但指基于 Internet 的交易，而且指所有利用电子信息技术来解决问题、降低成本、增加价值和创造商机的商务活动，包括通过网络实现从原材料查询、采购、产品展示、订购到出品、储运及电子支付等一系列的贸易活动。

### 1.2.3 不同电子商务定义的比较

将上面两种不同的电子商务定义进行比较可以看出，E-Commerce 与 E-Business 之间的区别主要表现在两个方面：一是电子技术所包含内容的差别，二是商务活动所包含内容的差别。E-Commerce 是指运用 Internet 开展的交易或与交易直接有关的活动，而 E-Business 则是指利用所有信息技术（IT 技术）和网络技术（Web 技术）对整个商务活动过程实现电子化。E-Commerce 仅仅将 Internet 进行的交易活动归属于电子商务，而 E-Business 则将利用包括 Internet、Intranet 等各种不同形式网络在内的一切计算机网络及其他信息技术进行的所有的企业活动都归属于电子商务（见表 1-1）。

表 1-1　E-Commerce 与 E-Business 的比较

| 比较内容 | E-Commerce | E-Business |
|---|---|---|
| 电子技术 | Web 技术 | Web 技术+其他 IT 技术 |
| 商务活动 | 交易 | 交易+其他与企业经营有关的所有活动 |

E-Commerce 与 E-Business 既有相同点又有不同之处。相同点主要表现在：第一，都面向同一个事物——电子商务；第二，它们都强调电子化，强调在现代信息社会利用多种多样的电子信息工具；第三，工具作用的基本对象都为商务活动。不同点主要有：一是技术的涵盖面不同，其中均包括运用 Internet 技术，但 E-Business 还涵盖了其他信息技术；二是商务的涵盖面不同，其中均包括交易，但 E-Business 还涵盖了其他与企业经营管理有关的活动，如图 1-4 所示。

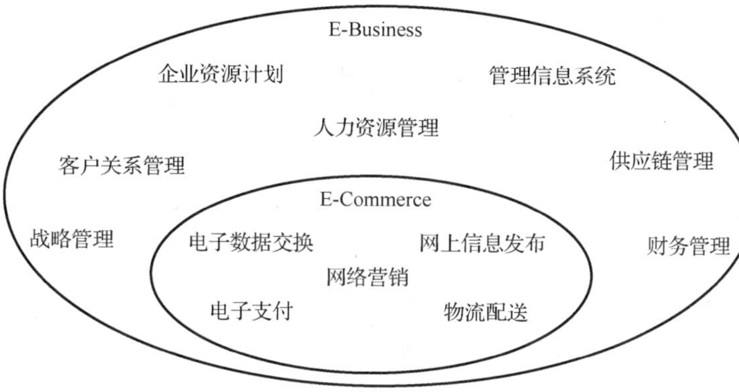


图 1-4　E-Business 与 E-Commerce 的比较

## 1.2.4　对电子商务内涵的认识

目前，虽然人们对电子商务的理解和表达还没有完全统一，但已经有越来越多的人接受了 E-Business 即广义电子商务的概念。这是因为尽管电子商务最早是从利用网络开展贸易或商品销售开始的，但仅在交易环节实现电子化是远远不够的。商务活动是一个连续的过程，交易和销售只是商务过程末端的一个环节。没有前端的开发研制、生产加工、物流配送、支付结算及客户服务等环节的电子化、网络化支持，交易环节的电子化、网络化就难以实现，其相对于传统商务的优越性也就无法得到充分的体现。因此，在对交易环节实行电子化、网络化的同时，还需要对产品的整个开发研制、生产加工、物流配送、支付结算及客户服务等所有环节都实行电子化和网络化的运作，只有这样，才有可能实现真正意义上的电子商务。

基于这样一种认识，我们给电子商务做出如下定义：电子商务是指利用各种信息、网络技术所进行的商品服务贸易及与此相关的各种经营管理活动的总和。

### 相关链接

### 李琪教授对电子商务定义的阐释

教育部高等学校电子商务专业教学指导委员会副主任李琪教授在《中国电子商务》一书中指出：客观上存在着两类或三类依据内在要素不同而对电子商务的定义。第一，广义的电子商务定义，是指电子工具在商务活动中的应用。第二，狭义的电子商务定义，是指在技术、经济高度发达的现代社会里，掌握信息技术和商务规则的人，系统化运用电子工具，高效率、低成本地从事以商品交换为中心的各种活动的全过程。第一个定义可以简称为商务电子化，第二个定义可以简称为电子化商务系统。如果再考察一下第一个定义和第二个定义的关系，我们可以说，第一个定义是基本范畴，第二个定义则是具有现代特征、现实意义的电子商务系统定义。

# 1.3 电子商务的产生与发展

## 1.3.1 电子商务产生与发展的动力

### 1．市场竞争的压力

电子商务产生与发展的动力首先来自市场竞争的压力。在市场经济条件下，企业之间必须按照“优胜劣汰”的法则相互进行竞争，只有那些具有竞争优势的企业才能够在市场中获得长期的生存和发展。企业的竞争优势主要来自两个方面：一是更优质的服务，二是更低的成本。而提高服务质量和降低运营成本的主要途径就是技术进步。因此，企业在不断地寻求新的技术并将其应用于企业的经营与管理过程。而信息网络技术的出现，为企业提高服务质量和降低运营成本提供了新的有效途径。信息网络技术的应用，可以使企业的业务流程得到优化、经营管理效率得到提高、服务质量和水平得到大大提升、生产和销售成本也得到降低。因此，不断发展的新的信息网络技术，很快被广大企业应用于企业运营与管理过程，从而促进了电子商务的产生和发展。

### 2．经济全球化的促进

经济全球化是指生产要素跨越国界，在全球范围内自由流动，各国、各地区相互融合成为一个整体的历史过程。最近一次的经济全球化浪潮发生在 20 世纪的后半期，各国之间的贸易往来更加频繁，相互之间的经济联系更加密切。特别是在 20 世纪 80 年代之后，经济全球化的步伐大大加快，各国之间经济的相互融合日益深入。经济全球化不断发展，导致各种生产要素及产品、服务等流动的地域不断扩大，数量也在不断增加。相对于国内的商务活动，国际商务活动中所受到的制约因素更多，信息的传递与沟通面临的障碍更大，交易成本高的问题更加突出。为突破地域与国家不同所带来的各种障碍，降低在国际经济关系中的交易成本，提高国际经济交往的效率，人们将电子技术及信息网络技术应用于国际经济事务中。因此，经济全球化对电子商务的产生与发展也起到了极大的促进作用。

### 3．各国政府的重视与推动

随着信息时代的到来，各国政府已经开始认识到信息化、网络化对经济发展的巨大推动作用，并把电子商务的发展作为实现国民经济信息化、提高国家竞争力和发展水平的重要内容，并加以推动和支持。自 1997 年欧盟发布《欧洲电子商务协议》及美国随后发布《全球电子商务纲要》以后，电子商务越来越受到世界各国政府的重视，许多国家的政府都制定了电子商务发展的战略规划，加大了对信息基础设施的投入，制定了有利于电子商务发展的政策。我国政府也开始加入电子商务的行列，积极推行电子政府和电子政务，为电子商务的发展提供了有利的政策和制度环境。可以说，各国政府对电子商务的积极倡导和大力支持，对电子商务在世界范围的发展起到了巨大的推动作用。

## 1.3.2　电子商务产生与发展的条件

### 1. 计算机的广泛应用

在 20 世纪所有的新技术中，计算机技术无疑是最伟大的发明，它是现代技术的核心技术。电子商务的产生与发展当然离不开计算机技术的迅速发展与广泛应用，如果没有计算机技术的发展及其在商务活动中的应用，也就不可能有电子商务的产生与发展。

计算机从 1946 年诞生以来，经历了五个发展过程，从最早的电子管计算机，到后来的晶体管计算机和集成电路计算机，直至今天的大规模（超大规模）集成电路计算机和并行处理（多 CPU）计算机，计算机技术取得了突飞猛进的发展。计算机的处理速度越来越快，处理能力越来越强，价格越来越低，应用越来越广泛。计算机技术的飞速发展，为电子商务的产生和发展奠定了基础。

### 相关链接

**电子计算机发展历程**

**第一代：电子管计算机**

1946 年，世界上第一台电子数字积分式计算机——埃尼克（ENIAC）在美国宾夕法尼亚大学莫尔学院诞生。第一代计算机采用电子管，因而体积大、耗电多、运算速度较低、故障率较高且价格极高。符号语言已经出现并被使用，主要用于科学计算方面。

**第二代：晶体管计算机**

1957 年，美国研制成功了全部使用晶体管的计算机。晶体管计算机主要逻辑部件采用晶体管，内存储器主要采用磁芯，外存储器主要采用磁盘。运算速度比第一代计算机提高了近百倍，价格却大幅下降。操作系统的雏形开始形成。

**第三代：集成电路计算机**

1962 年 1 月，IBM 公司采用双极型集成电路生产了 IBM 360 系列计算机。集成电路计算机将集成电路作为逻辑部件，体积小、能耗低。在程序设计技术方面形成了 3 个独立的系统：操作系统、编译系统和应用程序。

**第四代：大规模集成电路计算机**

1972—1973 年，采用 8 位微处理器 Intel 8008 的大规模集成电路计算机研发成功。1978 年以后，更高位数的超大规模集成电路计算机相继问世。大规模集成电路计算机以大规模集成电路为逻辑部件和存储器，使计算机向着微型化和巨型化两个方向发展。

**第五代：智能计算机**

1982 年，日本制订了研制第五代计算机的长期计划。第五代计算机是把信息采集、存储、处理、通信同人工智能结合在一起的智能计算机系统，具有形式化推理、联想、学习和解释的能力，能够帮助人们进行判断、决策、开拓未知领域和获得新的知识。

### 2. 信息网络的普及和成熟

电子商务的产生与发展离不开信息网络技术的发展。单个计算机的作用是十分有限的，只有当不同的计算机相互连接成为网络时，计算机的作用才能真正得到充分体现。因此，各种计算机网络，特别是 Internet 的产生与发展，是电子商务产生与发展的又一必不可少的重要条件。

Internet 形成于 20 世纪 70 年代，于 20 世纪 80 年代走向成熟并开始普及。由通信网络、计算机网络和信息资源网络构成的全球互联网络，已经把分布在各地的计算机连接起来，逐步实现了硬件资源、软件资源和信息资源共享。由于互联网逐渐成为全球通信与交易的媒介，其快捷、安全、低成本的特点使其成为新的商务工具，而全球上网用户量呈几何级数增长趋势，形成巨大的虚拟市场，这些变化为电子商务的发展提供了必要的条件。

#### 3．网络支付手段的发展

完整的电子商务不仅要在网上进行交易，通过网络传递订单和交易信息，实现商流的信息化和网络化，还要通过网络来进行支付和结算，实现资金流的信息化和网络化，因此，电子商务的发展离不开各种网络支付工具和手段的支持。

随着金融电子化和网络化的发展，各种电子支付工具逐渐普及，特别是信用卡以其方便、快捷、安全等优点，已经成为人们消费支付的重要手段，并由此形成了完善的全球性信用卡计算机网络支付与结算系统，使网上支付与结算成为可能，这就为电子商务资金流的电子化和网络化提供了重要的手段。

#### 4．电子交易安全水平的提高

电子商务能否为广大企业和消费者所接受，不仅取决于这种新的交易方式的便利性，还取决于这种交易方式的安全性。只有在交易安全能够得到充分保障的情况下，电子商务才能够得到推广与普及，成为占主导地位的交易方式。因此，电子商务的发展需要安全的交易环境来保障。鉴于此，网络安全一直是人们关注的一个焦点，并在技术上取得了很大的进步。

随着网络安全技术的发展，网络交易安全的程度也在不断提高。特别是在 1997 年，关于电子商务安全的电子安全交易协议（Secure Electronic Transfer Protocol，SET）正式出台，并得到大多数厂商的认可和支持，因而得到迅速推广。该协议的执行使得网络上的交易安全水平有了很大的提高，为电子商务的开展提供了一个必要的安全保障。

### 1.3.3 电子商务的发展阶段

#### 1．20 世纪 60—90 年代：基于电子数据交换的电子商务

从技术的角度来看，人类利用电子通信的方式进行贸易活动已有几十年的历史了。早在 20 世纪 60 年代，人们就开始用电报机发送商务文件；20 世纪 70 年代人们又普遍采用方便、快捷的传真机来替代电报，但是由于传真文件是通过纸面打印来传递和管理信息的，不能将信息直接转入信息系统中，因此人们开始采用电子数据交换（Electronic Data Interchange，EDI）来进行企业间商务数据和信息的传递，这就是电子商务的雏形。

EDI 是将业务文件按一个公认的标准从一台计算机传输到另一台计算机的电子传输方法。EDI 在 20 世纪 60 年代末期产生于美国，当时的贸易商们在使用计算机处理各类商务文件时发现：由人工输入到一台计算机中的数据 70%来源于另一台计算机输出的文件，而且由于过多的人为因素干预，影响了数据的准确性和工作效率的提高，因此人们开始尝试

使数据能够在贸易伙伴之间的计算机上自动交换，EDI 应运而生。由于 EDI 大大减少了纸质票据的使用，因此，人们也形象地称之为“无纸贸易”或“无纸交易”。

**2．20 世纪 90 年代以来：基于 Internet 的电子商务**

20 世纪 90 年代之前，大多数 EDI 都不通过 Internet，而是通过租用的计算机线在专用网络上实现，这类专用的网络被称为增值网（Value Added Network，VAN），这样做的原因主要是安全问题。但由于使用 VAN 的费用很高，仅大型企业才会使用，因此限制了基于 EDI 的电子商务应用范围的扩大。

到了 20 世纪 90 年代，Internet 开始走向成熟并迅速普及，逐步从大学、科研机构走向企业和家庭，其功能也已从信息共享演变为一种大众化的信息传播工具。从 1991 年起，一直排斥在 Internet 之外的商业贸易活动正式进入这个新的领域，使电子商务成为 Internet 应用的最大热点。随着 Internet 安全性的日益提高，作为一个费用更低、覆盖面更广、服务更好的系统，Internet 逐步替代增值网而成为 EDI 的硬件载体，因此有人把通过 Internet 实现的 EDI 直接叫作 Internet EDI，即基于 Internet 的电子商务。这一转变标志着真正意义上的电子商务已经形成，电子商务从少数大企业的专利转变为所有企业都可以采用的新型商务模式和工具。

## 关键词语

### VAN

VAN 是英文 Value Added Network 的缩写，中文译为增值网。VAN 是指租用公用网络的通信线路进行计算机连接，实现信息的存储、处理的通信网系统，特别是指将制造业、批发业、零售业、物流业等相关部门的信息通过计算机服务网络进行相互交换的信息系统。增值网可凭借从公用网租用的传输设备，如租用高速信道组成的传真存储转发网、会议电视网、专用分组交换网、虚拟专用网（VPN）等，使用本部门的交换机、计算机和其他专用设备组成专用网，以适应本部门的需要。

## 1.3.4　电子商务的发展趋势

**1．由企业外部发展到企业内部**

早期的电子商务主要局限于企业外部一些经营活动的电子化和网络化，将企业对外的一些经营业务，如网上采购、网上销售、网上支付与结算等移植到互联网上。随着电子商务的深入发展，其应用范围不再局限于企业外部的经营，而是进一步深入企业内部的管理，即企业内部的管理活动也以电子化、网络化的方式进行，包括企业内部的生产管理、库存管理、人力资源管理及财务管理等，企业的外部经营与内部管理在电子商务的基础上达到一致和协同，在企业内部电子商务的支持下，使企业外部的电子商务能够更为有效地开展。

#### 2．由单项业务发展到综合业务

早期的电子商务系统主要是为适应某个单项业务，如网络交易、网络营销等开发设计的，其功能比较单一，同时面向不同业务的系统相互分离，缺少相互的连接与集成。随着电子商务应用范围及其功能的不断拓展，要求各个系统能够相互连接，在信息集成的基础上实现业务的集成。例如，将原来的网上销售系统与供应链管理（Supply Chain Management，SCM）、客户关系管理（Customer Relationship Management，CRM）、企业资源计划（Enterprise Resource Planning，ERP）等系统相互连接，将产品销售、营销业务与产品的研发、生产、物流及财务等业务在信息共享的基础上实现协同，这就使原来仅局限于不同单项业务的电子商务系统发展成为将所有业务融为一体的综合业务电子商务系统。

#### 3．由单个企业发展到企业网络

早期的电子商务一般都是以单个的企业为单位进行的，各个企业仅根据自己的需求来实施电子商务方案，开展电子商务活动。但在社会分工日益深入的背景下，企业变得更加专业化，不同的企业分别承担不同的职能，这就使得不同企业之间的联系更加密切，相互依赖的程度加深。在这种情况下，企业能否在市场上得以生存并不断发展，不仅要靠自己的努力，还需要与其他相关企业进行有效的合作与协同。这就促使企业将各自的电子商务系统也进行相互连接并形成企业网络，与其他相关企业构建起覆盖所有关联企业的电子商务系统，如联盟资源计划（Union Resource Planning，URP），在信息共享的基础上实现资源共享，并在企业网络的层面上协同开展电子商务。

#### 4．由自我实现发展到公共服务

在电子商务发展的开始阶段，实施电子商务的企业还仅局限于少数企业，无法形成对第三方服务的需求规模，因而也就难以形成专门提供第三方服务的专业机构和产业。所以，这时的电子商务一般都是由企业自我实施的。例如，企业自行组织电子商务系统的开发，自己对电子商务系统进行部署，自我承担电子商务的运行和维护的各项工作，等等。随着电子商务的日益普及和开展电子商务企业的日益增多，电子商务应用和服务分离，一些专门提供电子商务公共服务的企业也不断涌现。在这些企业中，有的专门提供标准化的电子商务系统软件，如 SCM、CRM、ERP 等；有的专门为企业提供某种电子商务业务，如订单管理、客户服务等；还有的为企业的电子商务活动提供公共平台，如电子交易中心、网上商城等。这样就使电子商务的应用变得更加简便易行，实施电子商务的成本也大大降低，从而为所有的企业，特别是一些中小企业的电子商务应用创造了更为有利的条件。

## 关键词语

### 移动商务

移动商务是指通过移动通信网络进行数据传输，利用手机、PDA 等移动终端开展各种商业经营活动的一种新的电子商务模式。用户可以脱离有线网络环境的束缚，最大限度地驰骋于自由的商务空间。基于用户与移动终端的对应关系，通过与移动终端的通信，可以在第一时间准确地与对象进行信息交互。随着无线通信技术从 3G、4G 走向 5G 及手机功能的日益强大，移动商务已经成为电子商务增长的新领域和新行业。

## 1.4 电子商务的功能与特征

### 1.4.1 电子商务的功能

电子商务作为一个系统，主要具有三大功能模块，包括内容管理（Content Management）、协同处理（Collaboration）和交易服务（Commerce）三个部分。由于这三大功能模块的英文都以字母“C”开头，所以又称 3C 功能模块。这三个功能模块相互联系和交叉，成为一个有机的整体。

#### 1. 内容管理

电子商务中的内容，是指经过数据化的信息。内容管理，就是管理企业电子商务系统中的各种信息，包括信息的搜集、存储、处理、传递、发布等。在现代信息社会中，能否有效地获得信息并利用好这些信息，是决定企业成败的关键因素。因此，通过内容管理来消除信息流动的障碍，确保公司内部各部门及员工之间、企业与供应商和经销商等合作伙伴之间及企业与顾客之间有效联系和沟通，是企业实现正常运营的重要前提。内容管理还包括对通过网络对外发布的各种信息的管理，有效的信息发布还可以起到宣传企业形象、扩大公司的影响、增加企业品牌价值的作用。在电子商务的三大功能中，内容管理是电子商务的基础功能。内容管理的功能主要包括五个方面。

（1）信息搜集

信息搜集主要是指通过企业的信息系统和技术自动地搜集主要媒体、相关期刊、行业协会报告等各种主要信息源中的信息，并根据实际需要进行筛选和组织。信息的搜集和整理也可由专门人员负责。

（2）信息存储和检索

企业员工、合作伙伴及最终客户都有自己的信息需求，对信息的需求有时是一致的。因此，为了快捷地提供服务，电子商务系统应该具备多媒体信息的存储功能，包括照片、录像、录音、工程计划等，都应该得以存储，并提供快速检索的能力。

（3）保护及管理关键数据

对于一个企业而言，为了提高企业知名度、推销产品及进行必要的企业间的沟通，有些信息是必须公开或者可以公开的；但是，为了确保自己的竞争优势，一些竞争情报是不能向外公布的，一些关乎企业战略的重要信息或商业秘密，如公司财经数据、客户数据或者生产工艺等，即使对企业内部的员工也是不能泄露的。因此，电子商务运作过程中，就应该有相应的信息流通控制功能，对信息的内容及信息流的方向进行安全控制。

（4）企业内部信息传播

将各种信息在企业内部进行传播，例如，在企业内部网上发布公司政策、招聘及各种通知，适度地公布本公司的产品信息和经营信息，提供公司竞争对手、合作伙伴的相关信息，提供日常新闻信息及行业信息等。

（5）企业对外信息发布

企业需要及时地通过 Internet 及网站发布各种信息，主要是公司的产品信息和服务信息，以及关于品牌宣传的相关信息，还包括公司的经营理念、管理思想，如果企业是上市公司，则还需要定期在 Internet 上提供财务信息等其他内容。要对企业的网站进行相关的管理和维护，不断更新其内容。

### 2．协同处理

信息的传递与沟通本身并不是目的，而只是一种手段。信息传递与沟通的目的在于协同人们的工作和行为，使企业内部各部门及人员、企业与其他经营合作伙伴之间能够保持步调的一致和协调。协同处理的目标就是在技术上支持群体的协同工作，通过提供业务流程的自动处理及监测和控制系统，减少公司内部及公司与外部的摩擦，降低运营成本，缩短产品开发周期，提高市场响应速度。在现代经济中，企业内部与外部的协同一致是企业竞争力的根本保证，因此在电子商务的三大功能中，协同处理居于中心地位，是电子商务的核心功能。协同处理功能的主要内容包括四个方面。

（1）通信系统

通信系统主要包括电子邮件（E-mail）和信息系统。这是企业网络应用中的首要内容，同时是协同工作的基本保障。员工通过 E-mail 及其他专门的信息系统实现及时的沟通和协调，从而使工作能够快速高效、保质保量地完成。另外，通信系统还包括建立与顾客的通信联系渠道，在企业的网站上提供咨询用的 E-mail 地址，或者设计调查表来搜集建议和意见，帮助用户解决各种具体问题。

（2）企业内部网和企业外部网

企业内部网（Intranet）将企业内部各组织紧密地联系在一起，在提供信息共享、信息交流的基础上完成各个部门之间的沟通和协作。企业外部网（Extranet）则强调企业与制造商、供应商、经销商及物流中心等业务伙伴共享信息和进行流水作业的问题，通过外部网可以很好地解决企业的采购谈判、采购管理等问题，从而使企业与其他合作伙伴实现业务系统的无缝连接，达到协同的目的。

（3）工作流程的自动化

企业的很多工作都是有固定流程的，如一份采购合同的审定和签署需要相关人员依次审批。企业可以根据实际情况对一些信息系统的参数进行具体的设定，并由信息管理系统对其进行自动处理。这样不但可以加快工作进度，还可以确保工作程序严格，排除人为因素所形成的干扰，提高工作效率。

（4）企业内部资源管理

企业的运行过程需要应用各种资源，包括人力资源、资金、设备、材料等。这些资源相互关联，需要根据企业的业务要求和情况的变化进行合理的配置，这样才能保证企业的经营活动有效地开展。企业内容资源管理的目的就是通过对各种信息的集成和协同处理，有效地调配企业的人、财、物等资源，确保企业运营过程的顺利进行。

### 3．交易服务

任何企业运营的终点都是按照消费者的需要和要求，将产品和服务提供给消费者。电子商务的最终目标，就是要完成与消费者之间的产品或服务交易。在电子商务的环境下，现代信息网络技术的发展和应用，为企业拓宽了市场范围，在网络的虚拟空间内开辟了一个更加广阔的市场。而消费者则可以通过网络获得更多的产品信息，从而有了更多的选择权，并可以通过网络进行商品和服务的购买并在网络上进行支付与结算。交易服务功能就是为在网络上进行的各种交易活动提供技术支持，保证企业的网络销售和服务能够正常进行。在电子商务的三大功能中，交易服务属于外部功能，是前两项功能的根本目的和最终体现。交易服务功能的内容主要包括三个方面。

（1）提供商品或服务目录

企业要让消费者购买商品，首先要向消费者提供有关商品和服务的信息。因此，交易服务的首要内容是在网上提供一个可供消费者选择和购买的商品和服务目录，其中包括商品的各种信息，以帮助消费者进行购买决策。

（2）订单生成与处理

当消费者在网上确定购买对象后，就可以通过系统所提供的相应工具在网上生成订单，填写各种有关数据和信息，并提交给系统。系统在接到消费者的订单后，对订单自动进行处理：一方面对消费者进行交易信息处理反馈，并与消费者完成签订交易合同、款项支付与结算等流程；另一方面将有关交易信息传递到生产、库存、销售、配送及财务等部门，协同这些部门的工作，直至交易合同最终执行。

（3）消费者服务

交易服务不仅包括对交易本身的服务，还包括与交易相关的售前和售后服务。在企业网站中，往往有很多技术支持信息，包括产品的驱动程序下载、软件的升级服务等。通过访问相应网站，消费者可以实现自助服务，解决遇到的各种问题。除自助服务外，企业也会按照事先的约定提供主动服务，包括对消费者意见的征询，根据消费者的意见反馈对消费者做出回应等。

## 1.4.2　电子商务的特征

### 1．商业性

电子商务的本质特征就在于为商业活动（商品或服务的买卖交易）提供技术支持，电子商务的其他功能都是围绕着商业性这一基本特征而展开的。电子商务将交易的场所由店铺或其他实体空间转移到互联网上，将企业与用户之间面对面的交易方式改变为通过网络虚拟空间进行的交易方式，一方面为用户提供了一种更为便捷的交易方式和途径，降低了交易成本；另一方面也为企业提供了更多的市场机会，开辟了更加广阔的市场空间。所以，商业性是电子商务最主要的特征，也是电子商务最基本的功能。

### 2．服务性

电子商务作为一种新的交易方式，必须有相应的服务来支撑。电子商务中交易的商品大多数仍然是传统的商品，商品没有变，只是服务发生了变化。在现代信息网络技术的支持下，消费者可以获得更加完全、充分的信息，更好地进行选择和决策。网络还使消费者可以随时随地挑选、购买自己需要的商品和服务，使交易变得更加方便、快捷。信息网络技术还能够帮助企业与消费者进行更加有效的沟通，了解每个消费者的需求并为其提供有针对性的个性化服务，使消费者的需求得到更大满足。因此，在电子商务条件下，消费者可以获得更多传统商务所不具备的具有增值性的服务，这也正是电子商务的价值和优势所在。

### 3. 安全性

互联网具有开放性、自由性、全球性等特点，这些特点使电子商务的安全性受到威胁。而电子商务的安全性是决定电子商务发展的关键因素。在缺乏安全保障的情况下，无论网上的商品如何具有吸引力，也将无法吸引消费者。特别是对于企业间的交易来说，由于交易数额巨大，风险更高，交易的安全性更需要得到充分的保障。因此，在电子商务中，安全性是必须具备的重要前提，要求网络能提供一种端到端的安全解决方案，包括加密机制、签名机制、分布式安全管理、存取控制、防火墙、安全万维网服务器、防病毒保护等。为了帮助企业创建和实现这些方案，国际上由多家公司联合开展了安全电子交易的技术标准和方案研究，并发表了安全套接层（SSL）和安全电子交易（SET）等协议标准，为建立安全的电子商务环境提供了必要的技术支持，使电子商务的安全性在很大程度上得到保障。

### 4. 协调性

协调企业内部、企业与供应商及客户之间的关系，是电子商务的又一重要特征。就商务活动的特性来看，商务活动本身就是一种协调过程，它需要企业员工与客户之间，客户与企业内部、生产商、批发商、零售商之间的协调。在电子商务环境中，除了上述有关方面的协调外，企业还必须与银行、配送中心、通信部门、技术服务等多个部门通力协作，才能实现电子商务活动的全过程。因此，协调性既是电子商务的一个重要特征，又反映了电子商务的一项基本要求。为了保证电子商务的协调性，有关组织提供了一些交互式的协议，电子商务活动可在这些协议的基础上进行，同时，许多专门的系统和软件被不断地开发出来，包括企业资源计划（ERP）、供应链管理（SCM）、客户关系管理（CRM）等，它们被应用于企业的电子商务过程，为企业内部各部门之间、企业与合作伙伴之间及企业与客户之间的相互协调提供必要的技术支持。

### 5. 集成性

"集成"一词来源于电子技术中的集成电路，集成电路是指将很多电子元器件集成在芯片上的一种高级微电子器件，集成电路使电子元器件的功能和效率大大提升。后来，"集成"的思想和方法被扩展到其他领域，用于表明将不同的部分功能相互连接并重新组织，使之成为一个新的有机整体。"集成"的思想和方法也在电子商务中得到充分的体现，集成性成为电子商务的一个重要特征。电子商务的集成性主要体现在两个方面：技术集成和事务集成。其中，技术集成是事务集成的基础。电子商务的价值不仅在于采用了各种最新的信息技术，还在于能够进行技术集成，一方面是将不同系统和模块功能集成在一起，使各种技术和系统能够相互兼容、协同工作；另一方面是将新老技术集成在一起，使用户能够在采用新技术的同时，保留和利用已有的资源和技术的价值。在技术集成的基础上再对事务进行集成，可保持事务处理的整体性和统一性。事务集成能规范事务处理的工作流程，将人工操作和电子信息处理集成为一个不可分割的整体，这样不仅能提高工作的效率，也提高了系统运行的严密程度。

#### 6．可扩展性

企业运用电子商务，是一个循序渐进的过程。随着客户群的增大、企业业务的扩展，必须对原先设计的电子商务解决方案进行扩展。因此，电子商务作为一个系统，必须具有可扩展性。与传统商务相比，电子商务是在更为广阔的网络空间中进行的，潜在消费者的数目存在极大的不确定性，这就要求电子商务的服务系统必须具备高度的弹性，以适应越来越多的消费需求。否则，电子商务系统将难以承受消费者的增多，服务水平降低，企业最终将失去市场生存能力。同时，市场需求的变化和企业服务水平的提高，要求电子商务系统在功能上也要能够进行调整，如在原有的基础上增加新的数据处理和服务功能，这也要求电子商务系统具有很强的可扩展性，以满足企业市场扩大和业务拓展的需求。

## 1.5　电子商务对社会经济的影响

### 1.5.1　电子商务对经济的影响

#### 1．改变了资源构成

经济活动的开展需要各种资源，传统经济的增长与发展主要建立在大量物质资源消耗的基础之上，而这些物质资源的有限性和稀缺性，已经成为经济发展的重要制约因素，导致经济发展的不可持续性。而在电子商务时代，经济增长与发展所依赖的资源在构成上发生了重大的改变，其中，土地、矿产、资本等物质资源开始退居次要地位，而信息、知识等非物质资源逐步占据主导地位。在电子商务时代，能否取得更快、更好的经济发展，不再取决于谁拥有多少土地、矿产和资本，而取决于谁拥有更多的信息和知识，取决于谁对信息的利用和对知识进行创新的能力更强。与传统的物质资源不同，信息和知识这些非物质资源可以再生，可以共享，不会因为使用而减少，更不会像物质资源那样出现枯竭。因此，资源构成的改变也就从根本上改变了整个经济发展的基本模式和走向，使经济的增长与发展更具可持续性。

#### 2．优化了产业结构

产业结构是指不同产业之间的比例关系。从人类社会发展的历史来看，在工业革命之前的农业社会，以农业为主的第一产业在国民经济中占了绝对大的比重，居于主导地位。工业革命后，人类社会中的农业经济转变为工业经济，第一产业的比重下降而第二产业的比重上升，以制造业为主的第二产业成为国民经济的主导产业。到 20 世纪后半期，随着后工业社会的到来，产业结构进一步改变，第三产业在发达国家开始迅速崛起，以服务业为主的第三产业取代了第二产业的位置，成为新的主导产业。人们把这一过程称为产业结构的高度化，主导产业的层次越高，也就代表了经济的发展水平越高。而电子商务的出现，则对产业结构的改进与优化起到了极大的促进作用。一方面，电子商务的发展是建立在信息产业发展的基础上的，电子商务的发展必然对信息产业的发展产生巨大的动力，而信息业的发展又将对服务业的发展产生巨大的推动作用。另一方面，电子商务的发展必然要求一些传统的产业进行信息化改造，增强其服务功能，特别是对一些与生产过程密切相关的服务业，如物流、金融、咨询等行业提出了更高的要求，从而促使这些产业快速发展，使整个服务业的发展水平得以提升，并促使整个产业结构也得到进一步优化。

### 3．减缓了经济波动

经济波动是指经济发展过程中由高涨到萧条这样的反复循环。经济波动是由于信息的不对称导致市场失衡并积累到一定程度时，经济体内部进行自我调整这一内在作用机制的体现，是市场经济条件下经济发展不可避免的一种规律性的现象。但经济波动又是经济发展的负面因素，过大和过于频繁的经济波动将对经济造成很大的破坏，会延缓和阻碍经济发展。因而，抑制经济波动，保持经济的稳定增长，是所有国家经济发展的一个重要目标。电子商务的发展可以起到缓解经济波动的作用。在电子商务时代，由于信息网络技术的应用，企业可以直接与消费者进行联系和沟通，按照消费者的需求来进行生产，这样原来信息不对称的状况就可以大大改善，供求之间的一致和均衡就更加容易实现，经济波动发生的频率就可以大大减少，其波动的幅度也可以得到很大程度的缓和。

### 4．促进了公平竞争

公平竞争是经济发展的重要条件，只有在公平竞争中通过优胜劣汰，才能保证经济的效率和资源的最优配置，使经济得到不断的发展。但在现实中，企业在竞争中的地位往往是不对等的，一些实力雄厚的大企业利用其在各种物质资源占有上的优势形成垄断，而许多弱小的中小企业则因其经济实力的悬殊，在竞争中受到大企业的挤压而处于劣势。然而，电子商务的出现使这种状况发生了重大的改变。在电子商务时代，企业之间的竞争主要不是看拥有多少财力、物力，而是看拥有多少信息和知识，拥有多少创新的能力。而且，由于信息网络技术的发展，企业之间更容易进行沟通与协作，不同的企业之间可以通过信息网络结成虚拟企业，市场竞争由单个的企业之间的竞争转变为不同的供应链联盟之间的竞争，形成在合作的基础上进行竞争的局面。这样，就为中小企业的发展创造了更加有利的条件，使中小企业完全可以与大企业站在同一起跑线上，与大企业进行更加公平的竞争。

### 5．增加了就业机会

从根本上说，财富是由人创造的。让每个具有劳动能力的人都能够得到就业机会，就能够创造更多的财富，同时也可以使每个人的生活都得到经济保障，从而保证社会的安定。因此，每个国家都把充分就业作为经济发展的另一重要目标。充分就业的一个重要条件就是必须有充足的就业机会，而电子商务的发展一方面促进了信息服务业的发展，从而创造出更多的就业岗位；另一方面还改善了人力资源市场的信息不对称，减少了信息沟通障碍而导致的摩擦性失业，这也等于增加了更多的就业机会。此外，电子商务的发展还改变了人们的就业方式，使人们可以在家工作，甚至在本国为外国公司工作，使就业变得更具有灵活性，这无疑也将使更多的人获得就业机会。

## 1.5.2 电子商务对企业的影响

### 1．转变了企业的经营理念

经营理念是关于企业经营以什么为中心的思想观念。在传统商务中，信息传递与沟通上存在着障碍，买卖双方之间存在着很大的信息不对称，由此导致企业的机会主义倾向，即企业的经营管理皆以企业为中心，把企业利益放在首位，甚至通过减少消费者的利益来增加企业的利益。即使一些企业想以消费者利益为中心，但由于无法确切地掌握每个消费者的需求信息，企业也只能按照自己的预测和主观想象来为消费者提供产品和服务，每个消费者的需求并不能得到最大满足。而在电子商务条件下，这种情况发生了根本性的改变。信息网络技术的发展和应用，一方面，使消费者可以获得更充分的信息，进行更多的选择。企业只有为消费者提供最好的产品和服务，才能得到消费者的青睐，赢得市场，从而也为自己赢得生存和发展的条件，否则将被市场所淘汰。这就使企业的机会主义倾向受到了很大抑制，促使企业必须将其经营理念从以企业为中心转变为以消费者为中心。另一方面，信息网络技术的应用也为企业实现以消费者为中心的经营理念提供了必要的技术支持。企业通过网络可以获得每个消费者的需求信息，通过定制化的生产为消费者提供个性化的产品和服务，使每个消费者的需求都有可能得到最大满足，从而使以消费者为中心的经营理念能够真正得到体现。

#### 2. 优化了企业的业务流程

业务流程是指一组为客户创造价值的相关活动，它由一系列相互关联的业务环节组成。业务流程设计和安排得合理、科学与否，直接关系到企业整个业务活动的效率高低，进而影响到企业为客户创造的价值高低及客户满意程度的高低。传统商务的业务流程是根据原有的技术条件设计的，存在着工作内容重复、协调性差、工作效率低等弊病。电子商务不仅仅是在原有的业务流程中对信息网络技术的简单应用，更重要的是在新的技术条件下对原有的业务流程进行改造，即业务流程再造（Business Process Reengineering，BPR），以简化业务环节，强化内部的协调一致，提高工作效率。只有这样，信息网络技术及电子商务的价值才能得到充分体现，企业才能为客户创造出更大的价值，使客户得到更大的满足，也使企业形成更强的竞争力。从这个意义上说，业务流程再造也是实施电子商务应有的内容之一，它使企业的业务流程得到优化，业务活动的效率和水平得到提升。

### 关键词语

## 业务流程再造

业务流程再造（BPR）是 20 世纪 90 年代初期在美国兴起的管理变革浪潮。根据其创始者哈默和钱皮的定义，BPR 是“对组织的作业流程进行根本的再思考和彻底的再设计，以求在成本、质量、服务和速度等各项当今至关重要的绩效标准上取得显著的改善”。BPR 包含四个要素：用信息技术对业务流程进行根本革新，从而实现主要业务目标的方法和步骤；运用 IT 作为主要工具对业务的重构；对限制组织竞争性、有效性、效率的业务流程和组织结构进行重构；对业务流程的根本性分析和彻底性再设计，从而在关键测量指标上获得突破性的改进。

#### 3. 改善了企业的组织结构

企业的经营管理活动必须通过一系列组织来完成。同样，企业内部的组织结构如何设计和安排，也与一定的技术条件有关。在原有的技术条件下，由于信息传递与沟通的障碍，使得管理者的管理跨度十分有限，因而企业通常采用的是层级式的金字塔形组织结构，在顶层与底层之间安排许多中间层次，行使上传下达的职能。过多的中间层次增加了管理成本，也增大了信息失真的可能性，降低了信息传递与沟通效率，同时还抑制了基层人员主动性的发挥。在电子商务条件下，由于信息传递与沟通的障碍在很大程度上被消除，管理人员的管理跨度增大，高层管理人员可以直接与基层人员进行沟通，而原来的一些中间层次就失去了存在的必要，从而使企业原来的金字塔形组织结构趋于扁平。扁平化的组织结构减少了中间的管理层次和人员，降低了管理成本，减少了信息失真，提高了信息传递与沟通效率。扁平化的组织结构还使基层人员获得了更多的决策权力，使其主观能动性得到更充分的发挥，使整个组织更具有活力。

**4．提高了企业的响应能力**

在信息社会中，技术在突飞猛进地发展，消费者的需求也在日新月异地变化。企业要想在市场竞争中取得主动权，就必须对市场的变化做出快速响应，能够以最快的速度为消费者研制出新的产品和服务，从而在市场上保持领先的地位。但是，一个新产品从研制开发到生产销售需要许多部门的相互协作才能够完成，受到技术条件的限制，不同部门之间的协调存在困难，这就加大了新产品研制及生产销售的周期，降低了企业对市场的反应速度。在电子商务条件下，这种状况也发生了很大的改变。一方面是由于企业能够直接面对市场和消费者，可以及时获得消费者的需求信息；另一方面是因为企业各部门能够进行信息的共享并进行有效的沟通，使其协调性大大增强，这就使新产品的研制开发及生产销售的周期大大缩短，对市场的响应速度加快，增强了对市场响应的能力，从而进一步提高了企业的市场生存和竞争能力。

**5．促进了企业的合作竞争**

在传统商务条件下，企业之间的关系是竞争关系，只有在竞争中击败对手，甚至击垮对手，自己才能获得更多的生存空间，取得更大的发展。造成这种状况的主要原因有两个：一是传统商务依赖的资源主要是稀缺的物质资源，必须通过竞争才能够为自己争取更多资源；二是信息传递与沟通的障碍使得合作十分困难，合作的成本大于合作所能带来的利益。因此，在传统商务条件下，企业之间更多是竞争关系而很少进行合作。电子商务的发展使这种状况出现了很大变化。首先是资源条件发生改变，由以土地、资本等物质资源为主转变为以信息、知识等非物质资源为主，非物质资源的非消耗性和可共享性使得企业之间无须再进行争夺。其次是由于信息传递与沟通的条件得到改善，信息障碍得以消除，使合作的成本大大降低，合作更容易进行。最后，电子商务也使企业之间的相互依赖程度进一步加深，每个企业都无法而且也没有必要独自完成所有的业务内容，而是可以将一些非核心的业务外包给其他专业公司去完成，自己仅保留核心业务，整合和利用外部的资源来提高自己的竞争力。因此，在电子商务条件下，企业之间更强调合作，各关联企业在信息网络无缝连接的基础上实现业务的无缝连接，组成虚拟企业（Virtual Enterprise）和战略联盟（Strategic Alliance）。企业在竞争中进行合作，在合作中进行竞争，从而形成合作竞争（Co-Competition）的局面，并在合作竞争中与合作伙伴及竞争对手取得共赢的结果。

## 关键词语

### 虚拟企业

虚拟企业，是当市场出现新机遇时，具有不同资源与优势的企业为了共同开拓市场，共同对付其他的竞争者而组织的、建立在信息网络基础之上的共享技术与信息、合作互利的企业联盟体。虚拟企业可以看作一个企业网络，该企业网络中的每个成员都要贡献一定的资源，供大家共享，而这个企业网络运行的集合竞争优势和竞争力水平大于各个参与者的竞争优势和竞争力水平的简单相加。与一般企业相比，虚拟企业更具组织的柔性与反应的敏捷性，因而具有更强的适应市场能力，从而形成更大的竞争优势与市场竞争力。

## 1.5.3　电子商务对政府的影响

### 1．政府的决策更加分散和民主

在电子商务背景下，各种信息网络技术在政府部门也得到广泛的应用，使政府的工作也以信息化、网络化的方式进行，促进了电子政府的形成和电子政务（E-Government）的发展。借助于信息网络，政府的方针政策可以直接传递到每个社会单元甚至社会公众的每个个体，同时每个社会单元和个体也可以更有效地将自己的意愿和意见、建议传递到相应的政府部门。信息网络技术的应用和电子政务的开展，一方面使政府组织结构趋向扁平化和网络化，从而避免了信息在多环节传递中的阻滞和失真，提高了行政效率；另一方面也使政府组织对社会更加开放，权力结构进一步分散，行政决策的民主性进一步增强。信息网络技术的应用还可以使政府获得更加完全的信息，充分了解社会民意和现实情况，帮助政府更好地制定各种方针、政策和战略规划，使政府的决策更加科学和符合实际。

## 关键词语

### 电子政务

电子政务是指在现代计算机、网络通信等技术的支撑下，政府机构日常办公、信息收集与发布、公共管理等事务在数字化、网络化的环境下进行的国家行政管理形式。它包含多方面的内容，如政府办公自动化、政府部门间的信息共建共享、政府实时信息发布、各级政府间的远程视频会议、公民网上查询政府信息、电子化民意调查和社会经济统计等。电子政务一般包括政府间的电子政务（G2G）、商业机构与政府间的电子政务（B2G）、公民与政府间的电子政务（C2G）几种类型。

### 2．政府的行为更加公开和透明

随着电子政务的开展，很多政府事务可以由计算机系统代替人工处理，如各种文件、证件的查验、审查甚至批准等。因此，一些政府机构和部门被虚拟化，政府机构可以大大精简，人员可以大大减少，从而降低了政府的行政成本。

通过信息网络，社会公众可以随时了解政府的更多信息，掌握政府行政工作的进展情况，使政府的行为更加公开和透明，从而改变政府与社会公众之间信息不对称的状况，有利于加强社会对政府工作和行为的监督，帮助政府改善工作作风，提高行政效率，保持政府工作的客观性和公正性，减少官僚主义和行政不作为，抑制徇私舞弊和贪污腐化等行为。

#### 3．政府的职能由管制转向服务

电子商务及电子政务的发展也使企业的行为变得更加公开和透明，一旦出现企业损害消费者和社会公众利益的行为，就立刻会通过网络传播到社会的各个角落，最终企业会落得身败名裂的下场。这就促使企业把信用和声誉视为自己的生命，自觉约束自己的行为，努力保持并不断提升企业的形象。在这种情况下，由于企业的自律行为加强，政府管制的职能相应地也就弱化，政府可以将其主要精力转到为企业服务上。因此，电子商务的发展将促进政府职能的转变，由以管制为主转变为以服务为主，形成一个服务型的政府，主要承担为企业及各种微观经济活动主体提供各种必要的行政服务。特别是在电子商务的背景下，信息成为主导性资源，而一些公共信息属于公共产品，需要由政府来提供，包括公共信息平台的建立、管理及公共信息的收集、处理和传播等，还包括制定公共信息安全的制度等。因此，公共信息资源的配置和管理将成为在电子商务条件下政府服务的一项重要内容。

#### 4．管理的目标由微观转向宏观

在电子商务环境下，国家、行业或市场管理部门都可以通过电子工具来查询、统计、检查商务活动情况和市场运行情况，通过动态监测市场信息，进行分析、比较，可以实时发出调整、调控信息，再通过电子商务的方式把这些信息传达给微观经济活动的主体。

另外，自我微观调节的各类企业，在经营管理的活动中也能及时获取各个层次的市场和商务信息，从而实时调整自己的经营决策，使其更加科学化。

这样，政府管理的目标就从具体的微观经济活动中转移出来，转向宏观的经济运行。政府的主要作用是通过制定经济发展战略规划和产业政策等宏观调控职能来引导市场，规范和指导微观经济主体的行为。同时，政府还承担社会公共事业管理职能，向公众提供市场无法提供或不愿意提供的公共产品，包括公共基础设施的建设、社会经济和法律制度的制定等，为企业的正常运营和社会经济的发展提供良好的物质基础和社会环境。

## 1.6 电子商务应用的一般框架

### 1.6.1 电子商务应用的体系构成

对于大多数企业来说，它们所关心的只是电子商务的应用，将电子商务导入企业的经营管理过程。但是，这种应用并不是凭空建立的，而是需要具备一定的条件的。

电子商务的应用首先需要必要的技术支持，这些技术主要是信息与网络技术，包括网络技术、信息发布技术和一般业务服务技术。只有当这些技术比较成熟，用户可以通过这些技术来进行信息传递和发布，并能够得到一些基础性的业务服务时，电子商务活动才有可能得以开展。

电子商务的应用还需要有一个与之相适应的社会环境，包括与电子商务发展要求相适应的政策环境、法律环境、信息及网络的安全保障、相应的协议和技术标准的建立等。如果只满足技术条件，而没有相应的环境条件，如国家的政策和法律与电子商务的要求不匹配、网络的安全得不到保障或缺少统一的协议和技术标准等，电子商务依然无法顺利开展。

电子商务的应用是建立在一定的技术支持和环境保障之上的。所有这些技术支持和环境保障因素构成了电子商务应用的体系。电子商务应用的一般框架主要由三个层次和四个支柱构成，如图 1-5 所示。

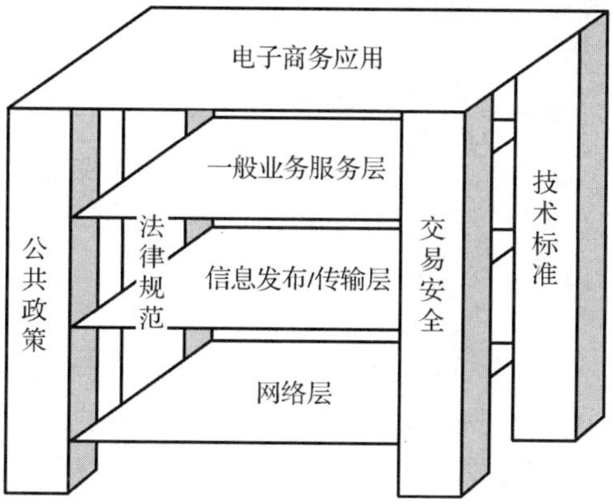


图 1-5　电子商务应用的一般框架

## 1.6.2　电子商务应用的层次

### 1. 网络层

网络层主要是电子商务的硬件基础设施，也是实现电子商务的底层基本技术。网络层主要是信息传输系统，包括远程通信（Telecom）网、有线电视（Cable TV）网、无线通信（Wireless）网和因特网（Internet）。其中，远程通信网包括电话、电报，无线通信网包括移动通信网和卫星网，Internet 包括与之相连的各种计算机网络。这些不同的网络相互连接，构成了电子商务信息的传输线路，其中 Internet 又是电子商务最基本的网络基础设施，为电子商务的实现提供了最基本的技术条件。

### 2. 信息发布/传输层

网络基础设施的建立和完善，使得通过网络传输各种信息成为可能。信息发布/传输层主要提供各种形式信息的技术支持，包括文本、图片、声音、图像等信息的综合传播技术。最常用的信息发布应用平台就是万维网 WWW（World Wide Web），它应用 HTML 或 Java 将多媒体内容发布到 Web 服务器上，然后通过一些传输协议将发布的消息传送给接收者。

### 3. 一般业务服务层

一般业务服务层是在信息传输的基础上，实现标准的网上商务活动服务，以方便交易和商务活动的开展。一般业务服务层的具体内容包括商品目录或价目表的建立、交易及支付信息的安全传送、买卖双方的身份认证等，通过一般业务服务层的技术支持，使企业的电子商务交易系统得以建立，交易的合法性、安全性得到保证，这就为电子商务的开展创造了必要的条件。

## 1.6.3 电子商务应用的支柱

### 1. 公共政策

由传统商务到电子商务的转变，首先需要有一个良好的政策环境的支持。这些政策包括政府对待电子商务的认识和态度、政府对电子商务发展的规划与采取的战略和措施、与电子商务发展有关的产业政策等，还包括有关电子商务的税收制度、信息的定价及信息访问的收费制度等。

政府必须充分认识到发展电子商务的重要性，根据电子商务发展的要求科学制定电子商务的发展战略，对与电子商务有关的信息产业和网络产业给予政策支持，并在电子商务的税收、信息网络的应用收费等方面制定有利于促进电子商务发展的政策和措施，从制度和政策层面为电子商务的开展和发展提供支持。

### 2. 法律规范

电子商务的发展不仅需要政策的支持，还需要从法律上给予保障。电子商务是对传统商务模式的一次重大变革，采用了许多传统商务活动所没有的方式和手段，这就使得原来针对传统商务的有关法律显得不适用，需要在法律上针对电子商务的特点和要求做进一步的补充和完善。

首先，需要制定专门的电子商务法，对电子商务活动进行界定，并对电子商务的主体行为进行法律上的规范。

其次，要根据电子商务活动的特点制定一些电子商务的专项法律，如电子合同法和电子签名法等，使电子合同及电子签名具有与普通合同及签名相同的法律效力。

最后，还要制定一些为电子商务提供保障的相关法律，如信息传输安全保障法、网络知识产权保护法、网络隐私保护法等。

通过这些法律、法规的制定和实施，确立电子商务的行为规范和准则，保护电子商务活动中的合法行为，打击利用电子商务所进行的违法活动，这样电子商务才能够有效地开展并得到充分发展。

### 3. 交易安全

如何保障电子商务活动的安全，一直是电子商务能否正常开展的核心问题。没有信息与网络的安全保证，电子商务就无法为广大企业和消费者所接受，电子商务也就不能得到广泛的应用。电子商务的安全保障包括网络安全、信息安全及信用安全等方面，这不仅需要有完善的制度和法律给予保障，还需要专门的机构使用专门的技术来加以实现。其中，需要有一些专门的机构，包括网络安全管理机构、电子交易身份的认证机构等，承担网络交易安全的保障职能，还需要一些专门的技术（包括密码技术、数字签名技术等），为实现电子商务安全提供技术支持。

### 4．技术标准

技术标准是在电子商务活动中各方共同遵守的技术规范，它定义了用户接口、传输协议、信息发布标准及安全协议等技术细节。技术标准是信息发布和传递的基础，统一的技术标准是网络上信息一致性的保证。为了使商务活动数据或单证能被不同国家、行业贸易伙伴的计算机识别处理，一定要有数据格式的共同约定，同时在数据传输时遵循一定的协议和规则，这样才能保证电子商务正常进行。

电子商务技术标准包括 EDI 标准、识别卡标准、通信网络标准和其他相关的标准，如术语、信息分类和代码、计算机设备、软件工程、安全保密等。要实现电子商务的广泛应用，就必须积极推进电子商务的标准化建设，广泛采用国际标准，实现技术标准相互统一。

## 1.6.4　电子商务应用的范围和领域

### 1．电子商务应用的范围

从整体上看，电子商务的应用范围可以分为三个不同层面：企业电子商务、市场电子商务和社会电子商务，如图 1-6 所示。这三个部分之间存在着内在的紧密联系，只有这三个层面保持协调一致，电子商务才能得到健康、有序的发展。

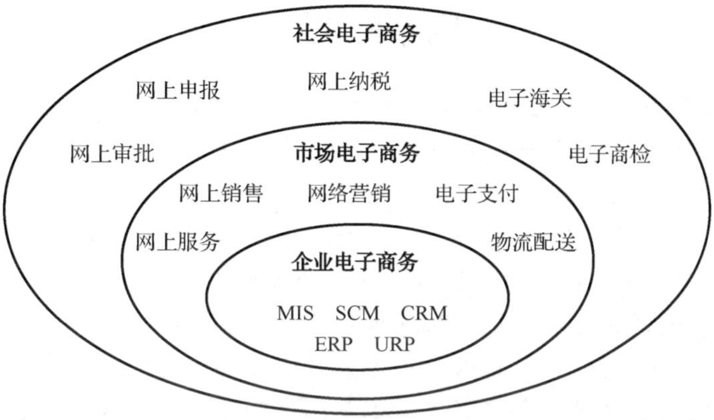


图 1-6　电子商务的应用层次

（1）企业电子商务

企业电子商务是指企业利用信息网络技术在企业内部及相关企业之间对业务流程进行重组，实现企业经营管理的信息化和网络化。企业电子商务是电子商务应用最核心的内容，是其他所有电子商务活动的基础。企业电子商务的内容包括构建管理信息系统，实施企业资源计划、供应链管理、客户关系管理等。

（2）市场电子商务

市场电子商务是指围绕市场交易所进行的各种活动。企业的经营目的是获取利润，而利润的获得则要靠产品或服务的市场销售来实现，因此，市场电子商务是企业内部电子商务的延续，是电子商务活动的外在体现。市场电子商务的内容包括网上信息发布、网上交易洽谈、电子支付与结算及网上销售与网上服务等。

（3）社会电子商务

社会电子商务是指企业电子商务和市场电子商务以外的社会经济活动，其中最重要的是政府与企业有关的活动。电子商务活动的开展还需要必要的社会环境和条件提供支持，而社会电子商务则为企业电子商务和市场电子商务提供了必要的支撑环境。社会电子商务的内容主要为电子政务，即政府活动的信息化和网络化，包括网上行政事务处理、网上纳税、电子海关、电子商检等。

### 2. 电子商务应用的领域

电子商务应用的领域非常广泛，几乎覆盖了社会经济中的所有行业。其中，包括传统的生产制造业、商贸流通业等，这些行业通过信息化、网络化的改造和电子商务的导入，实施业务流程的重组和商务模式的转变，从而实现由传统商务向电子商务的跨越；还包括各种生产和生活服务业，如信息业、物流业、金融业、咨询业及旅游交通、新闻出版、文化创意等产业，这些行业也离不开电子商务的支持，需要借助电子商务的技术手段来完成各项业务，开展经营和管理。除了一般意义上的商业领域外，在各种非商业领域，如政府部门、公共事业及文化教育机构、医疗卫生机构等，电子商务也同样可以被用来降低运营成本、提高工作效率及社会服务水平等。

## 案例研究

# 阿 里 巴 巴

创立于 1999 年的阿里巴巴是全球 B2B 电子商务的著名品牌，是目前全球最大的网上贸易市场之一。阿里巴巴的创始人是马云。1995 年，马云开始涉足互联网，互联网上最早出现的以中国为主题的商业信息网站“中国黄页”就是马云的成果。1997 年，马云加盟外经贸部，参与开发外经贸部的官方站点及后来的网上中国商品交易市场。在这个过程中，马云的 B2B 思路渐渐成熟：用电子商务为中小企业服务。

英语教师出身的马云可以说是中国互联网产业中的一个另类。1999 年，当众多国内企业把美国 B2B、B2C、C2C 等各种电子商务模式视为圣经的时候，马云就意识到，亚洲的电子商务市场与欧美的电子商务市场有着本质的区别，特别是 B2B 模式，前者主要针对中小型企业，而后者则是针对大企业的，显然，两种市场不可能用一样的模式。

基于这种判断，阿里巴巴自创建之始就没有简单复制美国的 B2B 模式，而是结合中国市场的实际情况走了一条创新之路：为中国的制造商和国外的采购商搭建一个信息平台，为中小企业服务，帮助中小企业赚钱。

阿里巴巴国际交易市场是阿里巴巴集团最先创立的业务，目前是领先的全球批发贸易平台。阿里巴巴国际交易市场上的买家来自全球 200 多个国家和地区，一般是从事进出口业务的贸易代理商、批发商、零售商、制造商及中小企业。阿里巴巴国际交易市场同时向其会员及其他中小企业，提供通关、退税、贸易融资和物流等进出口供应链服务。

1999 年，阿里巴巴对其 B2B 业务进行了整合和优化升级，并将其定名为 1688。按照其定位，1688 以批发和采购业务为核心，通过专业化运营，完善客户体验，全面优化电子商务的业务模式。作为中国领先的网上批发平台，1688 覆盖普通商品、服装、电子产品、原材料、工业零部件、农产品和化工产品等多个行业的买家和卖家。1688 还为在阿里巴巴集团旗下零售平台经营业务的商家，提供了从本地批发商采购产品的渠道。经过十多年的发展，1688 成为首个 B 类注册用户数超过 1.2 亿的批发采购交易平台，有超过 1000 万家企业在 1688 开通公司商铺，覆盖服装、家居、工业品等 49 个一级行业，1709 个二级行业，每天有超过 1200 万个客户访问，每天产生 1.5 条在线浏览记录。2017 年，阿里巴巴 B2B 全年营收为 131.85 亿元人民币，较 2016 年同比增长 17.93%，占全国 B2B 市场的份额为 37.6%，领先于位居第二的慧聪网 26.2 个百分点。

为实践“让天下没有难做的生意”这一企业愿景，1688 先后推出了一系列具有独创性的产品，主要包括以下几个。

（1）诚信通。诚信通是 1688 为从事中国国内贸易的中小企业推出的会员制网上贸易服务，主要用于解决网络贸易信用问题。它是建立在 1688 上的网上企业商铺，通过这个网上商铺可直接销售产品，并宣传企业和产品。

（2）产业带。产业带聚集了生产设备、原材料、面辅料、设计、货运等各类以生产为中心的上下游企业，建立经济技术协作圈。这里汇聚了好商好货，旨在帮助买家直达原产地优质货源，帮助卖家提升竞争力，降低竞争成本。同时联合产业带当地政府和第三方服务商合作运营，优势共享。

（3）伙拼。伙拼是 1688 推出的批发型团购频道。目前，伙拼产品覆盖了服装、母婴、食品、美容、百货、家纺、家装、工业品等几乎全部的产品品类，让所有批发商都可以低成本、高效率进行网络批发。

（4）淘工厂。淘工厂是连接电商卖家与工厂的加工定制服务。一方面解决了电商卖家找工厂难、试单难、翻单难、新款开发难的问题；另一方面将线下工厂产能商品化，通过淘工厂平台推向广大的电商卖家从而帮助工厂获取订单，实现工厂电商化转型，打造了贯通整个线上服装供应链的生态体系。

（5）商友圈。商友圈是聚集不同行业、不同地域、不同专业市场的卖家和买家专业群体的电子商务社区，汇聚全国各地各行业超过 1 万个商盟、50 万个生产厂家企业主、经销商，横跨数千个行业，每天超过 50 万人在线。商友们可以在这里发现专业的交友、互动圈子，与各行各业专家、企业主交流商业经验、分享商业知识，参与各种类型商圈的线上/线下活动，聚集商业人脉。

（6）快订。快订是 1688 全新上线的新品订货专业频道。深度整合尖端设计师、产业集群地工厂、外贸大厂及尖端面料商等供应链上游资源，旨在为淘宝天猫卖家、线下品牌商等核心零售商提供海量的首发原创设计款，打造“小批量、快生产、高品质”的一站式“快时尚”订货模式。

（7）采购商城。1688 采购商城是阿里巴巴 1688 旗下自营的工业品采购超市。面向国内生产制造企业，提供的产品涵盖五金工具、劳保防护、电工电气、机械零部件、行政办公、物流包装、LED 照明、精细化学和公用设施等品类。1688 采购商城保障所有商品正品真货，并提供 7 天无理由退换服务。采购商城承诺按约发货，并由商城统一提供发票。

马云的创新思维成就了今天的阿里巴巴。阿里巴巴从同期发展的众多电子商务企业中脱颖而出，成为全世界最大的 B2B 网站，而阿里巴巴的 B2B 模式也与雅虎的门户网站模式、亚马逊的 B2C 模式和 eBay 的 C2C 模式一起，被硅谷和互联网风险投资者称为“互联网的第四种模式”。

案例思考题

1. 为什么说阿里巴巴开创了电子商务的新模式?
2. 网络交易平台具有哪些功能和优势?
3. 打造网络交易平台需注意哪些问题?

## 本章关键概念

商务、电子商务、EDI、无纸贸易、业务流程再造、扁平化、虚拟企业、战略联盟、合作竞争、电子政务。

## 本章复习思考题

1. 什么是电子商务？如何理解电子与商务之间的关系？
2. 电子商务的产生与发展的动力是什么？需要具备哪些方面的条件？
3. 电子商务有哪些基本的功能？有哪些基本的特征？
4. 电子商务应用分哪几个层次？具体包含哪些内容？
5. 电子商务应用需要哪几个支柱？这些支柱的相关因素与电子商务发展有何联系？

## 本章论述题

1. 电子商务与传统商务之间是什么关系？
2. 电子商务对市场竞争会产生什么影响？

## 本章实践项目

设计调查问卷，选取你所在地区的若干企业，调查这些企业使用电子商务的情况及电子商务给企业带来的变化，写出调研报告。

# 第2章

# 电子商务技术基础

**本章学习目标**

- 理解电子商务技术包含的主要内容；
- 了解局域网的拓扑结构和常用网络设备；
- 理解 IP 地址的划分、域名的概念和 TCP/IP；
- 了解互联网的接入方法；
- 了解常用的电子商务开发技术和工具；
- 掌握电子商务网站的类型和体系结构；
- 掌握电子商务系统的设计开发步骤；
- 了解商务智能技术、云计算技术和物联网技术及其应用。

## 引导案例

### 淘宝网技术架构的演变

淘宝网自 2003 年由阿里巴巴创立以来，业务发展非常迅速。目前平均每个月都有超过 6 亿个活跃用户，是深受欢迎的网购零售平台。

淘宝网创立之初，为了快速上线、抢占市场，选择了当时流行的 LAMP 架构，使用 PHP 开发，使用 Linux 操作系统、Apache 服务器、MySQL 数据库，用了不到 3 个月的时间就上线了。当时整个网站的应用服务器大概有 10 台左右，MySQL 数据库采用了读/写分离、一主两备的部署方式。

2004 年淘宝网在业务发展的推动下，参考电信运营商、银行等一些企业的解决方案，将 LAMP 架构改造为 Oracle+IBM 小型机的数据库架构和 EMC 存储方式。这种方案成本高昂，但性能很好。然而，随着网站流量的增加，系统不堪重负。后来参考 eBay 的互联网设计架构，设计了一个 Java 的技术方案，并使用了非常多的 Java 开源产品。例如，选择当时比较流行的 JBoss 作为应用服务器；选择一个开源的 IOC 容器 Spring 来管理业务；

封装了一个数据库访问工具IBatis作为数据库和Java类的Object-Reletionship映射工具。另外，对于商品搜索功能，采用自己开发的ISearch搜索引擎来取代在Oracle数据库中进行搜索，以减小数据库服务器的压力。做法比较简单，每天晚上全量卸出Oracle小型机的数据，建成ISearch的索引，当时商品量也不大，一台普通配置的服务器基本上可以将所有的索引都放进去，没做切分，直接做成一个对等集群。

从2006年开始，淘宝网为了改善用户体验，开始建立自己的CDN站点，由于淘宝网的主要流量来源于各种商品图片、商品描述等静态数据，自建CDN可以使这些资源离用户更近，提升用户访问速度，改善用户浏览网站的体验。

2007年，淘宝网全年的交易额超过400亿元，平均每天近1亿多元，每天有100多万笔交易被创建。当时面对的主要问题是：一些系统的流量非常大，如商品详情等，如果直接访问数据库，会导致数据库压力过大。如用户信息，用户访问一个页面，通常都需要查询买家信息、卖家信息、显示出买家的信用、卖家的服务星级等。此时，淘宝网采用分布式缓存TDBM（Tair的前身）将这些热点静态数据缓存在内存中，提高访问性能。另外，将自己研发的分布式文件系统TFS部署在多台x86服务器上，取代商业的NAS存储设备，来存储淘宝网的各种文件信息，如商品图片、商品描述信息、交易快照信息，以达到降低成本、提高整体系统的容量和性能的目的，同时可以实现更灵活的扩展性。第一期上线了大概200台TFS服务器。另外，将ISearch搜索引擎改为分布式架构，支持水平扩展，部署了48个节点。

2008年年初，为了解决Oracle数据库集中式架构的瓶颈问题（连接数限制、I/O性能），淘宝将系统进行了拆分，按照用户域、商品域、交易域、店铺域等业务领域进行拆分，建立了20多个业务中心，如商品中心、用户中心、交易中心等。所有有用户访问需求的系统，都必须使用业务中心提供的远程接口来访问，不能直接访问底层的MySQL数据库，通过HSF这种远程通信方式来调用业务中心的服务接口，业务系统之间则通过Notify消息中间件异步方式完成调用。

从2010年开始，淘宝网着眼于统一架构体系，从整体系统层面考虑开发效率、运维标准化、高性能、高可扩展性、高可用、低成本方面的要求，底层的基础架构统一采用了阿里云计算平台，使用了SLB、ECS、RDS、OSS、ONS、CDN等阿里云计算服务，并通过阿里云服务提供的高可用特性，实现了双机房容灾和异地机房单元化部署，为淘宝网业务提供了稳定、高效和易于维护的基础架构支撑。

（案例来源：根据https://yq.aliyun.com/product/171的文章整理。）

### 案例思考题

1. 什么是LAMP架构？该技术有什么优缺点？
2. 对于大型电子商务网站来说，采用云计算服务的形式有什么优越性？
3. 为了应对不断增长的网站流量，淘宝网都采用了哪些技术手段来提升网站的性能？

## 2.1 电子商务技术概述

所谓电子商务技术，是指为了提高商务活动的效率、降低商务活动成本或改善客户的服务质量，在电子商务活动的各个阶段和各个环节所用到的关键性的技术，包括网络与通信技术、数据库技术、支付技术、网络安全技术、EDI 技术、大数据技术、云计算技术、物联网技术和人工智能技术等。

我们将电子商务技术应用领域分为电子商务基础设施建设、电子商务系统建设和电子商务运营分析三个，各应用领域对应的技术如表 2-1 所示。

表 2-1　电子商务技术概览

| 应用领域 | 技术内容 | 举　例 |
|---|---|---|
| 电子商务基础设施建设 | 网络与通信技术、互联网技术、网络安全技术、EDI 技术、物联网技术、云计算技术等 | Internet 建设、公钥基础设施建设、EDI 增值网建设、公共云计算中心建设等 |
| 电子商务系统建设 | Web 技术、数据库技术、互联网接入技术、支付技术、信息安全技术、局域网技术等 | 电子商务网站建设、物流信息平台建设、企业内部网建设等 |
| 电子商务运营分析 | 大数据技术、数据挖掘技术、数据仓库技术、OLAP 技术、云计算技术、人工智能技术 | 电子商务推荐系统、网络搜索引擎、精准广告投放等 |

从表 2-1 可以看出，电子商务几乎涉及信息技术的方方面面，包括计算机通信、互联网、信息安全、数据库、物联网、大数据和人工智能等。本章主要介绍电子商务系统建设的相关技术，同时也对其他相关技术进行简单介绍。

电子商务系统是指商务活动的各方，包括企业或商家、消费者、银行或金融机构、政府等，利用计算机通信网络等技术来实现商务活动的信息系统。

从商务角度看，电子商务系统的主要角色有采购方、供应方、支付中心、认证中心、物流中心、电子商务服务商等。参加电子商务的各种角色通过电子商务网络联系起来，进行各种商务信息的交换。同时，企业内部各部门之间通过企业内部网提高工作效率，增强企业内部信息沟通能力，提高信息资源共享的水平和协调工作能力。电子商务系统的基本结构如图 2-1 所示。

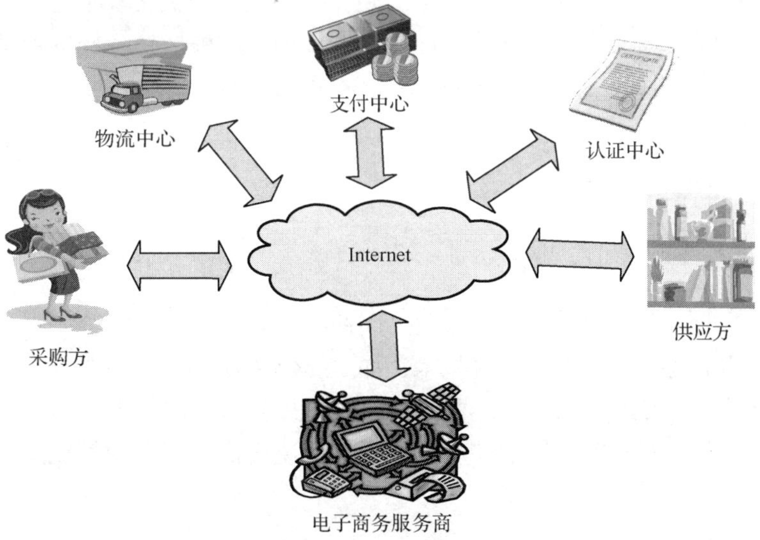


图 2-1　电子商务系统的基本结构

# 2.2 电子商务网络平台

## 2.2.1 局域网和广域网的定义

网络是电子商务系统最重要的基础设施。按计算机联网的区域大小，我们可以把网络分为局域网（Local Area Network，LAN）和广域网（Wide Area Network，WAN）。局域网是指在一个较小的地理范围内各种计算机网络设备互连在一起形成的通信网络，它可以包含一个或多个子网，通常局限在几千米的范围之内，如在一个房间、一座大楼或一个校园内的网络就称为局域网。广域网连接的地理范围较大，常常是一个国家或是一个洲。其目的是让相距较远的各局域网实现互连。我们平常讲的 Internet 就是最大、最典型的广域网。

## 2.2.2 局域网

### 1. 网络的拓扑结构

计算机网络的拓扑结构指的是网络节点和节点之间的通信链路所组成的几何形状，它是网络站点之间实现互连的一种方式。

（1）星状拓扑结构

在星状拓扑结构中，每个节点都由一条点到点链路与公共中心节点相连，任意两个节点之间的通信都必须通过中心节点，而且也只能通过中心节点才能通信，公共中心节点通过存储转发技术实现两个节点之间的数据传输，如图 2-2 所示。

星状拓扑结构的特点主要是结构简单，容易扩展；但是中心节点负担太重，可靠性不强，效率不高。目前千兆位以太网一般都是将计算机直接接到交换机上，即采用星状拓扑结构。

（2）总线状拓扑结构

总线状拓扑结构采用一条单根的通信线路作为公共的数据传输通道，所有的节点都通过接口直接连接到总线上，并通过总线进行数据传输。这种拓扑结构的通信网络中只有传输媒体，没有交换机等网络设备，所有网络站点都通过总线实现互连，如图 2-3 所示。

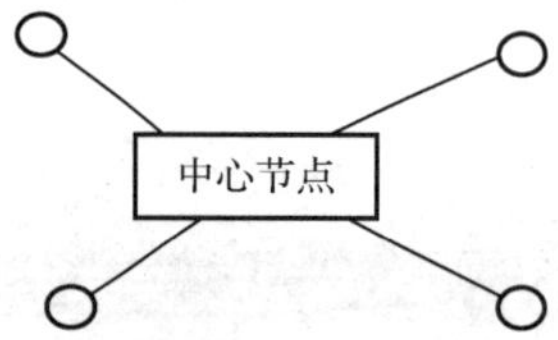


图 2-2　星状拓扑结构

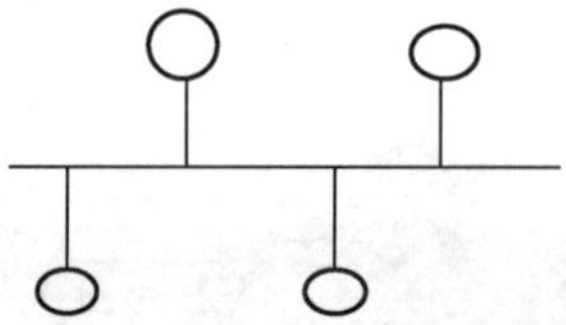

图 2-3　总线状拓扑结构

总线状拓扑结构采用广播式传输技术，如 CSMA/CD 协议，一个节点发送数据到总线上，其他节点不能再发送数据，只能监听总线，如果是自己的数据就接收，否则丢弃。总线状拓扑结构具有结构简单、易于扩展、网络响应速度快、成本低等优点，但是网络效率和带宽利用率低。

（3）环状拓扑结构

环状拓扑结构指的是各个网络节点通过环节点连在一条首尾相连的闭合环状通信线

路中，环节点通过点到点链路连接成一个封闭的环，每个环节点都有两条链路与其他环节点相连，如图 2-4 所示。

令牌环网和 FDDI 等都是这种环状拓扑结构，它的主要特点就是实时性好、结构简单、没有路径选择，但是可靠性差。

（4）树状拓扑结构

树状拓扑结构是由总线状拓扑结构和星状拓扑结构发展而来的。由总线状拓扑结构派生而来的拓扑中，每个分支都呈总线结构，各个总线分支连成星状结构。而由星状拓扑结构派生而来的拓扑中，每个节点都同时可能是其他节点的中心节点，如图 2-5 所示。

这种结构易于扩展，可靠性高，但是对根节点依赖性大，电缆成本高。

（5）网状拓扑结构

网状拓扑结构就是网络节点与通信线路互连成不规则的形状，节点之间至少有两条链路连接到其他节点，如图 2-6 所示。

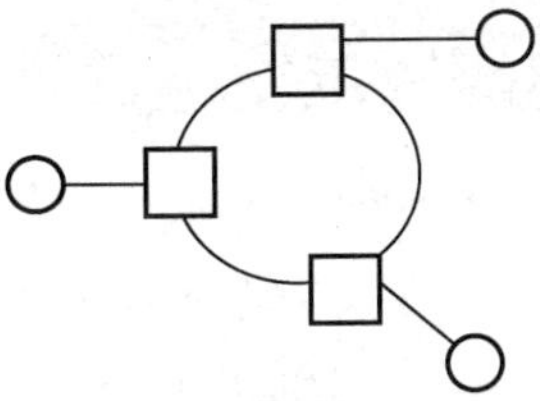

图 2-4　环状拓扑结构

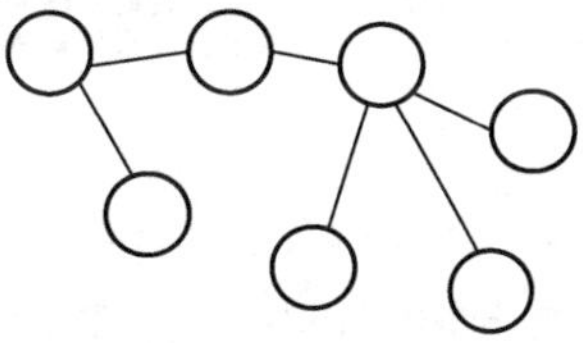

图 2-5　树状拓扑结构

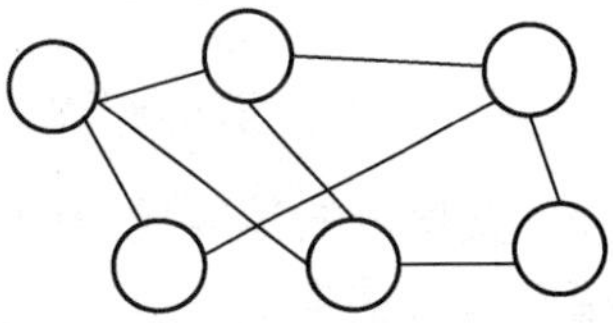

图 2-6　网状拓扑结构

网状拓扑结构一般适用于大型主干网，如教育网等，Internet 也采用这种结构，主要特点是可靠性高、容易进行流量控制管理，但是需要进行路径选择，实现比较复杂，成本高。

### 2．常用的局域网设备

（1）网络适配器

网络适配器又称网卡或网络接口卡（Network Interface Card，NIC）。它是使计算机联网的设备，如图 2-7 所示。网卡一般插在计算机主板插槽中，负责将用户要传递的数据转换为网络上其他设备能够识别的格式，通过网络介质传输。它的主要技术参数为带宽、总线方式、电气接口方式等。它的基本功能为：实现从并行到串行的数据转换，进行包的装配和拆装，实现网络存取控制，控制数据缓存和网络信号。每块网卡都有唯一的网络节点地址，它由网卡生产厂家在生产时固化在 ROM 中。

图 2-7　网络适配器

根据网络技术的不同，网卡的分类也有所不同，有 ATM 网卡、令牌环网卡和以太网网卡等。目前局域网主要采用以太网技术，因此常用的是以太网的网卡。按网卡所支持带宽的不同可分为 10Mbps 网卡、100Mbps 网卡、10/100Mbps 自适应网卡、10/100/1000Mbps 自适应网卡等。根据网卡总线类型的不同，网卡主要分为 ISA 网卡、EISA 网卡和 PCI 网卡等类型，目前最常用的是 PCI 网卡。根据传输介质的不同，网卡的接口类型分为 AUI 接口（粗缆接口）、BNC 接口（细缆接口）和 RJ-45 接口（双绞线接口）三种，目前最常见的是 RJ-45 接口。

（2）集线器

集线器（HUB）是对网络进行集中管理的最小单元，像树的主干一样，它是各分支的汇集点，如图 2-8 所示。HUB 是一个共享设备，其实质是一个中继器，而中继器的主要功能是对接收到的信号进行再生放大，以延长网络的传输距离。因为 HUB 只是一个信号放大和中转的设备，所以它不具备自动寻址能力，即不具备交换功能。所有传到 HUB 的数据均被广播到与之相连的各个端口，容易形成数据堵塞，因此有人称集线器为“傻 HUB”。

（3）交换机

交换机（Switch）是一种基于 MAC（网卡的硬件地址）识别，能完成封装转发数据包功能的网络设备，如图 2-9 所示。交换机可以“学习”MAC 地址，并把其存放在内部地址表中，通过在数据帧的始发者和目标接收者之间建立临时的交换路径，使数据帧直接由源地址到达目的地址。交换机可分为 10Mbps、100Mbps 和 1000Mbps 等几种类型。

图 2-8　集线器

图 2-9　交换机

交换机的速度比 HUB 快，这是由于 HUB 不知道目标地址在何处，发送数据到所有的端口。而交换机中有一张路由表，如果知道目标地址在何处，就把数据发送到指定地点；如果不知道，就发送到所有的端口。这样过滤可以帮助减少整个网络的数据传输量，提高效率。目前交换机基本代替了 HUB。

（4）线缆

计算机和网络设备要通过线缆连接在一起，在局域网中常见的线缆主要有双绞线、同轴电缆和光缆三种。

① 双绞线。双绞线（Twisted Pairwire，TP）是布线工程中最常用的一种传输介质。双绞线是由按一定扭矩相互绞合在一起的类似于电话线的传输媒介，每根线都加绝缘层并有色标标记。成对线的扭绞旨在将电磁辐射和外部电磁干扰减到最小。目前，双绞线可分为非屏蔽双绞线（Unshielded Twisted Pair，UTP）和屏蔽双绞线（Shielded Twisted Pair，STP）。我们平时接触比较多的就是 UTP 线。EIA/TIA（电气工业协会/电信工业协会）为双绞线电缆定义了几种不同质量的型号，分别为第一类、第二类、第三类、第四类、第五类、超五类、第六类、超六类和第七类双绞线，类型数字越大，版本越新，技术越先进，带宽也越宽，当然价格也越贵。第三类双绞线在以前的以太网中（10MB）比较流行，目前常用的是第五类、超五类及第六类双绞线。第五类双绞线增加了绕线密度，外套一种高质量的绝缘材料，用于最高传输速率为 100Mbps 的数据传输。超五类线主要用于千兆位以太网，而第六类线最适用于传输速率高于 1Gbps 的应用。使用双绞线组网，双绞线和其他网络设备（如网卡）的连接介质必须是 RJ-45 接头（也叫水晶头）。

② 同轴电缆。同轴电缆可分为两类：粗缆和细缆。这种电缆实际应用很广，如有线电视网，就使用同轴电缆。不论是粗缆还是细缆，其中央都是一根铜线，外面包有绝缘层。同轴电缆由内部导体环绕绝缘层、绝缘层外的金属屏蔽网和最外层的护套组成。这种结构的金属屏蔽网可防止中心导体向外辐射电磁场，也可用来防止外界电磁场干扰中心导体的信号。它的特点是抗干扰能力好，传输数据稳定，价格低。

③ 光缆。光缆不仅是目前可用的媒介，而且是今后将会继续使用的媒介，因为它具

有很大的带宽。光缆由许多细如发丝的塑胶或玻璃纤维外加绝缘护套组成，光束在玻璃纤维内传输，防磁防电，传输稳定，质量高，适于高速网络和骨干网。光缆与由导体构成的传输媒介最根本的差别是：它的传输信号是光束，而非电气信号。因此，光缆传输的信号不受电磁干扰。

实际上，在很多不方便布线的场合，还可以采用无线媒介来连接网络。无线媒介有三种主要类型：无线电、微波和红外线，这里不再赘述。

## 2.2.3 Internet

Internet 是计算机交互网络的简称，又称网际网。它是利用通信设备和线路将全世界不同地理位置的、功能相对独立的、数以千万计的计算机系统互连起来，以功能完善的网络软件（网络通信协议、网络操作系统等）实现网络资源共享和信息交换的数据通信网。

Internet 最早起源于美国国防部高级研究计划署 DARPA（Defence Advanced Research Projects Agency）的 ARPAnet，该网于 1969 年投入使用。ARPAnet 是现代计算机网络诞生的标志。

从 20 世纪 60 年代起，ARPA 提供经费，联合计算机公司和高校共同研制并发展起 ARPAnet 网络。最初，ARPAnet 主要用于军事研究目的，它主要基于以下指导思想：网络必须经受住故障的考验以维持正常的工作，一旦发生战争，当网络的某部分因遭受攻击而失去工作能力时，网络的其他部分应能维持正常的通信工作。ARPAnet 在技术上的另一个重大贡献是 TCP/IP 族的开发和利用。作为 Internet 的早期骨干网，ARPAnet 的试验奠定了 Internet 存在和发展的基础，较好地解决了异种机网络互连的一系列理论和技术问题。

1983 年，ARPAnet 分裂为两部分：ARPAnet 和纯军事用途的 MILNET。同时，局域网和广域网的产生和蓬勃发展对 Internet 的进一步发展起了重要的作用。其中最引人注目的是美国国家科学基金会（National Science Foundation，NSF）建立的 NSFnet。NSF 在全美建立了按地区划分的计算机广域网，并将这些地区网络和超级计算机中心互连起来。NFSnet 于 1990 年 6 月彻底取代了 ARPAnet，成为 Internet 的主干网。

NSFnet 对 Internet 的最大贡献是使 Internet 向全社会开放，而不像以前的那样仅供计算机研究人员和政府机构使用。1990 年 9 月，Merit、IBM 和 MCI 公司联合建立了一个非营利性组织——先进网络科学公司（Advanced Network & Science Inc.，ANS）。ANS 的目的是建立一个全美范围的 T3 级主干网，它能以 45Mbps 的速率传输数据。到 1991 年年底，NSFnet 的全部主干网都与 ANS 提供的 T3 级主干网相连。

Internet 的第二次飞跃归功于 Internet 的商业化，商业机构一踏入 Internet 这一陌生世界，就很快发现了它在通信、资料检索、客户服务等方面的巨大潜力。于是世界各地的无数企业纷纷涌入 Internet，带来了 Internet 发展史上新的飞跃。

### 1. TCP/IP

支持互联网基本操作的两个协议是传输控制协议（TCP）和互联网协议（IP）。我们通常用 TCP/IP 来表示这两种协议。该协议可以保证数据安全可靠地到达指定的目的地。

TCP/IP 所采用的通信方式是分组交换方式。分组交换就是数据在传输时被分解为若干段，称为“包”，这些包上标有源地址、次序和目的地址，它们在网络中从一台计算机传输到另一台计算机，直至到达目的地。每个包都可以选择网络中不同的线路，而且可能不按顺序到达目的地。到达目的地后，把所有的包集中起来，并按照原来的次序重新组合成原来的数据。

TCP 控制信息在互联网传输前进行打包，并在到达目的地后进行重组，它还具有检查和处理错误的功能，如果发现数据在传输过程中出现丢失和失真等现象，还可以请求发送端重发，因此 TCP 为两台主机提供高可靠性的数据通信。而 IP 具有利用路由算法进行路由选择的功能，控制信息包从源到目的地的传输路径。

### 2. IP 地址和域名

（1）IP 地址

为了使连入 Internet 的众多计算机主机在通信时能够相互识别，Internet 中的每台主机都被分配了一个由 32 位二进制数组成的唯一的标识符，该标识符被称为 IP 地址。由于二进制数不容易记忆，我们通常用 4 个十进制数来表示 IP 地址。每个十进制数代表 8 位二进制数，取值范围为 0～255，数之间用“.”分开，如“202.103.229.38”。

实际上，每个 IP 地址都是由网络号（NetID）和主机号（HostID）两部分组成的。网络号标识主机所连接的网络，主机号则标识该网络上特定的那台主机。IP 地址分为 A、B、C、D、E 5 类，常用的是 B 类和 C 类。

凡是以二进制数 0 开始的 IP 地址均属于 A 类地址，其网络号为 7 位二进制数，主机号为 24 位二进制数；凡是以二进制数 10 开始的 IP 地址均属于 B 类地址，其网络号为 14 位二进制数，主机号为 16 位二进制数；凡是以二进制数 110 开始的 IP 地址均属于 C 类地址，其网络号为 21 位二进制数，主机号为 8 位二进制数。

由此可以看出，A 类地址可表达的网络数最少，但可表达每个网络中的主机数最多，适合分配给大型网络中的计算机；B 类地址适合分配给中等规模网络中的计算机；C 类地址适合分配给小型网络中的计算机。

需要说明的是，上面讲述的是 IPv4 中对 IP 地址的规定，随着 Internet 规模的迅速增大，IPv4 的地址空间面临耗尽的危险。因此，在下一代互联网协议 IPv6 中，IP 地址的长度已由 32 位扩展到 128 位。

（2）域名

IP 地址是以数字来代表主机的地址，比较难记。为了记忆和使用的方便，也为了便于网络地址的分层管理和分配，Internet 在 1984 年采用了域名管理系统（Domain Name System，DNS）。域名是用来表示 IP 地址的单词组，域名包括以句点间隔的两个以上的单词。域名最右边是顶级域名，最左边是主机的名称，中间为各级子域名。例如，南京财经大学 WWW 服务器的 IP 地址是“210.28.80.4”，域名为“www.nufe.edu.cn”。

目前，互联网上的域名体系中共有 3 类顶级域名：类别顶级域名、地理顶级域名、新顶级域名。

① 类别顶级域名。该域名共有 7 个，也就是现在通常说的国际域名。由于 Internet 发源于美国，因此最早的域名并无国家标识，人们按用途把它们分为几个大类，它们分别以不同的后缀结尾：.com（用于商业公司）；.net（用于网络服务）；.org（用于组织协会等）；.gov（用于政府部门）；.edu（用于教育机构）；.mil（用于军事领域）；.int（用于国际组织）。最初的域名体系也主要供美国使用，因此美国的企业、机构、政府部门等所用的都是“国际域名”，随着 Internet 向全世界的发展，除.edu、.gov、.mil 一般为美国专用外，其他 3 类

常用的域名.com、.org、.net 则为全世界通用。

② 地理顶级域名。这类域名共有 243 个国家和地区的代码。例如，.cn 代表中国，.uk 代表英国（详见全球国家/地区顶级地理域名后缀）。这样以.cn 为后缀的域名就相应地叫作“国内域名”。

③ 新顶级域名。它是 ICANN 根据互联网发展需要，在 2000 年 11 月做出决议，从 2001 年开始使用的国际顶级域名，也包含 7 个：biz、info、name、pro、aero、coop、museum。其中，前 4 个是非限制性域名，后 3 个是限制性域名。例如，aero 须是航空业公司注册，museum 须是博物馆注册，coop 须是集体企业（非投资人控制，无须利润最大化）注册。

在 Internet 上，域名与 IP 地址之间是一一对应的，域名虽然便于记忆，但机器之间只能识别 IP 地址，因此在实际使用时，所有输入的域名必须先转换为 IP 地址，这种从域名到 IP 地址的转换称为域名解析。域名解析需要由专门的域名解析服务器来完成，整个过程是自动进行的。

## 前沿话题

### 下一代互联网（NGI）

美国政府 1993 年提出的“信息高速公路”计划不仅推动了互联网本身的发展，也促进了对下一代互联网的研究。1996 年 10 月，美国政府宣布启动“下一代互联网 NGI”研究计划，并建立了相应的高速网络试验床 vBNS。

与现在使用的互联网相比，下一代互联网具有以下特点。

- 更大。现有 IPv4 地址将在近几年迅速耗尽，世界互联网发展将受到严重限制。下一代互联网将逐渐放弃 IPv4，启用 IPv6 地址协议，IP 地址数从 $2^{32}$ 增加到 $2^{128}$，有人将其形容为“世界上的每粒沙子都会有一个 IP 地址”。
- 更快。在下一代互联网中，高速强调的是端到端的绝对速度，至少为 100Mbps。至于能高到什么程度，这有赖于传输技术的不断发展。
- 更安全。目前的计算机网络由于种种原因，在体系设计上有一些不够完善的地方，下一代互联网将在建设之初就从体系设计上充分考虑安全问题，使网络安全的可控性、可管理性大大增强。

基于以上特点，未来的互联网将更方便、更及时，真正的数字化生活将来临。随时、随地，我们可以用任何一种方式高速上网，任何东西都可能成为网络化生活的一部分。

#### 3．网络互联设备

网络互联通常是指将不同的网络或相同的网络用互联设备连接在一起而形成一个范围更大的网络，也可以是为加强网络性能和便于管理而将一个原来很大的网络划分为几个子网或网段。

网络互联中常用的设备有路由器（Router）和调制解调器（MODEM）等，下面分别进行介绍。

（1）路由器

路由器是互联网的主要节点设备。路由器通过路由决定数据的转发。转发策略称为路由选择（Routing），这也是路由器名称（Router，转发者）的由来。作为不同网络之间互相连接的枢纽，路由器系统构成了基于 TCP/IP 的 Internet 的主体脉络，也可以说，路由器构成了 Internet 的骨架。它的处理速度是网络通信的主要瓶颈之一，它的可靠性则直接影响着网络互联的质量。

（2）调制解调器

调制解调器作为末端系统和通信系统之间信号转换的设备，是广域网中必不可少的设备之一。调制解调器分为同步和异步两种，分别用来与路由器的同步串口和异步串口相连，同步串口可用于专线、帧中继、X.25 等，异步串口用于与 PSTN 的连接。

#### 4．互联网接入方式

目前常见的上网方式通常有以下 7 种。

（1）ISDN

ISDN 的英文全称是 Integrated Services Digital Network，即综合业务数字网。它能提供端到端的数字连接，用来承载语音和非语音等多种电信业务。ISDN 分为两种：N-ISDN（窄带综合业务数字网）和 B-ISDN（宽带综合业务数字网）。目前国内使用的是 N-ISDN。由于 ISDN 是数字信号，所以它比普通模拟电话信号更加稳定，比模拟电路更不易阻塞，还可以按需拨号。

（2）DDN 专线

DDN 是 Digital Data Network 的缩写，即数字数据网，就是我们平时所说的专线上网方式。数字数据网是一种由光纤、数字微波或卫星等数字传输通道和数字交叉复用设备组成的数字数据传输网，它可以为用户提供各种速率的高质量数字专用电路和其他新业务，以满足用户多媒体通信和组建中高速计算机通信网的需要。它的速率在 64kbps ~ 2Mbps 范围内可选。

（3）ATM 异步传输方式

ATM 是目前网络发展的最新技术，它采用基于信元的异步传输模式和虚电路结构，从根本上解决了多媒体的实时性及带宽问题。ATM 实现了面向虚链路的点到点传输，通常提供 155Mbps 的带宽。

（4）ADSL

ADSL 是 Asymmetric Digital Subscriber Loop 的缩写，即非对称数字用户环路。它的特点是能在现有的铜双绞普通电话线上提供高达 8Mbps 的下载速率和 1Mbps 的上传速率，传输距离为 3 ~ 5km。其优势在于不需要重新布线，可充分利用现有的电话线网络，只需在线路两端加装 ADSL 设备即可为用户提供高速、高带宽的接入服务，速度是普通 MODEM 拨号上网的速度所不能企及的，就连最新的 ISDN（一线通）的传输率大约也只有它的 1%。这种上网方式不但降低了技术成本，而且大大提高了网络速度，因而受到了许多用户的关注。

（5）有线电视网

利用有线电视网进行通信，可以使用 Cable MODEM（电缆调制解调器）进行数据传输。Cable MODEM 主要面向计算机用户的终端，是连接有线电视同轴电缆与用户计算机的中间设备。目前的有线电视节目传输所占用的频宽一般为 50 ~ 550MHz，有很多频带资源都没有得到有效利用。有线电视一般从 42 ~ 750MHz 之间的电视频道中分离出一条 6MHz 的信道，用于下行传送数据。它无须拨号上网，不占用电话线，可永久连接。服务商的设备同用户的 MODEM 之间建立了一个 VLAN（虚拟专网）连接，大多数 MODEM 提供一个标准的 10BaseT 以太网接口，同用户的计算机设备或局域网集线器相连。

（6）PSTN 拨号

PSTN 是 Published Switched Telephone Network 的缩写，即公用电话交换网。该技术利用 PSTN 通过调制解调器拨号实现用户接入。这是大家非常熟悉的一种接入方式，目前最高的速率为 56kbps，已经达到香农定理确定的信道容量极限，该速率远远不能满足宽带多媒体信息的传输需求。但由于电话网非常普及，用户终端设备 MODEM 很便宜，在 100 ~ 500 元之间，而且不用申请就可开户，只要家里有计算机，把电话线接入 MODEM 就可以直接上网。因此，PSTN 拨号接入方式比较经济。

（7）无线接入

无线接入是指从交换节点到用户终端部分或全部采用无线手段的接入技术。常用的无线接入技术包括 GSM 接入技术（蜂窝模拟移动技术，9.6kbps）、CDMA 接入技术（码分多址分组数据传输技术，153.6kbps）、GPRS 接入技术（电路数据交换技术，115.2kbps）、CDPD 接入技术（蜂窝式数字分组数据，19.2kbps）、LMDS 接入技术（固定无线宽带接入技术，10Mbps）、DBS（数字直播卫星接入技术，12Mbps）、Blue Tooth 接入技术（蓝牙技术，4Mbps）、HomeRF 接入技术（家庭网络无线接入技术，11Mbps）、WCDMA 接入技术（宽带码分多址分组数据技术，2Mbps）、3G 通信技术（理论 2Mbps）、4G 通信技术（理论 100Mbps）、5G 通信技术（理论 10Gbps）、无线局域网技术（70 ~ 100Mbps）、无线光技术（2 ~ 622Mbps）等。

## 前沿话题

### 5G 通信技术

第五代移动通信技术（5th generation mobile networks 或 5th generation wireless systems、5th-Generation，5G）是最新一代蜂窝移动通信技术，是 4G（LTE-A、WiMax）、3G（UMTS、LTE）和 2G（GSM）系统的延伸。5G 的性能目标是高数据传输速率、减少延迟、节省能源、降低成本、提高系统容量和大规模设备连接。5G 网络是第五代移动通信网络，其峰值理论传输速度可达 10Gbps，比 4G 网络的传输速度快数百倍。举例来说，一部 1GB 的电影可在 3s 之内下载完成。其另一个优点是网络延迟较低（响应时间更短），小于 1ms，而 4G 为 30 ~ 70ms。由于数据传输更快，5G 网络将不仅为手机提供服务，还将成为一般性的家庭和办公网络提供商，与有线网络提供商竞争。

随着 5G 技术的诞生，万物互联、无人驾驶、远程手术及用智能终端分享超高画质（UHD）节目的时代正向我们走来。

# 2.3 电子商务应用系统开发技术

开发电子商务应用系统所需的关键技术包括网页设计与制作技术、Web 编程技术及数据库技术等。

## 2.3.1 网页设计与制作技术

### 1. HTML

当我们畅游 Internet 时，通过浏览器所看到的网站是由超文本标记语言（Hyper Text Markup Language，HTML）构成的。HTML 是目前在 Web 中应用最多的超文本标记语言，已经成为网上标记语言的一种标准格式，它需用浏览器支持。下面简单介绍 HTML 页面的一些基本标记。

（1）HTML 文件结构

```
<html>...</html>
<head>...</head>
<body>...</body>
```

下面就是一个网页的基本结构。

```
<HTML>
<HEAD>
<title>, <base>, <link>, <isindex>, <meta>
</HEAD>
<BODY>
        网页的正文
</BODY>
</HTML>
```

（2）背景色彩和文字色彩

基本形式为<body bgcolor=# text=# link=# alink=# vlink=#>，其中 bgcolor 表示背景色彩；text 表示非可链接文字的色彩；link 表示可链接文字的色彩；alink 表示正被点击的可链接文字的色彩；vlink 表示已经点击（访问）过的可链接文字的色彩；#表示色彩，格式为 rrggbb，即色彩是用十六进制的红-绿-蓝（Red-Green-Blue，RGB）值来表示的。例如，#FF0000 表示红色，#00FF00 表示绿色，#0000FF 表示蓝色，至于其他的复合颜色，只要适当选取各种颜色的值进行组合即可。

文字颜色的一般格式为：

```
<font size =  color = #  >   文字内容  </font>
```

其中，font 和 color 为可选属性，size 为字体的大小，color 和上面的背景颜色一样选取十六进制的数值表示颜色。举例：

```
<font color="#FF0000" size="5">设置一个字体的颜色和大小</font>
```

上面的字体就会显示为红色的，并且大小显示为 18 磅。

（3）链接

```
基本语法 <a href="URL"> ... </a>
```

例如，<a href="…/index.html">，这是一个链接的例子</a>，该行文字带下画线，如果用户点击则转移到另一个页面。

也可以设置同一个页面上的链接转移。例如，点击一个链接转移到同一页面的另一个标记锚点位置。

（4）打开一个新的窗口

```
<a href="URL" target="name"> ... </a>
```

例如，<a href=http：//tech.sina.com.cn/focus/Blaster/index.shtml target=_blank>“冲击波”计算机病毒</a>。这是新浪网上的一个新闻链接，target =_blank 表示 http：//tech.sina.com.cn/focus/Blaster/index.shtml 上的内容将在新的浏览器窗口中显示，不在提供链接的那个页面上显示。

**2．网页设计和制作工具**

目前有许多流行的网页制作软件，通过可视化界面编写 HTML 文件或者其他动态网页，其中较为常用的可视化网页制作软件有 Dreamweaver、Visual Studio Code、Sublime Text 和 Hbuilder 等。如果想掌握它们，请读者参阅相关书籍或者在互联网上搜索相关内容。

## 2.3.2　Web 编程技术

纯粹由 HTML 构成的网页是静态网页，如果用户希望建立一个 Web 站点，那么依靠传统的静态页面已经远远不能满足要求，网站设计者需要考虑到如何实现对数据库的访问、如何对用户的客户端输入做出及时的响应等，这就需要编写程序。程序可以在客户的浏览器端执行，也可以在 Web 服务器端执行。按照程序的执行地点，Web 编程技术可以分为客户端技术和服务器端技术。

**1．客户端技术**

客户端技术主要包括客户端脚本技术、控件技术、多媒体技术、DHTML 和 Java Applet。

（1）客户端脚本技术

常用的客户端脚本语言有 Java Script 和 VB Script。客户端脚本被嵌入 HTML 的文件之中，省去先传给服务器端处理再传回来的过程，可以直接被客户端的应用程序处理，用来在客户端进行表单的有效性检查、数学运算、弹出消息、根据条件操作等。下面给出一个将 VB Script 作为脚本的例子。

```
<HTML>
<HEAD><TITLE>一个简单首页</TITLE>
<SCRIPT LANGUAGE="VBScript">
<!--
Sub Button1_OnClick
        MsgBox "欢迎您！"
End Sub
-->
```

```
</SCRIPT>
</HEAD>
<BODY>
<H3>一个简单首页</H3><HR>
<FORM><INPUT NAME="Button1" TYPE="BUTTON" VALUE="单击此处"></FORM>
</BODY>
</HTML>
```

在浏览器中显示该网页时，首先显示一个标有“单击此处”的按钮 Button1，单击此按钮，显示一个对话框，其中显示“欢迎您!”

（2）控件技术

常用的控件包括 Java Beans 和 ActiveX 等。它们是可重用的软件组件，可被加进多种应用。创建和使用控件的概念源于面向对象编程的理论，所创建的对象是应用程序的一部分，利用现有的对象和控件来构造应用程序比从头开始编程更为快捷和容易，因为可以充分利用现有的控件，无须重复开发。

（3）多媒体技术

多媒体信息包括文本、图形、图像、音频、视频和动画等，在网页中嵌入多媒体信息可以使网页更加生动形象，内容也更加丰富。多媒体技术就是指使用计算机综合处理多媒体信息的技术，包括多媒体信息的采集、生成、处理、存储、压缩和解压缩、显示或播放等方面的技术。目前有许多多媒体处理软件，如图形图像处理软件 PhotoShop、CorelDraw 等，动画制作软件 AutoDesk Animator Pro、3DS MAX、Flash 等，音频处理软件 Ulead Media Studio、Sound Forge 等，以及视频处理软件 Ulead Media Studio、Adobe Premiere 等。

（4）DHTML

DHTML 是 Dynamic HTML 的简称，即动态 HTML，就是当网页从 Web 服务器下载后无须再经过服务器的处理，而在浏览器中直接动态地更新网页的内容、排版样式、动画。比如，当光标移至文章段落中时，段落能变成蓝色，或者点击一个超链接后会自动生成一个下拉式的子超链接目录。这是一种通过各种技术的综合发展而得以实现的概念，这些技术包括 Java Script、VB Script、Document Object Model（文档对象模型）、Layers 和 Cascading Style Sheets（CSS 样式表）等。

（5）Java Applet

Java Applet 就是用 Java 语言编写的一些小应用程序，它们可以直接嵌入网页中，并能产生特殊的效果。当用户访问这样的网页时，Applet 被下载到用户的计算机上并被执行，但前提是用户使用的是支持 Java 的网络浏览器。由于 Applet 是在用户的计算机上执行的，因此它的执行速度不受网络带宽或 MODEM 存取速度的限制，用户可以更好地欣赏网页上 Applet 产生的多媒体效果。在 Java Applet 中，可以实现图形绘制、字体和颜色控制、动画和声音的插入、人机交互及网络交流等功能。

### 2. 服务器端技术

（1）公共网关接口

公共网关接口（Common Gate Interface，CGI）是一段程序，它运行在服务器上，提供同客户端 HTML 页面的接口。通俗地讲，CGI 就像是一座桥，把网页和 Web 服务器中的 CGI 执行程序连接起来，它把 HTML 接收的指令传递给服务器，再把服务器执行的结果返回给 HTML 页面；用 CGI 可以实现表格处理、数据库查询、电子邮件收发等许多操作，最常见的 CGI 程序就是计数器。CGI 使网页不再是静态的，而是交互式的。CGI 程序可以使用 C/C++、PERL、VB 等语言来编写，但 CGI 存在不易开发、修改成本高、执行速度慢等缺点。

（2）服务器端脚本技术

在 Web 页面中可以直接嵌入脚本来生成动态页面，与客户端脚本不同的是，服务器端脚本运行在 Web 服务器上。常用的服务器端脚本技术包括 ASP（Active Server Pages）、Cold Fusion、PHP 和 JSP 等。ASP 即动态服务器页面，它只能运行在 Windows 环境中。PHP（Hypertext Preprocessor）即超级文本预处理语言，它是一种 HTML 内嵌式的语言（类似 IIS 上的 ASP），PHP 独特的语法混合了 C、Java、Perl 及 PHP 式的新语法，它可以比 CGI 或者 Perl 更快速地执行动态网页。JSP（Java Server Pages）页面由 HTML 代码和嵌入其中的 Java 代码所组成。在页面被客户端请求以后，服务器对这些 Java 代码进行处理，然后将生成的 HTML 页面返回给客户端的浏览器。JSP 具备 Java 技术简单易用、面向对象、平台无关性及安全可靠等所有特点。

#### 3. Servlet 技术

Servlet 是一种独立于平台和协议的服务器端的 Java 应用程序，可以生成动态的 Web 页面。当 Web 浏览器或其他 HTTP 客户程序发出请求时，它便成为与 HTTP 服务器上的数据库或应用程序连接的中间层。Servlet 是位于 Web 服务器内部的服务器端的 Java 应用程序，与传统的从命令行启动的 Java 应用程序不同，Servlet 由 Web 服务器进行加载，该 Web 服务器必须包含支持 Servlet 的 Java 虚拟机。

### 2.3.3　数据库技术

#### 1. 数据库的基本概念

（1）数据库的基本概念

数据库是在计算机的外部存储器上，按一定组织方式存储在一起的、相互有关且具有数据冗余最小、可供数据共享、数据独立性较高、确保数据安全和完整等特性的数据集合。

（2）数据库管理系统

数据库管理系统（Database Management System，DBMS）是实现对数据库资源有效组织、管理和存取的系统软件。它在操作系统的支持下，支持用户对数据库的各项操作。DBMS 的主要功能包括数据定义、数据维护、数据操纵、数据管理等。

（3）数据库系统

数据库系统（Database System，DBS）是一个人机系统，包括硬件系统、数据库、DBMS、应用软件和数据库系统的维护管理人员 5 个部分。

#### 2. Web 与数据库的连接

随着 Internet/Intranet 的迅速发展，Web 得到了越来越广泛的应用，WWW 页面已由静态网页逐渐发展为动态的交互式网页，如何更好地实现与用户的交互就成为迫切需要解决的问题。解决这一问题的方法之一就是实现数据库与 Internet/Intranet 应用软件的集成。基于 Web 的数据库应用，就是将数据库和 Web 技术结合，按照 Browser/Server 结构建立的通过浏览器访问数据库的服务系统。目前建立与 Web 数据库交互连接的方法主要有如下 3 种：一是网关接口 CGI 和 NSAPI、ISAPI；二是 JDBC；三是 ActiveX。

（1）CGI 和 NSAPI、ISAPI

为实现信息共享和动态服务，必须能够让 Web 用户通过 CGI 访问数据库。CGI 需要通过一个接口才能访问数据库，这样的接口多种多样，几个大的数据库厂商也对某些 CGI 脚本语言提供数据库接口，如 Oracle 就提供 Perl 对 Oracle 数据库的接口。CGI 曾是产生动态 Web 页的主要技术，但 CGI 的灵活性较差，当一个客户应用程序调用一个 CGI 程序时，Web 服务器需要创建一个新的进程，执行这个 CGI 程序，回送执行结果给客户，最后清理使用的资源。如果此时服务器正接受许多客户的请求，Web 服务器就要执行大量的任务，以致大大降低了网络的速度。而 NSAPI（Netscape 服务器 API）或 ISAPI（Internet 服务器 API）能解决这一问题，使 Web 服务器能够在其进程空间中执行用户逻辑，且在每个动态请求发生时无须派生新的执行程序。

（2）JDBC

JDBC（Java Database Connectivity）即 Java 数据库连接，是用于执行 SQL 语句的 Java 应用程序接口，由 Java 语言编写的类和接口组成。Java 是一种面向对象、多线程、与平台无关的编程语言，具有极强的可移植性、安全性和强健性。JDBC 是一种规范，能为开发者提供标准的数据库访问类和接口，能够方便地向任何关系数据库发送 SQL 语句，同时 JDBC 是一个支持基本 SQL 功能的低层应用程序接口，但实际上也支持高层的数据库访问工具及 API。JDBC 的两种主要接口分别面向应用程序开发人员的 JDBC API 和面向驱动程序低层的 JDBC Driver API。JDBC 完成的工作是：建立与数据库的连接；发送 SQL 语句；返回数据结果给 Web 浏览器。

（3）ActiveX

ActiveX 是 Microsoft 提出的一组应用 COM（Component Object Model）进而使得软件部件能够在网络环境中进行交互的技术集。它与具体的编程语言无关。作为针对 Internet 应用开发的技术，ActiveX 被广泛应用于 Web 服务器及客户端的各个方面，也被用于创建桌面应用程序。ActiveX 目前可在所有的 Windows 平台上使用。ActiveX 的核心元素 ActiveX 控件（Custom Controls）可以在单独的应用程序和 Web 页中重复使用。

## 2.4　电子商务网站建设

### 2.4.1　电子商务网站的类型

#### 1. 按照商务目的和业务功能分类

按照网站的商务目的和业务功能的不同，电子商务网站可以分为企业宣传型网站、产品销售型网站、客户服务型网站和综合型网站 4 种。

（1）企业宣传型网站

企业宣传型网站的主要目的在于塑造企业形象、提升企业知名度。这类网站的内容通常包括企业简介、热点活动、产品新闻、人才招聘等几部分。

（2）产品销售型网站

产品销售型网站的应用十分广泛。按照功能划分，此类站点一般有两种类型：一是信息介绍型网站，二是在线销售型网站。信息介绍型网站的内容包括各种产品的型号、特性、规格、经销商、联系方式等。在线销售型网站不仅具有信息介绍型网站的功能，还必须包括完善的在线销售系统，包括客户账户管理系统、多级产品目录系统、产品目录搜索引擎、历史订单查询系统、SSL 安全付款系统、留言反馈系统等。

（3）客户服务型网站

客户服务型网站的主要目的是向客户提供产品的售后服务。内容通常包括常见问题解答（FAQ）、产品知识、产品咨询、电子刊物、在线报修等，有的企业还专门开辟了客户社区，以方便客户之间的交流。

（4）综合型网站

综合型网站是以上 3 种类型网站的综合体，既包括企业宣传的内容，又包括产品销售内容和客户服务内容。

### 2．按照构建网站的主体分类

按照构建网站的主体，可以将电子商务网站划分为行业电子商务网站、企业电子商务网站、政府电子商务网站等。

（1）行业电子商务网站

行业电子商务网站是指以行业机构为主体构建的网站，旨在为行业内的企业和部门进行电子化贸易提供信息发布、商品交易、客户交流等活动的平台。

（2）企业电子商务网站

企业电子商务网站是指以企业为构建主体，服务于企业经营管理活动的网站。

（3）政府电子商务网站

政府电子商务网站是指以政府机构为构建主体，面向企业和个人提供公共服务的网站。

### 3．按照站点拥有者的职能分类

按照站点拥有者的职能，可以将电子商务网站分为生产型电子商务网站和流通型电子商务网站。

（1）生产型电子商务网站

生产型电子商务网站由生产产品和提供服务的企业来提供，旨在推广、宣传其产品和服务，实现在线采购、在线产品销售和在线技术支持等商务功能。

（2）流通型电子商务网站

流通型电子商务网站由流通企业建立，旨在宣传和推广其销售的产品与服务，使客户更好地了解产品的性能和用途，促使客户进行在线购买。

### 4．按照产品线宽度和深度分类

按照产品线宽度和深度来划分，可以将网站划分为水平型电子商务网站、垂直型电子商务网站、专门型电子商务网站和公司电子商务网站 4 种类型。

（1）水平型电子商务网站

水平型电子商务网站主要提供多行业产品的网上经营，这种类型的网站聚集很多类别的产品，综合性强，类似于网上购物中心。

（2）垂直型电子商务网站

垂直型电子商务网站为某一类产品及其相关产品（互补产品）提供服务，如销售汽车的网站只销售与汽车相关的产品和服务，如汽车、汽车零配件、汽车装饰品、汽车保险等。

（3）专门型电子商务网站

专门型电子商务网站只提供某种产品的销售和服务，类似于专卖店。

（4）公司电子商务网站

公司电子商务网站一般只经营本公司的产品或服务，相当于公司的“网上店面”。

此外，按照电子商务模式划分，可以将电子商务网站分为 B2B 电子商务网站、B2C 电子商务网站、C2C 电子商务网站和 C2G 电子商务网站等，我们将在第 3 章对这些模式进行介绍。

## 2.4.2 电子商务网站的体系结构

随着软件系统的规模和复杂性的增加，软件体系结构的选择成为比数据结构和算法的选择更为重要的因素，三层客户/服务器体系结构为企业资源的规划整合提供了良好的框架，是建立电子商务信息系统的最佳选择。

三层客户/服务器模式（以下简称三层模式）在逻辑上将应用功能分为三层：客户显示层、业务逻辑层、数据层，如图 2-10 所示。客户显示层为客户提供应用服务的图形界面；业务逻辑层位于客户显示层和数据层之间，封装了与系统功能相关的逻辑模型；数据层位于三层模式中的最低层，用来定义、维护、访问和更新数据。

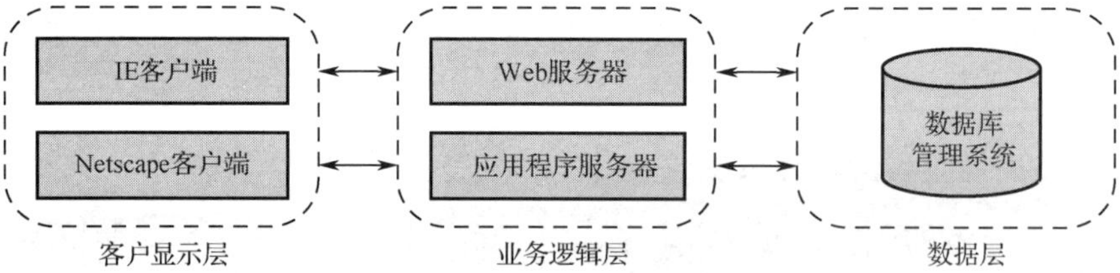


图 2-10 三层客户/服务器模式

## 2.4.3 电子商务网站的总体设计

网站不可能面面俱到，包含所有的信息。因此，在网站建设初期就应有明确的指导方针和整体规划，以确定网站的发展方向和符合本企业特点的服务项目。

### 1. 确定网站建设目的

网站建设的目的可以是塑造企业的形象、介绍企业的产品或服务、与客户进行联系和互动、产品和服务的技术支持及网络销售等。

### 2. 定位网站客户

对电子商务网站来说，确定网站的客户群体十分重要。只有明确地定位网站的客户群体、客户的需求和兴趣，才可能在网站上提供客户所需要的内容和信息，留住目标客户群体。网站对客户了解得越多，网站成功的可能性越大。

### 3. 确定网站内容框架

建站目的和客户群体确定后，下一步的工作是目标细化和网站内容框架构架，主要包括网站核心内容、主要信息、服务项目等。然后，将网站内容大纲交给上级或业务人员审核批准，形成网站设计的总体报告。在内容框架里，还应注明这些内容的信息来源，即哪个部门应该提供哪方面的信息。

### 4. 设定网站盈利模式

没有利润的企业网站肯定是不能长期维持下去的，因此，盈利模式的设定对网站来说十分重要。网站的经营收入目标与企业网站自身的知名度、浏览量、宣传力度、广告吸引力和上网者的购买行为对本网站的依赖程度等因素有着十分密切的关系。因此，企业网站应该通过对上述因素的分析来设定本网站的盈利模式。

### 5. 设定主要业务流程

从技术层面来讲，通过电子商务进行并完成网上交易是一个比较复杂的流程。但是，一个好的电子商务网站必须做到：不论购物流程在网站的内部操作上多么复杂，其面对用户的界面必须是相对简单和操作方便的。

### 6. 选择网站开发形式

电子商务网站的开发有多种可选形式，主要包括购买、外包、租借和自建。

（1）购买

在目前市场开发的商业化软件包中，可以找到电子商务应用所需要的标准模块。与自建相比，购买现成的软件包成本较低、开发时间短，需要的专业人员少。购买的主要缺点在于所购软件可能难以与现有的企业运作系统整合，无法满足企业全部电子商务的需求，而且所购买软件的设计已经确定，修改起来非常困难。一般来说，小企业或个体户常常选用这种形式。

（2）外包

外包与购买有较多相同之处。但外包可以在供应商开发的已有软件的基础上，根据企业情况进行修改。开发商与企业的沟通，可以将开发商的技术优势与企业电子商务的需求密切结合，大大提高整个电子商务网站开发的成功率。

（3）租借

与购买和自建相比，租借更能节省时间和开支。虽然租借来的软件包并不能够完全满足应用系统的要求（这和购买一样），但是在需要经常维护或者购买成本很高的情况下，租借比购买更有优势。对无力大规模投资电子商务的中小型企业来说，租借很有吸引力。有时大公司也会租借软件包，以便在进行大规模的电子商务投资前检验电子商务方案。

（4）自建

自建即自己建立电子商务网站，与前面几种形式相比，主要缺点是开发时间长，网站（特别是大型网站）的运行可能出现这样或那样的问题。但是这种方式通常能更好地满足组织的具体要求。那些有资源和时间去自己开发网站的公司或许更倾向于采用这种形式，以获得差异化的竞争优势。然而，自己开发电子商务系统是极具挑战性的，因为无论从技术方面，还是从应用方面来讲，都会遇到大量的新问题，同时，还要考虑组织外部的使用者。

### 2.4.4 电子商务网站的软/硬件环境建设

#### 1. 接入方式的选择

目前，很多网络企业都能提供网络接入服务。在网站建设的准备阶段，需要对网络接入服务商（Internet Access Provider，IAP）进行认真筛选，在筛选时，应注重以下 3 个方面的指标。

（1）IAP 的接入能力

衡量 IAP 的接入能力有 3 个重要参数：①是否具有独立的国际出口；②出口带宽接入用户数；③接入上级 IAP 的带宽。在条件允许的情况下，应优先考虑具有国际出口的 IAP。出口带宽是指 IAP 本身以多高的速率连接到 Internet 或其上级 IAP，是体现 IAP 接入能力的一个关键参数。

（2）IAP 提供的服务种类、技术支持能力

接入 Internet 是大多数用户上网获取和发布信息或进行某种业务交易的前提，因此 IAP 提供的服务种类、技术支持能力也是十分重要的问题。

（3）考虑 IAP 的服务费用

IAP 提供 Internet 上网服务，同时收取一定的费用，即网费。不同的 IAP 收费的标准不同，形式也有差异。网费是网站建设时必须考虑的一个重要因素，要根据使用 Internet 的时间和时段的情况，决定向哪个 IAP 申请账户和选择何种收费服务。

#### 2. 域名申请

一个单位、机构或个人若想在互联网上有一个确定的名称，也就是域名，需要进行域名申请。域名申请工作是通过被授权的注册中心进行的：国际域名的申请由 InterNIC 及其他由 Internet 国际特别委员会（IAHC）授权的机构负责；国家二级域名的申请工作则由中国互联网络信息中心（CNNIC）负责。

域名的命名要讲究艺术性，应既符合企业的特点，又简单好记，通常采用企业名称的汉语拼音、英文翻译或其缩写形式。

#### 3. 搭建服务器

企业搭建网站服务器，根据投入资金的多少和规模的大小，可以选择虚拟主机、服务器托管或租用、自建服务器 3 种方式。

（1）虚拟主机

虚拟主机是使用特殊的软/硬件技术，把一台完整的真实主机的硬盘空间分成若干份，每个被分割的硬盘都称为一台虚拟主机。虚拟主机都具有独立的域名和 IP 地址，但共享真实主机的 CPU、RAM、操作系统、应用软件等。虚拟主机之间完全独立，在外界看来，一台虚拟主机和一台独立的主机完全一样，用户可以利用它来建立完全属于自己的 WWW、FTP 和 E-mail 服务器。虚拟主机可以租给不同的用户，如图 2-11 所示。

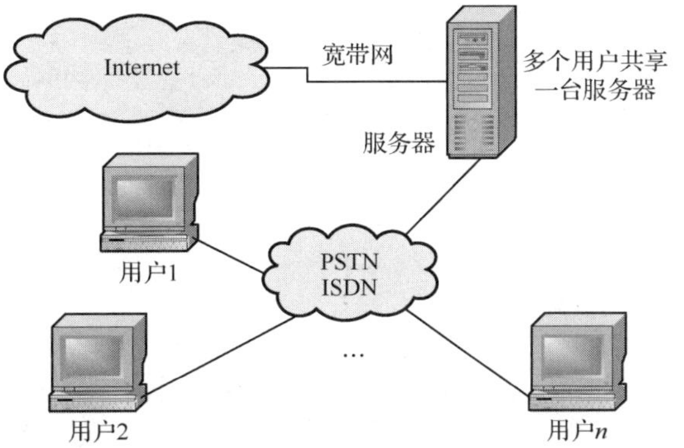

图 2-11　虚拟主机运行方式拓扑图

虚拟主机到 Internet 的连接一般采用高速宽带网，用户到虚拟主机的连接可采用公共电话网 PSTN、一线通 ISDN、ADSL 或其他宽带方式等。

采用虚拟主机技术的用户只需对自己的信息进行远程维护，而无须对硬件、操作系统及通信线路进行维护。因此，虚拟主机技术可以为广大中小型企业或初次建立网站的企业节省大量人力、物力及一系列烦琐的工作，是企业发布信息较好的方式。

（2）服务器托管或租用

虚拟主机是由多个不同的站点共享一台服务器的所有资源，是入门级的站点解决方案。如果服务器上运行了过多的虚拟主机，系统就容易过载，从而直接影响网站浏览效果。当企业对服务器有较高要求时，可以选择服务器托管。

服务器托管是指用户将自己的独立服务器寄放在 Internet 服务商的机房，即租用 ISP 机架位置，日常系统维护由 Internet 服务商提供，用户可以独立进行主机内部的系统维护及数据更新。这种方式不计通信量和访问次数，也无须申请专用线路和搭建复杂的网络环境，因此也就节省了大量的初期投资及日常维护的费用。这种方式特别适用于需要通过 Internet 传递大量数据、发布大量信息的单位。

从另一个角度讲，选择服务器托管，用户可以获得一个很高的控制权限，能够决定服务质量和其他一些重要的问题，可以随时监视系统资源的使用情况。在系统资源紧张、出现瓶颈的时候，可以马上根据具体情况对服务器进行升级。服务器托管不仅能够应对足够多的访问量和数据库查询，还能为企业节约数目可观的维护费用。服务器托管方式拓扑图如图 2-12 所示。

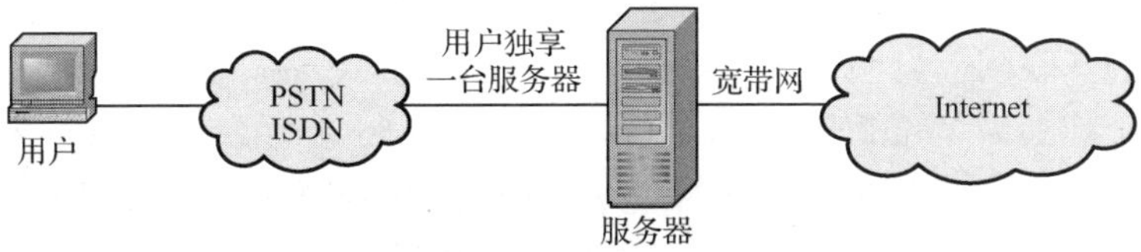

图 2-12　服务器托管方式拓扑图

（3）自建服务器

虚拟主机和托管服务器都是将服务器放在 Internet 服务商的机房中，由 Internet 服务商负责 Internet 的接入及部分维护工作。自建服务器则是指用户的服务器从 Internet 接入到维护管理完全由自己操作。企业自己建立服务器主要考虑的内容有硬件、系统平台、接入方式、防火墙、数据库、人员配备等，其结构如图 2-13 所示。

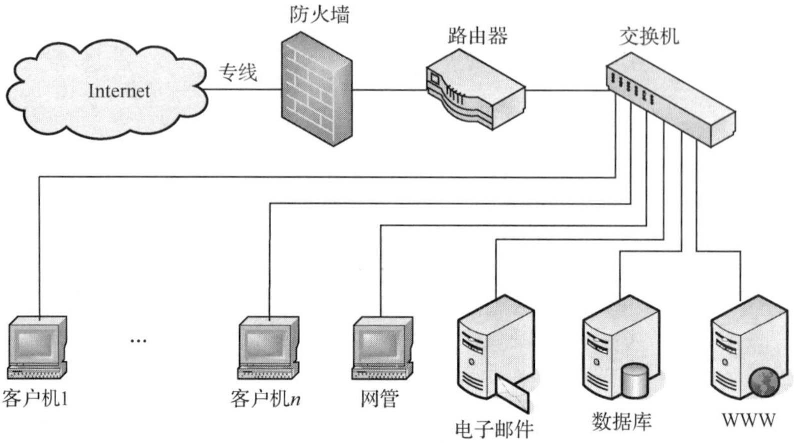


图 2-13　自建服务器方式拓扑图

自建服务器需要专用的机房、空调、电源等硬件设施，也需要操作系统、防火墙、电子邮件等运行软件。这些软/硬件都需要专职人员加以维护。因此，对企业来说，使用独立服务器将产生较多的支出。

### 4．数据库管理系统的选择

目前，大多数商业应用都依赖于关系数据库（RDBMS）。关系数据库是一种功能完善、运行可靠的数据库系统。最为流行的关系数据库有 IBM 公司的 DB2 Universal Database、Microsoft 公司的 SQL Server、Oracle 公司的 Oracle 9i 等。数据库管理系统的选择可以从易用性、并发性、分布性、数据完整性、可移植性、安全性和容错性等几个方面进行考虑。

### 5．软件系统的选择

软件系统的选择应以网站设计的整体方案为依据，该方案为电子商务网站设置了一系列功能，软件系统一定要与网站设计的要求相吻合。

软件系统一定要与网站的硬件配置相匹配。目前电子商务网站常用的操作平台有 Windows NT Server、UNIX、Linux 等。其中，Windows NT Server 搭建的网站对硬件设备的要求比较低。

大多数 Web 服务器主要是为某一种操作系统进行优化的，有的只能运行在一种操作系统上，所以选择 Web 服务器时，还需要同操作系统联系起来考虑。在目前流行的 Web 服务器中，自由软件 Apache 和网景公司的 iPlanet Web Server 是比较优秀的产品，能支持多种平台。微软的互联网信息服务（Internet Information Server，IIS）只能运行在 Windows 平台上，但由于其专为 Windows 进行了优化，是 Windows 平台上的首选 Web 服务器。对于 Web 服务器的性能，一般要考虑响应能力、与后端服务器的集成、管理的难易程度、开发难易程度、安全性、同平台的结合、保护原有投资等几个方面。

很多软件系统在网站的运行效率和数据处理能力等方面并没有太大的差异，但对技术人员来讲，则存在一个熟悉与否的问题，比较熟悉的软件系统较易于控制，而对不太熟悉的系统，则需要有一个实践了解的过程。

随着电子商务的迅速发展，许多电子商务解决方案的开发平台应运而生。这些由 IT 公司提供的电子商务解决方案，可以协助企业方便地构建功能强大而且具有经济效益的网站。

# 2.5 其他电子商务技术简介

## 2.5.1 电子数据交换技术

电子数据交换技术（Electronic Data Interchange，EDI）是在 20 世纪 60 年代后期发展起来的，是信息技术向商贸领域渗透的产物，主要用于在计算机和计算机之间传递商业信息，是在互联网出现之前进行“无纸贸易”的主要手段。

### 1. EDI 的定义和作用

国际标准化组织对 EDI 的定义是：商业或行政事务处理中，按照一个公认的标准，形成结构化的事务处理或信息报文格式，从计算机到计算机的电子数据传输方法，也是计算机可识别的商业语言。其主要特点是：①交易双方采用电子方法传递和处理数据；②交易双方传递的数据文件采用统一的标准报文格式；③交易双方的信息传输是在计算机和计算机之间通过通信系统实现的；④交易双方在传递信息时采用了加密和防伪手段。

20 世纪 60 年代以来，全球贸易的快速发展带来了各种贸易单证和纸质文件的激增。人工处理和传递单证和纸质文件劳动强度大、效率低、出错率高、成本高，人们迫切需要改变这一现状，于是基于 EDI 的无纸贸易便应运而生。EDI 技术在进行商业文件传输时采用电子方式，直接在计算机之间进行，减少了人工干预，使得商业事务处理的周期大大缩短，处理成本大大降低，减轻了工作人员的劳动强度，降低了出错率，同时由于 EDI 保存了完备的交易信息，便于进行计算机审计，也可以为经营管理提供决策支持。

### 2. EDI 系统的构成

EDI 系统由 EDI 硬件、EDI 软件、EDI 标准和 EDI 通信网络构成。

EDI 硬件主要包括计算机、调制解调器和通信线路等。

EDI 软件主要负责将用户数据库系统中的信息翻译成 EDI 的标准格式信息以供传输。它包括转换软件、翻译软件和通信软件。其中转换软件将用户计算机系统中的信息转换成翻译软件能够理解的平面文件（Flat File），或将平面文件转换成用户原有的文件；翻译软件将平面文件翻译成 EDI 标准格式，或将接收到的 EDI 标准格式文件翻译成平面文件。通信软件具有管理和维护贸易伙伴的电话号码系统、自动执行拨号等功能，将 EDI 标准格式的文件外层加上通信信封，再送到 EDI 系统交换中心的电子邮箱，或从 EDI 系统交换中心取回收到的文件。

EDI 标准用来定义数据交换文件的语法规则和标准的报文格式。目前全球范围内使用最广泛的 EDI 报文标准是联合国欧洲经济委员会制定的《行政、商业和运输用电子数据交换规制》（EDIFACT）和美国国家标准学会（ANSI）特许公认标准委员会第 12 工作组制定的 ANSI X12。其他被广泛使用的 EDI 报文标准还包括 RosettaNet（计算机、消费类电子产品、半导体制造商、电信和物流行业）、VDA（德国和欧洲汽车行业）、VICS（北美的一般商品零售行业，X12 的子集）、SWIFT（银行和金融机构）、EANCOM（医疗、建筑和出版，EDIFACT 的子集）、Tradacoms（英国的零售业 EDI 领域仍然广泛使用）等。

### 3．EDI的连接方式

（1）直接连接

直接连接是指一家或多家公司的计算机直接与另一家或多家的计算机连接。这种连接方式又可以分为几种。第一种是一对一连接，指一家公司的计算机与另一家公司的计算机直接连接，可以采取设立专线或通过电话拨号的方式；第二种是一对多连接，指以一个公司为中心，由它与其他多家公司的计算机建立一对一连接；第三种是多对多连接，指多家公司的计算机与另外多家公司的计算机分别建立一对一连接，在这种情况下，一般只有通过多种连接组成的网络才能进行EDI。

（2）第三方网络连接

第三方网络连接指通信的各方不建立直接连接，而是通过第三方网络提供的VAN（增值网）来实现连接，从而与对方进行EDI通信。

直接连接的优点是当参加EDI的公司数目较少且传输的信息资料比较有限时，比较方便，费用较低；缺点是必须对不同的公司进行不同的传输，增大了工作量和成本，同时，不同的公司要进行通信，往往采取不同的标准，这就增加了EDI标准的复杂性并限制了参与公司的数量。运用第三方连接可以有效地避免直接连接的弱点，从而使EDI通信不再受时间表、企业数目、地理位置的限制，因此，目前大多数公司采用第三方连接。

## 2.5.2 商务智能技术与大数据技术

### 1．商务智能技术

（1）商务智能技术的概念

商务智能（Business Intelligence，BI）是对商务信息的搜集、管理和分析过程。目的是使企业的各级决策者获得知识或洞察力，促使他们做出对企业更有利的决策。商务智能一般由数据仓库、数据分析、数据挖掘、在线分析、数据备份和恢复等组成。

商务智能通常被理解为将企业中现有的数据转化为知识，帮助企业做出明智的业务经营决策的工具。这里所谈的数据既包括来自企业业务系统的订单、库存、交易账目、客户和供应商等数据，也包括来自企业所处行业和竞争对手的数据，还有来自企业所处的其他外部环境的各种数据。而商务智能能够辅助的业务经营决策，既可以是操作层的，也可以是战术层和战略层的。为了将数据转化为知识，需要利用数据仓库、联机分析处理（OLAP）工具和数据挖掘等技术。因此，从技术层面上讲，商务智能是数据仓库、OLAP和数据挖掘等技术的综合运用。

因此，把商务智能看成是一种解决方案应该比较恰当。商务智能的关键是从许多来自不同的企业运作系统的数据中提取出有用的数据并进行清理，以保证数据的正确性，然后经过抽取（Extraction）、转换（Transformation）和装载（Load），即ETL过程，合并到一个企业级的数据仓库里，从而得到企业数据的一个全局视图，在此基础上利用合适的查询和分析工具、数据挖掘工具、OLAP工具等对其进行分析和处理（这时信息变为辅助决策的知识），最后将知识呈现给管理者，为管理者的决策过程提供支持。

（2）商务智能技术在电子商务中的应用

商务智能技术已广泛应用于商务活动中。由于电子商务在运营过程中会产生大量详细而具体的商务数据，如用户访问网站行为的细节信息（登录时间、访问网页、停留时间、点击项目等），为商务智能技术的应用提供了很好的应用环境。其应用主要包括以下几个方面。

① 销售分析。按地区、部门、销售员和产品生成销售情况的汇总，给经理提供比较和趋势分析，有助于确定问题和机会。BI 应用能够分析和评价以往产品的销售，以确定产品成功或失败的原因。

② 市场分析。市场分析决策模块包括市场面分布分析、市场产品竞争分析、价格变动对需求影响程度分析、开辟新市场分析等。为此，决策支持系统应提供市场潜力模型，以便支持管理者考虑提高产品竞争能力，占领未实现市场，开辟未开发市场。

③ 客户分析。决策支持系统应用可以利用统计工具来分析每天收集的交易数据，以确定各种类型客户的消费模式，然后采取相应的营销措施，从而实现最大的利润。对于重点客户要提供更好的服务和更优惠的价格策略；对于潜在客户要进行促销以争取；对于易流失的客户要分析原因以挽回。

④ 市场研究。市场研究包括：利用预测模型分析出每种产品的增长模式，以便做出终止或者扩张某种产品的适当决定；企业品牌和形象的研究，以便提高企业和品牌的知名度和美誉度；分析客户满意度；市场规模和潜在规模的研究等。

⑤ 财务分析。按年、月、日或其他自定义周期来进行实际费用和花费的比较；审查过去现金流的趋势，并预测未来的现金需求量；复杂项目的预算计划和成本分摊；整合各分支机构的财务数据，形成正确、一致的财务报表。

⑥ 企业分析。企业分析包括盈利能力、流动比率、市场份额、人力资源分析，还包括广告分析、产品定价、每周（每天）的销售结果、客户的销售潜力、市场趋势、对外贸易和汇率、行业趋势、劳动力成本趋势等。

⑦ 产品成本分析。根据数据库中产品的采购价格、销售价格、产品运费、仓储费、其他管理费用、资金成本费用、销售量等数据，统计各种产品的成本状况。利用这些基础分析数据灵活生成各类采购分析报表，并采用钻取、回转和旋转等分析手段，分析寻找产品成本的其他感兴趣的结果。

⑧ 价格分析。用系统提供的模型，或者是用户自己定义函数，分析价格浮动比例，归类某一时间段内价格增幅或降幅较大的产品，分析价格浮动原因，以便及时有效地制定或调整营销、采购、库存政策。价格预警分析：观测产品最高价和最低价超出警戒线的幅度，并评测其与预定价格之间的比例关系，及时掌握该产品市场价格的异常情况。

#### 2. 大数据技术

大数据（Big Data），是指无法在一定时间范围内用常规软件工具进行捕捉、管理和处理的数据集合，是需要新处理模式才能提供更强的决策力、洞察发现力和流程优化能力的海量、高增长率和多样化的信息资产。大数据的特点可以总结为 4V，即 Volume（数据量大）、Velocity（产生速度快）、Variety（数据类型多样）和 Value（价值密度低）。处理大数据是传统数据处理手段所无法完成的，因此需要特殊的技术。适用于大数据的技术，包括大规模并行处理（MPP）数据库、数据挖掘、分布式文件系统、分布式数据库、云计算平台、互联网和可扩展的存储系统。

在大数据的背景下，电子商务的发展借助大数据高效率的数据采集处理分析能力，将电子商务的价值创造推向新的高峰。无论是在电商平台、移动终端还是各类社交软件，电子商务都有大量的数据产生。如何利用好这些数据信息，为电子商务提供更多有效的信息，这是传统的数据处理方法解决不了的问题。在大数据时代，以往被认为无用的数据垃圾，经由一定的处理分析与利用，往往会给企业带来意想不到的效益，为电子商务提供更加准确、实时的消费信息及消费者需求，进而更准确地为企业制定出适合的发展方向。同时电子商务的经营模式也发生了很大的变化，由传统的运营模式变为以信息为主体的数据化运营模式，电子商务的管理与各类经济环节都变得数据化，并且贯穿在整个电子商务环节中。

大数据技术和前面的商务智能技术概念上有一定的重叠。商务智能中数据挖掘的定义是在海量数据中发现以前未知的知识，这里的海量数据也具有数据量大、数据类型复杂等特点，也都面向管理决策领域。

### 2.5.3　云计算技术

#### 1. 云计算的概念及特点

按照美国国家标准与技术研究院（NIST）对云计算下的定义，云计算（Cloud Computing）是一种按使用量付费的模式，这种模式提供可用的、便捷的、按需的网络访问，进入可配置的计算资源共享池（资源包括网络、服务器、存储、应用软件、服务），这些资源能够被快速提供，只需投入很少的管理工作，或与服务供应商进行很少的交互。

云计算使计算分布在大量的分布式计算机上，而非本地计算机或远程服务器中。云计算特点如下。

（1）超大规模。例如，Google 云计算已经拥有 100 多万台服务器，Amazon、IBM、微软、Yahoo 等的“云”均拥有几十万台服务器。企业私有云一般也拥有数百上千台服务器。

（2）虚拟化。云计算支持用户在任意位置、使用各种终端获取应用服务。所请求的资源来自“云”，而不是固定的有形的实体。

（3）高可靠性。“云”使用了数据多副本容错、计算节点同构可互换等措施来保障服务的高可靠性，使用云计算比使用本地计算机可靠。

（4）通用性。云计算不针对特定的应用，在“云”的支撑下可以构造出千变万化的应用，同一个“云”可以同时支撑不同的应用运行。

（5）高可扩展性。“云”的规模可以动态伸缩，满足应用和用户规模增长的需要。

（6）按需服务。“云”是一个庞大的资源池，按需购买；“云”可以像自来水、电、煤气那样计费。

（7）价格低廉。由于“云”的特殊容错措施，可以采用极其廉价的节点来构成云，“云”的自动化集中式管理使大量企业无须负担日益高昂的数据中心管理成本，“云”的通用性使资源的利用率较之传统系统大幅提升。因此用户可以充分享受“云”的低成本优势。

#### 2. 云计算的服务及潜在风险

云计算可以包括以下几个层次的服务：基础设施即服务（Infrastructure-as-a-Service，IaaS）、平台即服务（Platform-as-a-Service，PaaS）和软件即服务（Software-as-a-Service，SaaS）。IaaS 指消费者通过 Internet 可以从完善的计算机基础设施获得服务，如硬件服务器租用。SaaS 是一种通过 Internet 提供软件的模式，用户无须购买软件，而是从提供商处租用基于 Web 的软件来管理企业经营活动，如国际上比较有名的 Salesforce。PaaS 是指将软件研发的平台作为一种服务，以 SaaS 的模式提交给用户。因此，PaaS 也是 SaaS 模式的一种应用。但是，PaaS 的出现可以加快 SaaS 的发展，尤其是加快 SaaS 应用的开发速度，如软件的个性化定制开发。

同时也应看到，云计算也存在潜在的危险性。云计算服务除了提供计算服务外，还必然提供存储服务。云计算服务当前垄断在私人机构（企业）手中，而它们仅仅能够提供商业信用。对于政府机构、商业机构（特别像银行这样持有敏感数据的商业机构）对于选择云计算服务应保持足够的警惕。云计算中的数据对于数据所有者以外的其他用户是保密的，但是对于提供云计算的商业机构来说确实毫无秘密可言。所有这些潜在的危险，是商业机构和政府机构选择云计算服务、特别是国外机构提供的云计算服务时，不得不考虑的一个重要前提。

#### 3. 云计算和电子商务的关系

云计算与电子商务有着密切的关系。①云计算为电子商务提供了具有自我维护和管理功能的虚拟计算资源。也就是大型服务器集群，可以利用云的计算能力来补充或取代电子商务企业内部的计算资源。②云计算服务中心具有更高的计算与存储性能，云中的存储容量几乎无限量。与传统的方式相比，企业可以根据负载的变化按需取用资源，既能避免低谷时的资源浪费，也能满足高峰时对计算资源的需求。③云计算使得电子商务企业之间和企业内部的信息共享与协作更加方便。例如，基于云的项目管理，企业项目成员可以随时随地查看项目的主文件、项目任务和项目进展情况，这就实现了不同企业和企业内部数据的应用共享。④云服务提供商通过网络向其客户提供计算资源，这也是在从事电子商务。

### 2.5.4　物联网技术

#### 1. 物联网的概念

物联网（Internet of Things，IoT）是基于互联网、广播电视网、传统电信网等信息承载体，让所有能行使独立功能的普通物体实现互联互通的网络。物联网是在互联网的基础上，将其用户端延伸和扩展到任何物品与物品之间，进行信息交换和通信的一种网络。

从技术方面来说，物联网通过射频识别（RFID）、红外感应器、全球定位系统、激光扫描器等信息传感设备，按约定的协议，以有线或无线的方式把物品与互联网连接起来，用以实现智能化识别、定位、跟踪、监控和管理。

#### 2. 物联网技术对电子商务的影响

物联网技术对电子商务企业经营管理及消费者购物等方面将产生深远的影响。①应用物联网技术有助于提升物流服务质量。物联网通过对包裹进行统一的编码，并在包裹中嵌入 EPC 标签，在物流途中通过 RFID 技术读取 EPC 编码信息，并传输到处理中心供企业和消费者查询，实现对物流过程的实时监控。这样，企业或消费者就能实现对包裹的实时跟踪，以便及时发现物流过程中出现的问题，有效提高物流服务的质量，切实增强消费者网络购物的满意程度。②应用物联网技术能对产品质量进行更有效的监督监控。从产品生产（甚至是原材料生产）开始，就在产品中嵌入 EPC 标签，记录产品生产、流通的整个过程。消费者在网上购物时，根据卖家所提供的产品 EPC 标签，就可以查询到产品从原材料到成品再到销售的所有信息。③应用物联网技术能够有效改善供应链管理。通过物联网，企业可以实现对每一件产品的实时监控，对物流体系进行管理，不仅可以对产品在供应链中的流通过程进行监督和信息共享，还可以对产品在供应链各阶段的信息进行分析和预测。通过对产品当前所处阶段的信息进行预测，估计出未来的趋势或意外发生的概率，从而及时采取补救措施或预警，极大地提高企业对市场的反应能力，加快企业的反应速度。

## 案例研究

### 海尔集团 B2C 电子商务交易网站建设

总部位于青岛的海尔集团是在 1984 年引进德国电冰箱生产技术成立的青岛电冰箱总厂基础上发展起来的特大型企业。到 1999 年产品包括 58 大门类 9200 多个品种，企业销售收入以平均每年 81.6%的速度增长。1999 年，集团营业额达到 268 亿元。1997 年 8 月，海尔集团被国家经贸委确定为中国六家首批技术创新试点企业之一，重点扶持冲击世界 500 强。

国际化战略是海尔集团的重要发展战略，进军电子商务既是企业向国际化战略调整的必然结果，也是走向国际化的必经之路。海尔集团总裁张瑞敏先生表示：海尔全面进军电子商务的目的是在集团现有的 IT 基础设施的基础上建立完善的、高可视化、个性化的电子商务平台，提高企业在国际市场的竞争力。通过电子商务不但能实现产品的网上销售，同时可拓展其他增值服务。

**一、电子商务目标**

海尔集团于 2000 年 3 月 10 日成立海尔集团电子商务有限公司。作为国内首家成立电子商务的家电企业，海尔集团进军电子商务的优势称为“一名两网”，一靠海尔集团自己的品牌，二靠健全的配送网络和支付网络。目前海尔集团在大城市设的电话服务中心有 30 多个，营销网点有 10000 多个，并深入到 6 万多个村。可以说海尔集团从一级市场、特大型城市、到乡镇、村，建立起庞大的销售网络，构成了电子商务的基础。海尔集团面向个人消费者搭建了 B2C 平台。B2C 平台以“一名两网”为基础，与用户保持零距离，快速满足用户的个性化需求。

项目需求：在集团现有的 IT 基础设施的基础上建立完善的、高可视化、个性化的电子商务平台，提高企业在国际市场的竞争力。通过电子商务不但能实现产品的网上销售，同时可拓展其他增值服务。

解决方案：CA 公司作为总集成商，采用其电子商务平台 Jasmine ii 建立了海尔 B2C 电子商务交易网站。

海尔集团于 2000 年 3 月 10 日向各大公司公开招标，建设 B2C 电子商务平台。并对电子商务集成厂商提出了要求：要有相应的系统集成经验；拥有先进的电子商务解决方案及实施经验；专业的技术服务队伍。3 月 20 日，CA 公司中标海尔集团电子商务 B2C 系统总集成商，并提出了该项目的设计目标：采用面向对象的技术、开放的系统结构、模块化程序设计等技术，实现个性化、智能化、可视化、多媒体的目标，实现电子商务的 P2P（Profit to Profit）。谈及 CA 中标的原因，一方面是由于 CA 有项目经验，在国内有很多成功的案例，并有专业的技术服务人员；另一方面得益于 CA 的 Jasmine ii 和 Neugents 技术。

**二、B2C 总体方案设计**

Jasmine ii 为建立、测试和部署智能化电子商务应用提供了完整的解决方案。它将应用服务器、对象业务监控、企业应用、动态个性化和门户技术集成到同一个平台上。Jasmine ii 是一个开放的集成化平台，不仅支持所有的 Internet 标准，还能通过对 XML、EJB、COM/COM+和 CORBA 的支持确保与其他产品的互操作性。同时具有语言绑定和集成开发工具，开发人员可以利用任何一种熟悉的工具进行开发，如 Java、XML、C++、VB 等。Jasmine ii 可方便地实现对现有系统的集成，它利用了底层数据源技术属性，因而用户既可以利用属性的功能，又能在开发环境中像本地 Jasmine ii 对象一样揭示数据和逻辑关系。因此可以利用广泛的企业应用数据源，如 ERP 系统、数据库、电子商务系统和传统应用系统等。Neugents 技术是 CA 公司的另一特有技术，Neugents 可通过利用神经网络技术对大量数据的分析，预测未来的结果。例如通过对客户喜好情况的分析，预测客户的需求，从而建立实时、个性化的应用，扩大销售机会。

海尔集团 B2C 系统的 Web Server、数据库 Server 采用了 IBM Netfity 7000，操作系统为 NT 4.0+IIS，海尔电子商务的特点就是个性化，Jasmine ii 智能平台使多媒体技术、对象数据库技术和 Web 技术相结合，构成了一个含有大量文字、图片、录像信息，并可与三维虚拟场景交互的面向 Internet 的多媒体数据库应用系统，实现了基于 Web 的产品定制与导购功能。用户可以方便地在网上按照个人需要实现各种产品的自行组配、定制，而且充分考虑了各种情况（如甲地订货、乙地付款、丙地收货等），从而使海尔集团与用户保持零距离，最大限度地满足用户的个性化需求。Jasmine ii 集成化和可视化的新特点，使系统不仅拥有强大的电子商务功能，而且具有了使电子商务向智能化、个性化、定制化方向发展的巨大潜力。

安全是实施电子商务的另一关键问题。海尔集团电子商务平台从三个方面保证了系统的安全：网络安全、系统安全、支付安全。在网络安全方面，采用了防火墙、网络会话检测防护（Session Wall），系统安全包括操作系统安全、数据库安全、应用安全。在该平台采用了由 eTrust Access Control、Unicenter TNG/NSO 及 eTrust Intrusion Protection 组成的系统安全解决方案。支付安全采用 SET、SSL 协议，通过银行支付网关实现了与建设银行、招商银行、中国银行、工商银行等的网上结算。

（案例来源：根据《计算机周刊》2001 年 46 期的文章改写）

### 案例思考题

1. 海尔集团的 B2C 电子商务系统建设采用了哪种开发方式？
2. 海尔集团 B2C 电子商务系统建设方案是如何满足项目需求的？
3. 在制定电子商务系统建设方案时，主要考虑哪些方面的问题？

## 本章关键概念

电子商务技术、电子商务系统、局域网、广域网、Internet、网络适配器、集线器、交换机、双绞线、光缆、TCP/IP、IP 地址、域名、路由器、调制解调器、ADSL、HTML、

数据库、数据库管理系统、客户/服务器模式

## 本章复习思考题

1. 从商务和技术角度看，电子商务系统的基本结构是怎样的？
2. 局域网的拓扑结构有哪几种类型？
3. 常用的局域网设备有哪些？
4. 什么是域名？它和 IP 地址有什么区别和联系？
5. 互联网的接入方式有哪些？
6. Web 与数据库的连接有哪几种方式？
7. 电子商务网站有哪几种类型？
8. 搭建电子商务服务器有哪三种方式？
9. 什么是 EDI 技术，它在电子商务中有什么作用？
10. 什么是商务智能技术，它在电子商务中有什么作用？
11. 什么是云计算技术，它在电子商务中有什么作用？
12. 什么是物联网技术，它在电子商务中有什么作用？

## 本章论述题

1. 5G 技术会给电子商务带来怎样的影响？
2. 云计算（或物联网、大数据）和电子商务之间的关系是什么？

## 本章实践项目

1. 利用 HTML 或者采用网页编写工具制作一个有关你们班级的网页，并通过免费的虚拟主机在互联网上发布出来。

2. 调查你所在的实验室网络和校园网，画出网络的结构图，弄清局域网的拓扑结构、所采用的网络设备、互联网的接入方式、采用的网络操作系统等。

3. 利用网络上提供的爬虫工具收集几种商品的价格信息，包括同种商品同一时间在不同网站上的价格，也包括同种商品在同一网站上不同时期的价格。

# 第 3 章

# 电子商务模式

### 本章学习目标

- 掌握电子商务模式的概念与分类；
- 掌握电子商务的盈利模式；
- 掌握 B2C 电子商务的主要经营模式、基本流程；
- 掌握 B2B 电子商务模式的分类、特点和优势；
- 了解电子供应链的结构、运作模式及电子供应链管理的优势；
- 掌握 C2C 电子商务的运作流程；
- 了解 C2C 电子商务模式的创新。

### 引导案例

#### 找钢网：打造钢铁全产业链电商平台

上海钢富电子商务有限公司于 2012 年年初在上海成立。公司主要业务载体是采用标准创投模式成立的电子商务平台找钢网（www.zhaogang.com），该网站为钢铁行业提供信息、交易等 B2B 电子商务服务。

**一、基本情况**

2015 年，找钢网总交易量已超过 3200 万吨，其中商城销售量约为 850 万吨，销售额达 180 多亿元。2016 年上半年，找钢网总交易量已超过 1700 万吨，其中商城销售量超过 600 万吨。找钢网团队规模超过 1400 人，在杭州、宁波、南京、武汉、郑州、天津、沈阳、广州、成都、重庆等地设立了 26 家分支机构，合作钢厂数量超过 90 家，合作仓储及加工中心超过 150 家，活跃买家企业会员超过 6 万家。

**二、运营特色**

（一）改造传统业务模式，减少中间环节

传统钢材交易以买断代理制为主，信息不透明、不对称，钢材从钢厂到终端至少需要经过钢厂、大代理商、中间商、采购商最后到达终端五个环节。其中，中间商往往从大代理商处购买钢铁，再加价卖给采购商，赚取高额利润。

在撮合交易方面，与中间商提供对接服务赚取利润不同，找钢网为大代理商和采购商提供免费撮合服务。在具体操作上，找钢网收集整理资源单（报价单），建立卖家可售库存数据库，由交易员在数据库匹配买家需求，免费推荐最适合的卖家资源，撮合买卖双方交易。通过找钢网撮合交易，找钢网取代传统钢铁交易的中间商，但并不赚取中间差价。例如，某个采购商委托找钢网购买某个型号的钢材，上游代理商报价为2800元/吨，找钢网仍然以2800元/吨的报价给买家，并不加价。找钢网把报价提供给采购商后，由买卖双方自行交易。

在找钢商城上，找钢网与钢厂签订“保值代销”协议，帮助钢厂分销钢材。在具体操作上，找钢网不买断钢厂的产品，而是由钢厂每天定价，找钢网按照钢厂价格销售，并根据出售钢材的品种不同收取一定的佣金。通过找钢商城，钢厂能够直接面对采购商，使钢材的销售从批发转向零售，不仅提升了钢材的交易效率，还增加了利润，同时能帮助钢厂及时更新市场数据，调整生产结构和产品价格。

通过以上两种方式，找钢网在汇聚信息、提供站内搜索的同时，还深度参与买卖双方之间的交易。采购商可以自己在找钢网上发布求购信息，也可以将业务委托给找钢网。钢厂可以自己发布资源单（报价单），也可以委托找钢网销售。这样既满足了采购商的信息需求，又解决了钢厂销售困难的问题。

（二）以数据信息为核心，提供金融、物流增值服务

在钢贸流通过程当中，供应链水平影响着整个钢铁交易的效率，传统供应链服务信息的不对称，造成整个交易过程中问题频发。在资金周转上，末端买家资金存量小，许多买家只有十几万至二十几万的资金量，由于其业务量小，银行无法甄别信用能力，不予办理相关业务，企业只能依靠担保公司等完成资金周转；在物流运输上，根据找钢网的数据统计，在传统的物流运输中，只有7%～9%的买家拥有自己的运输车辆，而不具备自有车辆的买家则需要和运输车队打电话、询价、对比，同时还伴随着不能准时运送等问题。为此，找钢网基于平台上产生的钢铁交易数据，针对交易过程中不同的需求，整合供应链资源，提供增值服务。

针对小型采购商贷款困难的问题，找钢网推出“胖猫白条”，提供“先提货，后付款”的信用赊购服务。在采购商筛选上，一方面找钢网要求采购商成立并连续经营两年以上，且在找钢网连续6个月的直营交易量达到一定数量；另一方面，找钢网通过平台的交易数据建立诚信系统，对采购商进行分析，筛选出交易频率高、交易金额大、信用良好的客户。在以上两方面审核的基础上，找钢网给予这些采购商一定的白条额度，用于先买货后付款，付款利息以天计算，随时可还，为采购商提供快速、简单的贷款服务。

针对在钢铁物流运输过程中信息不对称的问题，找钢网基于PC端及移动端推出了胖猫物流第四方物流平台，为需求客户和承运商匹配物流车辆，整合订单流、运输流、账单流及第三方物流，提供物流委托、在线跟踪等服务，并根据钢铁买家及承运商的不同需求推出客户版App和车队版App。客户版App针对钢铁买家对承运方不信任的问题，免费为钢铁采购商提供实时咨询、在线委托、订单跟踪等服务。车队版App针对承运商市场竞争激烈、坏账风险等问题，提供信息完整、准确的快速报价、实时订单管理和账单明细查看等服务。

找钢网每天产生的真实、稳定的交易量为胖猫物流提供信任基础，但鉴于传统钢贸运输过程中经常发生货物被盗等问题，为了帮钢铁采购商规避货物可能丢失的风险，找钢网一方面选择信誉良好的承运商合作，另一方面对钢铁采购商承诺，一旦出现货物丢失的情况，找钢网负责照价现赔，让采购商放心地将钢铁运输委托给胖猫物流。在胖猫物流上，买家下单选择路线和货车，而承运商们通过自己的报价抢小微客户的物流订单并实时查看、管理订单的运输状态，将运输流的各种状态上报到云端，由云平台实时将运输状态信息推送到委托方，合理调配运输资源，减少车辆空驶率。目前，胖猫物流已与全国各地 3000 家承运商签约并保持合作，承运范围覆盖全国，累计成交物流订单近 13 万笔，承运钢材 650 多万吨，服务客户数 3 万家。

此外，找钢网还逐步推出了仓储、加工等服务，围绕钢铁交易建立起全产业链的电商增值服务。

**三、发展规划**

未来，找钢网计划继续做优做强第三方平台，扩大电商平台的交易量。为此，找钢网将加强以下几方面工作：一是确保高品质商品来源；二是自身孵化器建设，强化旗下找油网、找玻璃网等平台的建设；三是积极参与钢铁电商及其相关供应链的标准化制定工作；四是拓展国际市场；五是制定防止侵犯知识产权和销售假冒伪劣商品的技术措施和管理制度；六是在物流、金融、仓储等领域继续发力深耕，为钢厂、贸易商、加工单位和相关产业链机构提升服务价值。

（案例来源：中华人民共和国商务部 2015—2016 年度电子商务示范企业案例集）

**案例思考题**

1. 与传统钢材交易相比，找钢网的商业模式有什么优势？
2. 找钢网的目标客户是谁？主要提供什么样的服务？
3. 找钢网的盈利模式是什么？

# 3.1 电子商务模式概述

## 3.1.1 商务模式及其关键要素

商务模式是一系列流程（Processes）的集合，企业通过这些流程达到盈利的目的。一个商务模式包括价值定位、收入模式、市场机遇、竞争环境、竞争优势、市场战略、组织发展和管理团队等八个关键要素。

### 1. 价值定位（Value Proposition）

企业的价值定位是其商务模式的核心问题。价值定位就是明确企业要通过它的产品和服务可以为客户创造怎样的价值。例如，使交易更加便利、满足个性化需求及降低用户的采购成本等。

### 2. 收入模式（Revenue Model）

简单来讲，收入模式就是一个企业获取经济收益的途径和方法。它描述了这个企业如何取得收入、产生利润和通过被投资的资产产生更高的回报。例如商店通过销售产品获得收入，报社通过收取订阅费来获得收入。

#### 3．市场机遇（Market Opportunity）

市场机遇是指一个企业潜在的市场空间和在这个市场空间里企业能够利用的全部潜在的财务机会。

#### 4．竞争环境（Competitive Environment）

一个企业的竞争环境是指与该企业销售相似产品并且在同一市场空间中经营的其他企业。有时也指可替代产品的出现、新的市场进入者和客户及供应商对企业业务施加的影响力等。

#### 5．竞争优势（Competitive Advantage）

竞争优势是某种不同于其他竞争对手的独特品质，这种品质在竞争中是能够比较明显地表现出来的，也可以说会脱颖而出。竞争优势主要来自四个方面：一是产品成本和质量；二是企业拥有的特殊资产和专门知识；三是通过设置障碍来阻止竞争对手进入；四是借助更多的资源或更大的投入在市场上挤垮竞争对手。

#### 6．市场战略（Market Strategy）

市场战略是指企业在复杂的市场环境中，为实现其经营目标，制定的一定时期内的市场营销总体规划。它是指企业在原有产品和市场的基础上，通过提高产品质量、加强广告宣传、增加销售渠道等措施，来保持老用户，争取新用户，逐步扩大产品的销售量，提高原有产品的市场占有率。

#### 7．组织发展（Organizational Development）

通常情况下，企业都需要一种组织架构使之能够高效地将商业计划和战略付诸实施。组织发展计划就是对如何有效组织需要完成的工作的描述。

#### 8．管理团队（Management Team）

管理团队是负责维系商业模型正常运营的一群人。一个好的管理团队有丰富的市场营销经验和较强的商业计划实施能力，能够给外部投资者带来信心。

### 3.1.2 电子商务模式的定义

电子商务模式目前还没有一个统一的定义，不同的专家、学者和企业有不同的看法。欧洲学者 Paul Timmer 认为，电子商务模式是通过电子市场反映产品流、服务流、信息流及其价值创造过程的运作机制。美国学者 Allan Afuah 和 Christopher L. Tucci 博士认为，商务模式具体体现了公司现在如何获利，以及在未来长时间内的计划。它可以归结概括为一个系统，这个系统包括价值、规模、收入来源、定价、关联活动、整合运作、各种能力、持久性等部分，以及各部分之间的连接环节和系统的“动力机制”。电子商务模式也是一个系统，它也包括了上面所说的各个部分，而且在电子商务模式中，更为突出的一点是它利用了互联网的特性来获利。

虽然以上观点有所不同，但都揭示了商务模式的一个本质，即企业获取利润的方式。电子商务模式则是关于企业如何利用网络来获取利润的问题。所谓电子商务模式，是指在网络环境中基于一定技术基础的商务运作方式和盈利模式。

### 3.1.3　电子商务盈利模式

电子商务的盈利模式是指电子商务企业获取经济收益的途径和方法。总的来讲，目前电子商务盈利模式主要有以下几种类型。

#### 1．基于销售的盈利模式

企业通过在网络上从事商品交易来创造收益，这就是销售收入。商品包括数字产品和非数字产品，数字产品有视频、音乐、电子文档、短信、彩铃等，非数字产品有汽车、日用品、图书等。比如京东商城从电视机厂商采购一批电视机并通过其网站销售出去，此时采购价和零售价的差额就是销售收入。

#### 2．基于交易费的盈利模式

交易费是指企业根据所处理的交易的数量或规模收取的佣金。这是目前电子市场等交易中介主要的收费模式。比如团购网站所收取的交易佣金就属于这一类。

#### 3．基于信息费的盈利模式

企业通过网络向用户提供某种信息来获得收入，收费的多少与信息内容的价值有关，如电子报刊的收费下载等。近年来兴起的知识付费也属于这一类。

#### 4．基于广告费的盈利模式

企业可以利用自己的知名度较高及客户数量较多的优势，允许其他企业在自己的网站上宣传企业形象及进行产品推广，并收取一定的费用。比如新浪网通过在其主页上放置广告来收取广告费。

#### 5．基于订阅费的盈利模式

订阅费是指企业按一定时间段（1 个月或 1 年）向客户收取的一定费用，企业同时向客户提供某种服务，如信息服务、接入服务等。

#### 6．基于游戏的盈利模式

商家通过网络提供游戏服务，用户参与游戏需要收取一定的费用，或者游戏可以免费参与，但游戏中的一些装备、道具等需要付费购买，这些都构成游戏收入。

#### 7．基于会员费的盈利模式

会员费是指商家向注册会员收取的费用。有些商家将会员分为免费会员和收费会员两种，收费会员需要缴纳一定的会员费，但能获得一些额外的增值服务。

#### 8．基于服务费的盈利模式

这种模式下，企业通过提供电子邮箱服务、网站托管服务、网页制作和维护服务、价格比较服务、信息搜索服务及医疗法律等专业在线服务等而获得收入。

**9．基于联属推荐费的盈利模式**

企业拥有一些联属商家，它们的网站上有通向这些商家网站的链接，每次访问者通过点击这些链接进入联属商家的网站，访问者在这些网站上购买商品后，联属商家要缴纳一定费用，这就是联属推荐费，联属推荐费通常是其收入的一个比例。

多数情况下，企业会采用多种收益模式。值得注意的是，有时企业不一定能从它的商业模型中获取直接的资金收益，但可以获得一些无形的、非量化的利益。例如，可以通过电子商务增进和改善客户服务质量、降低搜索成本和交易费用，通过关联交易促进交易量，通过提高客户的转移成本来锁定客户，通过创新交易方式培育新的市场等。

需要说明的是，在电子商务中还存在一些所谓的灰色收入，也就是通过一些不正当甚至非法的行为获取的收入。这些行为包括网络删帖、发送垃圾邮件、买卖粉丝、传播网络病毒、刷信誉、网络推手及传播色情信息等，属于监管机构打击的对象。

## 相关链接

### 跨境电商平台 Wish 的商业模式

**一、公司简介**

Wish 是 2011 年成立的一家高科技独角兽公司，也是北美和欧洲最大的移动电商平台，有 90%的卖家来自中国。它使用一种优化算法大规模获取数据，并快速了解如何为每个客户提供最相关的商品。Wish 旗下共拥有 6 个垂直的 App：Wish、Geek、Mama、Cute、Home、Wish for Merchants。2017 年 9 月，Wish 进行新一轮 2.5 亿美元融资，估值超过 80 亿美元。截至 2017 年 8 月，Wish 平台有 33.8 万个独立注册账号（商户）。平台有 4.2 亿个注册用户，日活跃用户数超过 1000 万，月活跃用户数为 7000 万，活跃 SKU 达 1.5 亿个。

**二、商业模式**

选品策略：严格把控商品发货的时效性，商户应该拥有稳定货源的商品；参考热门收藏品；明确公司或店铺的定位，选择相应的商品；了解目标客户群的需求，有的放矢。

产品与服务：利用 Baynote、Barrillance、Bunting、Richelevance、Monetate、IBM Product Recommendations、Adobe target 等有效的产品推荐工具提供个性化服务。

盈利模式：主要收入来源于每次交易的佣金，目前收费是交易额的 15%（即产品和运费总和的 15%），商家入驻 Wish 不收取平台费，也不需要缴纳保证金和押金，更不用交推广费用，商家上传产品后，Wish App 会根据产品进行定向推送。

技术模式：Wish 淡化了品类浏览和搜索，去掉促销，专注于关联推荐。优势在于 Wish 能通过智能化推荐技术与用户保持一种无形的互动，从而极大地增强用户的黏性。此外，Wish 与 Wanelo 等社交导购网站一样，能够为用户推荐商品，也与 Pinterest 的社交网站一样，以一种瀑布流的方式为用户展示精美图片。

经营模式：Wish 的优势在于技术，智能推送算法技术完全运用到电商中，采用本土化的网站建设方式，针对不同国家采用当地的语言，简易可读。网站门槛低，以免费的方式吸引卖家注册用户，汇聚商流，活跃市场，创造了商机。

**三、业务推广**

Wish 鼓励用户通过社交媒体注册。鼓励新用户使用 Facebook 和 Google+等社交媒体账户与站点互动，这样 Wish 就能根据用户的兴趣向其展示产品，专注于社交媒体也使得 Wish 能够保持与客户的透明度。

Wish 将社交媒体与购物相结合。Wish 应用程序本身就像是一个社交媒体站点，用户可以相互关注，查看彼此喜欢的产品和交换 Wish 清单。

Wish 乐于帮助消费者省钱。与其他电子商务应用程序和网站不同的是，大部分商品直接打 3～5 折，顾客不需要花费时间找优惠券，也不需要等到店内促销，就能以优惠的价格买到他们喜欢的产品。

（资料来源：http://www.100ec.cn/detail--6451526.html）

## 3.1.4　电子商务模式分类

研究电子商务模式的分类体系，有助于挖掘新的电子商务模式，为电子商务模式创新提供途径，也有助于企业制定特定的电子商务策略和实施步骤。

电子商务模式按照不同的分类标准可以划分为多种不同的类型，以下是几种常见的分类方法。

### 1．按交易主体划分

在市场经济中，参与市场交易进行各种交易活动的交易主体主要有三种：企业、消费者和政府。企业作为商品或服务的主要生产者和提供者，一般在市场交易活动中处于卖方的位置，但企业为了组织生产和经营活动，又需要从他人那里购进原材料、机器设备等生产资料，因此企业同时也在市场交易中作为买方出现。而消费者作为商品或服务的需求者，在市场交易活动中主要处于买方的位置，但在某些情况下消费者个人也会出让和销售某些属于个人的物品，成为市场交易的卖方。政府在交易活动中作为管理者和服务者出现，政府向企业和个人提供公共服务，作为补偿，企业和个人向政府缴纳各种税收，政府向企业或个人征缴税收的行为也可以视为是政府与企业和个人之间的一种交易行为。另外，政府为开展各项活动，维持机构的运行，也需要各种物品，这些物品需要向企业采购，这种情况下政府作为买方与企业发生交易行为。

（1）B2B

B2B 即 Business to Business，是指企业与企业之间的交易，是电子交易最主要的部分。B2B 交易包括生产企业之间进行的原材料和生产设备等生产资料、零配件和半成品等中间产品的交易，以及生产企业与流通企业之间产成品的交易。企业与企业之间的交易一般都为大宗交易，因此是电子交易中能产生巨大效益的领域。典型的 B2B 网站有阿里巴巴、慧聪网等。图 3-1 所示为阿里巴巴（1688.com）批发网的主页，阿里巴巴批发网是全球企业间（B2B）电子商务的著名品牌，为数千万个网商提供海量商机信息和便捷安全的在线交易市场，也是商人们以商会友、真实互动的社区平台。

（2）B2C

B2C 即 Business to Consumer，是指企业与消费者之间的交易，是电子交易最活跃的部分。无论是生产企业还是流通企业，最终都必须面对消费者，将产品或服务销售到消费者手中，产品或服务的价值才算最终得到实现，生产和流通的过程才算完成。因此，B2C 交易才是电子商务价值的最终体现。然而，由于电子商务发展时间还较短，各种基础和配套设施还不尽完善，B2C 交易的效率较低，服务也不尽如人意，同时消费者对网上购物还不能完全接受，因而就目前情况看，B2C 交易的发展受到一定的限制。但从长远来看，消费者生活、购物的网络化是一个必然的趋势，而 B2C 交易将成为电子商务最有发展潜力的领域。

图 3-1　阿里巴巴批发网的主页

图 3-2 所示为一个典型的 B2C 交易网站京东商城（jd.com）的主页，京东商城是中国的综合网络零售商，也是中国电子商务领域受消费者欢迎和具有影响力的电子商务网站之一，在线销售家电、数码通信、计算机、家居百货、服装服饰、母婴、图书、食品、在线旅游等 12 大类数万个品牌的百万种优质商品。

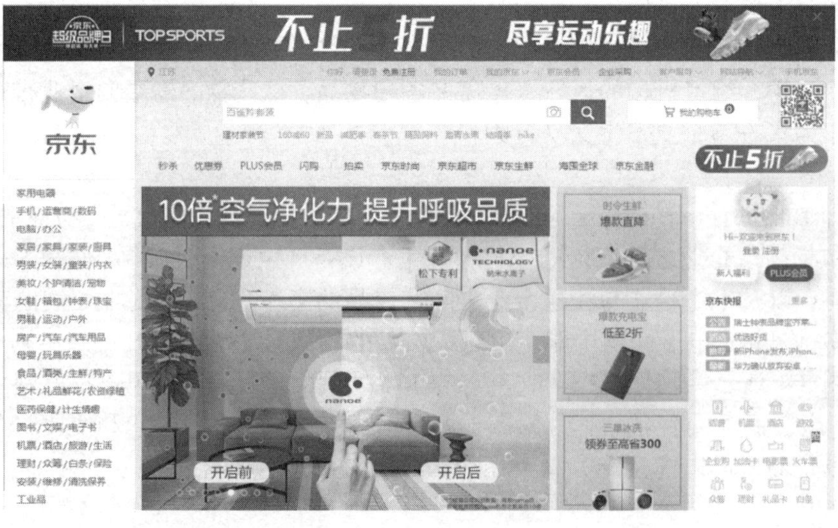


图 3-2　京东商城的主页

（3）B2G

B2G 即 Business to Government，是指企业与政府之间的交易，包括了政府与企业之间的交易活动，如政府采购等各项事务，包括税收、商检、海关管理等。政府采购是政府与企业之间真正意义上的交易行为，一般通过招标的形式进行。将政府采购的招标活动转移到网上进行，就是政府与企业之间的 B2G 交易。税收、商检、海关管理等活动并不是严格意义上的交易活动，而是电子政务的一个组成部分。但它涉及企业与政府之间的关系，并伴有一定的支付行为，因而也被作为 B2G 交易的一个内容。将这些活动通过网络进行，可以大大提高政府的工作效率，同时减轻企业的负担。

图 3-3 所示为一个政府采购网站——中国政府采购网（http://www.ccgp.gov.cn）的主页。政府在网上公布采购信息，开展招标活动。有关企业则可以直接在网上投标和竞标，参与政府的采购招标活动。一旦中标，即可通过网络与政府进行交易。

图 3-3　中国政府采购网的主页

（4）C2C

C2C 即 Consumer to Consumer，是消费者之间通过互联网进行交易的电子商务模式。在该模式中，交易的双方都是个人，他们一般通过第三方经营的电子商务平台进行实物和服务的交易。这种模式最早在美国产生，eBay 是美国最知名的 C2C 交易网站，我国目前的拍拍、转转和咸鱼都是典型的 C2C 电子商务交易平台。

图 3-4 所示为 58 同城的“转转”（www.zhuanzhuan.com/）的主页。“转转”是为买卖双方提供闲置物品的交易平台。

（5）G2C

G2C 即 Government to Citizen，是政府对公众的电子政务。政府通过网络系统为公民提供各种服务，如网上发布政府的方针、政策及重要信息，介绍政府机构的设置、职能、沟通方式，提供交互式咨询服务、教育培训服务、行政事务审批、就业指导等服务。

图 3-5 所示为南京网上房地产的主页（www.njhouse.com.cn）。该网站的主管部门是南京市住房保障和房产局，由南京市房地产市场交易管理中心主办。政府通过该网站发布房产信息和政策法规，接受公众的咨询，为公民办理房产交易提供帮助。

图 3-4 “转转”的主页

图 3-5 南京网上房地产的主页

（6）G2G

G2G 即 Government to Government 是指政府与政府之间的交易，主要指政府机构之间的公文传递、信息交流等活动，属于电子政务的范畴。G2G 活动的开展有助于实现政府办公的无纸化和电子化，减少行政费用，提高办公效率。同时也使政府的工作更加公开和透明，更有利于公众和社会的参与和监督。

### 2. 按交易客体划分

交易客体也就是交易的对象。根据交易客体的属性，交易客体可以大致分为三类：实物商品、数字商品和在线服务。因此，电子交易按照交易客体来分，又可以分为实物商品交易、数字商品交易和在线服务交易三种类型。

（1）实物商品交易

实物商品即指通过网络销售的普通商品。电子交易中的实物商品交易以电子的方式完成信息流、商流和资金流的过程，再以物理的方式完成商品的物流过程。因此，电子交易中的实物商品交易不仅需要信息网络技术的支持，还需要快捷、高效的现代物流技术和网络的配合和支持，才能得以最后实现，并充分体现出电子商务的优越性。

（2）数字商品交易

数字商品是由“比特”组成的商品，如在网络上出版的电子书刊、通过网络播放的各种音像作品及通过网络传送的各种电子软件等，数字商品是由计算机制作出来、通过计算机发行，并通过计算机消费的。它没有实物形式，是仅存在于网络空间的事物，因此最适合通过网络进行交易。数字商品的电子交易，不仅信息流、商流、资金流可以通过网络完成，物流也可以在网上进行。数字商品是电子交易独有的商品，也是最适合通过电子和网络进行交易的商品。尽管这些商品在一定程度上也可以转化为实物，如将电子文档、软件制作成光盘、磁盘，但在网络技术已经高度发达的情况下，这样做完全是多此一举，是对资源的一种浪费。因此，电子交易是数字商品的最佳交易方式。随着计算机信息技术的发展，人类社会生活数字化的程度将不断提高，数字商品交易无论在数量上还是在种类上都将大大增加，并在所有商品的交易中占有越来越高的比重。

（3）在线服务交易

在线服务就是通过网络提供的各种服务。在线服务包括各种信息中介服务，如证券信息服务、房产中介服务等，还包括与人们日常生活密切相关的各种服务，如机票和车船票的预订、旅馆的预约、医院的预约等。由于这些服务一般不提供实物产品，不需要面对面地进行交易，因而更适合通过网络开展。按照产业的分类，服务行业属于第三产业。经济发展和人们收入水平越高，生活服务的社会化程度也将越高，人们对社会服务的需求量也就越大。因此，随着产业结构的高度化和第三产业的发展，在线服务交易将具有十分广阔的需求和市场潜力。

### 3. 按交易过程划分

（1）直接交易

直接交易是指没有中间商的交易方式，即企业将产品直接销售给消费者。在商品交换出现早期，由于商品经济不发达，生产和交易的规模很小，交易的地域范围和时间的跨度十分有限，所以采用的是直接交易的方式。但随着经济的发展和生产技术水平的提高，生产和交易的规模不断扩大，交易的地域范围和时间跨度也变得更大，信息不对称的程度加大，在大多数情况下直接交易变得十分不经济，难以适应商品流通发展的要求，因此逐渐为间接交易所代替。然而，信息网络技术的发展使企业进行交易的技术条件发生了根本性的改变，尤其是大大降低了直接交易的信息成本，使企业与消费者之间直接进行交易又重新成为可能。正因为如此，人们把直接交易视为电子交易的一个重要特征，而网络与电子商务的发展，为企业直接面向消费者的销售提供了有力的技术支持。

（2）中介交易

中介交易是通过中间商进行交易的方式。中间商存在的主要原因是买卖双方的信息不对称增加了交易费用，同时零散的交易造成规模不经济，增加了企业的销售成本。而中间商通过买卖双方的信息沟通消除了流通中的障碍，降低了商品流通过程中的交易费用，同时将零散的消费活动汇集在一起，能够满足规模经济的要求。因此，以中间商为中介的间接交易是商品流通的主要形式。在网络和电子商务背景下，虽然信息不对称的状况有了根本性的改善，但交易的规模经济问题依然存在，因而中介交易在电子交易中依然有存在的必要。网上中介交易的中间商主要是网上商品交易中心。网上商品交易中心作为交易信息的汇集点，帮助买卖双方寻找交易对象，并对交易进行撮合，使网上的电子交易能够更便捷、顺利和有效地进行。

#### 4．按照电子商务的实现程度划分

根据所销售的产品（或服务）、销售过程和销售代理的数字化程度不同，可以将电子商务分为完全电子商务和部分电子商务。如果把销售的产品（或服务）、销售过程和销售代理看成三个不同的维度，完全电子商务的三个维度都是数字化的。例如App开发者通过应用商店销售分发自己开发的移动应用软件就是完全电子商务。部分电子商务至少有一个维度不是数字化的，而且至少有一个维度是数字化的。例如亚马逊通过网络销售纸质图书就是部分电子商务。如果三个维度都不是数字化的，则这种商务活动属于传统商务的范畴。例如传统的连锁超市、百货公司通过实体店售卖实体产品就是一种传统的商务活动。

O2O模式就是一种部分电子商务模式。O2O（Online to Offline）通过线上线下相结合的方式为客户提供服务，一般在线上提供信息流和资金流服务，由线下实体店提供体验式服务。O2O模式实现了电子商务和线下实体店面经营的融合，尤其适合区域性的本地化服务项目，如餐饮、美容美发、电影等。近些年兴起的以Groupon和美团为代表的新型网络团购属于典型的O2O模式。

#### 5．按照电子商务使用的网络划分

根据开展电子商务所使用的网络类型不同，电子商务可以分成专用网电子商务、互联网电子商务、内联网电子商务和移动网络电子商务。

（1）专用网电子商务

专用网电子商务是指企业通过专用网络（Private Network）来从事商务活动。这种专用网络是为某种业务专门构建的，只有与该业务相关的组织和人员才能访问该网络。如早期的电子资金转移（EFT）和电子商务交换（EDI）就属于该种类型。

（2）互联网电子商务

互联网电子商务是指利用连通全球的因特网（Internet）开展的电子商务活动。互联网电子商务所涉及的业务种类繁多，领域广泛，全世界的企业和个人都可以参与，已经渗透社会、经济和生活的方方面面。

（3）内联网电子商务

内联网电子商务是指在一个大型企业内部或一个行业内部利用企业内联网（Intranet）开展的商务活动。例如目前企业在Intranet上建立的集生产、管理、资金划拨等为一体的企业资源计划（ERP）或管理信息系统（MIS），能够对企业内部的业务和资源进行有效管理。

（4）移动网络电子商务

移动网络电子商务是指通过手机、平板电脑、个人数字助理（PDA）、笔记本电脑等移动终端，依托无线移动通信网络所从事的电子商务活动，又称为“移动商务”。

#### 6. 按照电子商务交易的范围划分

根据交易所涉及的地理范围，电子商务可以分成本地电子商务、远程国内电子商务和全球电子商务。

（1）本地电子商务

本地电子商务指利用本地局部信息网络实现的电子商务活动，交易涉及的范围仅局限在一个城市或一个地区内部。一些服务于本地居民的生活服务类电商就属于这种类型。

（2）远程国内电子商务

远程国内电子商务是指在一个国家范围内进行的电子商务活动，其交易的地域范围较大。

（3）全球电子商务

全球电子商务是指在全球范围内进行的电子商务活动，往往指不同国家之间的电子交易活动，又称为“跨境电子商务”。与前两种相比，全球电子商务交易的地域范围更大，涉及海关、检验检疫、跨境物流、国际资金结算等环节，流程也更为复杂。

## 3.2 B2C 电子商务

B2C 电子商务是按交易对象划分的一种电子商务模式，即商业机构对消费者的电子商务，具体是指通过信息网络，以电子数据信息流通的方式实现企业或商业机构与消费者之间的各种商务活动、交易活动、金融活动和综合服务活动，是消费者利用 Internet 直接参与经济活动的形式。按照为消费者提供的服务内容不同，B2C 电子商务可以分为电子经纪、网上直销、电子零售、远程教育、网上娱乐、网上预订、网上发行、网上金融等类型。

从企业和消费者买卖关系的角度看，B2C 主要分为卖方企业—买方个人、买方企业—卖方个人两种模式。

#### 1. 卖方企业—买方个人模式

卖方企业—买方个人模式即商家出售商品和服务给消费者个人的电子商务模式，在这种模式中，商家首先在网站上开设网上商店，公布商品的品种、规格、价格、性能等，或者提供服务种类、价格和方式，由消费者个人选购、下订单、在线或离线付款，商家负责送货上门。这种网上购物方式可以使消费者获得更多的商品信息，足不出户却可货比千家，买到价格较低的商品，节省购物时间。对商家来说，与传统的店铺销售相比，B2C 的优点在于：①店铺被取消之后节省的房租和销售人员的人工费用相当可观；②网上销售范围几乎不受企业大小的限制；③商家还可以通过动态监测商品的点击率、购买率、用户反馈，随时调整商品的进货计划，也可以起到减少积压的作用。当然，这种电子商务模式的发展需要高效率和低成本的物流体系的配合。

#### 2. 买方企业—卖方个人模式

买方企业—卖方个人模式即企业在网上向个人求购商品或服务的一种电子商务模式，在这种模式中，个人通过网络向企业出售商品或服务，或者个人通过网络寻找企业的产品或服务的招标信息。应用这种模式最多的就是在企业网上招聘人才。在这种模式中，企业首先在网上发布需求信息，然后与个人上网洽谈。这种方式在当今人才流动量巨大的社会中极为流行，因为它建立起了企业与个人之间的联系平台，使得人力资源得以充分利用。

## 3.2.1 B2C电子商务的主要经营模式

B2C电子商务分为无形商品和服务的电子商务模式、有形商品和服务的电子商务模式及综合的电子商务模式。无形商品和服务的电子商务模式可以完整地通过网络进行，而有形商品和服务的电子商务模式则不能完全在网上实现，要借助传统手段，还有的甚至需要多种模式的综合运用才能完成，即产生了综合的电子商务模式。

### 1. 无形商品和服务的电子商务模式

计算机网络本身具有信息传输和信息处理功能，无形商品和服务一般可以通过网络直接提供给消费者。无形商品和服务的电子商务模式主要有网上订阅模式、广告支持模式和网上赠予模式。

（1）网上订阅模式

消费者通过网络订阅企业提供的无形商品和服务，并在网上直接浏览或消费。这种模式主要被一些商业在线企业用来销售报刊、有线电视节目等。网上订阅模式主要有以下三种。

① 在线出版。出版商通过Internet向消费者提供除传统印刷出版物之外的电子刊物。在线出版一般不提供Internet的接入服务，只在网上发布电子刊物，消费者通过订阅可下载有关的刊物。有些在线出版商采用免费赠送和收费订阅相结合的双轨制，从而吸引了一定数量的消费者，并保持了一定的营业收入。

② 在线服务。在线服务商通过每月收取固定的费用而向消费者提供各种形式的在线信息服务，它们一般都有自己特定的客户群体。例如，美国在线（AOL）的主要客户群体是家庭用户，而微软网络（Microsoft Network）的主要客户群体是Windows的使用者，订阅者每月支付固定的费用，从而享受多种信息服务。

③ 在线娱乐。在线娱乐商通过网站向消费者提供在线游戏，并收取一定的订阅费，这是无形商品和服务在线销售中令人关注的一个领域，也取得了一定的成功。当前，网络游戏已成为焦点，Microsoft、Excite、Infoseek等纷纷在网络游戏方面强势出击。事实上，网络经营者将眼光放得更远，通过一些免费或价格低廉的在线娱乐换取消费者的访问率和忠诚度。

（2）广告支持模式

在线服务商免费向消费者提供在线信息服务，其营业收入完全靠网站上的广告来获得。这种模式不直接向消费者收费，却是目前最成功的电子商务模式之一。Yahoo等在线搜索服务网站就是依靠广告收入来维持经营活动的。对于上网者来说，信息搜索是其在Internet中寻找所需信息最基础的服务。因此，企业也最愿意在信息搜索网站上设置广告，通过点击广告可直接到达该企业的网站。采用广告支持模式的在线服务商能否成功的关键是其网页能否吸引大量的广告，能否吸引广大消费者的注意。

（3）网上赠予模式

这种模式下，软件公司经常赠送软件产品，以扩大其知名度和市场份额。一些软件公司将测试版软件通过 Internet 向用户免费发送，用户自行下载试用，也可以将意见或建议反馈给软件公司。采用这种模式，软件公司不仅可以降低成本，还可以扩大测试群体，改善测试效果，提高市场占有率。美国的网景公司（Netscape）在其浏览器最初推广阶段采用的就是这种方法，成功地使其浏览器软件迅速占领市场，效果十分明显。

#### 2. 有形商品和服务的电子商务模式

有形商品是指传统的实物商品。有形商品和服务的查询、订购、付款等活动虽然也可以在网上进行，但最终的交付不能通过网络实现，还要用传统的方法完成。这种电子商务模式也叫在线零售或网络零售。目前，企业实现在线销售主要有两种方式：一种是在网上开设独立的虚拟商店；另一种是参与并成为网上购物中心的一部分。与传统的店铺销售相比，即使企业的规模很小，网上销售也可以将业务伸展到世界的各个角落。一位日本客户向坐落在美国纽约的食品公司购买食品，付出的运费相当于产品的价值。然而，客户却非常满意，因为从日本当地购买相同的产品，其代价更高。除此之外，虚拟商店需要较少的雇员而且在零库存的基础上就可以销售。有些情况下虚拟商店可以直接从经销商处订货，省去了商品储存的环节。有关网络零售的知识将在第 4 章专门进行介绍。

#### 3. 综合的电子商务模式

实际上，多数企业网上销售并不仅采用一种电子商务模式，而往往采用综合模式，即将各种模式结合起来实施电子商务。GolfWeb 就是一家有 3500 页关于高尔夫球信息的黄页网站，这家网站采用的就是综合模式，其 40%的收入来自订阅费和服务费，35%的收入来自广告，还有 25%的收入是该网址专业零售点的销售收入。该网站已经吸引了许多大公司的广告，如美洲银行、美国电报电话公司等。其专业零售点开始运营两个月的收入就高达 10 万美元。

### 3.2.2 B2C 电子商务模式的基本流程及主要优势

#### 1. B2C 电子商务的基本流程

以在线零售为例，无论 B2C 电子商务所经营的产品的性质如何，对消费者来说，其基本流程都一样，如图 3-6 所示。

① 确定要购买的商品。

② 商品搜索。消费者通过 Internet 上的广告、产品目录、搜索引擎检索等方式得到对自己有用的信息，进入有关的网站并查询自己所需要的产品或服务。

③ 填写订单。顾客通过网站提供的订单填写需要购买的商品或服务的内容，包括要购买的产品名称或编号、购买的数量、付款方式及送货方式等信息。

④ 付款。在电子商务中，付款方式一般有多种，既包括信用卡、电子现金、电子支票、银行转账等电子支付方式，又包括现金等传统支付方式。可以选择交易前付款，也可以选择交易后付款。

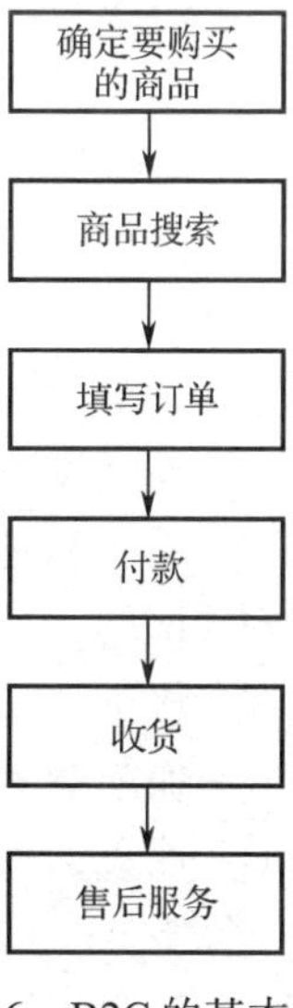


图 3-6 B2C 的基本流程

⑤ 收货。如果选择交易前付款，商家在确认收到货款后，通知销售部门或物流公司送货上门，消费者检查并接收商品。如果选

择交易后付款，商家在接到订单后即可安排发货，顾客收到商品后进行付款。

⑥ 售后服务。在电子商务中，可以通过 Internet 获取在线的技术支持，当然也包括传统的售后服务手段。

为保证交易过程的安全，还需要对交易双方的身份进行认证，以确认他们的真实身份。

#### 2. B2C 电子商务模式的主要优势

与传统的销售方式相比，B2C 电子商务模式的优势主要体现在以下几方面。

① 缩短了消费者和企业之间的距离，为生产型企业直接面向消费者销售产品提供了机会。

② 能有效地减少交易环节，大幅降低交易成本，从而降低消费者所得到的商品的价格，也有效地提升了商家的竞争力。

③ 减少了售后服务的技术支持费用。由于采用网络进行在线技术支持，从而减少了技术服务人员的数量、减少了技术服务人员的出差费用，进而降低了企业的经营成本。

### 3.2.3 适合 B2C 电子商务经营的商品

一般来说，几乎所有的商品都可以在网上销售。但并不是所有的商品都适合在网上销售，对于那些需要个人销售技巧的商品（如房地产销售）或者个人建议对估价影响很大的商品（如高档时装、古董或易变质的食物）来说，更适合通过传统商业渠道销售，但可以采用网上商店和实体体验店相结合的方式来弥补单纯进行网上销售的不足。

适合网上销售的商品一般具有如下某项或某几项特征：

① 具有比较高的品牌辨识度；

② 易于转换成数字商品，如书、音乐和视频等；

③ 有知名商家提供质量保证；

④ 相对便宜；

⑤ 具有标准规格；

⑥ 易于用文字或视频说明使用方法；

⑦ 即使在商店也不能打开包装；

⑧ 购买重复度比较高；

⑨ 能够提供咨询和信息服务等。

总的来说，最适合网络销售的是不需要顾客亲自接触体验就能把握质量、规格及使用方法的商品，或者最能体现网络优势的商品。主要包括以下几种类型的商品：

① 电子消费品，包括数码相机、打印机、扫描仪、个人数字助理和手机等；

② 办公设备；

③ 图书和音乐；

④ 玩具；

⑤ 汽车；

⑥ 保健品和美容化妆品；

⑦ 珠宝；

⑧ 服务。

## 前沿话题

### 社 交 电 商

社交电商是基于人际关系网络，利用互联网社交工具，从事商品或服务销售的经营行为，是新型电子商务的重要表现形式之一。

所谓社交化电子商务，是借助社交网站、SNS、微信、微博、社交媒介、网络媒介的传播途径，通过社交互动、用户自生内容等手段来辅助商品的购买和销售行为，并将关注、分享、沟通、讨论、互动等社交化的元素应用于电子商务交易过程的现象。具体而言，从消费者的角度来看，社交化电子商务，既体现为消费者购买前的店铺选择、商品比较等，又体现在购物过程中通过 IM、论坛等与电子商务企业间的交流与互动，还体现为购买商品后消费评价及购物分享等。从电子商务企业的角度来看，通过社交化工具的应用及与社交化媒体、网络的合作，可以完成企业营销、推广和商品的最终销售。

## 3.2.4　B2C 电子商务的主要盈利模式

### 1．第三方 B2C 交易平台的盈利模式

第三方 B2C 交易平台指不直接销售商品，而是给交易双方提供 B2C 交易服务的电子商务网站。天猫（淘宝商城）就是一个典型的代表。其盈利模式包括以下几个方面。

（1）会员费

企业通过第三方 B2C 交易平台进行商品销售，必须注册为平台的会员才能享受平台提供的各种服务。平台一般会收取一定的会员费。

（2）广告费

由于第三方 B2C 网络平台汇集大量的消费者，同时平台也会定期或不定期举行市场营销活动。企业在平台播放广告，进行店铺或商品推广，需要支付相应的广告费。

（3）交易佣金

交易佣金就是企业借助第三方 B2C 网络平台每完成一笔交易须向平台支付的佣金，佣金多少一般按照交易额或交易数量确定。

（4）网店装饰费

第三方 B2C 网络平台为入驻商家提供专业化的网店装饰美化服务而收取的服务费。

（5）网上支付佣金

有些第三方 B2C 网络平台会为交易双方提供网上支付工具或服务，同时一般会收取一定的服务费，即支付佣金。

（6）物流服务费

有些第三方 B2C 网络平台有自己的物流配送网络，可以为交易双方提供送货服务，同时要收取一定的服务费，即物流服务费。

（7）信用认证费

有些第三方 B2C 网络平台会向商家或消费者提供信用认证服务，同时要收取一定的

服务费，即信用认证费。

（8）关键词搜索排名服务费

有些第三方B2C网络平台推出关键词搜索排名服务。商家可以为特定的关键词提出自己认为合适的价格，以获得在搜索结果中排名靠前的位置。平台通过拍卖搜索关键词获取的收入即关键词搜索排名服务费。

（9）其他费用

其他费用包括通过提供资讯、举办展会及商务合作等方式获得的收入。

#### 2. 自营B2C网站的盈利模式

自营 B2C 网站与传统自营商场的经营模式类似。其盈利模式主要是基于销售获得收入。

近些年，亚马逊、京东和苏宁易购等自营B2C网站也都开放了自己的平台，引入第三方卖家，实际上变成了一种混合模式，既有自营电商的业务，又有交易平台的功能。

## 3.3 B2B电子商务

B2B 电子商务指企业之间通过 Internet、外部网、内部网或企业私有网以电子方式实现交易。这些交易可以发生在企业及其供应链成员之间，也可以发生在一个企业和其他企业之间。

### 3.3.1 B2B电子商务模式分类

根据市场控制者不同，可以将B2B电子商务划分成几种基本的B2B交易类型：卖方模式、买方模式、网络交易市场模式等。卖方模式也可称为买方集中模式，指一个卖家与多个买家之间的交易模式，其中卖方是市场的控制者，卖方发布欲销售的产品信息，吸引买方前来认购；买方模式也称为卖方集中模式，是一个买家与多个卖家之间的交易模式，买方发布需求信息，召集供应商前来报价、洽谈和交易，在该模式中，买方是市场的控制者；网络交易市场模式是多个卖家和多个买家之间的交易模式，买方、卖方通过第三方建立的网络交易市场的撮合机制进行交易，市场的控制者是中立的网络交易市场。

#### 1. 卖方模式及其定价方法

在卖方模式中，一个企业通过外部网向其他企业销售商品和服务。这个企业可能是生产商，也可以是企业销售的分销商，而买方可以是其他生产商、批发商或零售商，甚至可以是终端消费者，其市场结构如图3-7所示。消费者和企业买家可能使用相同的买方交易市场，也可能使用不同的市场。如果买方是终端消费者，就成为前面所讲过的B2C电子商务模式。在这里我们更加关注的是企业买家，但是不管买家是消费者还是企业，其电子市场的结构是相似的，只是卖方对订单的处理流程有所不同，因此企业通常会对B2B和B2C的订单加以区分。

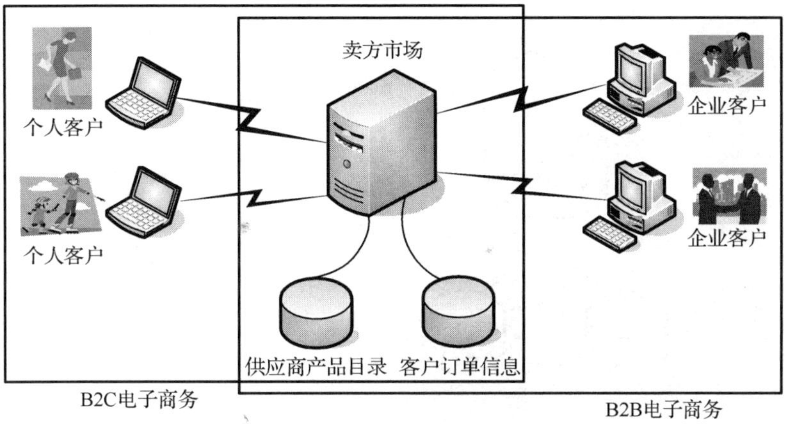


图 3-7 卖方模式下的市场结构

这种一对多的卖方模式主要有三种定价方法。

（1）根据电子目录销售

传统商务中，商家会把产品的特征信息和价格信息印刷在纸张上，形成一个产品目录，便于进行商品的宣传推广，同时也便于客户更方便地查找产品的信息。早期的电子目录主要是印刷产品目录的简单数字化，将其中的文字和图片信息复制到存储设备上或者在互联网上传播。现在的在线目录更加动态化、定制化，并能与购买和销售过程集成起来。在 B2B 的卖方模式中，卖方企业可以向所有用户提供一份目录，也可以向每个大客户提供定制的目录。

另外，卖方还可以提供一个产品的动态价格表，即卖主根据销售数量大小确定一个从高到低的价格阶梯，随着人数和购买数量的增加，价格由高到低变化，最后根据数量决定一定的成交价格。

（2）通过拍卖销售

拍卖就是卖方首先确定一个最低价，在事先规定的期限内，买方参与竞价，价格只能从低到高，在拍卖的截止日期，最后一个出价者即最高出价者，被确定为买主，所出的价格就是商品的最终交易价。

（3）一对一销售

买方就价格、数量、支付方式、运输和品质标准与卖方进行协商，买卖双方据此达成长期的购销合同。

### 2. 买方模式及其定价方法

卖方模式可以缩短产品的销售过程，拓展销售渠道，降低销售成本，明显地对卖方比较有利，而对买方来说，因为其订购信息储存在销售商的服务器里，不方便与买方信息系统衔接，买方采购部门有时候需要手工把订单信息输入自己的计算机信息系统中，另外，买方在进行采购时需要人工查找电子商铺，比较供应商和商品，费时费力。因此一些大型买家（如 GM）开辟了自己的电子市场，邀请卖方来浏览网站，进行交易。这种 B2B 电子商务模式称为买方模式。买方模式下的市场结构如图 3-8 所示。

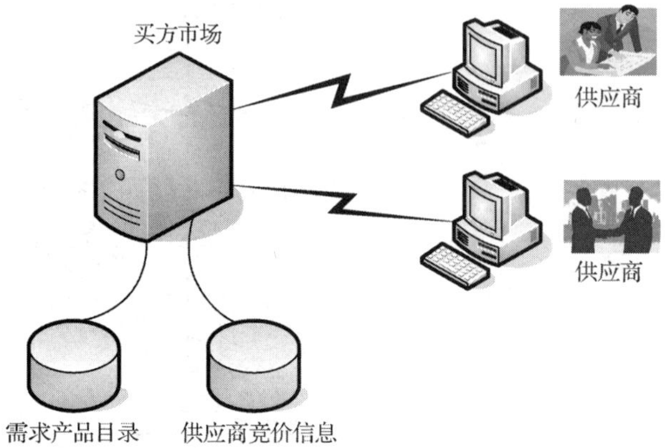


图 3-8 买方模式下的市场结构

买方模式也称集中采购，一般企业自建的、服务于本企业的电子采购都属于这种模式，它适用于采购量比较大的大型企业。与卖方模式类似，它主要也有三种定价方法。

（1）明码标价

参与交易的每个卖方都提供各自的产品信息和报价信息，买家对这些信息汇总，并进行综合比价。由于卖家明码标价，因此在同等产品质量和服务质量的前提下，一般以买家与报价最低的卖家成交而告终，如果一个卖家在数量上不能满足买家的需求，则按照价格从低到高依次递补。

（2）逆向拍卖

逆向拍卖与普通拍卖过程相反，就是买方首先确定一个最高价，在事先规定的期限内，卖方参与竞价，价格只能从高到低，在拍卖的截止日期，最后一个出价者（最低出价者），被确定为卖主，所出的价格就是商品的最终交易价。

（3）合同方式

卖方就价格、数量、支付方式、运输和品质标准与买方进行协商，买卖双方据此达成长期的购销合同。

### 3．网络交易市场模式和活动

网络交易市场模式是一对多卖方集中和多对一买方集中交易方式的综合。其结构如图 3-9 所示。多个买方和多个卖方通过第三方建立的网络交易市场进行交易，这种模式一般采用动态竞价拍卖方式。

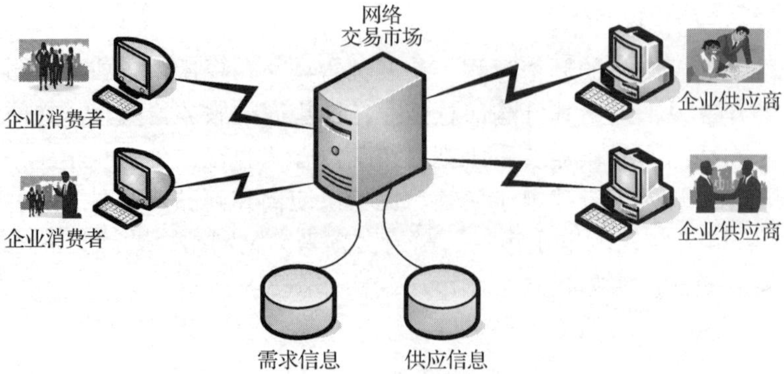


图 3-9 网络交易市场模式的结构

网络交易市场有三个主要功能。

（1）匹配采购商和销售商

其活动包括：汇总和公布用于销售的产品，建立产品报价；组织投标和拍卖；匹配供求信息；方便对价格和产品进行比较；支持采购商和供应商之间的谈判和协议的达成；提供采购商和销售商的地址名录等。

（2）为交易提供便利

其活动包括：安排物流计划；提供账单和支付信息；收取交易费和提供担保服务；采购商和供应商的注册和资格证明；对信息和交易提供必要的安全措施。

（3）维护交易市场的基础设施和交易规则

其活动包括：提供技术基础设施来支持大量和复杂的交易；确保在交易市场内进行的交易遵守商业法规和规则；提供访问采购商和供应商标准系统的接口能力；可以接受合适的网络广告，并收取相应的广告费用。

网上交易市场模式可以克服一对多模式中的许多弊端，体现了信息对称、流畅和互动，是实现公平交易的理想模式。

#### 4．协同商务

企业和企业之间的贸易活动不仅仅局限于买卖活动，还有企业之间的协同和合作。协同商务（Collaborative Commerce）就是将具有共同商业利益的合作伙伴用信息系统连接起来，通过信息沟通和共享，提高成员之间的协同和合作能力，实现有效的资源整合和优势互补，以实现商业利益的最大化。

在目前这个竞争异常激烈、客户需求变换频繁的信息时代，企业不仅需要依靠降低产品的成本和提高响应速度以确保在激烈的竞争环境下站稳脚跟，更需要不断地获取知识、提升创新能力和深化协同工作以获取成功。因此出现了协同生产、协同设计、协同办公、协同政务等概念。电子商务环境下，单一组织难以具备满足顾客的所有条件，分工、能力核心化和协作是必由之路。企业不仅需要内部跨部门的协调，还要解决好和价值链中供应商、客户、合作伙伴的合作关系。企业要想在激烈的市场竞争中体现自己的优势，满足客户的要求，就必须建立协同的工作环境。企业建立现代企业制度，实现从金字塔形的管理转变到扁平化的管理，更加强调企业内部与外部的资源的整合，加深了企业员工与员工之间，部门与部门之间的协同工作。

从现在的角度看，协同商务的主要内容主要分为四个方面。

（1）信息与知识的共享

协同商务将所有的信息和知识进行全面整合，信息与信息之间无阻碍连接。用户可以从友好的界面入口，进行大范围和深度的信息提取，而完全不需要在不同的数据库和应用平台之间切换。从管理层面上看，它基于企业资源网状管理体系的思想，从任何一个信息点都可以非常方便地提取出所有与其相关的信息，所有的信息和应用都是多维的、立体化的、强关联的。

（2）业务整合

协同商务实现了业务管理上的协同，从应用的层面看，它以企业内各部门、跨部门及企业外部的工作流程带动知识信息流、物流、资金流等在企业内外的无障碍流动。对于系统本身，任何一个模块都可以看作系统应用层面上的核心，其他所有的模块都围绕它工作，共同完成它所要求的相关应用。从管理层面上看，由于它基于资源协同的思想设计，实现的是“以点带面”和“协同运作”，任何一个因素的变化都会在系统中的相关点反映出来，并通过协同商务平台提供给企业内部各部门及企业的外部协作实体，从而使业务的执行过程更加高效。

（3）建立合作的空间

在企业运作过程中，企业的员工需要其他部门的协助，如需要领域专家对一些问题进行解答，这时就需要借助一个空间或社区来进行，如在线会议、在线培训课程等。另外，企业的很多工作不单单需要内部员工的协助，还需要外部用户的参与，如有些员工在工作时需要不断地与外部客户进行沟通，这也需要通过合作空间或社区来完成。协作社区也是电子商务的一部分，是协同商务的体现。

（4）商务的交易

协同商务必须可以提供安全、可靠的商务交易流程，包括客户的订单管理、合同管理及财务管理等。这些交易结果可以与内部其他系统进行互动及数据更新。

## 3.3.2 B2B 电子商务的特点和优势

### 1. B2B 电子商务的特点

与 B2C 电子商务相比，B2B 电子商务具有以下几方面的特点。

（1）交易金额比较大

企业与企业之间的交易往往是批量交易，每次的交易金额会比较大。例如，一个制造商从它的供应商处采购一批原材料，一笔可能就是几十万元、几百万元甚至上千万元的交易。

（2）交易频度相对低

企业与企业之间的交易往往有一定的计划性，同时为了降低交易成本，也不会非常频繁地进行交易。

（3）交易对象相对固定

企业与企业之间交易的对象一般比较固定。这种固定体现了在一定时期内，企业与其合作伙伴之间的关系稳定性，这种稳定关系有利于降低交易成本、稳定产品质量。

（4）交易过程复杂但规范

企业与企业之间的交易一般需要多个不同部门、不同层次的人员的参与，并且由于每次交易所涉及的产品质量、交易量、交货期、付款方式等有所不同，需要交易双方进行充分的沟通和协商，使得 B2B 交易过程更加复杂。同时为了避免或降低交易风险，交易过程必须严格规范，符合法律的相关规定，遵循行业规则。

（5）交易的商品品种广泛

企业交易的商品有很多不属于普通物品，企业交易的物品几乎可以是任何一种物品，包括成品和半成品、原材料和零部件、标准件和非标件等。

### 2. B2B 电子商务的主要优势

与传统商务活动相比，B2B 电子商务具有以下几方面的优势。

（1）改善供应链管理

B2B 电子商务整合企业的上下游企业，将供应商、制造商、分销商、零售商、客户、物流服务商及往来银行进行垂直一体化的整合，构成供应网络，加强成员间信息的及时交流和业务的有效衔接，促使供应链向动态的、虚拟的、全球化和网络化的方向发展。

（2）增加商业机会

互联网的无国界性大大增加了企业寻找新的市场和寻找合作伙伴的机会。企业可以在更大的范围内优化资源配置，提高企业的竞争力。

（3）提高沟通效率

B2B 电子商务使得买卖双方通过网络进行高效的信息传送和实时的在线交流，沟通效率大大提高。

（4）降低交易成本

B2B 电子商务可以实现无纸贸易，降低流通成本；采用网络营销，降低营销成本；使用网络进行沟通，降低了差旅成本等。

（5）减少企业库存

B2B 电子商务使得企业之间通过信息网络可以及时、高效地进行信息共享和信息交换，从而可以根据需要生产，有利于减少企业的库存。

（6）缩短生产周期

产品生产往往是许多企业相互协作的结果，B2B 电子商务有助于改变过去由于信息封闭而导致的等待现象，缩短产品的生产周期。

（7）改善管理和决策水平

与传统商务相比，B2B 电子商务能够准确地记录交易信息，并进行交易审计，为改善管理和决策提供强有力的支持。

## 3.3.3 B2B 电子商务的交易流程

B2B 电子商务的交易过程大致可分为五个阶段。

（1）合作商家的搜寻

B2B 电子商务交易是企业和企业之间的交易行为。企业开展 B2B 电子商务时，首先就是寻找合作商家或交易对象。对买方而言，要确定自己需要购买的商品，充分利用网络资源进行货源市场调查，制订购货计划，确定购买商品的种类、数量、质量、规格、价格、交易地点和交货方式等。然后根据市场货源情况和自身需求，确定若干合格的候选卖家。对卖方而言，充分利用网络优势发布商品信息，寻找贸易伙伴和交易机会，通过分析对比，最终确定几个合格的候选买家。

（2）交易谈判和确定合作关系

买卖双方与前一阶段确定的候选商家就交易细节，如商品种类、数量、质量、价格、交易地点和交货方式等进行谈判，并对这些候选商家的资质和能力进行仔细审查，最终选择一家或几家，确定合作关系。企业通过与合作商家交易谈判确定本次交易的内容，以文件的形式保存下来，并最终签订交易合同。如果通过初次交易的检验建立起买卖双方的互信，双方就可以确定长期的合作关系，建立起网络互连系统，使得合作双方能够实现信息共享和信息沟通。

（3）办理交易进行前的手续

这一阶段是指签订合同后到合同开始履行之前办理各种手续的过程，可能涉及银行、海关、商检、保险、税务、运输及中介等多个部门或机构。

（4）合同的履行

在办理各种交易手续之后，卖方要备货、组货，交付给物流公司进行包装、发货，在货物运输过程中买卖双方可以通过网络对货物进行跟踪。银行和金融机构按照合同要求结算货款。货物到达后，买方接受货物并进行验收。

（5）售后服务及赔付

买方收到商品后，卖方根据合同规定，为售出商品提供售后服务，如安装、调试、培训及保养维护等。如果在合同履行过程中出现违约等问题，受损方可以向违约方提出索赔。违约方确认后，需根据合同中相关条款的规定进行赔付。

## 3.3.4 B2B电子商务交易平台

对应B2B电子商务的三种模式，B2B电子商务平台也分为三种类型：供应方B2B电子商务平台、采购方B2B电子商务平台和第三方电子商务平台。

### 1．供应方B2B电子商务平台

供应方B2B电子商务平台是指由企业自建，用来面向其他企业进行产品销售的电子商务网站。例如，Intel公司可以通过自己的网站向计算机制造商销售CPU产品，Cisco公司通过其自建的网站与其分销商进行交易。在供应方B2B电子商务平台上，一般是一个销售商对应多个购买商，电子商务平台由销售商来创建和管理，平台上只销售平台创建者自家的产品，销售商可以根据自身的需要确定平台的功能和性能，在交易谈判过程中也处于更有利的地位。但前提是销售商有足够的实力吸引到众多的购买商加入平台并参与交易，因此这种模式比较适合有较高知名度、产品信誉良好、实力雄厚的大型企业。

### 2．采购方B2B电子商务平台

采购方B2B电子商务平台是指由企业自建，用来面向其他企业进行产品采购的电子商务网站。例如，海尔集团可以通过自己的采购网站购买原材料、零部件和办公用品。在采购方B2B电子商务平台上，一般一个购买商对应多个供应商，电子商务平台由购买商来创建和管理，购买商可以根据自身的需要确定平台的功能和性能，在交易谈判中也处于更有利的地位。与供应方平台类似，购买商也必须有足够的实力吸引到众多的供应商加入平台并参与交易。因此，这种模式比较适合有较高知名度、采购量大、实力雄厚的大型企业。

### 3．第三方B2B电子商务平台

顾名思义，第三方B2B电子商务平台是由除供应方和销售方以外的第三方创建和管理，为买卖双方提供信息发布、交易匹配和贸易磋商等服务，帮助买卖双方顺利达成交易的网络服务平台。国内著名的第三方B2B电子商务平台有阿里巴巴、慧聪网、环球资源网和中国制造网等。这种独立的第三方平台既不偏向卖家，也不偏向买家，更能保障交易的公平性。由于平台汇集了大量的买家和买家资源，因此买卖双方都会增加交易的机会。同时平台一般还会提供物流、金融等方面的公共服务，使得交易更加便利。对广大中小企业来说，借助第三方平台还可以节省平台建设投资，因而成为开展B2B电子商务的主要方式。

## 3.3.5　电子供应链管理

随着 IT 技术的快速发展，特别是 Internet 技术的广泛普及和应用，Internet 为供应链企业之间的协作提供了高效且低成本的信息沟通和交流的平台，全球竞争与合作趋势越来越明显，供应链必须对快速变化的全球市场需求做出反应。在这种情况下，电子供应链管理的概念便应运而生了。

### 1. 电子供应链的含义

供应链（Supply Chain）包括从产品设计到原材料采购、市场营销、生产制造、订单处理、后勤保障、客户服务直至结算支付在内的所有相关活动构成的产品生产与营销体系，它涵盖了影响产品上市周期、价格、质量的各种因素，涉及信息交换与产品配送等环节的所有人员与活动。随着网络技术的发展，特别是 Internet 的广泛普及和应用，电子商务和供应链结合而形成的电子供应链是供应链发展的必然趋势。因特网已经开始改变公司、客户、合作伙伴、雇员在全球范围内的互动方式。采用因特网这个全球通用的网络标准，商业伙伴之间能创建一个无缝的、自动的供应链，使得企业能够进行快速订货、进行存货跟踪与管理、更加精确地履行订单及对 JIT 制造的支持，从而显著提升客户服务水平。

因此，我们可以将电子供应链定义为：围绕核心企业，以 Internet 为平台，以电子商务为手段，通过对物流、资金流与信息流的整合与控制，从采购原材料开始，到制成中间产品以及最终产品，最后由销售网络把产品送到消费者手中，将供应商、生产商、分销商、零售商及终端客户连为一体的网链结构和模式。构建电子供应链的目的在于提高整个供应链的效率和竞争力，能够快速、及时响应客户的服务请求，从而使供应链中各成员的经营成本最小化和利润最大化。

### 2. 电子供应链管理的优势

（1）降低交易成本：用 Internet 整合供应链将大大降低供应链内各环节的交易成本，缩短交易时间。

（2）降低存货水平：通过扩展组织的边界，供应商能够随时掌握存货信息，组织生产，及时补充，因此企业已没必要维持较高的存货水平。

（3）降低采购成本，促进供应商管理：由于供应商能够方便地取得存货和采购信息，采购管理人员等都可以从这种低价值的劳动中解脱出来，从事具有更高价值的工作。·

（4）减少循环周期：通过供应链的自动化，预测的精确度将大幅提高，这将导致企业不仅能生产出需要的产品，而且能减少生产时间，提高客户满意度。

（5）收入和利润增加：通过组织边界的延伸，企业能履行它们的合同，增加收入并维持和增加市场份额。

### 3. 电子供应链的结构

传统的供应链节点企业是固定的、静态的，刚性地通过信息流和物流连接在一起，这种连接关系会在企业之间产生摩擦、惯性和非柔性。供应链中每一个变化都会给所有企业带来风险，企业间不兼容的信息系统影响信息流的畅通，而且处于不同供应链中的企业会因为不信任而拖延关键信息的传递，这些都会最终影响客户满意度。而电子供应链是以核心企业为主形成的一个供应链共同体，节点企业之间的连接是动态的、集成的和无缝的，这个共同体根据市场需求的变化进行动态的调整和更新。电子供应链的结构包括三个基本元素：

（1）应用系统。包括以供应链计划（SCP）、供应链执行（SCE）信息系统为核心的应用系统，也包括企业资源计划（ERP）和管理信息系统（MIS）等。

（2）信息集成。为了在供应链企业之间以及各信息中心之间实现快速的连接，供应链企业之间需要一定的信息集成策略支持，包括集成适配器、信息转换引擎、规则/流程建模和管理等。

（3）企业间可见性。供应链企业采用一定的技术实现与外部系统之间的可见性，使得企业之间可以实现信息共享，这是供应链企业之间实现业务协同和紧密合作的关键。这些技术包括共享数据库、EDI、Web、XML 等。

**4．电子供应链的协同运作模式**

供应链运作模式发展至今经历了三个阶段：第一阶段，从企业内单纯业务活动的优化发展到企业间集成的供应链管理，建立企业间战略合作关系，制造商与供应商、分销商进行相互间业务流程的整合与协作；第二阶段，在战略合作企业间集成运作的基础上，进行需求预测、计划、库存和生产信息的充分共享和协作，建立需求导向的从消费者到原材料供应商的端到端的整体供应链协同运作模式。第三阶段，充分利用网络技术，快速、动态重构供应链以应对消费市场的变动。在协同的基础上进一步构建同步的电子供应链运作模式。

基于互联网和电子商务的供应链集成的一个方法是建立交易信息网络中心，它能及时处理和链接所有相关信息到所有合适的企业和部门。信息网络中心是一个多组织在供应链集成中相互影响的数据信息网络的一个节点，具有数据存储、数据处理和输入/输出功能，所有参与企业的内部信息系统（ERP 等）作为子系统。全部的网络形成一个连接供应链上下游的可以并行处理的信息共享系统。

信息网络中心可以由供应链核心企业独自组建，也可以由独立的第三方信息服务提供商组建，相应的供应链协同运作模式有两种类型：专有模式和开放模式。这两种模式有机交融，共同构成以端到端、个性化和快速市场响应为主要特征的电子供应链协同运作模式。

（1）专有模式

专有模式指大型企业以自身的管理信息系统为核心，利用互联网和虚拟专用网络（VPN）技术在供应商、合作伙伴、销售渠道和客户之间搭建供应链管理系统，形成专有的供应链运作模式。合作企业间通过互联网直接进行需求和库存信息的共享、同步计划的制订、工作流程的协同，以及商谈、签约和结算等业务活动。与原来通过 EDI 或局域网连接的供应链模式相比，不仅可以有效降低 EDI 或局域网的建设成本，而且供应链可以通过互联网快速扩充合作企业，在动态性和敏捷性方面有较大的改进。面对市场需求变化，供应链整体能力不足时，可快速有效扩充生产能力。同时，这一模式可实现供应链运作的时空扩展，真正实现运作的全球化。然而，在扩充能力和寻找新的需求等供应链动态重组方面，如果交易双方过去不曾有过交易关系，或者企业规模较小、信誉度不高，必然会产生信息不对称，造成产品质量不确定和准时交货的不确定等信誉问题以及逆向选择问题，直接影响交易的达成效率。因此，这种模式通常发生在特定企业之间的供应链协同运作上。

（2）开放模式

开放模式是基于独立的第三方设立的连接行业内绝大多数供应商、制造商、销售商、物流及金融服务企业的开放的网络中介供应链协同运作模式。由于网络中介的信誉保证机制可有效降低供应链电子商务运作过程中的交易摩擦和交易风险，并可提高供求匹配效率。这种开放的网络中介在整个供应链运作过程中，利用先进的通信和计算机软件技术，为供应链各方提供市场信息查询、商品交易、仓储配送、货款结算等全方位的服务，为行业内各种虚拟资源的充分利用和供应链动态重组提供理想的运作平台。网络中介在这一动态的协同供应链体系中承担着组织、协调和监控的管理职能，也在多方参与成员之间承担着建立信任的角色。在供应链筹建阶段，关键的管理活动包括对满足需求的可能性和合作企业组合的优化的评估和决策。在供应链设计阶段，网络中介将对供应链组建方案进行评估，形成一个敏捷的供应链虚拟组织，并把不同的生产任务分配给具体的网络协作企业。在供应链运作阶段，网络中介将提供项目管理能力以管理生产进程，同时对项目的运行进行监控。在最后阶段，临时的供应链将被解散，对项目和参与者进行评估，并对可能的售后服务要求进行责任分配。同时，保存网络协作企业的绩效信息以便将来重组时供决策使用。

## 相关链接

### 2018 年中国 B2B 交易额达 22.5 万亿元

网经社旗下国内知名电商智库电子商务研究中心发布的《2018 年度中国 B2B 电商市场数据监测报告》（以下简称《报告》）显示，2018 年中国 B2B 电商交易规模为 22.5 万亿元，同比增长 9.7%。在营收规模上，按净额确认收入方法统计，2018 年中国 B2B 电商营收规模达 600 亿元，同比增长 71.4%。2018 年 B2B 行业整体呈现出了较大的发展。

报告显示，按净额确认营收的方法统计，2018 年中国 B2B 电商平台市场份额中，前三名分别为阿里巴巴 28.4%、慧聪集团 17.6%、科通芯城 9.2%，接着分别为上海钢联 6.5%、国联股份 6.1%、焦点科技 1.4%、生意宝 0.7%，其他 30.1%。7 家核心 B2B 平台占比为 69.9%，主流 B2B 平台市场份额虽有不同程度的波动，但整体较为稳定。阿里巴巴 B2B 依旧占据头把交椅，慧聪集团紧随其后。通过组织架构的全面升级，打造产业互联网生态圈，上海钢联的“资讯+交易”业务双轮驱动，规模优势凸显。随着 B2B 市场竞争加剧，平台间的竞争已从单一用户转变成了供应链之间的竞争。尤其是在细分领域，B2B 平台已从单纯信息平台发展成提供综合行业服务的产业链融合模式。

2018 年中国 B2B 电商行业的投融资事件相比 2017 年的 146 起，同比减少 11 起，但融资总额同比增加了 83.2 亿元。2018 年资本市场依然对 B2B 行业投入重金，加码布局产业互联网赛道。近年来，随着互联网及大数据相关技术的发展，我国很多实体经济服务模式开始转型升级，其中交易型 B2B 平台成为最受青睐的商业模式。服务型平台由于商业模式成熟，随着产业互联网的延伸扩张，带动了大量的企业线上化转型，对服务型企业的需求愈加强烈。

报告显示，2018 年中国 B2B 电商十大融资案例包括汇通达、美菜、禧云国际、易久批、中电港、找油网、彩食鲜、药师帮、震坤行、西域等平台，这十大 B2B 电商融资总金额达 169.2 亿元。在 B2B 前十大融资案例中，主要分布在农村、生鲜、快消品、能源、工业品等电商领域。在融资领域上，排名前三的分别为农业 22 起、汽车 18 起、快消品 12 起，接着分别为建材 11 起，工业品 9 起，餐饮、元器件、综合平台均为 7 起，医疗医药、能源均为 6 起，旅游 5 起。在融资领域上，农业、汽车、快消品、建材、工业品、元器件等都是较为热门的领域。在农业 B2B 领域，围绕着农资、农产品等的新模式层出不穷，广阔市场空间吸引了大量的创业者集聚。随着消费升级，汽车 B2B 需求井喷。

## 3.4 C2C 电子商务

C2C 电子商务就是消费者（Consumer）与消费者（Consumer）之间的电子商务。例如，一个消费者有一部旧手机，通过网上拍卖，把它卖给另外一个消费者，这种交易就称为 C2C 电子商务。C2C 电子商务主要是指网上拍卖。

### 3.4.1 C2C 电子商务交易平台

在 C2C 模式中，一个有影响力的、受买卖双方信任的 C2C 电子商务网站作为买卖双方之间沟通的网络平台，是最为基础和必不可缺的。一个先进的 C2C 平台能够结合自身资源，在人气、信息流、物流、资金流方面取得竞争优势，帮助网站培养更多的忠诚用户，进一步扩大 C2C 电子商务品牌所占的市场份额。

C2C 电子商务网站就是运营商为买卖双方提供的一个在线交易平台，卖方可以在平台上发布商品信息，提供商品进行拍卖，买方可以在平台上选择商品进行竞价和购买。只要参与者注册为网站会员，便可以参与网上竞价交易，方便快捷。网站本身不参与交易，不提供商品或资金，不负责货运及仓储，这降低了网站的经营风险和成本，可以获得较好的利润。

C2C 电子商务网站还具有以下一些特征。

① 为买卖双方进行网上交易提供一系列配套服务，电子商务中最基本的三个要素是信息流、资金流和物流，相对的服务包括信息交流平台、第三方支付平台，以及信用评价、即时通信、网络社区等。

② 就交易特点来说，有用户数量众多、地域分布广、商品信息丰富、质量参差不齐、交易次数频繁、成交额较小等特征。

③ 从平台自身来看，C2C 电子商务平台的目标应该是为用户提供完整、可靠的购物解决方案，完善即时通信、社区资源、搜索及物流服务。最大限度地降低交易成本，成为一个安全、便捷、稳定的交易平台。

### 3.4.2 建立网上店铺和商品发布的流程

#### 1. 申请认证

卖家提交认证申请，填写个人信息，平台运营商通过身份证件核实和银行账号核实进行实名认证，认证通过后就可以成为会员。

#### 2．发布商品，开设店铺

选择相应的商品目录，填写有关商品信息（名称、属性、定价方式、发货方式、支付方式、商品图片或其他说明等），就可以把要卖的商品发布在网站上。根据需要（也可根据网站的要求）建立自己的店铺，建立店铺时需要对店铺进行有关的设置。

#### 3．店铺或商品的经营

在商品售卖过程中可以对商品或店铺的信息进行修改和完善。经常查看商品的交易信息，并及时与买家进行交流和沟通。

#### 4．收款和发货

与买家达成交易，确认收到货款后，按照买家提供的地址发货。

### 3.4.3　购物流程

#### 1．搜索商品

利用网站提供的频道、类目和搜索工具等，找到想要购买的商品和店铺。

#### 2．联系卖家

找到卖家和商品以后，要和卖家取得联系，询问商品的细节、存货情况及优惠措施等。联系的方法有多种，可以使用站内信件、留言、聊天工具，也可以使用卖家提供的联系电话或者电子邮件地址，通过电话或电子邮件与卖家取得联系。

#### 3．出价和付款

根据商家的定价方式（一口价、协商价或拍卖价）确定商品最终的交易价格，买卖双方协商成功后，就可以进行交易，买家通过卖家可接受的付款方式（邮寄、信用卡、银行转账）或用其他支付工具（支付宝、贝宝等）支付货款。

#### 4．收货确认和评价

目前 C2C 电子商务交易平台都提供了评价功能。当拿到商品之后，可以对卖家做确认收货及对卖家的服务做出评价。如果对商品很不满意，可以申请退货或换货。

## 相关链接

### 淘宝和 eBay 的 C2C 平台之争

易趣最早把美国的 C2C 在线销售概念引入中国。2002 年，eBay 收购易趣，更名为 eBay.cn，成为当时中国刚刚兴起的电商市场的行业老大，占有全国网购市场的近 2/3。淘宝 2003 年 5 月成立，大约用了两年的时间，到 2005 年，淘宝网购的市场规模超过了中国 eBay。随后淘宝一路高飞猛进，直到占据全国市场份额的 80%以上，而 eBay 一路下滑，最终以退出中国市场收场。

短短两年的时间，为什么淘宝能从无到有，迅速占领电商市场，并击退强大的市场领先者？总的来说，淘宝依靠的是自身对中国市场的了解，从消费者入手，设计、推出一系列更加符合国内用户在线交易的功能，所以才能迅速占领电商行业的半壁江山。

1. 从消费者入手，设计推出旺旺

在C2C这种没有品牌信誉作为支撑的前提下，买卖双方都不放心。淘宝一开始就推出了在线聊天工具旺旺，给予买卖双方即时沟通的便利，并能作为解决日后纠纷的凭证。

2. 设计"担保"式交易，推出支付宝

买卖双方因为对风险的顾虑，买方不愿意先付款，卖方不愿意先发货。淘宝推出了支付宝，买方付款后，款项先由支付宝代为保管，等到买方收到货物并确认无误后，支付宝才放款给卖方。支付宝不仅仅是充当支付媒介，更起到了保护买卖双方正当权益的作用。

3. 建立买卖双方的评价体系

淘宝的评价体系源于eBay，但设计得比eBay更充分，它把一个比较模糊的百分制评价修改成金字塔式的等级制，这样一来卖方就有了向上发展的压力和动力，而买方不仅青睐好评率高的商家，更愿意和有良好销售历史的商家打交道。

4. 使用免费模式赢得市场

国内平台模式的电商基本都采用免费开店、免费上传商品的方式来吸引商家。在电商市场发展早期，淘宝就把免费武器在在线零售上运用到了极致，最终成为平台电商的行业霸主。

（资料来源：根据 https://www.sohu.com/a/116520147_490130 整理改编）

## 3.4.4 C2C电子商务模式的创新

随着 Web 2.0 技术的广泛应用，各种创新应用也不断涌现，如博客（Blog）、播客（Podcast）、维基百科（Wiki）、聚合内容服务（RSS）及社交网络（SNS）等。C2C电子商务模式中融入 Web 2.0 元素，产生了一些创新性的应用，如威客、换客和 SNS 等。

### 1. 威客模式

威客模式是指将人的知识、智慧、经验、技能通过互联网转换成实际收益，从而达到各取所需的互联网新模式。该模式主要应用于解决科学、技术、工作、生活、学习等领域的问题。

威客（Witkey）是指凭借自己的智力和创意在网上承揽业务和招标项目，为客户提供智力解决方案而获得收入的人。他们从威客网站中搜寻自己感兴趣的项目，提交自己的创意方案，如果客户验收通过，就可以获得相应的报酬。同一般的 C2C 模式类似，威客网站一般也由第三方企业提供，成为威客和招标客户网上交易的平台。威客网站上的交易流程一般是这样的：先由招标客户发布任务，并全额预付奖金给威客网站，吸引所有感兴趣的威客参与任务，提交自己的创意作品，招标客户对这些作品进行评估，奖金支付给作品最好的一名威客。目前国内知名的威客网站有猪八戒网、一品威客和任务中国等。

### 2. 换客模式

换客模式是一种由第三方提供网站平台，服务于网民之间进行换物交易的新型互联网模式。换客指在互联网上交换物品和服务，并享受交换乐趣的人。换客网站采用 Web 2.0 技术，向换客提供物品置换平台，通过这一平台，换客可以通过在网上发布自己的闲置物品，并换到自己所需的物品，让闲置物品的价值重新得到利用。目前国内较大的换客网站有上海换客易物网、易物网等。

### 3. SNS 模式

SNS（Social Networking Services）指社交网络服务，是旨在帮助人们建立社会性网络的互联网应用服务。SNS 模式是一种通过第三方提供社交网络平台，使用户与朋友、同学、同事、家人保持更加紧密联系，以满足用户对社交、资讯、娱乐等多方面的沟通需求的一种商业模式。SNS 社交网站通过广告和增值服务获得收入。全球最知名的社交网站是美国的脸书网（Facebook）。

## 案例研究

# BAT 十年财报对比

BAT 即百度、阿里巴巴和腾讯，它们是中国最大的三家互联网公司，这不仅体现在规模、市值上，也体现在盈利能力上。从 2009 年至 2018 年，BAT 三家公司的收入规模扩大了 10 倍，并且保持着平均每年近 50%的增长速度。按自然年算，2018 年，腾讯的收入是 3127 亿元，阿里巴巴的收入是 3453 亿元，百度的收入是 1023 亿元；净利润分别是 787 亿元、693 亿元、276 亿元。

2016 年之前，腾讯的营收规模一直高于阿里巴巴和百度，到 2016 年腾讯被阿里巴巴超越。腾讯和阿里巴巴都在 2015 年突破了千亿元营收大关，百度 2018 年也实现了这个目标。从 2009 年至 2018 年，阿里巴巴每年营收增长的速度平均为 58%，腾讯为 43%，百度为 44%。具体到每年，阿里巴巴的营收增速大部分时间都在腾讯和百度之上。从盈利能力来看，腾讯长期保持着优越的盈利能力，已经连续十年保持大规模盈利，在 2017 年突破了 700 亿元的净利润。但阿里巴巴增长速度惊人。2012 年，淘宝商城正式宣布更名为“天猫”，并开始启用全新 Logo。当年“双 11”，天猫和淘宝总销售额达到 191 亿元，创造纪录。“双 11”的成功，将阿里巴巴带入发展的快车道。2013 年，阿里巴巴的净利润规模首次超越腾讯，随后连续四年都在腾讯之上，在盈利能力上对腾讯形成压力。直到“王者荣耀”等网络游戏的成功，才让腾讯再次登上巅峰。2017 年，已经运营了两年的手游“王者荣耀”成为爆款游戏，火遍大江南北，这为腾讯带来了巨额营收。腾讯在这一年实现了 979 亿元的游戏收入，并将年度净利润带到了 715 亿元。2016 年，百度先后遭遇了“血友病吧事件”和“魏则西事件”，并被国家网信办调查组调查，百度在 2016 年 Q3 和 Q4 连续两个月出现营收同比负增长。百度 2016 年的营收增速仅为 6%，创近十年新低；净利润仅为 116 亿元，比 2015 年下降 65%。

在相当长的时间里，腾讯是一家游戏公司，阿里巴巴是一家电商平台，百度是一家广告公司。过去十年，游戏业务平均每年为腾讯贡献 48%的收入，阿里巴巴超过 90%的收入来自电商，而线上营销服务则是百度的营收“顶梁柱”，2014 年以前，这项业务在百度营收中的占比每年都高达 99%。

然而BAT也在不停地寻找和拓展新业务，并试图影响自身的营收结构。新业务在BAT营收中的占比在不断提高。另外，新业务对BAT营收增长的贡献率也在持续提升。2018年，游戏业务在腾讯营收中的占比降至33%，与此同时，包含支付和云业务的“其他”业务，在营收中的占比提升至25%。阿里巴巴将这个比例提升至14%，百度则达到了20%。其中，腾讯新业务（主要为金融科技、腾讯云等）在2018年贡献了46%的新增营收，百度新业务（主要为AI、百度云等）新增营收贡献率则高达50%。

腾讯曾试图发展自营电商，入侵阿里巴巴的电商大本营。2012年和2013年，腾讯电商业务分别实现了44亿元和98亿元的营收，在总收入中占比达10%和16%。但在阿里巴巴和京东的激烈竞争下，腾讯选择在2014年放弃自营电商业务，以投资入股京东的形式，将电商业务打包给京东。后来，腾讯以投资的形式在电商领域进行布局，除了京东，还投资了拼多多、唯品会、蘑菇街等电商平台。在新业务的探索上，腾讯云和支付业务在腾讯体系内的权重得到提升，这被业内视为腾讯启动新增长引擎的标志。2018年以来，腾讯组建云与智慧产业事业群，全力推进B2B业务。

百度这家公司一度被业内认为错失了移动互联网机遇。在移动互联网兴起时，李彦宏曾放出豪言要砸百亿元做O2O，经历了2016年的舆论危机后，又全力转型，转做AI。这体现在财报上，2016年，其他收入占比为9%，2017年占比为14%，2018年占比为20%。（案例来源：根据https://tech.sina.com.cn/csj/2019-03-24/doc-ihsxncvh5179227.shtml整理）

### 案例思考题

1. BAT主要的业务领域和收入来源分别是什么？
2. 为什么BAT都曾试图进入他方的优势业务领域？为什么没有获得成功？
3. 百度的营收规模和利润与阿里巴巴和腾讯拉开差距的原因是什么？

## 本章关键概念

商务模式、电子商务模式、盈利模式、B2B、B2C、C2C、电子供应链、协同商务、威客模式、换客模式、SNS模式、社交电商

## 本章复习思考题

1. 什么是商务模式？商务模式包含哪几大关键要素？
2. 什么是电子商务模式？
3. 什么是盈利模式？电子商务盈利模式主要有哪几种？
4. 按照交易主体，电子商务可以划分为哪几种模式？
5. 适合B2C交易的商品有什么特点？
6. B2B电子商务模式分为哪几种类型？
7. 什么是协同商务？它主要包括哪几方面的内容？
8. B2B电子商务的主要优势是什么？
9. B2B电子商务的交易平台有哪几种类型？

10. 什么是电子供应链管理？它有什么优势？
11. 什么是 C2C 电子商务？它的交易流程是怎样的？

## ▶▶ 本章论述题

1. 你对“淘宝和京东模式优劣之争”有什么看法？
2. 如何看待电子商务中的免费模式？
3. 对“苏宁易购”的商务模式进行 SWOT 分析。

## ▶▶ 本章实践项目

假如你要开始电子商务创业，请你设计创业项目的商务模式。

# 第4章

# 网 络 零 售

**本章学习目标**

- 理解网络零售的范畴及优势;
- 掌握网络零售的系统构成;
- 认识网络零售的运营模式;
- 了解网络零售的发展趋势。

## 引导案例

### 苏 宁 云 商

1990 年苏宁电器（以下简称苏宁）在江苏南京创立，最初以经营空调的零售和批发为主。经过 20 多年的发展，苏宁电器已经从一个空调的经销商成长为中国家电连锁零售企业的领先者。随着电子商务时代的到来，属于传统零售业的苏宁面临着新的压力和挑战。在这一背景下，2009 年，苏宁开始实施电子商务转型，并于 2010 年上线苏宁易购，开启了传统零售的互联网转型之路。到 2011 年，苏宁制定了十年“科技转型、智慧服务”的发展战略，将互联网零售模式进一步深化。2013 年，苏宁提出了“店商+电商+零售服务商”的全新零售商业模式，实行线上线下多渠道融合、全品类经营、开放平台服务的业务形态。为指引这种转变，苏宁正式宣布将公司名称变更为“苏宁云商集团股份有限公司”，从一家传统零售企业正式转变为新型的互联网零售企业。

苏宁的电子商务转型首先从苏宁易购开始。苏宁易购是苏宁旗下新一代 B2C 综合网上购物平台，开辟了线上购物的新渠道，同时将线上渠道与线下渠道有机结合，实行线上线下融合发展的战略。为适应这一转变，苏宁提出“营销变革”，尝试全品类经营，大力拓展非电器品类，将经营范围延伸至百货、图书、母婴、虚拟产品等领域，同时对经营平台进行开放，引进具有资质的商户入驻线上平台。在线下，苏宁在现有 1600 多家实体门店的基础上，一方面通过运用互联网技术，增加 PC 端、移动端、电视端的新渠道，丰富用户的入口；另一方面借助互联网技术来改造实体门店，建立线下的互联网云店，云店作为苏宁最重要的互联网产品，通过线上线下的深度融合，不仅增加了超市、儿童乐园等强调体验的新业态，还增加了海外购、大聚惠等线上产品展示专区，让云店变得更有吸引力。目前苏宁云店已经成为各地苏宁广场的标配，并深受广大消费者的欢迎，使更多的消费者得到全新的、虚实融合的购物体验。截至 2018 年年底，苏宁易购线下连锁网络覆盖海内外，拥有苏宁易购广场、苏宁云店、苏鲜生、苏宁红孩子、苏宁极物、苏宁汽车超市、苏宁易购直营店、苏宁小店等业态，自营创新互联网门店和网点超过 10000 家，稳居国内线下连锁前列；苏宁易购线上通过自营、开放和跨平台运营，跻身中国 B2C 市场前三，且在主流电商中保持增速领先。

在构建线上线下相互融合的交易平台的同时，苏宁还对其原有的物流系统进行了改造升级，依托物、仓、人的系统连接，构建了国内规模最大、技术领先、配套完善的零售物流体系，并成为唯一一家参与国家第四方物流信息平台试点的零售企业。目前，已有 1000 多家企业接入苏宁的物流云系统。未来，苏宁物流会进一步加快社会化开放的速度和力度，推进供应链物流业务纵深发展，助力社会物流的优化配置，为实体经济的提质增效疏通“血脉”。截至 2018 年 9 月底，苏宁物流及天天快递拥有仓储及相关配套总面积 799 万平方米，拥有快递网点 25894 个，配送网络覆盖全国 352 个地级城市、2910 个区县。面向家电 3C、快消品、家居家装等 2000 多家社会伙伴全面开放物流云资源，以技术和服务驱动，提供供应链解决方案，专注从效率、体验、管控、创新四大维度提升客户体验。

为了更好地为入住商家提供全方位的服务，苏宁还积极打造基于元计算和大数据的云服务平台。借助互联网技术，苏宁将数亿条会员资料、访问轨迹、订单信息等大数据资源通过云计算和开放平台与上游供应商无缝连接，协助上游制造厂商发展“互联网+”智能制造，实现精准制造和精准供应。与此同时，创新包销定制、预售众筹等互联网营销手段，探索消费者需求驱动制造的新型商业模式，推动供应链在研发、生产、物流、推广等环节的效率提升。目前，苏宁已为 6000 多家供应商和平台商户提供了数据云服务，苏宁众筹平台已累计帮助 854 个项目团队筹集了超过 6 亿元的启动资金，帮助这些企业从前端需求分析开始推动产品的生产制造。

苏宁的电子商务转型之路还仅仅是一个开始。按照未来的发展愿景，苏宁还将继续深化推进“科技苏宁、智慧服务”战略，本着“输出能力，链接资源，构筑平台，合作共赢”的经营理念，与社会各界及各领域合作伙伴携手合作，共同开拓全球市场，打造科技化、国际化、多元化的新苏宁。

### 案例思考题

1. 苏宁为什么要进行电子商务转型？
2. 苏宁电子商务转型的成功经验是什么？
3. 传统零售业电子商务转型需要注意哪些问题？

## 4.1 网络零售的范畴及优势

### 4.1.1 网络零售的概念及范畴

零售是与批发相对应的一种商品流通形态。在商品流通中，批发是指出售商品给零售商店或生产制造企业等单位的一种销售方式，而零售则是将商品出售给家庭和个人的一种销售方式。从产业链的位置看，批发处于商品流通的前端，而零售处于商品流通的末端；从每次交易的数量看，批发规模大而零售规模较小；从交易频次看，批发的交易频次较低而零售的交易频次较高。

从历史上看，零售是一种十分古老的销售形式。经过长期的演化，零售从最初的杂货店、专业店发展到后来的百货商店及现代的超级市场、购物中心，已经成为居民生活不可或缺的一种商业形式。但无论是杂货店、专业店还是百货商店、超级市场、购物中心，几乎所有零售业都离不开专门的销售场所，即通过设置在建筑设施中的各种店铺来完成交易过程。然而，从 20 世纪末开始，互联网的快速兴起和广泛普及，使得一部分零售交易可以不再通过店铺，而是转移到网上以虚拟的方式进行，由此带来零售形式的又一次新的革命，并导致网络零售的产生。

#### 相关链接

**零 售 革 命**

零售革命，是指零售业在发展的过程中所产生的历史性的变化而引起的全行业制度和经营形式的创新。在电子商务出现之前，零售业主要经历了三次大的变革，即百货商店的产生、超级市场的产生和连锁商店的兴起。

百货商店是世界商业史上第一个实行新销售方法的现代大量销售组织。百货商店在组织形式上首次采用了现代企业组织形式，同时在其销售方法上进行了创新。百货商店的新型销售方法概括起来就是：①顾客可以自由自在地进出商店；②商品销售实行“明码标价”；③陈列出大量商品，以便于顾客任意挑选；④顾客购买的商品可以退换。

超级市场标志着一场新的零售革命的爆发，对零售业的革新和发展及整个社会的变化产生了重大的影响。①开架售货方式流行。超级市场采用的自选购物方式，作为一个重要的竞争手段不仅冲击了原有的零售形态，而且影响了新型的零售业态。②人们购物时间大大节省。超级市场实施的统一结算和关联商品陈列，大大节省了人们选购商品的时间和结算时间。③舒适的购物环境。超级市场所营造的整齐、干净、舒适的购物环境，使人们在购买任何商品时都能享受到购物的乐趣。④促进了商品包装的变革。开架自选迫使厂商进行全新的商品包装设计，出现了包装齐全、装潢美观、标识突出的众多品牌。

第三次零售变革的标志是连锁商店的兴起。连锁商店是现代大工业发展的产物，其实质就是将社会化大生产的基本原理应用于流通领域，达到提高协调运作能力和规模化经营效益的目的。连锁商店的基本特征表现在四个方面：①标准化管理。在连锁商店中，各分店统一店名，使用统一的标识，进行统一的装修，在员工服饰、营业时间、广告宣传、商品价格方面均保持一致性，从而使连锁商店的整体形象标准化。②专业化分工。连锁商店总部的职能是连锁，而店铺的职能是销售。③集中化进货。连锁总部集中进货，商品批量大，从厂家可以得到较低的进货价格，从而降低进货成本，取得价格竞争优势。④简单化作业。连锁商店的作业流程、工作岗位上的商业活动尽可能简单，以减少经验因素对经营的影响，由于连锁体系庞大，在各个环节的控制上都有一套特定的运作规程，要求精简不必要的过程，达到事半功倍的效果。

---

网络零售，是指通过互联网等各种计算机网络所进行的针对家庭或个人的商品及相关服务的交易活动。网络零售是传统零售在新技术革命条件下向网络的延伸和拓展，是借助信息网络技术对零售形式的一次重大创新和发展。

在电子商务的三种基本类型中，B2B 交易的对象为各种类型的企业，这种显然带有批发交易的性质不应划归网络零售的范畴。而 B2C 交易的对象则为普通消费者，符合前面关于零售的界定，因而网络零售主要与 B2C 的交易相对应。至于 C2C 交易是否属于网络零售，还应做具体分析。严格意义上讲，零售本质上是一种商业活动，其出售产品的主体必须是企业，包括生产企业或商业企业，交易必须经常性地反复进行，其从事交易活动的目的是赚取利润。而在 C2C 交易中有很大一部分出售者仅是一般消费者，其出售的商品主要为自己闲置的物品，交易并非经常性地发生而只是偶然地发生，其目的并不是获取利润而只是使自己曾经的购买行为得到一定的补偿，因此，虽然购买者依然是最终用户，但这一类交易活动在严格意义上仍不属于零售范畴。只有那些通过网络出售自己生产或制作的物品，或者是从其他生产者那里购进产品，并以获利为目的的个人与个人之间的交易，才属于网络零售的范畴。当然，这部分 C2C 交易已经具有 B2C 交易的特征，可以划归 B2C 的范畴。因此，这里所说的网络零售主要指电子商务中的 B2C 交易。

## 4.1.2 网络零售的特征

网络零售是在计算机网络技术的支持下的不同于传统零售的一种崭新的零售交易方式。与传统零售方式相比，网络零售具有以下五方面特征。

### 1. 虚拟

网络零售的最大特征是它的虚拟性。网络零售的整个过程都可以在网络的虚拟环境中进行，通过网络寻找交易对象，进行接洽和谈判，签订交易合同，并组织和监督交易的完成。在这个过程中，交易的双方无须直接见面。

### 2. 直接

网络零售使交易过程的中间环节大大减少，甚至可以完全取消。如前所述，中间商的出现主要是因为买卖双方信息不对称。而网络零售利用信息网络技术和现代化的通信手段消除了信息障碍，为企业进行更有效率的直接销售提供了可能。网络零售模式在很大程度上取消了中间商的行为，而更多地采取直接交易的形式。

### 3．实时

由于网络本身的运行是全天候的，因而网络零售也可以全天候地不间断进行，具有实时的特征。无论客户和消费者在任何时间、地点，只要与互联网连通，就随时可以进行交易。而传统交易受到时空的限制，无法实时进行。因此，实时交易是网络零售相对于传统交易所具有的一个突出优势。

### 4．便利

传统交易是一种面对面的交易，这给交易者带来了很多麻烦，也形成了较高的交易成本。而网络则缩短了交易双方时间与空间的距离，使交易变得更加便利。网络零售使用户可以足不出户，在办公室或家中与世界上任何地方的企业进行交易，远比传统交易更为快捷、便利，既省去了大量的交通、差旅费用，又节省了大量的交易时间。

### 5．透明

网络的另一个主要特点是它的开放性和公开性。在交易过程中，买卖双方从交易的洽谈、签约及货款的支付、交货通知等，都在网上开放的环境中进行，交易的双方可以核查整个交易过程中各种信息的真伪，对对方的行为进行实时监督。通畅、快捷的信息传输和通信技术也使交易过程更为公开和透明，减小了暗箱操作带来的负面影响。

## 4.1.3 网络零售的成本优势

网络零售的上述特征，使其产生出相对于传统零售的巨大优势。网络零售的优越性首先体现在它对成本的降低上，使经营者能够以更低的成本来销售产品并为消费者提供各种服务，从而使企业对市场的适应能力得以加强，市场的竞争力也得以提升。

### 1．减少了信息收集和处理费用

企业的成本首先包括信息的搜寻和处理费用。企业在进行交易之前，要搜集各种有关的信息，如交易对象和交易产品的信息、市场供求与价格行情的信息等。同时，对每天发生的各种信息，还要进行大量的处理，以供进行各项经营决策。传统的信息搜集和处理主要以人工的方式进行，成本高而且效率低。而信息网络技术则使信息的获得和处理更容易，而且速度更快，成本更低，真正做到了多、快、好、省。

### 2．减少了中介费用

传统交易在产品的成本中包含了大量的中介费用，商品交易的中间环节越多，产品成本中的中介费用也就越多。过高的中介费用加大了流通成本，抵消了生产厂家的利润，同时也抬高了产品的最终销售价格，影响了企业的市场竞争力。而网络零售中买卖双方通过网络进行交易，无须中间商的参与，这就减少了交易的中间环节，为企业节省了大量的中介费用，不仅增加了企业的收益，而且提高了企业的市场竞争力。

### 3．减少了库存、运输费用

在传统交易方式下，企业是根据对市场的预测组织生产的。由于预测与实际情况可能出现偏差，因此企业必须保持一定数量的库存，以保证市场的供应。如果市场发生意外变化，则有可能造成产品的积压，带来大量的资金占压和浪费。电子交易可以采用定制式的生产经营方式，销售商在接到订单后再向厂家进货，并由厂家或配送中心直接送货。在网络零售模式下，销售商无须库存，同时也避免了货物的迂回运输，使库存和运输成本大大降低。

#### 4. 减少了资金占用费用

传统交易的店铺在开办和经营过程中需要大量的资金，用于建筑或租借店面、内部装修、采购商品等，这就占压了大量的固定资金和流动资金，产生很高的资金占用费用，加大了企业的机会成本和风险成本。而网络零售不需要现实的店铺，也不需要库存，因此兴建和运营一家网上销售的公司所需的资金要比传统的商店少得多，企业的固定资产和流动资金可以大大节省，而资金的利用率则可以大大提高。

#### 5. 减少了员工费用

传统交易中的大量工作要靠人工完成，需要大量的营业人员和行政管理人员，员工费用在企业的总成本中占有很大的比重，而网络零售使这一状况出现了很大的改观。在网络零售模式下，电子计算机可以代替人的工作和管理，许多日常性、事务性工作可以由计算机处理和完成，而电子商店不需要雇用店员，这就使企业的员工数量可以大大减少，减少了大量的员工费用。

### 4.1.4 网络零售的效率优势

网络零售不仅可以降低企业的运营成本，还可以极大地提高企业的运营效率，从而产生相对于传统零售的巨大效率优势。企业运营效率的提高一方面可以使企业内部实现更加有效率的管理，另一方面也给用户带来了更加良好的体验，提高了企业声誉，也可以提高企业的市场竞争力。

#### 1. 提高了企业的运营效率

网络零售中的商业报文是以标准化格式传递的，商业报文传递能在瞬间到达，并可以由计算机进行自动处理，使许多事务性的工作无须专门的人员干预就可自动完成。网络零售克服了传统交易方式费用高、易出错、处理速度慢等缺点，极大地节省了事务处理和办公费用，缩短了交易时间，也使交易的效率大大提高。

#### 2. 提高了服务的效率

网络零售加强了企业与客户之间的联系与交流，利用网络的实时性、互动性特点，随时了解客户的需要，听取客户的意见，为客户提供更有针对性的服务，帮助客户解决各种实际问题。因此，在网络零售的模式下，企业将能够为客户提供更加优质的服务，更好地满足客户的需求。

#### 3. 提高了产业链协同的效率

一个企业的成功不仅取决于自身的努力，还取决于产业链协同的质量和水平，如生产企业与原材料供应企业和经销商之间的协同、销售企业与产品供货商和物流配送企业之间的协同。电子商务使产业链上的企业通过系统的无缝连接实时地传递、共享信息，可以更好地相互配合和协同，从而为企业的成功创造更加有利的条件。

### 4．提高了市场响应的效率

市场总是在不断地变化，企业只有能够适应这种变化，并对市场做出有效的响应，才能够在不断变化的市场中取得主动。网络零售是建立在信息网络技术基础之上的，通过对信息的分析和处理，能够随时发现消费者需求的变化，从而能够及时做出反应。同时，信息网络技术也加强了不同类型企业间合作，从而缩短了新产品研发、生产及推广的周期，使企业对市场响应的速度大大加快，使企业能够更好地应对市场变化，为自己赢得更加广阔的发展空间。

## 4.2 网络零售系统的构建

### 4.2.1 网络零售系统的构成

一个完整的网络零售系统首先由商家与客户组成，客户访问商家开设的网络商店并进行购物，商家通过网络与用户完成交易过程。如果商家借助于第三方交易平台来开设网店，则零售系统还需要电子商务中心的介入，它为交易双方提供交易的平台和中介服务。另外，商家或电子商务中心还需要与银行进行连接，以进行网上支付，同时要与配送中心相连，以办理商品的配送业务。最后，交易过程还需要认证中心（CA）的参与，为各方提供身份认证服务。网络零售系统的构成如图4-1所示。

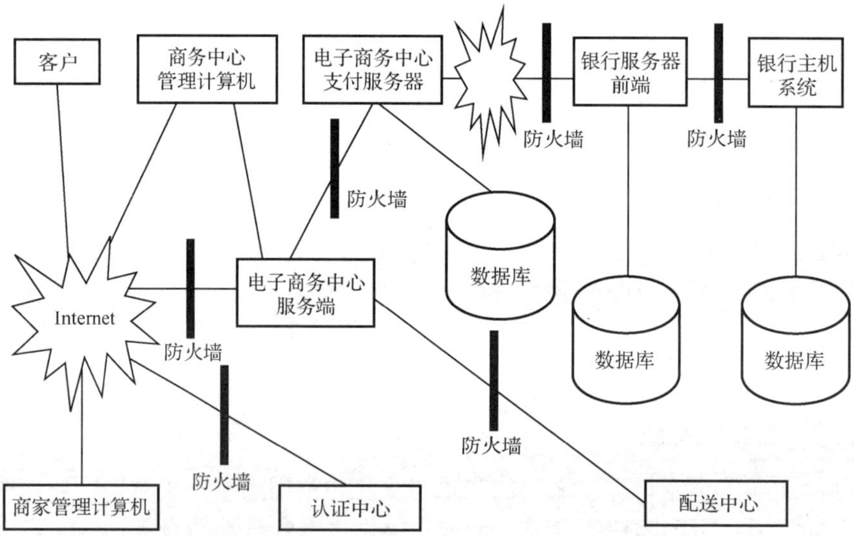


图4-1 网络零售系统的构成

### 1．客户

通常情况下，客户使用浏览器访问商家的网站及网页，进行购买、订单发送、支付等操作。

### 2. 商家

商家租用电子商务中心的空间从事各种商业活动，通过计算机软件对处于商务中心的商场进行管理，包括录入或修改商品信息、处理订单、收款、送货、处理退货等。

### 3. 电子商务中心

在有中介交易的模式下，电子商务中心是整个系统的核心，其主要功能包括在线零售系统的建立、运作规律的设定、管理商场及客户、计费及收费、提供各式报表、提供与银行的接口，还包括与银行连接，以便为客户及商家提供支付、收款服务等。一个电子商务中心通常包含多个虚拟商店，也可以只有一个虚拟商店，当只有一个商店时，电子商务中心与商店就合二为一了。

### 4. 电子商务中心支付服务器

电子商务中心支付服务器的功能是提供银行与客户之间的支付接口，客户通过它向银行发出付款申请，商家也通过它获得货款。

### 5. 银行服务器前端

银行服务器前端通常为银行的支付网关，负责查验支付信息，并将电子商务中心支付服务器的请求转发给银行的业务系统。

### 6. 银行主机系统

银行主机系统是银行内部系统的核心，负责进行资金的结算与划拨等各项银行业务的处理。客户的支付信息传递到银行内部后，最终需通过银行主机系统完成支付过程。

### 7. 认证中心

认证中心一般由银行、商家、客户均信任的第四方来充当，在图 4-1 所示系统中的任务是为客户、商家、电子商务中心、银行网关等进行数字认证，为交易提供安全保障。

### 8. 配送中心

配送中心为专门从事商品配送服务的专业机构。在交易确认后，订单信息将传送到配送中心，然后由配送中心为商家提供将商品送到各个客户手中的服务。

## 4.2.2 网上商店系统的构建

网上商店系统是商家在网上构建的销售系统，其功能主要分为两部分：一部分是用户部分，即前台系统；另一部分是商店管理部分，即后台系统。网上商店系统的构成如图 4-2 所示。

### 1. 网上商店的前台系统

网上商店的前台系统是面向用户的前端页面，用户通过网上商店的前端页面与商家进行交互，完成搜索商品、提交订单、网上支付等一系列购物活动。前台系统主要包括商品目录、购物车、收银台、用户评价等内容。

（1）商品目录。商品目录是对网上商店销售商品的展示，相当于传统商店的货架或柜台的商品陈列。商品目录的设计要注意其丰富性、美观性和便捷性的统一，既能吸引用户的注意，又能方便用户进行查找。商品目录除提供商品的名称、规格、价格等信息外，还应有图片、视频等资料，以增强用户对商品的直观了解。另外，在每个商品之下，还可以附上对商品的详细说明，以帮助用户在购买时能够更好地进行决策。

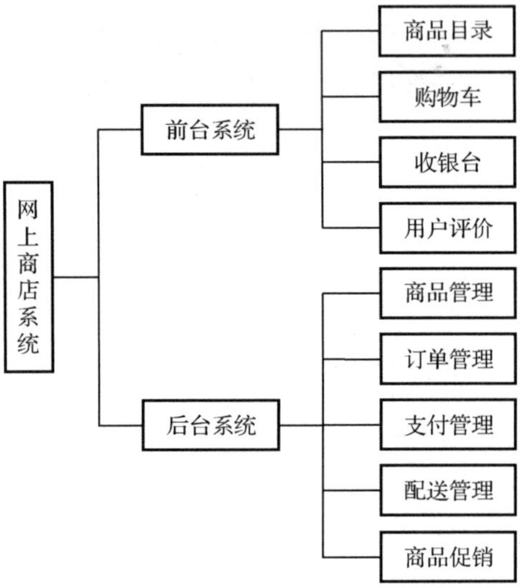


图4-2　网上商店系统的构成

（2）购物车。购物车是商品的暂放处。用户选择了合适的商品，可先将其放置于购物车，然后继续进行选购。如果感觉不合适，也可以将其删除。当全部商品挑选结束后，可以将购物车内的商品直接提交结算。

（3）收银台。收银台是网上商店的结算处。首先用户要输入个人资料，确认送货的地点、方法，再对订购内容进行确认并生成订单，然后选择结算方式，提交支付信息并进行确认。

（4）用户评价。在网上商店系统中还应设置用户评价的功能。当用户购买之后，可以对商家及其商品做出评价，一方面可以作为商家改进和完善经营管理的依据，另一方面也为其他用户提供购买决策参考信息。

### 2．网上商店的后台系统

网上商店的后台系统是用来管理商店的系统。后台系统主要面向商家的管理人员，通过后台系统来完成各种业务流程，如处理订单、组织货源、安排发货、监控库存、处理投诉、进行销售预测和分析等。用户无法看到后台的内容，但可以查询订单处理的过程和结果。

（1）商品管理。该模块的功能是对经营的商品进行管理，包括商品目录管理、后台商品库存管理、商品分类管理、商品品牌管理等。

（2）订单管理。该模块的功能是对客户的订单进行处理，包括订单的审核、确认，将订单信息传送给供应商、配送中心，将确认信息传送给客户等。

（3）支付管理。该模块的功能是对支付过程进行管理，包括客户支付信息的审核，与银行网关的连接及支付信息的传送、通过银行完成资金的划拨等。

（4）配送管理。该模块的功能是对配送过程的管理，包括与配送中心的连接和信息传递，对配送过程的监控、与配送中心的信息交互等。

（5）商品促销。一般的购物系统都有商品促销功能，因而需要有专门的模块对促销进行管理，包括各种对积分、折扣、优惠等信息和活动，进行发布、确认、实施等。

### 4.2.3 网络零售的规划与实施

在开展网络零售之前，需要在战略上和策略上对整个网络零售业务进行规划，制定网络零售系统的建设方案，然后按照计划组织实施。

#### 1. 网络零售的规划

在网络零售的规划阶段，需要就以下几个方面的问题进行规划，确定今后发展的总体战略及具体策略，为网络零售的实施奠定基础。

（1）目标市场。由于消费者是多种多样的，需求也是千差万别的。如果一个企业想用自己的产品或服务去满足所有消费者的需求，往往会使所有消费者都无法得到充分的满足。因此，企业一般需要对整个市场进行细分，把消费者按照不同的特征分为不同的群体，并从中选择部分消费者群体作为目标市场。目标市场就是通过市场细分后，企业准备以相应的产品和服务满足其需要的一个或几个子市场，它是企业决定进入的、具有共同需要或特征的购买者集合。目标市场定位是企业在开展网络零售之前首先要解决的重大问题，是进行其他内容规划的基本出发点。

（2）产品和服务。在目标市场确定后，下一步就是要确定企业所要销售的产品和服务。首先要确定提供什么产品和服务，其次是怎样提供这些产品和服务。产品和服务的规划要根据目标市场的特性来决定，要针对特定的消费者群体并能够充分满足其特定的消费需求。产品和服务的规划还要充分考虑企业自身条件及市场竞争状况，不仅自己有能力提供这些产品和服务，而且自己在提供这些产品和服务时比其他竞争者具有相对的优势，这样才有可能在激烈的市场竞争中站稳脚跟，为自己赢得生存和发展的空间。

（3）盈利模式。盈利模式简单理解就是企业获取利润的途径及方法。但一个企业获取利润的途径和方法可能有许多种，这就需要在其中进行选择，并对不同的盈利渠道进行合理的规划和组合。因此，严格意义上的盈利模式是指按照利益相关者划分的企业的收入结构及相应的目标利润。从总体上看，盈利渠道主要有两种：一是直接盈利，即通过对用户的直接收费来获取利润；二是间接盈利，即通过对用户以外的利益相关者进行收费来获取利润。例如，一个网店可以直接通过销售商品获取利润，还可以利用网店的流量发布广告来获取利润。不同的盈利模式往往决定了不同的经营方式及经营策略，因此需要在事前做好规划，以保证企业的盈利目标能够顺利实现。

（4）资源整合。企业的经营活动需要各种资源，只有有效地对这些资源进行整合，才能顺利展开各种业务，实现为客户创造价值的同时也为企业创造价值的目标。资源整合首先是对企业内部资源进行整合，合理地调配企业的人力、财力、物力，优化企业的业务流程。当然，任何一个企业的成功不仅要靠自身的努力，还需要有外部力量的协同，因此，资源整合的另一项主要内容就是对外部资源的整合。例如，一个网店的经营活动能否顺利进行，一方面需要供应商的大力支持，另一方面需要物流配送企业的积极配合。企业应加强与有关方面的合作，与上下游企业建立战略联盟关系，并保证整个供应链的有效协同，这也需要在规划中做出具体的安排。

（5）营销推广。对于一家新开设的店面，如何在最短的时间里在市场上广为人知，争取更多的消费者光顾，是其面临的首要问题。为此，在对网店的规划中，还需要对网店的营销推广特别是开店初期的营销推广做出安排。营销推广不仅要借助电视、广播、报纸、杂志等传统媒体，更要充分发挥如微信、微博等新媒体的作用，积极开展网络营销，以更低的广告成本获得更大的传播效果。除了广告宣传，还可以策划和组织一些活动，开展事件营销和病毒营销等，最大限度地扩大网店的知名度，提高自己的影响力。

#### 2. 网络零售的实现

当规划完成之后，即可按照计划组织实施。实施一般有以下几个步骤。

（1）网店取名。开店的第一步是取一个店名。网店名字与人名一样，不仅是一种称谓，更主要的是一种文化的体现。好的店名具有强有力、不可替代的商业效果，对市场和顾客都会产生良好的效应，同时还具有推销的作用。好的店铺名同时也是一个好的品牌，会成为顾客认可和信任的标志，因此，在为自己的店铺取名时，要做到名字好听、新颖、易记，并适应社会的文化。为网店取名的要点一是要朗朗上口，易读、易记；二是要特征鲜明，别具特色，体现出一种独立的品位和风格，能够更好地吸引人们的注意；三是能够与网店所经营产品产生某种联系，最后要音义俱佳，符合大众的审美情趣，给人以美好的联想。

（2）申请域名。如果是独立的网店，需要拥有自己的网站，因而还需要申请网站的域名。域名是在互联网上提供用户访问某网站或网页的路径，用于在数据传输时标识计算机。为保证每个网站的域名或访问地址是独一无二的，需要向统一管理域名的机构或组织注册或备档后方可使用域名。由于国际域名管理机构采取“先申请，先注册，先使用”的方式，而网络上的域名资源是有限的，因此域名申请应该尽早进行，以防备该域名因被别人抢先注册而导致自己无法注册。另外，在注册域名时，可以将与之相近或相关的域名一并注册，以防止与其他域名相互混淆，也可以供自己今后增加新网站时使用。

（3）选择平台。如果需要借助第三方交易平台开设网店，还要对第三方交易平台进行选择。第三方交易平台的选择首先考虑平台的声誉、流量等因素，尽可能选择声誉好、流量大的交易平台。其次考虑平台的属性及经营类别，要选择与自己经营范围和内容一致或具有连带关系的第三方交易平台。另外，考虑平台的收费和所提供的服务，在收费相同的情况下选择服务内容多、质量高的平台，或在服务相同的情况下选择收费低的平台。在选择平台时，根据自己的需要，既可以只选择一个平台开设网店，又可以同时选择几个平台均在上面开设自己的网店。

（4）设计网页。无论是独立开店还是通过第三方交易平台开店，网店的内容都需要通过网页来向顾客展示。对于网上商店来说，网页设计就像实体商店的店面装修，一个好的网页设计能够给顾客带来良好的购物体验，从而有利于吸引用户访问并促进购买。网页设计是艺术和技术的结合，一个好的网店页面设计本身就是一件优秀的艺术品，能够给人带来美的享受。在设计网页时首先要保证其美观，能够吸引更多的用户浏览店铺，其次还要符合用户的要求，拥有良好用户交互界面，尽可能地使用户方便地进行各种操作而不需要费时费力地学习或查找。

（5）测试开业。当整个网站及网页设计制作完成后，还需要对其进行集成，然后进行测试，以发现可能存在的问题，对整个系统进行完善和优化。当测试完成后，可将网站或网页在网络上或第三方平台上发布，此时即可正式开始营业。

## 4.3 网络零售的运作模式

### 4.3.1 电子商务企业的运作模式

这里的电子商务企业是指完全在网络上开展经营活动的企业。按照经营过程中是否有第三方交易中介的参与，这些企业的网络零售运作模式可以分为中间商自营平台模式和第三方交易平台模式两种类型。

#### 1. 中间商自营平台模式

中间商自营平台模式也称为垂直电商模式，是指企业自己搭建网络交易平台，将制造商生产的产品通过自己的网上商店进行销售。中间商自营平台模式根据销售商品的种类不同又可以分为专业型中间商模式和综合型中间商模式。

专业型中间商模式相当于在网上设立专业店，只销售某一类商品，是一种在某一行业或细分市场深化运营的销售模式。例如，“红孩子”就是以母婴产品为主的专业型网站，通过在这一细分市场的精耕细作，成为 Alexa 全球排名第一的中文婴幼购物网站，并成为最大的中文妈妈社区。专业型中间商模式的优势在于专注和专业，能够提供更加符合特定人群的消费产品，满足某一领域用户的特定习惯，因此更容易取得用户信任，从而加强产品的口碑传播，形成品牌和独特的品牌价值，这也是大多数小资本企业在创业初期的必经之路。但细分市场的单一性有可能在市场饱和时限制企业的发展空间，因此，一些专业型中间商在发展到一定阶段就有可能扩大其产品线及品类，从而由专业型中间商转变为综合型中间商。

综合型中间商模式相当于在网上设立百货店，其销售的商品种类齐全，覆盖范围广，可以满足各种不同类型的消费者需求。例如，亚马逊在开创初期，主要以销售图书为主，随着企业的发展，亚马逊逐步扩大其涉足的领域，所销售商品几乎无所不包，其运作模式也就由原来的专业型中间商模式转变为综合型中间商模式，如今已成为世界上最大的综合型网络零售商。综合型中间商模式下，由于商品种类繁多，各种不同类型的消费者都能够在综合型中间商那里得到满足，因而更容易聚集人气，形成规模并产生规模经济效应。但由于综合型中间商要与众多的制造商、供应商进行沟通和协作，并要对不同类型的消费者提供个性化的产品和服务，因而对经营者的管理水平也提出了更高的要求。

#### 2. 第三方交易平台模式

第三方交易平台模式又称平台电商模式，是指经营者不是通过自建网络平台，而是通过由第三方搭建的网络平台进行销售，完成与消费者的整个交易过程。第三方交易平台类似传统商业业态中的购物中心，其本身并不进行交易活动，而是为进入平台的商家和消费者提供基础设施条件和中介交易服务，对交易过程进行监控并提供保障。淘宝网就是一家典型的第三方交易平台，商家在淘宝网上开设各种网店并销售商品，淘宝网则为商家在网上进行商务活动提供一个虚拟网络空间和保障商务活动顺利运营的管理环境。

## 专业术语

### 第三方电子商务平台

第三方电子商务平台，也称为第三方电子商务企业，泛指独立于产品或服务的提供者和需求者。通过网络服务平台，按照特定的交易与服务规范为买卖双方提供服务，服务内容可以包括但不限于“供求信息发布与搜索、交易的确立、支付、物流”。第三方电子商务平台具有以下特点。①独立性。它不是买家也不是卖家，而是作为交易的平台，像实体商务活动中的交易市场；②依托网络。第三方电子商务平台是随着电子商务的发展而出现的，和电子商务一样，它必须依托于网络才能发挥作用；③专业化。作为服务平台，第三方电子商务平台需要更加专业的技术，包括订单管理、支付安全、物流管理等技术，能够为买卖双方提供安全、便捷的服务。

第三方电子商务平台不同于一般的自营电子商务企业，一般的自营电子商务企业的盈利来源主要是进销差价，而第三方电子商务平台不经营商品，因此其盈利需要通过其他渠道实现，主要有：①会员费。企业通过第三方电子商务平台参与电子商务交易，必须注册为平台网站的会员，每年要缴纳一定的会员费，才能享受网站提供的各种服务。②广告费。网络广告是门户网站的主要盈利来源，根据其在首页的位置及广告类型来收费。③竞价排名。企业为了促进产品的销售，都希望在网站的信息搜索结果中使自己的排名靠前，而网站在确保信息准确的基础上，根据会员交费的不同对排名顺序做相应的调整。④增值服务。平台网站通常除为企业提供贸易供求信息以外，还会提供一些独特的增值服务，包括企业认证、独立域名、行业数据分析报告、搜索引擎优化等。⑤线下服务。主要包括展会、期刊、研讨会等。⑥商务合作。包括广告联盟、政府、行业协会合作、传统媒体的合作等。

---

第三方交易平台可以大大降低网络销售的进入门槛，由于不需要自己搭建平台，商家前期无须对网上经营进行大量的人力、财力、物力投入，而是利用电子商务平台提供的网络基础设施、支付平台、安全平台、管理平台等共享资源，快速、有效地开展网上销售业务，因而成为一种低成本导入电子商务的便捷途径，受到广大商家特别是中小企业的欢迎。

第三方交易平台更像一个大市场，里面汇集了各式各样的众多商家，消费者也就更容易在第三方交易平台上找到自己想购买的商品，因而能够吸引更多的消费者光顾，从而形成巨大的客流量，这就使得商家能够获得比自己单独销售商品更多的交易机会，这也是第三方交易平台能够吸引众多商家入驻的一个重要原因。

由于网上交易中买方和卖方互不见面，交易安全也就成为消费者关心的一个重要问题。而第三方交易平台还对交易过程行使一定的管理职能，如淘宝网对消费者的购买实行担保，商家一旦违规将对其进行处罚，这样就为消费者的利益提供了保障，从而有利于消除消费者的疑虑，抑制了商家的机会主义和道德风险，对促进电子商务的健康发展发挥着重要作用。

## 4.3.2 传统企业的运营模式

这里的传统企业是指一般的生产和流通企业，这些企业原来仅通过实体的店铺进行产品的销售，实施电子商务以后，在实体店铺之外，又开辟了网上销售的新渠道。按照开展网络零售活动的企业的不同，则可以将传统企业的网络零售运作模式分为制造商直销模式和零售商“双渠道”模式两种。

### 1. 制造商直销模式

信息网络技术的发展为制造商的电子商务转型创造了条件。在传统商务时代，制造商通常不直接面对最终用户，而是将产品先卖给经销商和零售商，然后由经销商或零售商卖给消费者。这样做可以避免信息不对称所带来的高昂的交易成本，使企业经营活动更有效率。但这样做也带来了产销之间相互脱节的问题，同时因中间环节的增加推高了产品的价格，增加了消费者的购买成本。进入电子商务时代，信息网络技术的应用使原来信息不对称的状况得以极大地改善，制造商可以直接面对众多的消费者，交易成本大大降低，这就促使越来越多的制造商也进入电子商务领域，通过网络来销售自己的产品，从而导致直销模式的诞生。

制造商直销模式，就是指由制造商所主导的网络零售模式。制造商通过网络直接向消费者销售自己的产品，并为其提供各种服务的商务活动。制造商直销模式类似于由制造商设立的各种专卖店，但与传统的专卖店不同，网络直销是在网络中以虚拟的方式进行的，不需要巨大的开店成本，同时运营效率可以大大提高，所以许多制造商都将自己的专卖店搬到了网上，而原来因各种原因无法开设专卖店的企业也可以通过网络构建自己的产品专卖系统。

根据是否利用第三方交易平台，制造商直销模式又可以分为两种：一种是自己构建网上交易平台，主要为一些有实力的大企业所采用；另一种是采用第三方交易平台，主要为一些实力较弱的转型企业采用。当然，也可以既自己设立销售网站，又在第三方平台上开设网店，将两种形式有机结合在一起使用。

网络直销模式的出现也为制造商经营方式的革新创造了条件。在传统商务条件下，由于制造商难以对每一位消费者的需求进行深入了解，因而只能为其提供一种标准化的产品，以尽可能地让每一位消费者都得到满足。但这样做无法照顾到不同消费者在需求上的差异，因而也就无法使每一位消费者都得到最大的满足。网络直销不仅为制造商开辟了一条新的销售渠道，更重要的是在制造商与最终用户之间建立起一条相互联系和沟通的渠道，从而使制造商更有效地获得消费者的需求信息，并按照每一个消费者的需求差异为其提供个性化的产品和服务，从而使每一个消费者的需求都能够得到更加充分的满足。例如，戴尔公司开展网络直销以后，将其原来的业务流程也做了根本性的改变，由原来的“企业先生产，消费者再购买”的业务模式改变为“先由消费者定制，然后企业按照消费者的要求进行生产”的业务模式，从而开创了定制式生产的新时代。

### 2. 零售商“双渠道”模式

信息网络技术的发展也为一些传统的零售企业由传统商务向电子商务转型创造了条件。而对于大部分传统零售商来说，电子商务转型并不意味着完全放弃传统的销售渠道，而是在传统的线下实体店销售的基础上在网上开辟线上销售渠道，两条渠道并行不悖并有机结合，这种模式也被称为“双渠道”模式。

“双渠道”模式更多地被业界称为O2O模式，即Online To Offline（线上与线下或在线与离线相结合的模式）。相比较而言，线上销售具有方便快捷、成本低而效率高的特点，但同时因其完全以一种虚拟方式进行，因而也存在着使消费者不能看到货物、不能全面了解商品信息、实际体验性差的局限。而实体店给消费者提供商品或服务时所具备的可视性、可听性、可触性、可感性、可用性等直观属性，恰恰又是传统的线下店铺销售的优势。将线下销售与线上销售有机结合，可以使两种渠道相互取长补短，起到相辅相成、相互促进的作用。例如，传统家电零售商苏宁公司在原有店铺销售渠道的基础上，于2013年正式开辟苏宁易购网上新渠道，提出“电商+店商+零售服务商”的云商新模式，实施线上线下双线经营，经过多年的探索，苏宁易购现已覆盖传统家电、3C电器、日用百货等品类，并成为国内仅次于京东的第二大网络零售商。通过“双渠道”模式，苏宁实现了虚拟网络与实体店面的同步发展，成为传统零售业进行电子商务转型的一个成功案例。

如今，“双渠道”模式不仅是传统零售业开展电子商务的一条主要途径，而且引起了一些新兴的网络零售商的关注，其中一些企业开始实行反向“双渠道”策略，即也开始兴建网下实体店，将自己的业务由线上向线下拓展。例如，京东商城在2017年开始推出京东线上线下融合项目——“百万京东便利店”计划，宣布未来五年京东将在全国开设超过100万家京东便利店，其中一半在农村。同时，京东还宣布三年内将开设5000家“母婴体验店”。京东实体店就是采用线上和线下结合的方式，利用京东的数据库和客户资源分析商品库存及客户需求，以此来量身定制实体店的商品，避免库存积压，提高商品周转速度。目前京东实体店已初具规模，并被认为是京东打破线上业务发展瓶颈的一项重大战略举措，是京东未来发展的一个新的增长点。

### 4.3.3 网络零售模式的创新

随着信息技术的发展，特别是云计算与大数据技术在电子商务中的广泛应用，网络零售的运作模式也随之出现了新的变化，一些具有创新性的网络零售模式不断产生，标志着网络零售的发展进入了一个新阶段。

#### 1. B2B2C

B2B2C是在原来的B2B和B2C的基础上产生的一种新的网络购物模式，其中，第一个B指的是商品或服务的供应商，第二个B指的是从事电子商务的企业，C则表示消费者。B2B2C源于目前的B2B、B2C模式的演变和完善，把B2C和B2B完美地结合起来，采用B2B2C模式的电子商务企业构建自己的物流供应链系统，提供统一的服务。

在B2B2C模式中，第一个B并不仅仅局限于品牌供应商，而是更加广泛意义上的卖方，任何商品供应商或服务供应商都能成为第一个B；而第二个B是B2B2C模式下的电子商务企业，它为供应商与消费者进行交易提供平台服务。平台绝非简单的交易中介，而是能够提供高附加值服务的渠道机构，是拥有客户管理、信息反馈、数据库管理、决策支持等功能的服务平台。通过统一的经营管理对商品和服务、消费者终端进行整合，是广大供应商和消费者之间的桥梁，为供应商和消费者提供优质的服务。

B2B2C电子商务平台将企业、个人用户的不同需求完全整合在一起，缩短了产品的供应链，因而 B2B2C 通常没有库存，能够充分降低成本（其中成本包括时间、资金、风险等众多方面），同时 B2B2C 建立了更完善的物流体系，根据消费者需求选择合适的物流公司，加强与物流企业的协作，形成整套的物流解决方案。

B2B2C 模式把供应商、生产商、经销商和消费者更加紧密地联系到一起，整个供应链是一个从创造增值到价值变现的过程，把生产、分销到终端销售的资源进行全面整合，不仅大大增强了厂商的服务能力，也使消费者从中获得了更多的增值价值，使消费者的需求得到更加充分的满足。

### 2．C2B

C2B 是指由消费者到企业的商业运作模式。这里的企业既包括商业企业又包括生产企业，其中消费者到生产企业的模式通常又被称为 C2F。C2B 模式改变了原有生产者和经营者与消费者的关系，将原来的由生产者和经营者主导转变为消费者主导，从而使得供求关系发生了根本性的转变。

C2B 的核心是以消费者为中心，整个运作流程是先有消费者需求产生而后才有企业生产，即先有消费者提出需求，后有生产企业按需求组织生产。通常情况为消费者根据自身需求定制产品和价格，然后经营者将消费者的需求传达给生产者，或消费者主动参与产品设计、生产和定价，并将信息直接提供给生产者，然后生产企业按照消费者的需求进行定制化生产。

与以往标准化生产相比，定制化生产能够更好地满足消费者的个性化需求，从而使每个消费者都能得到最大限度的满足。然而，长期以来由于定制生产成本很高，供需双方在交易过程中存在空间障碍、时间障碍、金融支付障碍和沟通障碍等，导致交易成本很高，因此消费者和生产企业退而求其次，以牺牲个性化交换工业化生产的低成本，这就是以生产企业为中心、少品种大批量的 B2C 模式。随着信息技术革命的不断深入，互联网技术为供需双方提供了低成本、快捷、双向的沟通手段。现代物流畅达，金融支付手段便捷，以模块化、延迟生产技术为代表的柔性生产技术日益成熟，使交易成本和柔性生产成本大幅下降，这就为发展 C2B 创造了条件。

## 前沿话题

### 定制化生产

定制化生产是指按照客户的需求组织生产的方式，即先由客户提出订单，提出对产品的要求，生产企业再按照这些要求生产出产品。定制化生产可以分为两类：一类是面对工业组织市场的定制化生产，另一类是面对大众消费者市场的定制化生产。在传统商务时代，定制化生产主要表现为前一种形式，而后一种形式则是电子商务时代的产物。这是因为消费者的需求千差万别，在原有的技术条件下，一方面难以直接获取每个消费者的需求，另一方面完全的定制化生产会使生产因难以规模化而形成极高的成本。而信息网络技术的发展与普遍应用使这种状况发生了根本性的改变，一方面企业能够与消费者直接进行交流，另一方面企业也能够将消费者的需求汇集，从而在定制化生产的同时保证一定的市场规模，这就为实行面向大众消费者市场的定制化生产创造了条件。

当然，由于消费者的个性化需求差异性大，加上消费者的需求量又少，因此企业实行定制化生产必须在管理、供应、生产和配送各个环节上适应这种小批量、多式样、多规格和多品种的生产和销售变化。为此，企业在管理上采用企业资源计划系统（Enterprise Resource Planning，ERP）来实现自动化、数字化管理，在生产上采用计算机集成制造系统（Computer Integrated Manufacturing System，CIMS），在供应和配送上采用供应链管理（Supply Chain Management，SCM）。只有通过信息技术及计算机网络的应用，企业才有可能真正实现面向每一位消费者的定制化生产，从而带来企业生产方式的根本性变革。

---

从定制的形式和内容看，C2B 又可以分为以下几种。

（1）聚定制。聚定制是指通过聚合客户的需求组织商家批量生产，让利于消费者。团购也属于聚定制的一种，该模式是提前交定金抢占优惠价名额，然后在活动当天交尾款。此类 C2B 形式对于卖家的意义在于可以提前锁定用户群，可以有效缓解 B2C 模式下商家盲目生产带来的资源浪费，降低企业的生产及库存成本，提升产品周转率，对于商业社会的资源节约起到极大的推动作用。

（2）模块定制。聚定制只是聚合了消费者的需求，并不涉及 B 端产品环节本身的定制。模块定制为消费者提供了一种模块化、菜单式的有限定制，用户根据自己的需求，在厂家所提供的模块和菜单中进行选择和组配，厂家再按照用户的要求进行生产。例如，戴尔的计算机定制和上汽大通的汽车配置定制就属于这种模式，这是一种有限度的按照客户需求进行的定制生产。

（3）深度定制。深度定制也称为参与式定制，客户能参与到全流程的定制环节。厂家可以完全按照客户的个性化需求来定制，目前深度定制最成熟的行业当属服装类、鞋类、家具类。以定制家具为例，每位消费者都可以根据户型、尺寸、风格、功能进行完全个性化定制，对于现在寸土寸金的住房面积来说，这种完全个性化定制最大限度地满足了消费者对空间利用及个性化的核心需求。

C2B 模式的优势是真正体现了以消费者为核心的经营理念，在为用户提供个性化产品和服务的同时，帮助消费者和商家创造一个更加省时、省力、省钱的交易渠道。一方面消费者不必为了买一件商品东奔西跑，只需在 C2B 网站上发布一个需求信息，就会有很多商家来竞标。另一方面，消费者不用再费心思到店里跟商家砍价，只要在 C2B 网站上发布需求时报一个自己能够承受的价格即可，凡是来竞标的商家就是能接受这个价格的。此外，C2B 模式网站会帮助消费者找很多有实力的商家来围着买家（消费者）竞价、比较，买家可以从中选择性价比高的商家来交易。因此，C2B 又被视为网络销售未来发展的一个必然的趋势，并成为电子商务时代的一种具有普遍意义的新模式。

### 3. P2P

所谓 P2P，是指“Peer-To-Peer”或“Person-To-Person”，即指点对点、个人对个人的交互方式。简单来说，P2P 就是指数据的传输不再通过服务器，而是网络用户之间直接传递数据。P2P 电子商务又称为对等电子商务，其中使用对等网络技术，互联网用户不需要通过中央服务器就可以直接共享文件和计算资源。P2P 网络彻底消除了对中央服务器的需求，它可以让用户之间直接共享、搜索和交互数据，被认为是给电子商务的发展带来革命性影响的技术。

如今，随着电子商务的交易方式被广泛采用，日益增多的网络访问量和业务扩展带来了大量的处理需求，而 B/S（Browser/Server，浏览器/服务器）网络架构的电子商务系统存在着单点失效和成本过高的问题。在以往的模式中，都要求集中存储和发布相关的商务信息，以 C/S（Client/Server，客户机/服务器）的方式实现信息交互，完成交易过程，服务器的“瓶颈”问题制约了它们的进一步发展。而在 P2P 模式中，用户和用户之间可以不通过中央服务器直接进行交易，这就避免了单点失效和成本过高的问题，同时使交易活动更为灵活和高效。P2P 使得一些在 B/S 模式下很难实现的功能变得容易，甚至可以提供一些原来不可能提供的服务。

P2P 模式的应用将带来电子商务运作模式的革命性改变。在纯对等的网络技术中，不需要中间媒介的参与。P2P 直接将人们联系起来，让人们通过互联网直接交互。P2P 使得网络上的沟通变得更容易，可更直接地共享和交互，可真正消除中间商。P2P 模式改变了互联网的以大网站为中心的状态，重返“非中心化”，并把权力交还给用户。P2P 用户之间直接交流的方式，使人们对于开放的、自由的互联网的理想变为现实。

P2P 模式最早源自 Napster。Napster 是由 Napster 公司 19 岁的绍恩 · 法宁开发的一款音乐共享软件。该公司开创性地在互联网上推出了音乐交换服务，用户只要在 Napster.com 下载这款免费的软件，就可以搜索到其他用户计算机里存储的 MP3 文件，并从那里免费获得该文件，当然也可以将自己拥有的 MP3 文件提供给其他用户。这种免费而又方便的服务受到了人们的欢迎，自该公司成立以来，注册用户已经突破 3000 万个。而这项服务开创的伙伴观念迅速使 P2P 风靡全球。

P2P 模式应用于电子商务的例子之一就是 Lightshare 公司推出的电子商务集市。Lightshare 公司的做法是让计算机使用者直接通过其计算机销售数字产品，而不用经由 eBay 或 Amazon 的中央服务器。这种服务采用点对点模式，任何交换的内容其实都不在该公司的计算机内，该公司做的只是加速资料的交换过程而已。Lightshare 以全球资讯网为营运据点，让任何想买卖数字产品的人通过 Lightshare 的网站进行交易，该技术直接通过买卖双方的计算机进行信息交换，就像用 Napster 互换音乐文件不必经过 Napster 公司的服务器一样。产品刚开始可能只是歌曲或软件等数字文件，日后可能扩展到自行车等实物。Lightshare 并不会对一般消费者之间的交易抽取佣金，而是协助中小企业建立电子商店，通过该文件互换网络成交的才收费。

P2P 网络的精髓在于其“乌托邦”式的管理方式，这种方式给了用户更多的自由，但是这也陷入了“无政府主义”的困境。可以想象，缺乏管理的 P2P 网络将会成为病毒、垃圾内容及非法交易的温床。虽然许多 P2P 公司都打算通过 P2P 网络开展电子商务，但是所面临的服务收费、流量计算、商品验证等问题仍是一时很难克服的困难。因此，P2P 模式的广泛应用还有待时日，需要进一步发展和完善。

## 4.4　网络零售的发展趋势及展望

### 4.4.1　网络零售的发展趋势

相对于传统零售业几百年的发展历史，网络零售自诞生起至今才有几十年的时间，还属于一个新生事物。随着人们对网络零售认识的不断深化，其运营模式及商业模式也将不断发生新的变化，特别是新一代信息和网络技术的出现和应用，无论是在形式上还是在内容上都将促使网络零售进行创新，推动网络零售进入一个新的发展阶段。

1. 国际化

网络无国界，它打破了国家与国家之间因地域上的原因而形成的时间与空间的阻隔，将世界各国更加紧密地联系在一起。而基于互联网应用的电子商务在其诞生之日起，本身也具有了国际化这一特点，并成为其区别于传统商务的一个重要优势。但在电子商务发展初期，国际电子商务主要集中于企业之间的大宗货物贸易，即 B2B 的网上交易活动，而 B2C 和 C2C 的交易由于种种客观条件的限制，并没有像 B2B 那样得到普及。因此，早期的网络零售活动更多地表现为一个国家内部的商务活动。

然而，随着电子商务在世界各地日益深入人心并被越来越多的人所采用，人们更加希望通过网络直接购买产自世界各地的产品而不需要再通过中间商的批发环节，同时基础设施条件的改善及各种新技术的应用，使这种愿望的实现具备了更加充分的物质基础，因此，在 B2B 国际化的基础之上，B2C、C2C 等网络零售的国际化也就成为下一阶段电子商务发展的一个必然的趋势。

早在 2014 年，伦敦管理咨询公司 OC&C 安妮塔·巴尔昌达尼就指出，“在下一个 10 年，网络零售业将更加国际化。这对于零售商来说是一个重要的发展机遇，它们可以通过新型的低资本投入的方式实现快速增长。”她认为，电子商务企业正通过国际化而成为未来零售业的领先者。从世界范围看，亚马逊和 eBay 是网络零售国际化的先驱，直至今日这两家公司依然是网络零售行业的领导者。而一些传统零售商通过其线下销售的优势，将线下与线上业务相结合，也成为网络零售国际化的佼佼者。2014 年，一项由管理咨询公司 OC&C 和美国搜索引擎谷歌共同完成的研究表明：从纯电子商务角度考虑，美国的电商先驱 eBay 和亚马逊位列国际网商出口数量前茅，而德国的网络时尚零售商 Zalando 及英国的 ASOS 紧随其后；从传统商家利用电子商务进行国际扩张的排名看，瑞典家具零售商宜家位列榜首，服装零售商 H&M 及美国化妆品销售商雅芳紧随其后；从利用电子商务打造国际品牌看，德国运动品牌阿迪达斯位列第一名，紧随其后的是法国的路易威登、爱马仕及英国的博柏利。

我国的大规模网络零售国际化始于 2010 年，在国内市场趋于饱和、竞争日益激烈的背景下，一些主要电子商务企业，如阿里巴巴、京东、苏宁等都相继开始了进军国际市场的进程。特别是“一带一路”倡议的提出，极大地推动了我国跨境电子商务的发展，有越来越多的电子商务企业步入网络零售国际化进程中。根据 2013 年商务部公布的数据，当年我国经营跨境电子商务平台数量在 5000 家以上，另外，通过各种平台开展跨境电子商务业务的企业数量更是达到 20 万家以上。根据商务部发布的《中国电子商务报告 2018》的最新数据，2018 年海关跨境电子商务管理平台零售进出口总额 1347 亿元，同比增长 50% 左右（如图 4-3 所示）。其中，出口 561.2 亿元，同比增长 67%；进口 785.8 亿元，同比增长 39.8%。与此同时，跨境电商领域的品牌出海、综合试验区建设等尝试也标志着跨境电商迈向升级发展的新阶段。可以预见，随着国际环境和基础设施条件的进一步改善，我国的网络零售国际化必将取得更大的发展。

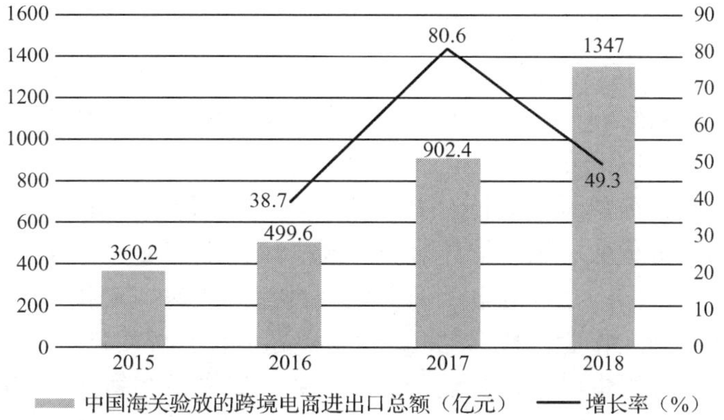


图 4-3 2015—2018 年中国海关验放的跨境电商进出口总额及增长率（数据来源：海关总署）

### 2．垂直化

垂直电商是相对于综合电商而言的。综合电商相当于超级市场，所销售的商品几乎无所不包。而垂直电商相当于专卖店，所销售的是同一类型的产品。相比较而言，综合电商以广而取胜，尽可能覆盖不同的市场并满足各类消费者的需求；而垂直电商则以深取胜，专注于某一细分市场，只为某一类消费者创造最大的价值并使其能够得到最大的满足。

在网络零售发展的开始阶段，由于整个市场还处于空白期，为综合电商的发展提供了充分的空间，一些综合电商企业迅速崛起，并很快形成规模并借助网络效应在市场上占据主导地位，如亚马逊、天猫、京东等。由于新经济遵循的是“强者愈强、赢家通吃”的规律，当一些综合电商企业占据主导地位后，新进入的企业就很难在这一领域以相同的模式与之竞争，在这一背景下，垂直电商也就成为更多企业的必然选择。

垂直电商的优势在于专注和专业，能够提供更加符合特定人群的消费产品，满足某一领域用户的特定习惯，进行更精细化的管理和运营，从各个环节、各个细节服务消费者，因此更容易取得用户信任，从而加深产品的印象和口碑传播，形成品牌和独特的品牌价值。

由于把资源都集中在某一种品类上，垂直电商可以将产品和产业链同时做深，利用自身的专业化服务水平帮助消费者简化选择流程，从而带来购物效率和体验的提升，并基于此树立品牌。垂直电商由此积累的对消费者需求的精准把握能力和对产业链的深度把控是综合性电商难以企及的，这就为垂直电商的生存和发展奠定了基础。目前，化妆品领域的聚美优品和乐蜂网、母婴领域的红孩子和贝贝网、服装领域的唯品会和凡客诚品等，都是通过差异化策略在某一细分市场上站稳脚跟，并成为这一市场上的佼佼者的。从未来的发展来看，随着综合电商领域竞争的日趋白热化，将会有越来越多的垂直电商涌现，并形成与综合电商平分秋色的新格局。

### 3．社区化

近年来，随着各种网络社区的出现，一些电子商务企业开始尝试将其业务与网络社区相结合，利用网络社区所产生的凝聚力来推广产品和开拓市场，从而形成一种新的电子商务运作模式，即社区电子商务。

所谓网络社区是指包括 BBS/论坛、贴吧、公告栏、个人知识发布、群组讨论、个人空间、无线增值服务等形式在内的网上交流空间，同一主题的网络社区集中了具有共同兴趣的访问者。这种因为共同兴趣和价值观而聚集起来的群体又被称作社群。到了移动互联网阶段，人们之间的相互联系更加便捷，一部智能手机就可以让天南地北的人们快速连接和聚集，网络社区的影响力也在急剧增加。网络社区的发展为电子商务的发展提供了一条新途径，从而带动了电子商务社区化的演化趋势。

社区电子商务，简单说就是针对具有社区属性的用户并在社区网站进行的交易行为。网络社区具有用户规模大、用户群体区分明显、用户之间交流频繁、相互之间信任度较高的特性，因此，基于网络社区的电子商务也就具有了快速高效和地城的优势。一方面，交易平台集中在社区，利用社区用户之间的信任关系，电子商务交易的成功率和速度都较高；另一方面，用户在社区中可以享受电子商务服务，省去了在其他购物平台上选择和购买的麻烦，降低了个人成本，同时对商家而言，社区的精准营销效果更为突出，目标用户更容易到达，降低了营销和销售成本。

社区电子商务的兴起源于各种网络社区平台盈利模式的改变。早期的网络社区平台主要借助巨大的用户规模和流量来吸引广告主，通过发布广告来盈利。之后一部分网络社区平台发现平台的流量本身就具有极大的市场价值，可以直接将信息流转化为商品流。于是，开始引入电子商务，并把向平台用户直接销售产品或服务作为新的盈利渠道。例如，分享海淘经验和各种购物心得的内容社区平台——小红书，通过大量真实用户分享互动，形成了一个拥有巨大规模和流量的生活社区平台，在此基础上，2014 年小红书开通了电商平台，建立小红书商城，并对接了很多品牌和物流来完善后端供应链。社区电子商务为小红书的发展注入了强大的生命力，到 2018 年，小红书的用户数量突破 1.5 亿个，业务量也实现持续快速增长。除了小红书，还有很多内容社区，这几年纷纷开始涉足电商领域。例如，以知识分享和问答为主的知乎，上线了各种课程产品；以体育内容聚集和分享为主的虎扑，早在 2016 年就上线了虎扑识货，主打高性价比的运动鞋，销售与体育相关的运动鞋。目前，社区电商已经成为各网络社区平台最基本的商业模式和盈利渠道。

社区电子商务的发展主要得益于各电子商务企业的积极参与推动。这一类社区电子商务的代表就是团购。团购就是团体购物，指认识或不认识的消费者通过网络社区联合起来，从而加大与商家谈判的能力，以求得最优价格的一种购物方式。根据薄利多销的原理，商家可以给出低于零售价格的团购折扣和单独购买得不到的优质服务。团购作为一种新兴的电子商务模式，通过消费者自行组团、专业团购网站、商家组织团购等形式，提升用户与商家的议价能力，并极大地获得商品让利，引起消费者及业内厂商，甚至资本市场的关注。虽然经过激烈的市场竞争，有相当一部分团购网站被淘汰，但仍有一些团购品牌如美团、大众点评等在竞争中存活下来了，并在 B2C 市场拥有了自己的一席之地。同时，又有一些新的社区电商品牌不断涌现，其中，成立于 2015 年的拼多多，以其超常规的发展速度引起社会的广泛关注。拼多多上线后仅 5 个月，单月成交额破 1000 万元，付费用户突破 2000 万个。到第 10 个月时，拼多多的用户量就突破 1 亿。到 2019 年，拼多多活跃买家已经达到 3.86 亿人，同比增长 145%。2018 年，拼多多在美国纳斯达克成功上市，创造了从创立到上市的最短纪录。拼多多的良好业绩也带来其股价的快速提升，2019 年 1 月，拼多多市值为 318.38 亿美元，超过京东的 313.51 亿美元。拼多多 2018 年财报显示，拼多多当年营收达到 131.20 亿元，同比增长 652%。按照成交额计算，拼多多已成为继阿里、京东之后的第三大电子商务平台。拼多多所取得的成功表明，社区电商作为一种电子商务的运营模式依然有着很大的发展空间，未来社区电商还将有更大的发展空间。

4．精准化

电子商务是基于信息网络而开展的商务活动，而信息网络技术的应用使企业有可能与每位消费者进行直接的信息传递和沟通，从而能够更好地了解每位消费者的需求，并为其提供个性化的产品和服务，使每位消费者都能得到充分的满足。因此，营销和服务的个性化既是电子商务不同于传统商务的一个重要特征，又是电子商务优势的集中体现。

然而，个性化的营销及服务需要有相应的技术支撑，在电子商务的初期阶段，受到技术条件的限制，电子商务仅实现了与用户的有效联系和沟通，难以对沟通中所产生的大量数据进行有效的处理，无法将客户信息转变为客户知识，这就使得个性化营销和服务难以深入下去。

信息技术的进一步发展，特别是大数据技术的出现，使这一局面有望从根本上得以扭转。所谓大数据，是指无法在一定时间范围内用常规软件工具进行捕捉、管理和处理的数据集合，是需要新处理模式才能挖掘具有更强的决策力、洞察发现力和流程优化能力的海量、高增长率和多样化的信息。在电子商务时代，企业在业务活动中所积累的大量数据是企业的一项宝贵资产，但由于这些数据过于庞杂，一般的技术难以对其进行实时及有效的处理，因而也就无法从中挖掘出对企业经营管理有价值的信息和知识。而大数据技术正是对现实生活中产生的大量数据进行有效、及时的处理和分析的一种技术，具有处理的数据量大、数据种类繁多、价值密度高、处理速度快的特征。对大数据技术的应用，使真正意义上的个性化营销和服务成为可能。

在大数据时代，企业借助大数据技术高效率的数据采集、处理和分析能力，能够对每位消费者的消费习惯及消费心理进行准确的把握，从而有针对性地为每一位客户制定不同的营销方案，并为其提供个性化的产品及服务。大数据技术的应用也必将带来网络零售的进一步发展，从而进入一个营销与服务精准化的新阶段。

## 前沿话题

### 精准营销

精准营销（Precision Marketing）就是在精准定位的基础上，依托现代信息技术手段建立个性化的顾客沟通服务体系，实现企业可度量的低成本扩张之路。精准营销包含三个层面的含义：第一是精准的营销思想，营销的终极追求就是无营销的营销，到达终极思想的过渡就是逐步精准；第二是实施精准的体系保证和手段，而这种手段是可衡量的；第三就是达到低成本、可持续发展的企业目标。

与传统营销相比，精准营销具有以下特征。①精准营销就是通过可量化的、精确的市场定位技术突破传统营销定位只能定性的局限。②精准营销借助先进的数据库技术、网络通信技术及现代高度分散物流等手段保障和消费者的长期个性化沟通，使营销达到可度量、可调控等精准要求。摆脱了传统广告沟通的高成本束缚，使企业低成本快速增长成为可能。③精准营销的系统手段保持了企业和消费者的密切互动沟通，从而不断满足消费者的个性化需求，建立稳定的企业忠实消费者群体，实现消费者链式反应增值，从而达到企业的长期、稳定、高速发展。④精准营销借助现代高效物流使企业摆脱繁杂的中间渠道环节及对传统营销中模块式营销组织机构的依赖，实现了个性关怀，极大地降低了营销成本。

精准营销的关键就是对大量消费者数据的分析及挖掘，因此精准营销的实现离不开信息技术特别是大数据技术。只有通过大数据技术的应用，才能够从海量的数据找到有用的信息，并将消费者信息转化为消费者知识，从而为营销的精准化提供支持。从这个意义上讲，精准营销也就是大数据营销，是在大数据时代出现的一种新的营销理念及方法。

---

亚马逊就是一个在网络销售中利用大数据实现精准营销的典型案例。亚马逊首先通过大数据对消费者在网站上产生的即时数据、行为数据、社交数据及属性数据等从多方面开展分析，在此基础上，应用基于大数据开发的聚类模型对消费者群体进行细分，把具体的消费者分配到与他最为相似的已有消费者细分群中，算法分析该群体的购买历史与商品评价，从而生成商品推荐列表，推送给该消费者。在利用细分顾客群推荐商品的同时，亚马逊又开发了商品到商品的协同过滤。对于某一给定的商品，亚马逊通过分析商品的各种属性，通过基于大数据技术的算法找出与之最匹配，即消费者倾向于一起购买的商品，从而建立起一个匹配的商品表。亚马逊使用大数据技术，使得每位消费者都有个性化的网上商店，登录个人账户后的亚马逊主页设置了“为我推荐”链接，单击链接，会把消费者引入一个区域，亚马逊根据消费者以往的购买历史和商品领域，利用算法寻找相似商品，生成消费者可能感兴趣的商品推荐列表，消费者可以对这些被推荐商品进行评级，还可以查看为什么这些商品会被推荐。亚马逊正是通过对大数据技术的应用实现了对消费者的个性化精准营销，开启了营销与服务模式的变革，并取得了巨大的成功。

在国内，随着对大数据价值认知的日益深化，已经有越来越多的电子商务企业进行探索，并取得了显著的效果。例如，我国最大的垂直型网络零售企业京东，在2015年就宣布实施“京东大脑”计划，通过对用户网购习惯等信息进行大数据挖掘与分析，来帮助京东提升用户体验、降低运营成本、提高效率，从而提升自身的整个业务水平。京东大脑架构分为3层：基础数据层、知识层、服务层。基础数据层存储京东海量的业务数据，包括主数据（商品数据、用户数据、商家数据、地址数据、供应商数据、库存数据等）、交易数据（订单数据等）、点击流数据等。知识层在基础数据上，通过有效数据建模和挖掘，加工成知识数据，如用户画像、商品画像、店铺画像、供应商画像、小区画像、知识图谱等，帮助上层更好地决策，包括预测、推荐搜索和报表等。京东大脑最终的呈现是在服务层，即在知识层的基础上，进一步有针对性地进行各种决策。以小区画像为例，由于相近的因素，一般一个小区会天然聚集一些购买能力和习惯相近的人群，这样就可以按小区计算用户的购买属性（如购买力、品牌偏好等），对销量预测、推荐搜索、精准营销、拓展新用户等都有帮助。“京东大脑”计划帮助京东更好地实现了营销的精准化，通过定量分析小区人群的消费能力、商品偏好、品牌偏好、用户数量、促销敏感度、信用水平、忠诚度、活跃时段等，可以通过一些用户的购买行为预测其他用户可能购买的商品。小区画像可用于“地推”类项目，如京东到家、自提柜、移动仓、大篷车、京东派等，利用京东渠道、仓储、物流方面的优势，线下做好“最后一公里”服务。

由于大数据技术的应用对设备及人才提出了很高的要求，除了像亚马逊、京东这样的大企业可以自我实现外，大多数小企业难以靠自己的力量完成。于是，一些专门为他人提供大数据服务的专业公司应运而生。例如，2009年国内首个个性化推荐系统科研团队百分点公司成立，该团队专注于个性化推荐、电子商务个性化精准营销解决方案，在其个性化推荐引擎技术与数据平台上汇集了国内外百余家知名电子商务网站与资讯类网站，并通过这些 B2C 网站每天为数以千万计的用户提供实时智能的商品推荐。第三方机构参与，就使得一些中小企业也有可能加入大数据应用的行列，从而实现营销和服务的精准化。随着大数据技术及应用的日益普及，网络零售的运营模式也将出现进一步的变革和创新，完成由大众化营销向精准化营销的历史性转变。

## 4.4.2　网络零售的展望

近年来，云计算、大数据及人工智能等新技术取得了长足的发展，这些技术开始在各行各业中日益得到广泛应用，从而带来一次新的产业革命，这其中也包括网络零售。在这一背景之下，许多人就网络零售的未来发展进行了展望，并从不同的角度提出了一些关于未来网络零售的新概念。

### 1. 新零售

在 2016 年 10 月的阿里云栖大会上，马云在演讲中第一次提出了新零售的概念，他认为："未来的十年、二十年，没有电子商务这一说，只有新零售。"对于什么是新零售，马云做出如下界定：新零售就是"企业以互联网为依托，通过运用大数据、人工智能等先进技术手段，对商品的生产、流通与销售过程进行升级改造，进而重塑业界结构与生态圈，并对线上服务、线下体验及现代物流进行深度融合的零售新模式"。对新零售内涵的总结如图 4-4 所示。新零售概念的提出引发了人们对网络零售未来发展的大讨论。

在对新零售的各种认识中，有一种观念认为，新零售的出现是零售业发展的又一次革命。从历史来看，零售业发展经历了四次革命。早在 19 世纪中期，专业化经营与生产模式的变革导致了生产与销售的分离，引发第一次零售革命，即百货商店的诞生。与此同时，规模化生产的普及及企业降本增效的现实需要催生了标准化管理及规模化运作的零售模式，于是又紧接着出现第二次零售革命，即连锁商店的出现。到了 20 世纪 30 年代，随着技术的不断进步，现代化收银体系及订货系统的普及，第三次零售业革命爆发，超级市场诞生。20 世纪后半期，电子商务的出现则标志着第四次零售革命的开始，电子商务是对传统零售渠道的一种颠覆式的创新，更加扁平化的渠道使得商品的流通成本进一步降低，并打破空间限制，在真正意义上实现了商品的自由流通。新零售的出现是传统零售业的第五次革命，它是在新技术支撑下，零售业数字化、一体化、生态化自然演进，其中数字化是手段，一体化是方法论，而生态化则是新零售业态的最终目标形态。新零售所带来的变革，不仅仅是单一要素驱动下人、货、场关系结构的变化，而是从消费者需求，到原料生产、品牌厂商、流通体系、仓储体系及前端销售乃至用户体验端的全链条式生态化反应，是一次彻底的由数字化技术支撑，是以大数据、物联网、5G 技术等为链接节点的全产业重塑。

还有人认为，新零售的最大特点就是实现了"全时段、全渠道、全场景"。"全时段"指的是为客户提供 7×24 小时不间断的服务，不管身在何时何处，只要能够触碰到新零售这张"大网"，就能轻松地完成购物。"全渠道"指的是实现线上、线下的高度融合，线上与线下的界线越来越模糊，选择何种途径更多地看用户心情和消费习惯，真正做到"线上到家""线下到店"。而"全场景"指的是零售触角遍布整个生活角落，包括办公室便利货架/货柜、自助贩售机、社区便利店、生活超市、配送服务点等。消除地域限制，降低交易的时间成本，从而提升用户体验。因此，新零售改变的不只是消费者的购物习惯，更实现了对传统商业的重塑。新零售重构人、货、场，创造数字化消费者，实现智能供货，提供无处不在的消费场景。而随着后台大数据的不断打通与共享，生产商和零售商可以及时获取消费大数据，对产品进行反向定制，能更精准地满足消费需求从而提升效率。这些流通环节效率的提升，让新零售与新消费变得契合。可以预见的是，未来的零售业创新将是数据驱动下的新型智慧商业，是聚焦于技术应用、消费需求主导及服务形式更加丰富的商业创新。

图4-4　新零售的内涵

目前，“新零售”正在以多种形态、多种方式在人们的现实生活中不断涌现。以阿里巴巴、京东为首的电商巨头积极构建围绕平台的生态体系，以掌握用户和流量，并向线下实体零售不断延伸。苏宁、大润发等线下门店，依托其广泛的营业网点和物流基础逐步建设线上渠道。耐克、小米等品牌商纷纷进行门店数字化升级改造，以多种方式尝试拓展消费渠道规模，进而连接消费者。还有一些新兴创意企业，充分利用线上用户喜好，以更有效、灵活的模式参与竞争。其中，最引人注目的“新零售”模式还是以阿里巴巴旗下盒马鲜生为首的，主打生鲜类产品销售的新业态模式。虽然在新零售的实践中不可避免地会遇到一些障碍，暴露出诸多新的问题，但这一切依然没有阻挡人们对零售模式进行创新的热情，对新零售的探索仍会不断地继续深入下去。

### 2．无界零售

2017 年 11 月，京东集团 CEO 刘强东在《财经》杂志发表署名文章《第四次零售革命》，对未来零售业的发展发表了自己观点。刘强东认为，“零售业正处在变革的前夜。一场暴风雨过后，整个行业会焕然一新：带来一些新的机会，同时也颠覆一些旧的模式。”与前一种观点不同的是，他认为目前的电子商务还不能算作第四次零售革命，至少不能算作完全的第四次零售革命。因此，他指出，“下一个 10 年到 20 年，零售业将迎来第四次零售革命。”而不同于以往的三次革命，第四次零售革命将会是颠覆性的。“这场革命改变的不是零售，而是零售的基础设施。零售的基础设施将变得极其可塑化、智能化和协同化，推动‘无界零售’时代的到来，实现成本、效率、体验的升级。”无界零售与传统零售的主要区别如表 4-1 所示。

表 4-1　无界零售与传统零售的主要区别

| 对比项目 | 传统零售 | 无界零售 |
|---|---|---|
| 交易场所 | 街边实体店、Mall | 手机、LoI、智慧门店 |
| 技术工具 | ERP、POS | 云 ERP、语音、指纹 |
| 支付工具 | 银行卡、先进 | 手机支付、生物识别支付 |
| 营销工具 | 线下营销 | 线上线下全覆盖式营销 |
| 履约方式 | 到店自提 | 集中仓配、同城配、到店 |

刘强东认为，与前几次零售革命一样，第四次零售革命依然是由两股力量共同推动的结果，这两股力量是消费的改变和技术的更新。从消费方面看，消费主权时代的到来带来需求个性化、场景多元化和价值参与化的改变，其结果是：消费者需求、消费场景和商品产出会变得极其分散，这就给零售活动带来了极大的挑战。从技术方面来看，即将到来的智能商业时代赋予我们全新的能力去改造零售业和零售基础设施。智能商业是对互联网的超越。互联网可以有效连接起分散的消费者、产品和消费场景，但很难实现协同，而智能商业则建立在感知、互联和智能的基础上，一方面对场景的感应能力变得越来越强，最终使场景能够数据化，另一方面能够打通不同场景的数据，最大限度地实现数据共享，从而创造更高的协同价值。消费端的变化指明了第四次零售革命的方向，而技术端的更新则为第四次零售革命提供了支撑。消费与技术两股力量共同作用将带来第四次零售革命。

对未来的零售图景，刘强东给出两个关键词：无界、精准。无界，就是从“$N \to 1$”到“$1 \to \infty$”。过去的互联网时代是中心化的（$N \to 1$）：$N$ 个网民上同一个网页，网页就成了流量的中心。未来则是 $1 \to \infty$的时代，也就是一个人会面对无数个屏、无数个场景、无数个入口。对于零售来说，未来一定是无界的——无处不在、无时不在。当购物的入口变得极为分散、多变时，固守单一平台的零售商会非常脆弱。而新型、数字化的零售基础设施就变得非常重要，它可以更高效地服务于多元多变的场景。精准，就是从“大众市场”到“人人市场”。过去的零售和生产活动是以品类和市场为单位进行管理的，瞄准的是大众市场，提供的是批量商品，难以满足每个人独特的需求。未来的感知技术将会赋予企业洞察每个消费者个性化需要的能力，并且可以通过连接外部资源灵活地实现个性化需求，还可以通过智能算法使互动和交付更高效。也就是说，未来的零售一定会越来越精准，否则无法达成“成本、效率、体验”，一定会被淘汰。

为了更好地实现资源的统一协调，刘强东认为未来一流的零售基础设施应该具备三大特征：可塑化、智能化和协同化。

可塑化指的是零售的基础设施具有很强的适配能力，满足不同合作伙伴的不同需要——既能满足大型综合电商的供应链管理需要，又能适配个人微商/网红的电商业务。这意味着基础设施的服务商一定要有开放的心态和灵活的组织，最重要的是：还要具有制定和执行服务标准的号召力。

智能化指的是零售的基础设施要依托数据，以及基于数据的算法，输出智能化的解决方案，不断提升零售系统的整体效率。这意味着一流的零售基础设施服务需要覆盖全链条的数据，具备零售领域的专业知识，从而更有效地对外赋能。

协同化指的是信息、商品、资金流服务的组合可以互相强化，形成合力。比如数据+金融=更低的坏账率，物流+金融=无缝的供应链金融服务，数据+物流=更快的周转率和更低的库存。不同服务的组合能够带来额外的附加值。这说明未来一流的零售基础设施服务商一定会走向“软硬结合”：既要“上得了天”——贯通数据和金融，又要“下得了地”——干得了物流的苦活、脏活、累活。

随着可塑化、智能化、协同化零售基础设施的完善，零售未来的生态会彻底变革与重构。无边界的零售基础设施一定会更加开放和赋能，它不仅不会消灭今天的许多零售业态，还会与之融合在一起共同发展。无边界零售影响的不仅仅是消费领域，还包括流通领域，最终给从订单到生产、到终端、再到消费的整条供应链带来翻天覆地的变化。

近年来，京东为实践其无边界零售的思想，进行了一系列大胆的尝试。首先，通过京X计划打开线上流量入口。京X计划是指京东与头部媒体深入合作，通过数据打通、场景打通，触达互联网用户，赋能品牌商。京东通过与腾讯、今日头条、百度、360、网易、搜狗、爱奇艺等多家头部媒体的深入合作，全方位打通了移动互联网时代消费者获取信息所使用的各种产品，并通过数据的流动产生价值的裂变。其次，通过行业赋能，塑造线下创新业态。为此京东建立了包括7FRESH、京东无人超市、京东帮智慧社区店等在内的一系列线下店，并以京东大数据和京东供应链为基础，加上AI、AR、金融等各方面的支持，形成一整套无边界零售的解决方案。最后，打通场景、数据和用户价值，实现全面融合。京东通过与腾讯合作，开始了社交电商之路，如微信购物、QQ购物、微选等，打通社交平台中的社交流量与购物场景之间的渠道，与唯品会、1号店等电商平台展开合作，将资源充分整合。此外，京东还从品牌、产品、流量、技术和运营等方面为品牌商全面赋能：携手海澜之家、红豆等服饰品牌共建“美美与共”时尚圈；与沃尔玛、中粮一起“向供应链要效益”。京东实施无边界零售的效果，还将有待于实践的检验。

### 3. 智慧零售

技术的变革一直在推动商业的发展，从PC到手机，再到云计算、大数据和人工智能，商业模式也在不断创新和变化，如表 4-2 所示。2017 年 3 月 9 日，在全国政协十二届五次会议上，苏宁控股集团董事长张近东就未来零售发展做了题为《大力推动实体零售向智慧零售转型》的发言，提出了智慧零售的概念，并明确指出，智慧零售将是未来零售发展方向。按照张近东的解释，智慧零售，是指运用互联网、物联网技术，感知消费习惯，预测消费趋势，引导生产制造，为消费者提供多样化、个性化的产品和服务。他认为实体零售和传统电商都需要变革，都需要线上线下融合。智慧零售发展在于三大方面，一是要拥抱时代技术，创新零售业态，变革流通渠道；二是要从 B2C 转向 C2B，实现大数据牵引零售；三是要运用社交化客服，实现个性服务和精准营销。

表 4-2 技术变革与零售发展

| 对比项目 | PC 时代 | 移动时代 | 云计算/大数据时代 | 智能时代 |
|---|---|---|---|---|
| 阶段 | 商业 1.0 | 商业 2.0 | 商业 3.0 | 商业 4.0 |
| 模式 | 实体+商务 | 互联网+商务 | O2O+商务 | AI+商务 |
| 消费者 | 同质化 | 性价比 | 品质化 | 个性化 |
| 零售商 | 百货店、超市 | 无店铺销售 | 线上+线下 | 智慧零售 |
| 制造商 | 规模化 | 低成本 | 高质量 | 定制化 |

与前几种观点一样，这种观点也认为智慧零售是零售业发展的新阶段。但与其他观点不同的是，这种观点认为中国零售业一共经历了三次大的变革，前两次分别是实体零售和虚拟零售，这两次变革主要是由西方发达国家主导的，而第三次零售变革是中国在主导，即当前正在经历的虚实融合的智慧零售。之所以说智慧零售是引领世界零售业的第三次变革，一是智慧零售打破了线上线下单边发展的局面；二是智慧零售实现了新技术和实体产业的完美融合；三是智慧零售是全球企业都可以共同探索和发展的必然趋势；四是智慧零售是开放共享的生态模式。

苏宁的观点得到了许多人士赞同。2018 年 6 月 27 日，知名互联网研究机构易观发布了《中国智慧零售专题分析 2018》。报告认为，随着消费升级、移动支付和物联网技术的应用，零售行业正朝着线上线下一体化的方向发展。与此同时，消费数据大量积累，通过大数据、人工智能等技术进行智能化管理成为零售发展的新趋势。在这一背景下，零售业也进入了第三次变革浪潮，向着智能化全渠道方向发展。在此基础上，报告将智慧零售的要义分解如下：零售要素的数字化是智慧零售落地的基础，运营流程的智能化是智慧零售实现的关键，多渠道、多业态和多场景的融合是智慧零售的新常态，构建以用户为中心的环式价值网是智慧零售的核心。

在智慧零售模式下，其供应链体系也与以往不同，智慧供应链更加强调企业间的协同，并成为零售产业共同发展的基础设施。物流也是实现智慧零售的关键一环，报告指出，零售企业自建物流能够更好地控制仓配环节的服务质量，保障时效，为上游品牌商提供更多的数据增值服务。报告特别强调，在未来竞争中，随着仓储物流业租金的增加，以苏宁为代表的自营物流模式将更具竞争力。

报告还提出了未来零售业发展的四大猜想：一是互联网巨头仍是零售业主角，以阿里巴巴、苏宁、腾讯为代表的企业，在资金、流量、技术和效率等方面具有强大优势，仍将占据业界主角；二是社区成为线下流量最主要的入口，门店越开越小，越来越靠近消费者，生鲜超市、精品超市、便利店、无人店等成为零售企业寻求转型升级的重要方向；三是新模式快速崛起，虽然融合多业态和多场景的商业模式不断出现，但它们能否长久经营还有待市场检验；四是技术和数据是驱动零售业升级的动力，移动互联网、物联网、AI、大数据等技术持续成熟，应用门槛逐渐降低，整个零售产业链将向智慧零售转型升级。

作为一个传统零售业的典型代表，苏宁很早就开始了将传统商务与电子商务相互融合的探索，并在这一过程中逐步明确了发展智慧零售的战略思想。2011 年，苏宁易购正式上线。同年，张近东提出“科技苏宁、智慧服务”的未来十年发展战略。2013 年，苏宁实行“线上线下同价”战略，启动开放平台，探索建立新型互联网门店。到 2017 年，苏宁已探索出“一体两翼三云四端”的智慧零售发展模式，即苏宁始终坚持零售本质不动摇，线下建设智慧门店，线上发展开放平台，依托物流云、数据云、金融云实现商品资源价值共享、信息资源共享、资金资源共享，通过门店端、移动端、计算机端、家庭端服务合作伙伴和消费者。

按照苏宁的观点，智慧零售的核心是场景互联。基于这一认识，苏宁智慧零售打破时间、地点等局限，布局苏宁易购广场、苏宁小店、苏宁极物、苏宁红孩子等线下门店，以人工智能、大数据、射频识别技术、交互技术等技术增强场景互动体验，满足消费者多样化、个性化的需求。同时，苏宁通过零售云项目，对县镇传统零售企业输出智慧零售能力和资源，帮助数千位乡镇创业者创业致富。目前，苏宁县镇店已超 4000 家，带动 20000 人就业。苏宁智慧零售以多业态布局、全客群和全场景覆盖、革新零售商业模式，通过一系列的变革与创新，实现了由传统商务到电子商务的成功转型，为其他传统零售企业做出了典范。

## 案例研究

### 盒 马 鲜 生

2016 年马云提出“新零售”的概念，引发了人们对零售业未来发展趋势的大讨论，许多企业，包括电子商务企业和传统的零售企业，都纷纷对零售业进行变革尝试，涌现出一大批零售新“物种”，其中最有代表性的就是阿里巴巴的盒马鲜生。

在这之前，实际上已经有一些企业涉足生鲜电商，但绝大多数企业已烧掉巨大的资金投入却收效甚微，表明单纯的生鲜 B2C 电商模式并不完全可行。其原因一方面是冷链物流成本很高，像牛奶、蔬菜、面包、水果这些居民日常高频消费的低价且短保质期的商品，B2C 生鲜电商很难做，由于流量成本居高不下，客单价低，很难覆盖物流成本，这是这个商业模式天然的缺陷。另一方面，B2C 生鲜电商短保质期的商品损耗无法有效控制，导致最后品类越做越窄，只能卖一些高价商品，而无法解决消费群体日常消费的痛点。针对这些问题，盒马鲜生采取了与以往不同的运作模式，以解决 B2C 生鲜电商所面临的种种困境。

盒马鲜生是阿里巴巴对线下超市完全重构的新零售业态。盒马鲜生面向的目标群体是“80 后”“90 后”，他们身上展现出的是不同于上一代人的生活场景，这一点又决定了他们的消费习性。这些成长于物质丰裕时代、受过良好教育的人追求生活品质，对生鲜商品的品质、新鲜度、购买便利性等方面的重视程度远大于对价格的敏感度。而传统超市很难满足他们的需求，市场空白由此形成，催生了包括盒马鲜生在内的零售新“物种”的诞生。

从表面上看，盒马鲜生既像超市，又像餐饮店，同时也像菜市场，但又与传统的超市、餐饮店和菜市场又有着本质的区别。在盒马鲜生，消费者可以到店购买，也可以在盒马App下单。与一般超市不同的是，盒马鲜生在其购物场景中还设置了占地面积约40%左右的餐饮体验区，以此产生生熟联动的效应。门店内的餐饮区可以给消费者增加到店体验感，消费者产生信任后，门店又能将多数快消品类通过App实现线上销售。

在盒马，消费者下单购物需要下载专门的App。盒马鲜生为其消费者提供会员服务，消费者可以使用淘宝或支付宝账户注册，以便从最近的商店查看和购买商品。无论是线上和线下，盒马鲜生只支持支付宝付款和现金，不接受银行卡等任何其他支付方式。这样做的目的是充分掌握用户的购买数据，跟踪消费者购买行为，并借助大数据分析为用户提出个性化的建议并提供个性化的服务。

盒马鲜生不仅将线上线下相互融合，更重要的是将门店销售与物流配送结为一体。盒马鲜生的每一家门店同时还是一个物流配送中心，用以支持线上销售。盒马鲜生将物流仓储作业前置到门店，和门店共享库存和物流基础设施，其核心逻辑是“仓店一体”，既是一个门店，也是一个仓库。盒马鲜生的供应链、销售、物流履约链路是完全数字化的，在店内挂着金属链条的网格麻绳是盒马全链路数字化系统的一部分。从商品到店、上架、拣货、打包到配送，作业人员都通过智能设备去识别和作业，简易高效，而且出错率极低。整个系统分为前台和后台，用户下单10分钟之内分拣打包，20分钟实现3千米以内的配送。

在信息技术的支持下，盒马鲜生的供应链得到了优化。在前端，盒马鲜生的商品大多采取在生产基地直采直供的方式，经过全程冷链运输并精细包装后，直接进入盒马鲜生超市冷柜售卖。由于没有中间环节，使得物流成本大大降低。在末端，通过大数据及商业智能，盒马鲜生可以更准确地了解到消费者的喜好，反过来为前端的决策提供数据支持，使整个供应链能够更加高效地运行。高效的供应链又确保了盒马鲜生在微利情况下的可持续运作。

按照阿里巴巴报告的表述，新零售将区别于以往任何一次零售变革，它将通过数据与商业逻辑的深度结合，真正实现消费方式逆向牵引生产变革，将为传统零售业态插上数据的翅膀，优化资产配置，孵化新型零售“物种”，重塑价值链，创造高效企业，引领消费升级，催生新型服务商，并形成零售新业态。盒马鲜生正是阿里巴巴对这种零售新业态的一种尝试，而以盒马鲜生为代表的零售新业态的形成，则表明一次新的零售业革命正在到来。

### 案例思考题

1. 为什么盒马鲜生被视为新零售的模板？其“新”在何处？
2. 盒马鲜生的诞生反映了未来网络零售的哪些新变化？
3. 你是否认为盒马鲜生代表了零售发展的方向？为什么？

## ▶▶ 本章关键概念

零售、网络零售、网上商店、自营电商、平台电商、O2O、B2B2C、C2B、P2P、垂直电商、社区电商、新零售、无界零售、智慧零售

## ▶▶ 本章复习思考题

1. 什么是网络零售？网络零售有哪些优势？
2. 应如何对网络零售系统进行规划？
3. 网络零售主要有哪些运作模式？
4. 网络零售未来的发展趋势是什么？
5. 新零售、无界零售和智慧零售之间有何区别？

## ▶▶ 本章论述题

1. 电子商务对不同的传统零售业态会产生怎样的影响？
2. 如何解决零售商的“双渠道”模式中的渠道冲突问题？

## ▶▶ 本章实践项目

1. 选取若干典型产品，分别调查它们在各大零售网站和线下实体店的零售价格，比较它们的差异，并分析原因。写出调查报告。

2. 在京东商城或天猫上完成一次购物，试述你从信息收集、商品和商家选择、下单、支付到收货和售后服务等的全部过程，并说明你是如何进行决策的，对商家有什么启示。

# 第5章

# 网 络 营 销

**本章学习目标**

- 掌握网络营销的基本概念；
- 掌握网络营销的基本理论；
- 掌握网络市场调研的基本方法；
- 了解网络营销常用策略、渠道及网络广告；
- 了解新媒体网络营销：社交营销。

## 引导案例

### 好利来的网络营销传奇

好利来创办于 1992 年，创始人罗红在兰州开了第一家以“前店后厂、现订现做”为经营方式的蛋糕店，当时的经营状况异常火爆。1994 年，好利来开始实施战略重点的转移，陆续在东北地区开了三家分店，拉开了正式进军北方市场的序幕。1995 年，好利来成功转战北京，被中国保护消费者基金会授予“深受消费者信得过产品”。1996 年，好利来为了满足市场的需求，开始在全国范围内大面积布点开店。现在，好利来已经成为拥有上亿元资产、旗下员工近万名，包含了北京好利来企业投资管理公司、好利来工贸有限公司、好利来商贸有限公司在内的全国性食品连锁企业。该企业的经营范畴包括持久性产品及季节性产品两个方面，前者包括艺术蛋糕、面包及中西式甜点、咖啡饮料等；后者包括月饼、汤圆及粽子等。

**1. 打造“网上蛋糕帝国”**

好利来的扩张速度十分惊人，除了采取加盟模式做连锁店之外，好利来不断创新的经营模式和营销模式，网络营销就是其中的亮点。18～35 岁的青年人是消费者的主力军，而这一部分人也恰是网购的热衷群体。早在 2004 年，好利来就开始提供网上产品订购服务了。2005 年，好利来网上蛋糕店“买蛋糕”正式上线运营（见图 5-1）。

图 5-1　好利来网络营销平台“买蛋糕”

2006 年，依托公司遍布全国近 600 家店铺强大的连锁系统，好利来网上营销初具规模，平均月销售额达三万元以上。在当年的“网银杯”超级网商评选活动中，好利来网上产品订购站（买蛋糕网）被评为“超受欢迎的特色产品网商”。好利来公司一方面建设自己的网站，同时也积极利用网络间接渠道，特别是国内各大知名购物网站，来销售自己的产品。

**2. 网络营销，另辟蹊径**

罗红从行业研究入手，充分地分析了烘焙行业竞争的根本，并根据好利来自身实力，制定了有效的促销策略，顺应消费者需求和渠道自然力量，以最少的投入取得更大的网络促销效果。好利来通过销售行为的改变来刺激消费者，以短期的行为（如让利、买一送一、节日促销、营销现场气氛等）促成消费的增长。

随着智能手机的不断普及，对于早已在新媒体营销中迈开步伐的好利来来说，微信这一阵地肯定也是一个新的机遇。通过微信不仅可以对用户进行点对点的精准营销、随时随地与用户进行沟通；还可以通过朋友圈的分享达到快速传播的目的，以此增加品牌的知名度。同时，新浪微博也是好利来网络营销的另一个重要平台。好利来已经打造出属于自己的微博传播平台，借助这一大众化的平台拉近与顾客之间的距离。

**3. 创意广告，润物无声**

在网站建设之外，网络广告也是好利来网络营销的重头戏。好利来的网络广告策略主要从以下几个方面入手。①网络广告与传统广告相结合。②通过在好利来网站上放置广告、推介新产品和促销活动的做法来开展网络营销，提升了好利来自身经营形象。③充分发挥搜索引擎广告的作用。④重视邮件、BBS 等隐性广告的作用。

**4. 贴心服务，爱的传递**

在产品的营销过程中，服务无疑是一个关键因素。在网络营销中，同样也要提供良好的服务以提高顾客满意度。好利来公司将服务和产品质量看得同等重要，致力于将一流的服务贯穿售前、售中、售后。

（1）网上售前服务。好利来公司的网上售前服务主要是提供信息上的服务，且主要是通过公司自身的网站宣传，来介绍产品等信息，提供售前网上服务；在其他网站上仅有少量报道性的宣传。

（2）网上售中服务。好利来公司通过网络客服电话、在线查询订单执行情况来提供这一阶段的服务。例如，小王和赵经理沟通后认为，好利来今后可针对一部分特殊群体增加在产品配料方面的解答，如含糖量、含脂量等。

（3）网上售后服务。好利来公司网络营销的售后服务包括：产品质量、在线客服、客户服务及退货/款处理四个模块，基本能满足顾客售后服务的需求。

（4）会员制度。好利来公司通过会员制度，保持与顾客的后续联系，建立起顾客档案，及时提供最新的产品信息和优惠政策并让顾客知晓。

总的说来，好利来公司已经率先在行业内开展了网络营销，并取得了不俗的成果。但是，随着焙烤行业市场竞争的日趋激烈与残酷，如何保持企业在网络营销方面的优势、进行网络营销的创新，是好利来公司及其他焙烤食品企业应长期关注并努力的方向。好利来从未停止过在营销手段上的创新，它的网络营销之路还在继续。

（案例来源：中国管理案例共享中心案例库）

### 案例思考题

1. 好利来公司主要采用了何种网络营销方式？这种网络营销方式有何特点？
2. 好利来在进行网络营销时，采取了哪些网络营销策略？
3. 好利来是怎样具体实施各种营销策略的？
4. 如果你是好利来公司的新任 CEO，你认为好利来网络营销未来应如何改革与发展？

## 5.1 网络营销概述

### 5.1.1 网络营销的定义

网络营销（Online Marketing）的产生，是科技发展、消费者变革、商业竞争等综合因素所促成的。凡是以互联网为主要手段进行的、为达到一定营销目标的营销活动，都可称之为网络营销。也就是说，网络营销贯穿企业开展网上经营的整个过程，包括信息发布、信息收集，直至开展以网上交易为主的电子商务。

为了理解网络营销的全貌，有必要为网络营销下一个比较合理的定义。从“营销”的角度出发，可将网络营销定义为：网络营销是企业整体营销战略的一个组成部分，是建立在互联网基础之上、借助互联网特性来实现一定营销目标的营销手段。据此定义，可以得出下面几点认识。

#### 1. 网络营销不是网上销售

网上销售是网络营销发展到一定阶段产生的结果，网络营销是为实现网上销售而进行的一项基本活动，但网络营销本身并不等于网上销售，这可以从两个方面来说明。

① 网络营销的效果可能表现在多个方面，如提升企业品牌价值、加强与客户之间的沟通、作为一种对外发布信息的工具等。网络营销活动并不一定能实现网上直接销售的目的，但是很可能有利于增加总销售量。

② 网上销售的推广手段也不仅仅靠网络营销，往往还要采取许多传统的方式，如利用传统媒体广告、发布新闻、印发宣传册等。

### 2. 网络营销不仅限于网上

这样说也许有些令人费解，不在网上怎么叫网络营销？这是因为在互联网上通过一些常规的检索办法，由于种种原因的限制不一定能顺利找到所需信息，更何况对于许多初级用户来说，可能根本不知道如何去查询信息。因此，一个完整的网络营销方案，除了在网上做推广之外，还很有必要利用传统营销方法进行网下推广。这种做法，可以理解为关于网络营销本身的营销，正如关于广告的广告一样。

### 3. 网络营销理论是建立在传统营销理论之上的

因为网络营销是企业整体营销战略的一个组成部分，所以网络营销活动不可能脱离一般营销环境而独立存在，网络营销理论是传统营销理论在互联网环境中的应用和发展。有关网络营销理论与传统营销理论的比较将在后面的内容中深入分析。

## 5.1.2 网络营销产生的基础

满足消费者的需求是一个企业的经营核心。随着互联网的普及和信息技术的不断发展，世界各地的企业纷纷上网为消费者提供各种类型的信息服务，并把抢占这一科技制高点视为获取未来竞争优势的重要途径。

### 1. 网络营销产生的观念基础

当今企业正面临前所未有的激烈竞争，市场正由卖方垄断向买方垄断演变，消费者主导的营销时代已经来临。在买方市场上，消费者将面对更为纷繁复杂的商品和品牌选择，这一变化使当代消费者心理与以往相比呈现出一种新的特点和趋势。

（1）当代消费者心理变化趋势和特征。在过去相当长的一个历史时期内，工商业都是将消费者作为单独个体进行服务的。在这一时期内，个性消费是主流。只是到了近代，工业化和标准化的生产方式才使消费者的个性被淹没于大量低成本、单一化的产品洪流之中。

① 个性消费的回归。市场经济发展到今天，多数产品无论是在数量还是品种上都已极为丰富，消费者能够以个人心理愿望为基础挑选和购买商品或服务。更进一步，他们不仅能做出选择，还渴望能进行选择。他们的需求更多了，需求的变化也更多了。逐渐地，消费者开始制定自己的准则，他们不惧怕向商家提出挑战，这在过去是不可想象的。

② 消费主动性增强。在社会分工日益细分化和专业化的趋势下，消费者对购买的风险感知随选择的增多而上升，而且对单向的“填鸭式”营销沟通感到厌倦和不信任。在许多日常生活用品的购买中，尤其在一些大件耐用消费品的购买上，消费者会主动通过各种可能的途径获取与商品有关的信息并进行分析比较。这些分析也许不够充分和准确，但消费者可从中获得心理上的平衡，以减轻风险感或减少购后产生后悔感的可能，增加对产品的信任和争取心理上的满足感。消费主动性的增强来源于现代社会不确定性的增加和人类追求心理稳定和平衡的欲望。

③ 对购买方便性的需求与购物乐趣的追求并存。一部分工作压力较大、紧张度高的消费者会以购物的方便性为目标，追求时间和劳动成本的尽量节省，特别是对于需求和品牌选择都相对稳定的日常消费者，这点尤为突出。然而另一些消费者则恰好相反，由于劳动生产率的提高，人们可供支配的时间增加了，一些自由职业者或家庭主妇希望通过购物

来消遣，寻找生活的乐趣，保持与社会的联系，减少心理孤独感。因此他们愿意多花时间和体力进行购物，而前提必须是购物能为他们带来乐趣，能满足其心理需求。这两种相反的心理将会在今后较长时间内并存和发展。

④ 价格仍然是影响消费心理的重要因素。虽然营销工作者倾向于以各种差别化来减弱消费者对价格的敏感度，避免恶性削价竞争，但价格始终对消费者心理有重要影响。例如最近的微波炉降价战，虽然作为市场领导者的格兰仕拥有技术、质量和服务等多方面的优势，到最后却也被迫宣布重返降价竞争行列，为市场占有率而战。这说明即使在当代发达的营销技术面前，价格的作用仍旧不可忽视。只要价格降幅超过消费者的心理界限，消费者就难免会怦然心动地改变既定的购物原则。

（2）网络营销的吸引力。网络营销具备了传统营销所无法替代的吸引力，主要表现在以下几个方面：

① 网络营销是一种以消费者为导向、强调个性化的营销方式。网络营销的最大特点在于以消费者为主导。消费者将拥有比过去更大的选择自由，他们可根据自己的个性特点和需求在全球范围内找寻满足品，不受地域限制。这种个性消费的发展将促使企业重新考虑其营销战略，以消费者的个性需求为提供产品及服务的出发点。此外，随着计算机辅助设计、人工智能、遥感和遥控技术的进步，现代企业将具备以较低成本进行多品种、小批量生产的能力，这一能力的增强为个性营销奠定了基础。

但是，要真正实现个性营销还必须解决庞大的促销费用问题。网络营销的出现则为这一难题提供了可行的解决途径。企业的各种销售信息在网络上将以数字化的形式存在，可以以极低成本发送并能随时根据需要进行修改，庞大的促销费用因而得以节省。企业也可以根据消费者反馈的信息和要求通过自动服务系统提供特别服务。

② 网络营销具有极强的互动性，是实现全程营销的理想工具。传统的营销管理强调 4P（产品、价格、渠道和促销）组合，现代营销管理则追求 4C（顾客、成本、方便和沟通），然而无论哪一种观念都必须基于这样一个前提：企业必须实行全程营销，即必须在产品的设计阶段就开始充分考虑消费者的需求和意愿。遗憾的是，在实际操作中这一点往往难以做到。原因在于消费者与企业之间缺乏合适的沟通渠道或沟通成本过高。消费者一般只能针对现有产品提出建议或批评，对尚处于概念阶段的产品则难以涉足。此外，大多数企业也缺乏足够的资本用于了解消费者的各种潜在需求，它们只能凭自身能力或参照市场的策略进行产品开发。

而在网络环境下，这一状况将有所改观。即使是企业也可通过电子布告栏、线上讨论广场和电子邮件等方式，以较低成本在营销的全过程中对消费者进行即时的信息搜集，消费者则有机会对产品从设计到定价（对采用理解价值定价法的企业尤具意义）和服务等一系列问题发表意见。这种双向互动的沟通方式提高了消费者的参与性和积极性，更重要的是它能使企业的营销决策有的放矢，从根本上提高消费者的满意度。

③ 网络营销能满足消费者对购物方便性的需求，提高消费者的购物效率。现代化的生活节奏已使消费者用于外出购物的时间越来越短。在现代社会，随着生活节奏的加快，使得人们越来越珍惜闲暇时间，越来越希望在闲暇时间内从事一些有益于身心的活动，并充分地享受生活。在这种情况下，人们用于外出购物的时间必然会越来越少。

④ 网络营销能满足价格重视型消费者的需求。网络营销能为企业节省巨额的促销流通费用，使产品成本和价格的降低成为可能。而消费者则可在全球范围内找寻最优惠的价

格，甚至可绕过中间商直接向生产者订货，因而能以更低的价格实现购买。

消费者迫切需要新的、快速方便的购物方式，以最大限度地满足自身需求。消费者价值观的这种变革呼唤着网络营销的产生，而网络营销也在一定程度上满足了消费者的这种需求。通过网上购物，消费者便可“闭门家中坐，货从网上来”。

#### 2．网络营销产生的现实基础

随着市场竞争的日益激烈化，为了在竞争中占优势，各企业都使出了浑身解数来想方设法地吸引顾客，很难说还有什么新颖独特的方法能出奇制胜。一些营销手段即使能在一段时间内吸引顾客，也不一定能使企业盈利增加。市场竞争已不再依靠表层的营销手段的竞争，更深层次上的经营组织形式上的竞争已经开始。经营者迫切地去寻找变革，以尽可能地降低商品在从生产到销售的整个供应链上所占用的成本和费用比例，缩短运作周期。而对于经营者求变的要求，网络营销可谓一举多得。开展网络营销，可以节约大量昂贵的店面租金，可以减少库存商品资金占用，使经营规模不受场地限制，便于采集客户信息，等等，这些都使得企业经营的成本和费用降低、运作周期变短，从根本上增强企业的竞争优势，增加盈利。

#### 3．网络营销产生的技术基础

网络营销是建立在高技术作为支撑的互联网的基础上的，对于企业来讲，要进行网络营销，必须引进懂营销与计算机技术的复合型人才，有一定的技术投入和技术支持，还要改变传统的组织形态，使其与新的营销方式相适应，并提升企业各管理部门的功能。

总之，网络营销的产生有其技术基础、观念基础、现实基础，是多种因素综合作用的结果。

### 5.1.3　网络营销的功能

网络营销是为实现企业总体经营目标所进行的、以互联网为基本手段营造网上经营环境的各种活动。网络营销的核心思想就是“营造网上经营环境”。要通过网络营销来促进并提升企业业绩，就要先认识和理解网络营销的功能和作用。网络营销的功能很多，其中最主要的是六大功能：信息搜索与信息发布功能，网上市场调研功能，销售渠道开拓功能，品牌价值扩展和延伸功能，个性化服务功能，客户关系管理功能。

#### 1．信息搜索与信息发布功能

信息搜索功能是网络营销进击能力的一种反映。在网络营销中，可利用多种搜索方法，主动地、积极地获取有用的信息和商机。主动进行价格比较，主动了解对手的竞争态势，主动通过搜索获取商业情报，进行决策研究。搜索功能已经成为营销主体能动性的一种表现，是一种提升网络经营能力的进击手段和竞争手段。随着信息搜索功能由单一向集群化、智能化的发展，以及向定向邮件搜索技术的延伸，使网络搜索的商业价值得到了进一步的扩展和发挥，寻找网上营销目标将成为一件易事。

发布信息是网络营销的主要方法之一，也是网络营销的又一种基本职能。无论哪种营销方式，都要将一定的信息传递给目标人群。但是网络营销所具有的强大的信息发布功能，是古往今来任何一种营销方式所无法比拟的。网络营销可以把信息发布到全球任何一个地点，既可以实现信息的广覆盖，又可以形成地毯式的信息发布链。既可以创造信息的轰动效应，又可以发布隐含信息。信息的扩散范围、停留时间、表现形式、延伸效果、公关能力、穿透能力都是最佳的。更加值得提出的是，在网络营销中，网上信息发布以后，可以能动地进行跟踪，获得回复，可以进行回复后的再交流和再沟通。因此，信息发布效果明显。

### 2. 网上市场调研功能

在激烈的市场竞争条件下，主动了解市场行情、发展趋势，分析客户心理，了解竞争对手动态，是确定竞争战略的基础和前提。对市场和消费者的准确把握，是网络营销中一种不可或缺的方法和手段。通过在线调查或电子询问调查表等方式，不仅可以省去大量的人力、物力，而且可以在线生成网上市场调研的分析报告、趋势分析图表和综合调查报告。其效率之高、成本之低、节奏之快、范围之大，都是以往其他任何调查形式所做不到的。这就为广大商家提供了一种市场的快速反应能力，为企业的科学决策奠定了坚实的基础。

### 3. 销售渠道开拓功能

网上销售是企业销售渠道在网上的延伸，网上销售渠道建设不应限于网站本身，还应包括建立在综合电子商务平台上的网上商店，以及与其他电子商务网站不同形式的合作等。传统经济时代的销售渠道往往受经济壁垒、地区阻隔、资金限制、语言障碍、信息封闭等因素限制。而互联网所具有的传播、扩散能力打破了这种限制，对销售渠道的开拓有重要促进作用。

### 4. 品牌价值扩展和延伸功能

美国广告专家莱利·莱特预言：未来的营销是品牌的战争。拥有市场比拥有工厂更重要。拥有市场的唯一办法，就是拥有占市场主导地位的品牌。随着互联网的出现，不仅给品牌带来了新的生机和活力，而且推动和促进了品牌的拓展和扩散。实践证明：互联网不仅拥有品牌、承认品牌，而且对于重塑品牌形象、提升品牌的核心竞争力、打造品牌资产，具有其他媒体不可替代的效果和作用。可以说，网络营销的重要任务之一是通过一系列措施，在互联网上建立并推广企业的品牌，网络品牌的价值甚至高于通过网络获得的直接收益。尤其是对于电子商务企业，其网络品牌建设是整个企业运营发展的基础和核心，因此企业网络品牌推广显得更为迫切和重要。

### 5. 个性化服务功能

网络营销提供的不是一般的服务功能，往往是一对一的个性化服务功能。通过互联网，还可以实现定制服务（Customized Service），其个性化体现在三个方面：服务时空的个性化，即在人们希望的时间和希望的地点得到服务；服务方式的个性化，即能根据个人爱好或特色来进行服务；服务内容个性化，即不再千篇一律、千人一面，而是各取所需、各得其所。顾客不仅可以获得形式最简单的FAQ（常见问题解答）、邮件列表，以及BBS、聊天室等各种即时信息服务，还可以获取在线收听、收视、订购、交款等选择性服务。无假日的紧急需要服务，信息跟踪、信息定制到智能化的信息转移、手机接听服务，网上选购，送货到家的上门服务等，这些服务及服务之后的跟踪延伸，不仅极大地提高客户的满意度，使以客户为中心的原则得以实现，而且使客户成为商家的一种重要的战略资源。

#### 6. 客户关系管理功能

客户关系管理（Customer Relationship Management）源于以客户为中心的管理思想，是一种旨在改善企业与客户之间关系的新型管理模式，是网络营销取得成效的必要条件，是企业重要的战略资源。客户关系管理的定义是：企业为提高核心竞争力，利用相应的信息技术及互联网技术协调企业与客户间在销售、营销和服务上的交互，从而提升其管理方式，向客户提供创新式的、个性化的客户交互和服务的过程。其最终目标是吸引新客户、保留老客户及将已有客户转为忠实客户。

在传统的经济模式下，由于认识不足，或自身条件的局限，企业在管理客户资源方面存在着较为严重的缺陷。针对上述情况，在网络营销中，通过客户关系管理，将客户资源管理、销售管理、市场管理、服务管理、决策管理集于一体，将原本疏于管理、各自为战的销售、市场、售前和售后服务与业务统筹协调起来。可跟踪订单，帮助企业有序地监控订单的执行过程；规范销售行为，了解新、老客户的需求，提高客户资源的整体价值；又可以帮助企业调整营销策略。收集、整理、分析客户反馈信息，全面提升企业的核心竞争力。客户关系管理系统还具有强大的统计分析功能，可以为我们提供“决策建议书”，以避免决策失误，为企业带来可观的经济效益。

### 5.1.4 网络营销的特点

互联网技术的成熟及上网的方便性和成本的低廉，使得任何企业和个人都可以很容易地将自己的计算机连接到互联网上。遍布全球的各种企业、团体和个人通过互联网跨时空地连接在一起，使得相互之间的信息交换变得“唾手可得”。因为互联网具有营销所要求的某些特性，使得网络营销表现出以下几个特点。

#### 1. 跨时空

营销的最终目的是占有市场份额。通过互联网进行营销突破了传统工业化社会时间和空间的限制，以及企业经营活动范围的束缚，使得企业能有更多的时间在更大的空间中展开营销业务，可以每周 7 天、每天 24 小时，随时随地地向目标客户提供全球性的营销服务，以达到尽可能多地占有市场份额的目的。

#### 2. 多媒体

通过互联网，无论是购买者还是销售者都可以传输文字、声音、图像等信息，这使得达成交易进行的信息交换可以以多种形式存在和交换，能够充分发挥营销人员的创造性和能动性。

#### 3. 交互性

交互性是网络营销一个显著特征。互联网使顾客可以直接向企业表达他们的需求和愿望，这就意味着企业的营销人员能够与潜在的顾客进行实时的交互活动。企业可以利用互联网资源向客户展示商品目录，链接资料库向消费者提供有关商品信息的查询，和顾客进行双向互动式的沟通，收集市场情报，进行产品测试和消费者满意度调查等。

### 4. 个性化

网络营销的个性化主要体现在两个方面：

（1）消费者拥有了比过去更大的选择自由，他们根据自己的需求、特点进入自己感兴趣的网站搜寻自己需要的商品信息；

（2）企业可以通过互联网搜集消费者的信息，形成消费者数据库，再经过对消费者的历史购买信息和浏览信息等进行分析，为他们提供个性化的产品和服务，实现一对一的营销。

### 5. 虚拟性

虚拟性是网络空间区别于现实空间的根本所在。网络本身依附于虚拟空间，业务的全过程是在一种“虚拟”的网络环境中，在没有实物和现场环境的气氛下进行的商业活动。这是网络营销区别于传统营销的一个特征。

### 6. 高信息性

网络的虚拟性特征使交易的双方不必面对面地交流，因而对信息的依赖性会增强。由于网络空间的产品不具有触摸性、试用性、亲和性，因而进行网络营销要向消费者提供更加丰富、准确和实时的信息，使产品更加真实可信、更具亲和力。

### 7. 超前性

互联网同时兼具渠道、促销、电子交易、互动顾客服务及市场分析等多种功能，是一种强大的营销工具。它所具备的一对一的营销能力，正是企业营销的未来趋势。

### 8. 高效性

网络营销应用计算机储存大量的信息，能适应市场的需求，及时更新产品的陈列或调整商品的价格，从而及时有效地了解和满足顾客的需求。同时，也可以帮助消费者进行信息查询，其所传送的信息数量与精确度远远超过其他媒体。

### 9. 经济性

网络营销会极大地降低经营成本，提高企业的利润。网络营销使交易双方通过互联网进行信息的交换，代替了以前的实物交换，降低了邮递和印刷成本，并且无店面的交易可以免交租金，节约水电费和人工销售成本。

### 10. 技术性

网络营销本质上是一种信息化的市场营销，是建立在以高技术为支撑的互联网基础上的。企业在实施网络营销时必须有一定的技术投入和技术支持，必须改变企业传统的组织形态，增强信息管理部门的功能，引进同时具备计算机技术和营销背景的人才，这样才能具备和增强本企业在网络市场上的竞争优势。

## 5.2 网络营销的理论基础

网络营销是市场营销的重要组成部分，是企业未来发展的方向。网络营销的开展需要经典理论的支撑。网络营销理论基础主要包括直复营销理论、关系营销理论、软营销理论、整合营销理论和全球营销理论。

## 5.2.1 直复营销理论

直复营销（Direct Marketing）是一种为了在任何地方产生可度量的反应或达成交易而使用一种或多种广告媒体的相互作用的市场营销体系，包括利用直接反馈广告、邮件、电话和其他相互交流形成的媒介所实施的大范围市场营销体系。“直”，是指不通过中间分销渠道而直接通过媒体连接企业和消费者；“复”，是指企业与消费者之间的交互，消费者对这种营销努力有一个明确的回复（买或不买）。

直复营销有三大特征：①特别强调直复营销者与顾客之间的“双向信息交流”，以克服传统营销中的“单向信息交流”方式所造成的营销者与顾客之间无法沟通的致命弱点；②强调在任何时间、任何地点都可以实现企业与顾客的“信息双向交流”；③直复营销的效果是可以测定的。因此，网络营销非常吻合直复营销的理念。网络直复营销的常见做法是企业建立自己独立的网站或委托信息服务商在其网站上发布信息。

## 5.2.2 关系营销理论

关系营销（Relationship Marketing）以系统论为基本思想，将企业置身于社会经济大环境中考察企业的市场营销活动，认为企业营销是一个与消费者、竞争者、供应商、分销商及政府管理机构发生互动作用的过程，正确处理与它们的关系是企业营销的核心。关系营销包括两个基本点：在宏观上，认识到市场营销会对范围很广的一系列领域产生影响，包括消费者市场、劳动力市场、供应市场、内部市场、相关者市场及影响者市场（政府、金融市场）；在微观上，认识到企业与消费者的关系不断变化，市场营销的核心应从过去简单的一次性交易关系转变到注重保持长期关系上来。

企业的营销活动是一个与消费者、竞争者、供应商、分销商、政府机构和社会组织发生相互作用的过程，正确理解这些个人与组织的关系是企业营销的核心。关系营销的基本立足点正是建立、维持和促进与顾客及其他商业伙伴之间的关系，以实现参与各方的目标，从而形成一种兼顾各方利益的长期关系。关系营销将建立和发展与相关个人、企业组织的关系作为企业市场营销的关键变量，把握了现代市场竞争的时代特点，故被称为是对营销理念的又一次革命。

## 5.2.3 软营销理论

软营销（Soft Marketing）是指在网络环境下，企业向顾客传送的信息及采用的促销手段更加理性化、更易于被顾客接受，进而实现信息共享与营销整合。软营销是有关消费者心理学的另一理论基础，它是针对工业经济时代以大规模生产为主要特征的“强势营销”提出的新理论，强调企业在进行市场营销活动的同时必须尊重消费者的感受和体验。

由于在网络时代个性化消费需求的回归，消费者在心理上希望自己成为主动方，而网络的互动特性又使他有成为主动方的可能。他们不欢迎不请自到的广告，但他们会在某种个性化需求的驱动下自己到网上寻找相关的信息和广告。网络软营销的特征主要体现在它从消费者的体验和需求出发，在遵守网络礼仪的同时，通过对网络礼仪的巧妙运用，采取拉式策略吸引消费者关注企业，从而获得一种微妙的营销效果。软营销和强势营销的一个根本区别就在于软营销的主动方是消费者，而强势营销的主动方是企业。软营销的最高境界是广告不像广告。

## 5.2.4 整合营销理论

整合营销理论是由美国西北大学市场营销学教授唐·舒尔茨（Don Schultz）提出来的。整合营销就是“根据企业的目标设计战略，并支配企业各种资源以达到战略目标”。杰瑞·麦卡锡（Jerry McCarthy）提出了经典的4P理论，即产品（Product）、价格（Price）、地点（Place）和促销（Promotion）。4P理论的基本出发点是企业的利润，而没有把消费者的需求放到与企业的利润同等重要的位置上，它指导的营销决策是一条单向的链。舒尔茨从消费者需求的角度出发研究市场营销理论，提出了4C组合，即整合营销理论（见图5-2）。具体含义是：先不急于制定产品策略（Product），先研究客户的利益（Customer Benefit），研究消费者的需求和欲望（Consumer’s Wants and Needs），卖消费者想购买的产品；暂时把定价策略（Price）放到一边，而研究客户为满足其需求所愿付出的成本（Customer Cost），并依据该成本来组织生产和销售；忘掉渠道策略（Place），着重考虑怎样给消费者方便（Convenience）以购买到商品；抛开促销策略（Promotion），着重于加强与消费者沟通和交流（Communication）。简言之，4P与4C的整合就是产品以顾客为中心，以顾客能接受的成本定价，以方便顾客的分销渠道为主，从促销转向加强与顾客的沟通。营销过程的起点是消费者的需求；营销决策（4P）是在满足4C要求的前提下的企业效益最大化，最终目标是消费者需求的满足和企业效益最大化。

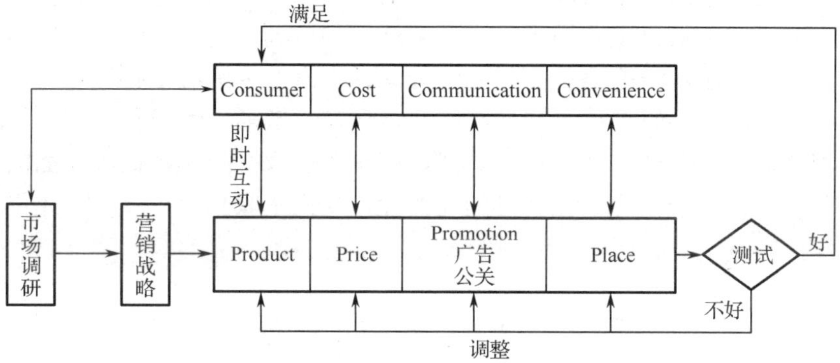


图 5-2 整合营销理论示意图

整合营销（Integrated Marketing）表示营销不再是单一的企业营销部门的活动，而是综合了与企业经营活动存在关联的各个内部企业单位与外部主体，如供应商、顾客等的全局性活动。它要求企业整合各种可以利用的内部资源和外部资源，从而最大限度地获得竞争优势。整合营销的特点就是把顾客整合到整个营销决策中来：把原料供应商、产品分销商、仓储及配送部门整合在一起，实行供应链管理；缩短产品的生产与供货周期，提高营销效率，降低产品成本；将传统营销手段与网络营销手段整合到一起。虽然网络具有其他传媒无法比拟的快速、廉价与互动的优越性，但并不意味着网络营销手段可以完全取代传统营销手段。

### 5.2.5 全球营销理论

互联网无处不在，世界就是一个地球村。全球营销理论的核心是兼顾标准化的产品和服务与地方化的营销。它试图用同一方式向全球提供同一产品的成本优势，并且按区域实现差异化的营销策略以提高效率。基本思想是要确定向不同地区提供的产品或服务必须做出哪些调整，并设法将这些必要的调整的数量减到最小。全球营销理论可以使企业通过产品标准化降低成本，而产品标准化也有助于企业树立统一、可信的品牌形象，满足消费者对标准化产品和服务的需求。

## 5.3 网上市场调研

### 5.3.1 网上市场调研概述

#### 1. 网上市场调研的概念

市场调研是指以科学的方法，系统地、有目的地收集、整理、分析和研究所有与市场有关的信息，这些信息用以识别和界定市场营销机会和问题，产生、改进和评价营销活动，监控营销绩效，增进对营销过程的理解。可靠的市场调研可以保证营销的有效性。市场调研可以帮助定位盈利希望最大的市场进而投放营销信息，利用这些营销信息鼓励人们购买商品。持续不断的调研能够帮助企业改进产品、改善服务、提高品牌形象、改进营销策略，使企业收入持续增长。网上市场调研与传统市场调研在程序上没有本质的区别。网络市场调研是指在互联网上针对特定营销环境所开展的一种市场调研，目的是收集消费者、潜在客户、竞争对手、市场环境等信息。网上市场调研分为直接调研（通过问卷调查等方式收集第一手资料）和间接调研（利用互联网的搜索引擎收集第二手资料）。但需要注意的是，由于网上市场调研所采用的信息采集方式涉及到信息安全、隐私保护等方面的问题，因此对市场调研设计中的部分内容（如调查问卷的设计及样本收集等）提出了不同的要求。

#### 2. 网上市场调研内容

网上市场调研的内容主要有以下 3 个部分：市场需求容量调研、可控因素调研和不可控因素调研。

（1）市场需求容量调研

市场需求容量调研主要包括：现有和潜在的需求容量；市场最大和最小需求容量；不同商品的需求特点和需求规模；不同市场空间的营销机会及企业的和竞争对手的现有市场占有率等情况的调查分析。

（2）可控因素调研

可控因素调研主要包括对产品、价格、销售渠道和促销方式等因素的调研。

① 产品调研：包括有关产品性能、特征和顾客对产品的意见和要求的调研；产品寿命周期调研，以了解产品所处的寿命期的阶段；产品的包装、名牌等给顾客的印象的调研，以了解这些形式是否与消费者或用户的习俗相适应。

② 价格调研：包括产品价格的需求弹性调研；竞争对手价格变化情况调研；新产品

价格制定或老产品价格调整所产生的效果调研；选择实施价格优惠策略的时机和实施这一策略的效果调研。

③ 销售渠道调研：包括企业现有产品分销渠道状况；中间商在分销渠道中的作用及各自的实力；用户对中间商尤其是代理商、零售商的印象等内容的调研。

④ 促销方式调研：主要是对人员推销、广告宣传、公共关系等促销方式的实施效果进行分析、对比。

（3）不可控因素调研

① 政治环境调研：包括对企业产品的主要用户所在国家或地区的政府现行政策、法令及政治形势的稳定程度等方面的调研。

② 经济发展状况调研：主要是调查企业所面对的市场在宏观经济发展中将产生何种变化。

③ 社会文化因素调研：调查一些对市场需求变动产生影响的社会文化因素，如文化程度、职业、宗教信仰及民风、社会道德与审美意识等方面的调研。

④ 技术发展状况与趋势调研：主要是了解与本企业生产有关的技术水平状况及趋势，同时还应把握社会相同产品生产企业的技术水平的提高情况。

⑤ 竞争对手调研：主要调查竞争对手数量、竞争对手的市场占有率及变动趋势、竞争对手已经或将要采用的营销策略、潜在竞争对手情况等方面。

### 3. 网上市场调研的优势与局限及挑战

（1）网上市场调研的优势

① 网上市场调研的互动性。网上市场调研的互动性不仅体现在消费者可以通过多渠道对现有产品进行意见发表和提供建议上，还体现在消费者对尚处于概念阶段产品的参与上，这种参与可以让企业能够更好地了解市场的需求，而且可以洞察市场的潜在需求。

② 网上市场调研的及时性。网络传输速度的优势可以让调研的信息传递到用户的速度加快，且同时可以加快用户向调研者传递信息的速度。

③ 网上市场调研的便捷性和经济性。网上市场调研的运作时间短，大部分都是实时进行的，而且对调研信息的检索和处理基本上都是由计算机软件自动完成的，从而大大节省了数据输入、整理的时间。用互联网进行调研，上述调研过程及所需的人力、物力、财力可大大节约。被调研者距离越远，节约效果越明显。

（2）网上市场调研的局限与挑战

① 调研对象受限，样本的代表性问题。网上市场调研的对象仅限于网民。网民只是社会群体的一部分，因此应重视网上调研总样本的代表性。而且网民内部在性别、学历、收入、所在地理位置、职业等因素上分布不均衡，从而会影响网上市场调研的科学性。

② 有效的激励及监控机制的设计。填写问卷，尤其是过于复杂的问卷会占用被调研者一定的时间，如果不采用有效的激励措施，网民的积极性难以发挥，势必影响到其回答问题的真实性、完善性和问卷的回收率。因此，有效的激励及监控机制的设计对于网上市场调研的有效性来说至关重要。

③ 法律及管理规定的缺失，存在合法性和安全性问题。网上市场调研是否合法主要是针对调研的内容和方式而言的。由于一些网上市场调研活动没有相关部门的认证，使得被访者在提供信息时有所顾虑。同时，企业自身投资进行的调研活动，有可能因为黑客的

恶意入侵、病毒泛滥、数据被毁、保密信息的泄露等给从事调研的企业带来巨大的损失。

## 5.3.2 网上市场调研具体实施方法

市场调研是针对特定营销环境进行简单调查设计、收集资料和初步分析的活动。当确定了调研主题之后，最重要的任务就是收集资料和处理数据。主要方法如下。

### 1. 网络市场直接调研

网络市场直接调研指的是为当前特定的目的在互联网上收集一手资料或原始信息的过程。直接调研的方法有四种：网上观察法、专题讨论法、在线问卷法和网上实验法。使用最多的是专题讨论法和在线问卷法。

（1）网上观察法

网上观察法主要利用相关软件记录网络浏览者的活动。相关软件能够记录网络浏览者浏览企业网页时所点击的内容、浏览的时间；在网上喜欢看什么商品网页；看商品时，先点击的是商品的价格、服务、外形还是其他人对商品的评价；是否有就相关商品和企业进行沟通的愿望等。

（2）专题讨论法

专题讨论法可通过Usenet新闻组、电子公告牌（BBS）或邮件列表讨论组实施。其步骤如下：①确定要调查的目标市场。②识别目标市场中要加以调查的讨论组。③确定可以讨论或准备讨论的具体话题。④登录相应的讨论组，通过过滤系统发现有用的信息，或创建新话题，让大家讨论，从而获得有用的信息。

（3）在线问卷法

在线问卷法即请求浏览其网站的每个人参与企业的各种调查。在线问卷法可以委托专业公司进行。

调查问卷的基本结构一般包括三个部分，即标题及标题说明、调查内容（问题）和结束语。标题及标题说明是调查者向被调查者写的简短信，主要说明调查的目的、意义、选择方法及填答说明等，一般放在问卷的开头。问卷的调查内容主要包括各类问题、问题的回答方式及其指导语，这是调查问卷的主体，也是问卷设计的主要内容。问卷中的问答题，从形式上看，可分为开放式问答题、封闭式问答题和混合型问答题三大类。封闭式问答题既提问题，又给若干答案，被调查中只需在选中的答案中打“√”即可。开放式问答题只提问题，不给具体答案，要求被调查者根据自己的实际情况自由作答。混合型问答题又称半封闭式问答题，在采用封闭式问答题的同时，最后再附上一项开放式问题。至于指导语，也就是填答说明，用来指导被调查者填答问题的各种解释和说明。结束语一般放在问卷的最后，对被调查者表示感谢，也可征询一下被调查者对问卷设计和问卷调查本身的看法和感受，要诚恳亲切。

在线问卷发布的主要途径有三种：①将问卷放置在自己网站上，等待访问者访问时填写问卷。②通过E-mail方式将问卷发送给被调查者，被调查者完成后将结果再通过E-mail将问卷返回。③在相应的讨论组中发布问卷信息，或者调查题目。

（4）网上实验法

网上实验法可以通过在网络中所投放的不同内容与形式的广告进行实验。设计几种不同内容和形式的广告，在网页或新闻组上发布，也可以利用E-mail传递广告。广告的效果可以通过服务器端的访问统计软件随时监测，也可以根据客户的反馈信息量的大小来判断，还可借助专门的广告评估机构来评定。

### 2. 网络市场间接调研

网络市场间接调研指的是网上二手资料的收集。二手资料的来源有很多，如公共图书馆、大学图书馆、贸易协会、市场调查公司、广告代理公司、专业团体、企业情报室等。再加上众多综合型 ICP（互联网内容提供商）、专业型 ICP，以及成千上万个搜索引擎网站，使得互联网上二手资料的收集非常方便。

网上查找资料主要有三种方法：利用搜索引擎；访问相关网站，如各种专题性或综合性网站；利用相关的网上数据库。

（1）利用搜索引擎查找资料

提供一个搜索入口，根据搜索者提供的关键词，反馈出的搜索结果是与关键词相关的商机信息，如供求信息、产品信息、企业信息及行业动态信息，并且给予搜索者一定的信息分拣引导，以满足搜索者的实际需求。

（2）访问相关网站收集资料。如果知道某一专题的信息主要集中在某些网站，可直接访问这些网站，获得所需的资料。

（3）利用网上数据库查找资料。网上数据库有付费和免费两种。在国外，市场调查用的数据库一般都是付费的。

## 相关链接

### 案例：肯德基的网络订餐改进

百胜餐饮集团旗下的品牌肯德基（Kentucky Fried Chicken，KFC），是美国跨国连锁餐厅之一，也是世界第二大速食及最大炸鸡连锁企业，1952 年由创始人哈兰·山德士（Colonel Harland Sanders）创建，主要出售炸鸡、汉堡、薯条、盖饭、蛋挞、汽水等高热量快餐食品。肯德基一直致力于通过网络订餐以扩大其在快餐行业的市场份额。在拓展网络订餐业务过程中，肯德基遇到了客户流失率高、市场推广资源浪费的问题。为了了解问题原因，肯德基开展了针对其网站订餐的网络市场调研。

首先，肯德基从现有流量数据入手发现问题的来源。肯德基宅急送的订餐一般分为 5 个环节：①登录/注册；②填写送餐地址；③浏览菜单点餐；④确认订单；⑤提交订单付款。任何一个环节出现问题都有可能导致最后的流失率上升。肯德基宅急送首先对自身的流量统计进行分析，发现客户的流失主要集中在填写送餐地址和浏览菜单点餐这两个环节上。紧接着，肯德基宅急送基于这两个问题突出的环节有针对性地展开了在线用户调查，了解他们对订餐流程的具体评价，并最终找到了问题的具体成因。原来，客户填写地址时，经常会出现自己所处地址不在送餐范围内的情况，这是导致客户流失的最主要原因，其次是地址查询/输入不方便及送餐时间太长。与此同时，在客户浏览菜单点餐环节中，因为检索方式不便，不容易找到自己想要的餐点导致客户流失是最主要的问题。

针对调查中发现的问题，肯德基宅急送制定了相应的改善措施，具体如下：①增加餐点的检索维度，如人气、价格、订购量等，方便用户从不同维度检索；②调整优惠活动的显示位置和种类，使之更符合用户的习惯和期望；③优化送餐流程，确保每一餐都在30分钟内送到。经过这次改善和优化，肯德基宅急送在填写送餐地址和浏览菜单点餐环节的用户满意度得到了显著的提升，用户流失率也得到了有效控制。

（案例来源：天会调研宝）

## 5.4 网络营销策略

网络营销策略是企业根据自身在市场中所处地位不同而采取的一些网络营销组合，它包括品牌策略、产品和服务策略、价格策略、促销策略、渠道策略等。

### 1. 品牌策略

品牌是一种名称、属性、标记、符号或设计的组合，目的是借以辨认某个销售者的产品或服务，并使其与竞争对手的产品和服务区分开。它是当消费者消费或将要消费某一公司的产品或服务时所持有的期望值，这些期望部分建立在消费者的体验、口碑及广告宣传上。例如，提到麦当劳，人们会联想到干净、卫生、便捷、品质稳定。网络品牌的知名度是建立在不断地推广维护上的，网络营销的重要任务之一就是在互联网上建立、推广企业的品牌并快速树立品牌形象。网络品牌建设是以企业网站建设为基础的，通过一系列的推广措施，获得顾客和公众对企业的认知和认可。

网络品牌分为三类：第一类是传统品牌向线上转移，如李宁；第二类是新兴电商品牌，如京东；第三类是中小企业互联网平台，如三只松鼠。与传统的品牌营销相比，网络品牌营销有其自己的特征。网络品牌的构建包括显性品牌要素和隐性品牌要素。显性品牌要素有域名、名称、标识、颜色、故事、广告语等；隐性品牌要素有属性、利益、文化、用户、个性等。此外，网络品牌的形成还取决于其价值体现、高质量的在线体验、优良的声誉、与客户的有效沟通、独特的品牌形象、有实力的合作伙伴、以客户为中心、不断创新、利用离线品牌和资产等方面的实际状况。

### 2. 产品和服务策略

产品和服务策略侧重于向市场展示自己独特的、差异度较高的产品或服务。营销的中心任务就是确定产品或服务所具有的与众不同的特征。此策略需要定位目标群体，明确哪些是网络消费者选择的产品。

根据客户与企业发生关系的阶段，网络营销可以分为销售前、销售中和销售后三个阶段。网络营销产品服务相应也划分为网上售前服务、网上售中服务和网上售后服务。①网上售前服务主要是提供信息服务。企业可通过自己已有一定知名度的网站宣传和介绍产品信息，或者通过网上虚拟市场提供商品信息。②网上售中服务主要是指产品的买卖关系已经确定，等待产品送到指定地点的过程中的服务，如下单、支付、订单履行与跟踪等。③网上售后服务就是借助互联网的直接沟通的优势，满足客户对产品帮助、技术支持和使用维护等的需求。

此外，当前网络服务竞争日益激烈，随着生活水平的提高，互联网消费也出现了升级，从单一的追求低价转向追求优质、独特的产品和服务，所以定制服务（Customized Service）颇受青睐。定制服务就是为消费者提供满足其个性化要求的服务。网上定制服务内容主要有产品定制、页面定制、电子邮件定制及客户端软件支持的定制服务方案等。

### 3. 价格策略

价格策略也是最为复杂的问题之一。企业的定价目标一般与企业的战略目标、市场定位和产品特性相关。网络营销定价目标有以下几类：维持生存、利润最大化、市场占有率最大化、销售额增长最大化及最优产品质量等。简单来说，产品定价的下限取决于生产成本，上限取决于市场需求。网络营销定价影响因素有四类：需求因素，即市场需求规模、消费者心理、感受价值、消费能力、价格敏感度、议价能力等；供给因素，即生产成本、营销费用等；供求关系，即价值规律、均衡价格；竞争因素，即竞争对手的定价。

传统定价策略分为成本导向定价法、需求导向定价法和竞争导向定价法三类。网络营销定价因为具有全球性、低价性和顾客主导性特征，与传统定价法略有不同。由于信息的开放性，消费者很容易掌握同行业各个竞争者的价格。因此网络营销中应注重强调自己产品的性能价格比及与同行业竞争者相比之下自身产品的特点。常见的网络营销价格策略有以下几种。①定制定价策略。定制定价策略的核心是价格会变动，根据消费者的需求进行针对性的定价。②低价定价策略。指以较低产品价格打入市场，目的是短期内加速市场成长，牺牲利润以获得高销量和高市场占有率，进而产生成本经济效益，使成本和价格降低，此方法适用于新产品定价。③拍卖定价策略。网上拍卖，由消费者通过互联网轮流公开竞价，在规定时间内价高者赢得产品。根据供需关系，网上拍卖竞价方式有竞价拍卖、竞价拍买（逆拍卖）、集体议价。④ 免费价格策略。免费价格策略就是将企业的产品和服务免费提供给客户使用，满足客户的需求。免费价格策略是市场营销中常用的营销策略，它主要用于促销和推广产品，这种策略一般是短期的和临时性的。显然，并不是所有的产品都适用于免费定价策略，此策略一般应用于有以下特征的产品：易数字化（无配送成本）；无形化（如软件、信息服务）；“零”制造成本（零成本复制生产）；成长性（可以推动企业占领更大的市场）；冲击性（其免费定价对原有市场影响大）；间接收益（企业可从其他渠道获得收益）。

### 4. 促销策略

促销（Sales Promotion）是指企业利用多种方式和手段来支持市场营销的各种活动。网络促销策略是指利用现代化的网络技术特别是 Internet 向网络市场传递有关产品和服务的信息，从而组织促销活动，以刺激消费者需求、促进消费者对商品或服务的购买和使用。

网络促销基本形式有四种，分别是网络广告、销售促进、站点推广和关系营销。其中网络广告和站点推广是网络促销的主要形式。网络广告就是利用各种不同类型的网络广告传递品牌或产品信息，树立品牌形象或吸引用户直接购买。销售促进就是企业采用一些销售促进方法如价格折扣、有奖销售、拍卖销售等方式，宣传和推广产品。站点推广就是利用网络营销策略扩大站点知名度，吸引更多用户访问网站。关系营销是借助互联网的交互功能吸引用户与企业保持密切关系，培养顾客忠诚度，提高顾客的收益率。

### 5. 渠道策略

营销渠道是指商品或服务从生产者向消费者转移时，取得这种商品或服务所有权以及帮助转移其所有权的所有企业和个人（具体通道、路径）。与传统营销渠道一样，以互联网为支撑的网络营销渠道也应具备传统营销渠道的功能，即信息沟通、资金转移和物流功能。

常见的网络营销渠道主要有以下几种形式：①网上直销渠道。与传统直接分销渠道一样，网上直销也没有中间商。中间商之所以在传统营销渠道中占有重要地位，是因为利用中间商能够在广泛提供产品和进入目标市场方面发挥最高的效率。但互联网的发展和商业应用，使得传统营销中间商凭借地缘原因获取的优势被互联网的虚拟性所取代，同时互联网高效率的信息交换改变着过去传统营销渠道的诸多环节，将错综复杂的关系简化为单一关系。互联网的发展改变了营销渠道的结构。网上直销渠道的建立，使得生产者和最终消费者直接连接和沟通。②中间商渠道。在电子商务环境下，一些传统中介会消失，同时也出现了许多基于网络的提供中介功能的新型中间商，可称之为电子中间商。通过信息化的网络营销中间商，可以进一步扩大规模，实现更大的规模经济，提高专业化水平；通过与生产者的网络连接，可以提高信息透明度，最大限度地控制库存，实现高效的物流运转，降低物流运转成本。

不同的企业有不同的渠道选择策略，一般而言，规模型企业且具有较大（如全国甚至国际）的品牌知名度的企业，可采用网上直销渠道；对于规模较小且品牌知名度不大的企业，一般适合选择电子中间商；处于两者之间的企业可采用网上直销与电子中间商并存的模式，并视企业发展逐渐向一个方向调整。

## 5.5 网络广告

网络广告是主要的网络营销方法之一，在网络营销方法体系中占据举足轻重的地位。简单来说，网络广告就是企业在网络平台上做的广告，具体是指运用专业的广告横幅、文本链接、多媒体的方法，在互联网上刊登或发布广告，通过网络传递到互联网用户的一种高科技广告运作方式。广告的目的在于树立公司形象，销售公司产品。随着互联网在我国的推广与普及，越来越多消费者的目光从传统的四大传播媒体（报纸、杂志、电视、广播）转向网络，网络广告具有传统媒体无法比拟的优势，它向企业提供了一个受众广泛、费用低廉的理想媒介，是实施现代营销媒体战略的重要部分。企业通过网络可以直接与客户沟通，可以跟踪客户的媒体应用，可以开发定制广告和进行定制播放，从而刺激消费者的购买行为。

### 1. 网络广告的定义

网络广告是一种新兴的广告形式，是确定的广告主以付费方式运用互联网媒体对公众进行劝说的一种信息传播活动。网络广告建立在计算机、通信等多种网络技术和多媒体技术之上，其具体操作方式包括：注册独立域名，建立公司主页；在热门站点上做横幅广告（Banner Advertising）及链接，并登录各大搜索引擎；在知名BBS（电子公告板）上发布广告信息，或开设专门论坛；通过电子邮件（E-mail）给目标消费者发送信息；等等。其目的在于影响人们对广告所发的商品或服务的态度，进而诱发其行动，使广告主得到利益。

### 2. 网络广告的形式

（1）横幅广告

横幅广告又称旗帜广告（Banner），是以GIF、JPG、Flash等格式建立的图像文件，在网页中大多用来表现广告内容，一般位于网页的最上方或中部，用户注意程度比较高。同时还可使用 Java 等语言使其产生交互性，或用 Shockwave 等插件工具增强表现力，是经典的网络广告形式（见图 5-3）。横幅广告是网络广告最初采用的形式，也是网络广告的主要形式。全球第一个标准的横幅广告出现于 1994 年 10 月 27 日，而中国的第一个商业性的网络广告显示在 1997 年 3 月，Intel 和 IBM 是国内最早在互联网上投放广告的广告主，传播网站是 Chinabyte，广告表现形式为 468 像素×60 像素的动画旗帜广告，IBM 为 AS400 的网络广告宣传支付了 3000 美元。此外，竖幅广告是纵向的横幅广告，它位于网页的两侧，广告面积较大，较狭窄，能够纵向展示较多的广告内容。横幅广告的表现方式有静态横幅广告、动态横幅广告（利用 GIF、Flash 等动画技术）；从横幅广告的位置上看，有的横幅广告的位置是固定的，有的横幅广告的位置是动态的，可随访问者的滚动条移动，有的横幅甚至随鼠标移动；从横幅广告与页面的关联关系来看，则分为嵌入式、浮动式和弹出式。

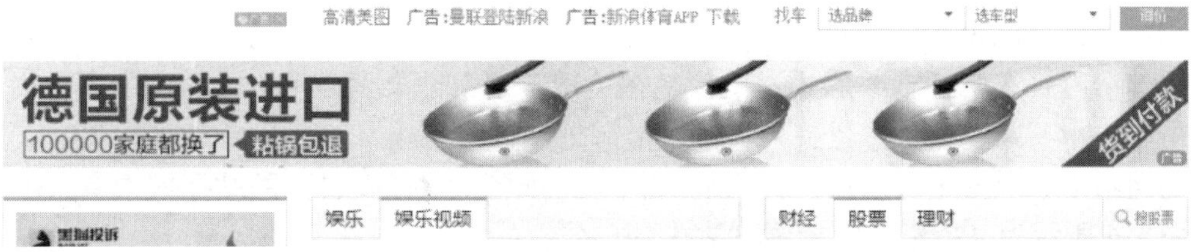


图 5-3　新浪网主页上的横幅广告

（2）文本链接广告

文本链接广告是以一排文字为一个广告，点击链接可以进入相应的广告页面。这是一种对浏览者干扰最少，但较为有效果的网络广告形式。有时候，最简单的广告形式效果却最好。图 5-4 所示为百度在搜索列表右侧为自己做的广告。

图 5-4　百度在搜索列表右侧为自己做的广告

（3）电子邮件广告

利用网站电子刊物服务中的电子邮件列表，将广告加在每天读者所订阅的刊物中，以电子邮件的方式免费发送给用户。

（4）插页式广告

又名“弹跳广告”，广告主选择一个网站或栏目，在该网站或栏目出现之前插入一个新窗口显示广告（见图 5-5）。面积大小从正常页面的 1/4 到占据整个网页的都有。需要注意的是，这种广告具有强迫式广告属性，除非能引起浏览者的极大兴趣，不然会引起浏览者反感，因此使用这种广告形式时需谨慎。

图 5-5　插页广告示例

（5）关键字广告

关键字广告有两种基本形式：一种是在关键字搜索结果页面上方或右方的广告栏中，可以由广告主买断，这种广告针对性强、品牌效应好、点击率高；另一种是在关键字搜索结果的网站中，广告主可以根据需要购买相应的排名，以提高自己网站被搜索者点击的概率。图 5-6 所示为某搜索引擎搜索列表中的广告。

图 5-6　某搜索引擎搜索列表中的广告

网络广告特别是弹出式广告的“泛滥”影响了人们对目标信息的浏览。因此一些广告拦截技术特别是对弹出广告的拦截在互联网上广泛受到欢迎，一些常用的浏览器如 IE、Firefox、Maxthon 都支持广告拦截，也有许多插件如百度搜霸、Google Toolbar 等也支持广告拦截。广告拦截是对网络广告发展的一种冲击，也是对广告投放企业的一种伤害。因此，制作和投放网络广告时需要谨慎考虑受众的感受，避免引起消费者的反面情绪。

### 3．网络广告的特点

网络广告和传统离线广告一样，对促进企业的发展有着重要的作用，因为互联网的特殊属性，使网络广告更具优势，具体体现在如下几点。

（1）广泛性和开放性

网络广告覆盖面广，观众基数大，传播范围广阔，而且网络广告不受时间限制，广告效果持久。网络连接着世界范围内的计算机，它是由遍及世界各地大大小小的各种网络按照统一的通信协议组成的一个全球性的信息传输网络。因此，通过互联网发布广告信息范围广，不受时间和地域的限制。从广告角度看，作为广告媒体，其传播信息的范围越广，接触的人越多，广告效应越大。从广告用户市场看，用户市场遍及世界各个角落，即使是一家小企业，也有可能一夜成为国际性公司。

（2）信息容量大

互联网企业提供的信息容量是不受限制的。企业或广告代理商可以提供相当于数千页的广告信息和说明，而不必顾虑传统媒体上每分每秒增加的昂贵的广告费用。网络上一个小小的广告条后面，企业可以把自己的公司及公司的所有产品和服务，包括产品的性能、价格、型号、外观、形态等有必要向受众说明的一切详尽的信息在内制作成网页放在自己的网站中。可以说，费用一定的情况下（为在别的网站上存放广告条而交纳的），企业能够不加限制地增加广告信息，这是在传统媒体上无法想象的。

（3）交互性和感官性

网络广告的载体基本上是多媒体、超文本格式文件，只要受众对某样产品感兴趣，轻击鼠标就能进一步了解更多、更为详细、生动的信息，从而使消费者能亲身“体验”产品、服务与品牌。若能将虚拟现实等新技术应用到网络广告，让顾客身临其境般地感受商品或服务，并能在网上预订、交易与结算，将极大地增强网络广告的实效。而广告主也可以随时得到宝贵的用户反馈信息。

（4）投放目标准确

网络广告可以按照人群属性特征分类投放，由于点阅信息者即为有兴趣者，所以可以直接命中有可能用户，并可以为不同的受众推出不同的广告内容。尤其是行业电子商务网站，浏览用户大都是企业界人士，网上广告就更具针对性了。网络广告的准确性包括两个方面：一方面是企业投放广告的目标市场的准确性，网络用户实际上是由一个一个的团体组成的，这些组织成员往往具有共同的爱好和兴趣，无形中形成了市场细分后的目标顾客群，企业可以将特定的商品广告投放到有相应消费者的站点上去，目标市场明确，从而做到有的放矢，而信息受众也会因广告信息与自己专业相关而更加关注此类信息；另一方面体现在广告受众的准确性上，上网是需要付费的，消费者浏览站点的时候，只会选择真正感兴趣的广告信息，所以网络广告信息到达受众的准确性高。

（5）灵活并且成本低

在传统媒体上做广告，发布后很难更改，即使可改动往往也须付出很大的经济代价。而在 Internet 上做广告能按照需要及时变更广告内容，当然包括改正错误。这就使经营决策的变化可以及时地实施和推广。作为新兴媒体，网络媒体的收费也远低于传统媒体，有些甚至是零收费的。

（6）易统计和可评估性

利用传统媒体做广告，很难准确地知道有多少人接收到广告信息，而在互联网上可通过后台访客流量统计系统精确统计出每个客户的广告被多少个用户看过，以及这些用户查阅的时间分布和地域分布。这样，借助分析工具，成效易体现，客户群体清晰易辨，广告行为收益也能准确计量，有助于正确评估广告效果，制定广告投放策略，对广告目标更有把握。

（7）非强迫性

传统广告如报纸广告、杂志广告、电视广告、广播广告、户外广告等都具有强迫性，网络广告支持自由查询，将要找的资讯集中呈现，这样就节省了时间，避免无效的、被动的注意力集中。

#### 4. 网络广告的计费方式

网络广告计费主要有三种方式：按展示计费 PPM（Pay-Per-Mille）、按点击计费 PPC（Pay-Per-Click）和按行动计费 PPA（Pay-Per- Action）。

（1）按展示计费 PPM

PPM 指按照广告每展示 1000 次进行支付的定价模式。

对广告主来说，其支付的费用可以用 CPM（Cost Per Mille/Cost Per Thousand Impressions）来表示。CPM 称为每千印象成本，代表每千次广告展示需付的费用。为了体现广告的定向性，我们还使用 CPTM（Cost Per Targeted Thousand Impressions）表示经过定位的用户的每千次印象成本（如根据人口统计信息定位）。CPTM 与 CPM 的区别在于，CPM 是所有用户的印象数，而 CPTM 是经过定位的用户的印象数。

（2）按点击计费 PPC

PPC 指按照广告点击次数进行支付的定价模式。

对广告主来说，其支付的费用可以用 CPC（Cost-Per-Click）来表示。CPC 称为每点击成本，代表每次点击所需付出的费用。关键词广告一般采用这种定价模式。

（3）按行动计费 PPA

PPA 指按照行动次数进行支付的定价模式。这里的行动根据营销的目的不同，可以是用户注册为会员、购买了商品、回答了问题或安装了应用程序等。

对广告主来说，其支付的费用可以用 CPA（Cost-Per-Action）来表示。CPA 称为每行动成本，代表每次行动的费用。另外，还可以用 CPO（Cost-Per-Order）、CPS（Cost for Per Sale）或 CPT（Cost-Per-Transaction）表示每个订单/销售每件产品/每次交易的费用。

## 前沿话题

### RTB 广告

RTB（Real Time Bidding）作为一种新兴的广告形式，以其精准投放和实时竞价的特点，可以显著地提高互联网广告投放的精确性并提高媒体和广告平台的收益，是一种发展前景非常好的网络广告形式。

RTB 广告并不是固定在某个页面上的，在消费者打开某个页面的瞬间，广告平台通过各种技术手段获得打开页面的人的基本信息，并通过这些基本信息最终决定应该投放怎样的广告给这个用户。即在相同的页面上，不同用户会看到不同的广告，而该广告是为每个看到广告的人定制的。

同一个客户对于不同的广告主的价值不同，每个广告主的预算也是不同的。为了获得每次展示的最高出价，RTB 广告实行的是拍卖制。通过拍卖竞价，符合要求且出价最高的广告主将获得展示机会。而传统的网络广告一般根据展示的位置不同，制定一个固定的价格。这个价格可能是每千次展示的价格（CPM），也可能是每次点击价格（CPC）等，不管如何，这个价格是在广告被展示前根据双方协定确定下来的。

RTB 的实现，需要整个产业链上不同的参与方合作才能完成。RTB 过程主要的三个参与者为 AD Exchange、SSP（供应方平台）和 DSP（需求方平台）。

AD Exchange 服务是基石，所有的广告必须通过 AD Exchange 挂牌出售，AD Exchange 承担了相当于交易所的功能。

SSP 帮助媒体管理自己的广告位资源，类似股票交易中的承销商，它保证相应的页面资源被访问时，可以及时在 AD Exchange 挂牌出售。

DSP 帮助广告主出价，类似股票交易中的券商，当有广告位被挂牌出售时，DSP 通过分析传过来的数据来决定是否要出价及出价多少。

## 5.6 新媒体营销

随着新兴的以网络人际关系为核心的社会化网络与传统论坛相结合起来构建的更为强大的网络社区-SNS 社区的兴起，与传统营销完全不同的新的营销方式也在不断崛起。社会化网络营销是集广告、促销、公关、推广为一体的营销手段，是典型的整合营销行为，只不过是在精准定位的基础上展开的，偏重于口碑效应的传播。像新浪微博、微信等就是社会化网络营销的经典媒介。社会化网络营销下要特别注重营销活动的创意性、执行力、公信度和传播面。

### 5.6.1 微博营销

#### 1. 微博营销的定义

微博营销是指通过微博平台为商家、个人等创造价值而执行的一种营销方式，也指商家或个人通过微博平台发现并满足用户的各类需求的商业行为方式。微博营销以微博为营销平台，每一个听众（粉丝）都是潜在的营销对象，企业更新自己的微博以向网友传播企业信息、产品信息，树立良好的企业形象和产品形象。每天更新内容时就可以跟大家交流互动，或者发布大家感兴趣的话题，以此来达到营销的目的，这样的方式就是微博营销。该营销方式注重价值的传递、内容的互动、系统的布局、准确的定位，微博的火热发展也使得其营销效果尤为显著。微博营销涉及的范围包括认证、有效粉丝、朋友、话题、名博、开放平台、整体运营等。自 2012 年 12 月后，新浪微博推出企业服务商平台，为企业在微博上进行营销提供一定的帮助。

#### 2. 微博营销的特点

（1）原创性

微博的出现标志着个人互联网时代的到来。大量原创内容被生产出来。微博为企业或个人打造自己的网上形象提供了有效渠道。用户在微博上可以方便地利用文字、图片、视频等多种展示形式，是完全利用人们碎片时间消息集散基地。

（2）传播快

通过微博，营销者可以随时随地发布信息，转发也非常方便，有着多样的信息传播方式。微博的传播优势在传播突发事件或引起全球关注的大事上体现得尤为突出。用户可以通过微博在现场进行信息发布，其实时性、现场感及快捷性甚至超过所有媒体。

（3）背对脸

微博上交流的主要形式是背对脸。即好像你在计算机前打游戏，路过的人可以从你的背后观看你怎么玩。微博上的信息发布者无须主动与关注他的用户进行交流。同时，微博上的交流方式可以是一点对多点的，也可以点对点的。

#### 3. 微博营销的注意事项

（1）微博营销适用范围

并不是所有的企业及产品都适用微博营销。正确的做法应该是研究对应企业及相关产品的特点，了解其产品定位及主要潜在客户的特点。确定这些产品的直接或间接潜在客户是否在微博中有一定数量。

（2）多营销渠道的综合应用

微博营销有其特殊优势但其不能完全代替其他营销渠道。企业应尽可能地研究潜在客户可能到达的地方，即信息接触点，然后在这些信息接触点投放信息并尽量与用户进行互动。因此，应注重实现微博营销与企业整体营销方案的协调性。

（3）微博营销内容生产的难度

微博的帖子虽然短小，但真正实现微博营销帖子的创意性需要足够的时间和精力。同时，在创意产生后，还需要注意信息的表达方式。

### 5.6.2 微信营销

#### 1. 微信营销的定义

微信普及度的提高为企业或个人提供了一种新型的网络营销方式。不管用户身处何地，用户注册微信后，即可与同样注册了微信的其他用户建立一种联系。用户可以在微信上订阅自己感兴趣的信息。而相对应的是，商家可以通过微信向用户提供需要的信息，推广自己的产品，实现点对点营销。微信营销主要体现为基于移动客户端（如手机和平板等）进行的区域定位营销。商家可以通过微信公众平台结合会员管理系统向用户展示商家微官网、微会员、微推送、微支付、微活动，已经形成了一种主流的线上线下互动营销方式。

#### 2. 微信营销的特点

① 点对点精准营销。微信拥有庞大的用户群，借助移动终端、天然的社交和位置定位等优势，每个信息都是可以推送的，能够让每个个体都有机会接收到这个信息，进而帮助商家实现点对点精准化营销。

② 形式灵活多样。如“漂流瓶”，用户可以发布语音或文字，然后投入“大海”中，如果有其他用户“捞”到则可以展开对话。

③ 位置签名。商家可以利用“用户签名档”这个免费的广告位为自己做宣传，附近的微信用户能看到商家的信息。

④ 二维码。用户可以通过扫描识别二维码来添加朋友、关注企业账号；企业则可以

设定自己品牌的二维码，用折扣和优惠来吸引用户关注，开拓O2O的营销模式。

⑤ 开放平台。通过微信开放平台，应用开发者可以接入第三方应用，还可以将应用的Logo放入微信附件栏，使用户可以方便地在会话中调用第三方应用进行内容选择与分享。

⑥ 公众平台。在微信公众平台上，每个人都可以用一个QQ号码打造自己的微信公众账号，并在微信平台上实现和特定群体的文字、图片、语音的全方位沟通和互动。

⑦ 强关系的机遇。微信的点对点产品形态注定了其能够通过互动的形式将普通关系发展成强关系，从而产生更大的价值。通过互动的形式与用户建立联系，互动就是聊天，可以解答疑惑、可以讲故事甚至可以“卖萌”，用一切形式让企业与消费者成为朋友的关系。

## 5.6.3 视频营销

### 1．视频营销概述

电视营销虽长期占据龙头地位，但其单向信息接收及受众参与度低的局限性一直困扰着营销者。新兴的网络视频网站却有效突破了这些局限，带来了营销的新平台。随着小视频等各种新兴视频形式的兴起，视频营销上升到了一个新的高度。

视频营销是指主要基于以视频网站为核心的网络平台，以内容为核心、创意为导向，利用精细策划的视频内容实现产品营销与品牌传播的目的；是“视频”和“互联网”结合的产物。很多互联网营销公司都纷纷推出及重视视频营销这一服务项目，并以其创新的形式受到客户的关注。视频营销包括影视广告、网络视频、宣传片、微电影等多种方式，并把产品或品牌信息植入到视频中，产生一种视觉冲击力和表现张力，通过网民的力量实现自传播，达到营销产品或品牌的目的。

### 2．视频营销策略

视频营销策略主要包括网民自创策略、病毒营销策略、事件营销策略和整合传播策略等。

（1）网民自创策略

网民的创造性是不可小看的。在视频网站上，网民不再只被动接收各类信息，而是能自制短片并上传和分享。除浏览和上传之外，网民还可以通过视频网站的评论机制对某个视频发表意见或进行评分。因此，企业完全可以把广告片及一些有关品牌的元素、新产品信息等放到视频平台上来吸引网民的参与，如向网友征集视频广告短片、对一些新产品进行评价等，这样不仅可以让网友有创收的机会，同时也是非常好的宣传机会。

（2）病毒营销策略

当看到一些经典的、有趣的、轻松的视频，网民有时会主动传播。通过网民主动、自发地传播企业品牌信息，视频就会带着企业的信息像病毒一样在互联网上扩散。病毒营销的关键在于企业需要有好的、有价值的视频内容，然后寻找到一些易感人群或意见领袖帮助传播。

（3）事件营销策略

随着网络的普及，事件营销不再只是线下活动的热点。网络视频也可以借助策划有影响力的事件。另外，有事件内容的视频更容易被网民传播，将事件营销思路放到视频营销上将会开辟出新的营销价值。

（4）整合传播策略

鉴于每一个用户的媒介和互联网接触行为习惯不同，单一的视频传播较难获得好的效果。因此，视频营销需要在自身企业网上的显著位置进行宣传，吸引目标客户的关注，其次，也应该跟主流的门户、视频网站合作，提升视频的影响力，而且，通过视频营销，整合线下的活动、线下的媒体等，进行品牌传播，将会更加有效。

## 案例研究

### 聚美优品的网络营销之路

随着中国电子商务和团购网站的逐步兴起，市场对化妆品的需求潜力非常大，2010年国内化妆品销售额高达1300亿元，是世界第三大化妆品目标市场。团美网（聚美优品前身）正式上线，成为中国第一家化妆品团购网站，并模仿国外的Groupon模式，以化妆品的限时特卖为经营形式，主要卖最畅销的20%部分化妆品。2010年9月，团美网开始启用全新品牌聚美优品，同时发布全新域名jumei.com，团美网正式更名为聚美优品，意思是“聚集美丽，成人之美”，以“为消费者提供最优质的服务”为宗旨，使美丽变得更简单。聚美优品的网络营销策略如下。

**1. 微电影广告营销**

随着网络新媒体的迅速发展，越来越多的商家将广告对准新媒体。依托新媒体而成长的微电影广告也自然而然地成为商业和艺术的结晶，而凭借自身的独特优势，微电影广告也成为广告传播的新形式。聚美优品创始人陈欧也把目光投向了微电影广告营销，但是一个成功的广告必须经过精细的思考和严密的策划。首先，精准地确定目标客户。由于聚美优品的主营业务是化妆品的销售且为中档和部分高档产品的限时折扣产品，其销售途径为网上销售，所以其目标客户定位在以20世纪80年代和90年代前期出生的年轻消费者，这符合他们既追求新生事物、乐于展现自我，又背负着种种压力的现实情况。其次，在确定好目标客户后，下一步是设计广告文案。陈欧认为，为了能更好地引起目标客户的共鸣，广告词必须能反映他们当前遇到的困难和对美好未来的憧憬，而且还要朗朗上口、易于传播。再次，为广告的发行进行初步营销。在确定了初步的广告文案后，陈欧为了调动广大网民的积极性，在网站上号召大家推选自己心目中理想的微电影主角，并在广告拍摄期间，在各大网站对制作团队、故事情节进行大量宣传，广告拍摄结束后组织拍摄团队在娱乐节目上做最后的投放前宣传，积极地为微电影广告的播出造势。最后，选择合适的播放媒体。经过仔细思考后，陈欧决定把时间选在11月10日——光棍节的前一天，并先在娱乐效果最好的湖南卫视黄金时段进行播出，电视媒体只播放两期，有了一定的知名度后，再转战网络媒体，这样不仅可以取得很好的宣传效果，而且可以使营销成本大大降低。

**2. 社交网络营销**

（1）微博营销

自从新浪微博2010年推出以来，便以其经济性、便捷性、传播性、快速性的特点受到越来越多网民的喜欢。据有关统计数据，截至2011年年底，已经有超过1.4亿个用户注册新浪微博。由此可见，微博已经成为一种具有超强影响力的网络舆论发声媒体，我国逐步进入了全民微博的时代。陈欧很快意识到了微博营销的强大影响力，立即注册了“聚美优品”（粉丝：5104840 个）、“聚美优品客服中心”（粉丝：14940 个）、“聚美优品时尚馆”（粉丝：193285 个）三个企业用户和“聚美陈欧”（粉丝：40049901 个）一个个人用户，并鼓励企业员工人人注册个人微博，以微博为媒介发布信息，使消费者能及时了解聚美优品的最新动态。微博转发滚雪球的特点，大大提高了聚美优品的危机公关能力。

（2）微信营销

手机网民规模的持续走高和智能手机的推陈出新促进了手机网络应用的快速发展，其中手机即时通信的使用率居于首位。越来越多的企业利用手机即时通信功能进行网络营销，聚美优品微信公众平台的导航栏有三个板块：极速免税、下载 App 和加入聚美优品，在这里消费者可以看到聚美优品最新的优惠活动、会员信息、招聘活动和聚美优品故事，确保消费者通过微信平台对聚美优品有全面的了解。自从聚美优品微信公众号开通以来，客服人员每天都会收到来自消费者的大量咨询信息，后台系统会根据明显的关键词进行自动回复，没有对应关键词的则会进行一对一的人工客服交流，实现了精准营销，使消费者的问题得到更快速的解决，有效提高了消费者的黏性和忠诚度。

（3）网络社区营销

网络社区以网络虚拟环境为基础，集中了一批具有特定爱好、兴趣、经验的消费者和专家，以论坛、贴吧等形式形成一个社区，大家可以随时随地在此社区进行沟通和交流。为了加强聚美优品用户之间的交流，拉近彼此之间的距离，使营销更加精准化，陈欧抓住了逐步流行起来的百度贴吧。自聚美优品百度贴吧成立以来，已经获得了 586493 个用户的关注，发帖总数 1063199 篇，形成了聚美优品资讯、聚美优品优惠券、聚美优品抗抗团等 11 个具体的群组。在这里用户可以看到聚美优品最新的优惠活动、招聘信息，可以了解到聚美优品的成长历史，可以分享到美妆的使用经验，可以参与不定时的话题讨论，使企业与消费者之间、消费者之间的距离不断被拉近。聚美优品的每一次抢楼活动都会引起消费者的广泛关注和互动，充分调动了大家的积极性，使消费者在参与过程中赢得聚美优品产品和互动的乐趣，提高了客户忠诚度。

（4）热点事件营销

经过仔细的思考，陈欧决定效仿服装设计时尚大奖盛典，举办一场集合娱乐界人气明星、时尚界名媛和商界名流的美妆风尚大典，为对时尚流行做出突出贡献的明星、化妆品牌进行颁奖。于是，陈欧开始了精心的营销宣传策划。首先是为期 30 天的线下广告推广，主要采取了公交候车厅、地铁 LCD、798 户外广告、邀请函展示、电视媒体和平面媒体 6 种方式进行造势，之后在官方主页、新浪微博、电子杂志和广告门户网站进行了全面的线上推广，同时，为了调动广大网友的积极性，号召网友在网站首页进行投票，各大奖项的最终得主由评委团投票和网友投票共同决定。经过两个月的营销宣传，2011 年 12 月 22 日晚，聚美优品美妆风尚大典在万众瞩目下如期进行，何炅、爱戴共同主持，贾静雯、胡兵、戚薇、任泉等一线明星悉数到场，场面热闹非凡，在社会各界引起了广泛的关注，大大地提高了聚美优品的知名度。

（5）即时通信营销

即时通信工具是指在互联网的基础上建立的能够实现实时通信的系统服务软件，其允许两人或多人同时使用该软件进行文字、文档、语音、图片和视频的交流。即时通信自 1996

年出现以来，以使用门槛低、精准性高、成本低、交流速度快、大众化等特点，受到越来越多企业的青睐，被广泛地运用到企业的营销中。聚美优品成立之初，为了缩短企业与消费者之间的距离，加强与消费者之间的沟通，继续维护与老客户的良好关系，不断挖掘潜在的客户，消除顾客网上购买化妆品的疑虑，在技术团队的帮助下，迅速建立了聚美客服中心，7×24 小时全天候等待消费者的咨询，并将其客服中心划分为售前咨询、售后服务、会员服务和投诉建议四个部分，售前咨询包括服装、化妆品、母婴和轻奢，售后服务包括快递咨询、产品问题和退货；同时，为每一位客服人员设计了专门的粉色卡通人物形象，与聚美优品主色调相同，提高了消费者对聚美优品的形象认知，增加了客服人员的亲和力。在网站客服中心取得很好的营销效果后，聚美优品又注册了“聚美优品客服中心”官方微博，定时发布一些优惠活动信息、社会新闻、心灵鸡汤等，消费者可以通过私信与客服人员取得实时联系，目前，其粉丝数已经有 14930 人。随后，为了推广口碑达人活动，聚美优品与腾讯 QQ 强强联手，利用 QQ 的强大营销功能与消费者实现实时沟通。目前，聚美优品已经建立了 8 个这样的 QQ 群，人数将近 2000 人，在这里大家聊美妆、聊服装、聊经验等与女性息息相关的话题，并通过自己的 QQ 空间将好的经验推荐给更多的亲朋好友，无形中提高了聚美优品的营销效果。

（6）网络口碑营销

为了更好地进行口碑传播，聚美优品在自己的官方网站上专门设立了口碑中心的版块，每一位聚美优品的产品使用者都可以在这里撰写产品口碑报告，报告内容丰富多样，可以是对美妆产品的点评，也可以是美容经验的分享，在这里聚美用户可以尽情地进行交流和互动，找到最适合自己的美妆产品。当撰写的口碑报告被分享，且此报告带来新用户注册时，报告的作者就会得到聚美优品奖励的现金券，大大激励了用户的积极性。目前，聚美口碑中心已经有 106 万篇口碑报告被无数的消费者看到和分享，从而更好地提高了消费者黏性。同时，聚美优品还制定了良好的会员挖掘会员政策。为了鼓励现有的客户群并挖掘潜在的客户群，树立品牌口碑，提倡消费者邀请好友了解聚美优品。当邀请的好友在聚美优品注册并成功下单后，消费者就可以获得聚美优品的现金券奖励。这些网络口碑营销措施实施后，可以明显感受到消费者数量的增多。

（案例来源：中国管理案例共享中心案例库）

### 案例思考题

1. 聚美优品都采用了哪些网络营销方式？
2. 聚美优品的网络营销有哪些亮点？
3. 聚美优品现在发展得怎么样了？为什么会出现这样的结果？

## 本章关键概念

网络营销、个性化服务、客户关系管理、直复营销、关系营销、软营销、整合营销、全球营销、网上市场调研、网络营销策略、网络广告、CPM、CPC、CPA、微博营销、微信营销、视频营销

## ▶▶ 本章复习思考题

1. 什么是网络营销？网络营销有哪些功能？
2. 网络营销与传统营销的主要区别是什么？
3. 网络营销有哪些重要的理论？如何理解这些理论？
4. 网络营销策略主要有哪些？
5. 新媒体网络营销有什么特点？在实践中需要注意什么？

## ▶▶ 本章论述题

1. 网络营销和传统营销的比较研究。
2. 论述社交媒体营销的优势及营销策略。

## ▶▶ 本章实践项目

1. 自设主题，设计调查问卷，发起一次网上调查活动，并将调查结果整理成调查报告。

2. 上网了解百度指数（http://index.baidu.com），探索这个工具所提供的功能，说明它在网络营销中有什么作用。

# 第 6 章

# 电子商务物流

**本章学习目标**

- 掌握电子商务物流的内涵、特点；
- 熟悉电子商务与物流的关系；
- 掌握电子商务物流系统的组成和特点；
- 了解电子商务物流与传统物流的区别；
- 掌握电子商务物流的模式，了解各种不同模式的特点；
- 了解电子商务物流技术。

## 引导案例

**亚马逊的物流**

在电子商务发展受挫、许多追随者纷纷倒地落马之时，亚马逊却顽强地活了下来并脱颖而出，并于 2002 年年底开始盈利，创造了令人振奋的业绩。为什么在电子商务企业发展普遍受挫时亚马逊的旗帜不倒？是什么成就了亚马逊今天的业绩？亚马逊的快速发展说明了什么？经过研究，人们惊奇地发现，正是被许多人称为电子商务发展“瓶颈”和最大障碍的物流拯救了亚马逊，并创造了亚马逊今天的业绩。那么，对亚马逊生存和发展经历的研究能给我们现在的企业带来哪些有益的启示呢？

物流已成为决定电子商务效益的关键因素。在电子商务中，如果物流滞后、效率低、质量差，则电子商务经济、方便、快捷的优势就不复存在。所以，完善的物流系统是决定电子商务生存与发展的命脉。众多电子商务企业经营失败，在很大程度上是源于物流上的失败。亚马逊正是由于有完善、优化的物流系统作为保障，才能将物流作为促销的手段，并有能力严格地控制物流成本，有效地进行物流过程的组织运作，进而促进了亚马逊的发展。亚马逊的物流系统具有以下几个方面的特点。

**1. 在配送模式上采取外包的方式**

亚马逊将其国内的配送业务委托给美国邮政和 UPS，将其国际物流委托给国际海运公司等专业物流公司，自己则集中精力去发展主营业务和核心业务。这样既可以减少投资、降低经营风险，又能充分利用专业物流公司的优势，降低物流成本。

**2. 将库存控制在最低水平，实行零库存运转**

亚马逊通过与供应商建立良好的合作关系，实现了对库存的有效控制。亚马逊的库存图书很少，维持库存的只有 200 种最受欢迎的畅销书。一般情况下，亚马逊是在顾客下了订单后，才从出版商那里进货。购书者以信用卡向亚马逊支付书款，而亚马逊却在图书售出 46 天后才向出版商付款，这就使得它的资金周转比传统书店要顺畅得多。由于保持了低库存，亚马逊的库存周转速度很快，并且从 2001 年以来越来越快。

**3. 降低退货比率**

虽然亚马逊经营的商品种类很多，但由于对商品品种选择适当、价格合理、商品质量和配送服务等能满足顾客需要，因此其保持了很低的退货比率。极低的退货比率不仅降低了企业的退货成本，也使企业保持了较高的服务水平，取得了良好的商业信誉。

**4. 为邮局发送商品提供便利，降低送货成本**

在送货中，亚马逊采取一种被称为“邮政注入”的方式降低送货成本。所谓“邮政注入”，就是使用自己的货车或由独立的承运人将整卡车的订购商品从亚马逊的仓库送到当地邮局的库房，再由邮局向顾客送货。这样就可以免除邮局对商品的处理程序和步骤，为邮局发送商品提供便利条件，也为自己节省了资金。据一家与亚马逊合作的送货公司估计，靠此种“邮政注入”方式节省的资金相当于头等邮件普通价格的 5%～17%，十分可观。

**5. 根据不同商品类别建立不同的配送中心，提高配送中心作业效率**

亚马逊的配送中心按商品类别设立，不同的商品由不同的配送中心进行配送。这样做有利于提高配送中心的专业化作业程度，使作业组织简单化、规范化，既能提高配送中心的作业效率，又可减少配送中心的管理和运转费用。

**6. 采取“组合包装”技术，扩大运输批量**

当顾客在亚马逊的网站上确认订单后，可以立即看到亚马逊销售系统根据顾客所订商品发出的是否有现货，以及选择的发运方式、估计的发货日期和送货日期等信息。

有人将亚马逊的快速发展称为“亚马逊神话”。殊不知，如果中国的电子商务企业在经营发展中能将物流作为企业的战略组成部分，合理地规划企业的物流系统，制定正确的物流目标，有效地进行物流的组织和运作，那么对中国的电子商务企业来讲，实现“亚马逊神话”并非遥不可及。

### 案例思考题

1. 根据以上案例，说明物流在整个电子商务中起到怎样的作用。
2. 电子商务物流和传统物流相比有什么特点？
3. 随着时代的发展，亚马逊的物流技术和物流模式有了哪些重大的变化？

# 6.1 电子商务物流概述

## 6.1.1 电子商务物流的产生与发展

引发人们对电子商务物流关注的，是著名的网上 72 小时的生存实验。在这一实验中，人们发现了影响电子商务发展的一个重要因素——物流。同时，引发了针对物流的以下问题。

首先，在网上交易的情况下，物流如何保证网上交易商品尽快地送到客户手中，即如何有效地实现网上交易商品的交割问题。

其次，物流运作的问题。在网上交易的情况下，交易双方如何选择物流的运作模式。

最后，在确定了物流运作模式之后，如何以较低的成本、在较短的时间内完成和实现物流的运作。

由网上交易所引发的物流问题，使人们认清了物流的发展方向，即如何在当今信息化浪潮的时代背景下，充分地利用现代信息技术，特别是计算机技术、互联网技术等来促进物流的发展。

在此背景下，物流中的一个新概念——“电子商务物流”产生了。之后，人们在物流实践活动中，不断地将计算机技术、互联网技术等信息技术引入物流活动之中，促进了电子商务物流的发展。

### 相关链接

**网上 72 小时的生存实验**

网上 72 小时的生存实验是 1999 年 9 月由 10 多家媒体和梦想中文网联合主办的、8848 网赞助的网络生存测试，测试于 9 月 3 日开始、6 日结束。12 名参与者在独立的房间内，通过网络来满足他们的需求。

通过网上报名、网友投票、媒体推选产生的来自北京、上海、广州各 4 位志愿者，被异地“发配”到这三个城市 12 个完全陌生的房间里。他们的生存空间为酒店标准房，有基本的生活工具，包括起居设备、沐浴设备，但没有生活饮水，没有电话、电视等电器，有一个“没有内存”的冰箱，卫生间中只有厕纸，与外界的沟通，只是一台可以上网的计算机。

在这 72 小时中，被测试者不能携带任何物品进入房间，主办单位提供 1500 元现金及限额 1500 元的信用卡，还有当地 ISP 的上网账号和密码。直至测试结束，被测试者不能离开房间，他们必须通过网络获取食物、水以维持生存。当生存不成为问题之后，测试者可以尝试通过网络获取物品或信息以满足生活上或者精神上的需求。

测试现场装备有摄像机和 Web Cam（网上摄像机），详细记录测试者每天的活动内容及上网记录。主办单位将对测试者的网络购物能力、网络社交能力、网络应用能力及网络学习能力等项目进行评判，优胜者将获得最高 5000 元的奖励。

## 6.1.2　电子商务物流的含义与研究对象

### 1．电子商务物流的含义

电子商务物流就是在电子商务的条件下，依靠计算机技术、互联网技术、电子商务技术及信息技术等所进行的物流（活动）。

### 2．电子商务物流的研究对象

我们认为，电子商务物流的研究对象就是物流在电子商务和现代科学技术条件下的运作和管理。电子商务物流的目标是通过运用现代科学技术，在电子商务条件下实现物流的高效化和低成本，促进物流产业的升级及电子商务和国民经济的发展。电子商务物流的本质是实现物流的信息化和现代化。

为了更好地进行电子商务物流活动，还需要进行以下两方面的研究：一是科学技术对电子商务物流的影响与作用，即如何利用现代的科学技术进行物流的运作与管理；二是商务模式的变化对电子商务的影响与作用，即如何在新的商务模式下对物流进行运作与管理。

## 6.1.3　电子商务与物流的关系

“物流”一词最早出现在美国，英文“Physical Distribution”，简称“PD”；汉语的意思是“实物分配”或“货物配送”。第二次世界大战中，美国军队围绕战争供应建立了“后勤”理论（Logistics），并将其用于战争活动中，其中“后勤”是指战时的物资生产、采购、运输、配给等活动。后来“后勤”理论在商业活动中得到了广泛应用，并逐步形成了包含生产过程和流通过程的“物流”，形成了范围更广泛的概念。我国国家质量技术监督局对物流的定义是：物品从供应地向接收地的实体流动过程，并根据实际需要，将运输、储存、装卸、搬运、包装、流通、加工、配送、信息处理等基本功能实施有机结合。电子商务的出现给物流的发展注入了新的内涵，电子商务和物流的关系如图 6-1 所示。

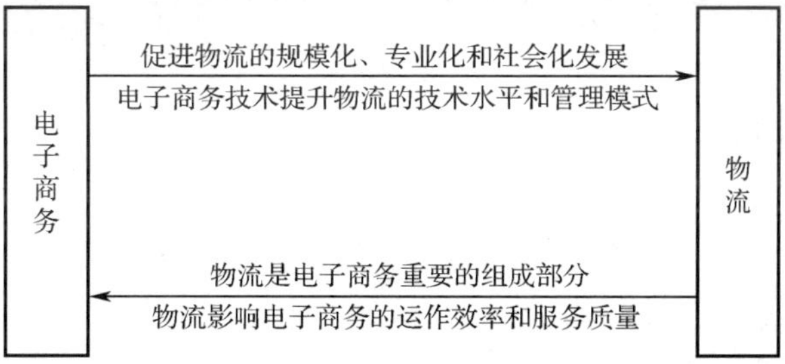


图 6-1　电子商务和物流的关系

### 1．物流对电子商务的制约与促进

没有一个完善的物流体系，电子商务特别是网上有形商品的交易就难以得到有效发展。反过来，一个完善的物流体系则是电子商务特别是网上有形商品交易发展的保障。

有形商品的网上交易活动作为电子商务的一个重要构成方面，在近几年也得到了迅速发展。在这一发展过程中，人们发现作为支持有形商品网上交易活动的物流，也已成为有形商品网上交易活动能否顺利进行和发展的一个关键因素。因为没有一个高效的、合理的、畅通的物流系统，电子商务所具有的优势就难以得到有效的发挥；没有一个与电子商务相适应的物流体系，电子商务就难以得到有效的发展。

#### 2．电子商务对物流的制约与促进

电子商务对物流的制约主要表现在：当网上有形商品的交易规模较小时，不可能形成一个专门为网上交易提供服务的物流体系，这不利于物流的专业化和社会化。电子商务对物流的促进主要表现在两个方面：一是网上交易规模较大时有利于物流专业化和社会化；二是电子商务技术会促进物流的发展。

在人类社会经济的发展过程中，物流的每一次变革都是由其活动的客观环境和条件发生变化引起的，并由这些因素来决定其发展方向。在人类已迈入信息化、知识化社会之际，以信息化和知识化为代表的电子商务正是适应这一趋势而产生的，它具有传统商务活动无法比拟的许多优势，代表了商务活动的发展方向和未来。

### 6.1.4 电子商务条件下物流的特点

#### 1．信息化

电子商务时代，信息化是物流的一个最重要的特点，物流信息化表现在三个方面。

（1）物流信息收集、处理的数字化

在电子商务活动中，物流信息处理实现了电子化和计算机化，数据库和代码方式被广泛地运用于物流信息的收集和处理之中，条形码技术、数据库技术等已经被人们公认为物流管理的重要信息技术。物流信息通过数字化实现传递标准化和实时化，大大提高了效率。

（2）物流管理与先进的集成化管理技术相结合

具有战略管理性质的物流管理借助信息化手段，可以和当代先进的集成化管理技术如电子订货系统等相互结合，更好地降低成本及提高物流效率。

（3）物流信息商品化

在电子商务活动中，通过数字化加工，物流信息也成为一种商品，它可以“打包”出售给客户。

#### 2．自动化和智能化

（1）物流作业自动化

物流的信息化也带来了物流作业自动化。例如，自动化的无人仓库可以极大地提高物流作业能力、减少物流作业的差错等。

（2）物流的智能化

物流过程中大量的运筹和决策，如库存水平的确定、运输（搬运）路径的选择、自动导向式的运行轨迹和作业控制、自动分拣机的运行、物流配送中心经营管理的决策支持等问题都需要借助智能化技术才能解决。

#### 3．网络化

电子商务这种虚拟交易方式造就了物流领域的网络化。这个网络能超越时空将有关方面连接在一起，形成一个四通八达的系统。

（1）物流配送系统通信网络化

物流配送中心与供应商或制造商可通过计算机网络传送所需信息，与下游用户之间的联系也可以通过网络进行。

（2）组织的网络化

物流组织的网络化不仅是实现电子商务的必要手段，也是电子商务赢得竞争的重要手段。例如，我国台湾地区的计算机业在 20 世纪 90 年代创造出了“全球运筹式产销模式”，这种模式按客户订单组织生产，生产采取分散形式，将一台计算机的所有零部件、元器件都外包给世界各地的制造商去生产，然后通过全球的物流网络将这些零部件、元器件发往同一个物流配送中心进行组装，由该物流配送中心将组装好的计算机迅速发送给客户。

#### 4. 柔性化

柔性化本来是为实现“以客户为中心”的市场观念而在生产领域提出的，即真正地能根据消费者需求变化来灵活调节生产和工艺。电子商务时代市场和生产密切相关，必然要求物流集成化和柔性化，即必须根据用户需求组织生产，安排物流活动，建立配套的物流系统。物流配送中心要根据消费需求“多品种、小批量、多批次、短周期”的特色，灵活地组织和实施物流作业。

## 6.2 电子商务物流系统

电子商务物流系统是指在实现电子商务特定过程的时间和空间范围内，由所需位移的商品（或物资）、包装设备、装卸搬运机械、运输工具、仓储设施、人员和通信联系设施等若干相互制约的动态要素所构成的具有特定功能的有机整体。电子商务物流系统的目的是实现电子商务过程中商品（或物资）的空间效益和时间效益。电子商务物流系统既是电子商务系统中的一个子系统或组成部分，又是社会经济大系统的一个子系统。

电子商务物流系统与一般系统一样，具有输入、转换和输出三大功能。通过输入和输出使物流系统与电子商务系统及社会环境进行交换，并相互依存。输入包括人、财、物和信息，输出可以包括效益、服务、对环境的影响及信息等，而实现输入到输出转换的则是电子商务物流的各项管理活动、技术措施、设备设施和信息处理活动等。

### 6.2.1 电子商务对传统物流系统的影响

电子商务代表未来的贸易方式、消费方式和服务方式，是信息化和网络化的产物。作为一种数字化的生存方式，其优势在于简化流程、降低成本和提高效率。但是，虽然加上了“电子”二字，电子商务并没有真正改变其商务本质，归根结底还是产品（商品）、渠道、促销和定价。换句话说，就是营销环境、市场分析和目标销售、购买行为、产品策略、渠道策略、促销策略、定价策略和营销组合等企业经营活动。

电子商务需要解决网上安全支付、网络安全、金融认证体系、安全体系、产品品种和经营模式等一系列问题。总的来说，完整的电子商务应该包括商流、物流、信息流和资金流四个方面。但是在目前情况下，随着支付体系的不断健全，商流、信息流、资金流都可以在网上进行，更多的目光应该集中于如何建立电子商务物流系统这一问题上来。电子商务的基础——高效可靠的物流系统，已经成为竞争的关键。电子商务在线服务背后的物流系统的建立成为电子商务解决方案的核心部分。

结合电子商务自身特点及行业发展趋势，电子商务下的物流系统是信息化、现代化、社会化的多层次物流系统。该系统主要是指针对电子商务企业的需要，采用网络化的计算机技术和现代化的硬件设备、软件系统及先进的管理手段，严格地、守信用地进行一系列分类、编配、整理、分工和配货等理货工作，定时、定点、定量地交给没有范围限制的各类用户，满足其对商品的需求。

较传统的物流和配送方式，新型的电子商务物流系统使商品流通更容易实现信息化、自动化、现代化、社会化、智能化、合理化和简单化，既减少生产企业库存、加速资金周转、提高物流效率、降低物流成本，又刺激了社会需求，有利于整个社会的宏观调控，提高整个社会的经济效益，促进市场经济的健康发展。

电子商务物流系统与传统的物流系统并无本质区别，不同之处就在于电子商务物流系统突出强调一系列电子化、机械化、自动化工具的应用，以及准确、及时的物流信息对物流过程的监督，它更加强调物流的速度、物流系统信息的通畅和整个物流系统的合理化。随着电子商务交易过程中实物的流动过程，通畅的信息流能把相应的采购、运输、仓储、配送等业务活动联系起来，使之协调一致，这是提高电子商务物流系统整体运作效率的必要条件。

图 6-2 所示为一个电子商务物流系统示意图，其中大方框中的内容即为电子商务物流系统的主要结构模块。

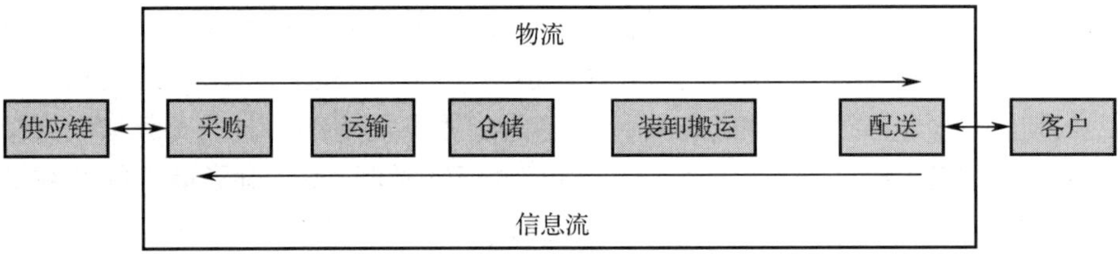


图 6-2　电子商务物流系统示意图

电子商务对物流系统结构的影响主要表现在以下几个方面。

### 1. 中介逐渐消失

由于网上客户可以直接面对制造商并可获得个性化服务，因此，传统物流渠道中的批发商和零售商等中介将被逐步取代。但是区域销售代理将受制造商委托逐步加强其在渠道和地区性市场中的地位，成为制造商产品营销和服务功能的直接延伸。

### 2. 运输范围的扩大和速度的提高

由于网上时空的“零距离”特点与现实世界的反差较大，客户对产品的可得性的心理预期加大，以致企业交货速度的压力变大。因此，物流系统中的港、站、库、配送中心、运输线路等设施的布局、结构和任务将面临较大的调整。例如，尤尼西斯公司在 1988 年采用了 EDI 的 MRP 系统后，将其欧洲区的 5 个配送中心和 14 个辅助仓库缩减为 1 个配送中心。在企业保留若干地区性仓库以后，更多的仓库将被改造为配送中心。随着运输管理政策的逐步放宽，更多的独立承运人将为企业提供更加专业的配送服务，配送的服务半径也将加大。

### 3. 组织结构趋向分散

信息共享的即时性使制造商在全球范围内进行资源配置成为可能，因此，商务物流系统组织结构将趋于分散并逐步虚拟化。当然，这主要是指那些拥有品牌的、产品在技术上已经实现功能模块化和质量标准化的企业。

### 4. 特殊物流系统趋于隐形化

大规模的电信基础设施的建设和发展，将使那些能够在网上直接传输的有形产品的物流系统隐形化。这类产品主要包括书报、音乐、软件等，即已经数字化的产品的物流系统将逐步与网络系统重合，并最终被网络系统取代。

## 6.2.2 电子商务物流系统的特点

电子商务物流系统定位于为电子商务的客户提供服务，是对整个物流系统实行统一信息管理和调度，按照用户订货要求，在物流基地进行理货工作，并将配好的货物送交收货人的一种物流方式。这种体系要求物流系统提高服务质量、降低物流成本及优化资源配置。为了达到上述目的，电子商务物流系统需要具备以下主要特点。

### 1. 功能集成化

电子商务物流系统着重于将物流与供应链的其他环节进行集成，包括物流渠道与商流渠道的集成、物流渠道之间的集成、物流功能的集成、物流环节与制造环节的集成等。物流系统的竞争优势主要取决于它的功能整合与集成程度。

在电子商务时代，物流发展到集约化阶段，这种一体化配送中心不仅提供仓储和运输服务，还必须开展配货、配送和各种提高附加值的流通加工服务项目，也可按客户的需要提供其他服务。现代供应链管理通过综合从供应者到消费者供应链的运作，使物流达到最优化。企业追求全面的、系统的综合效果，而不是单一的、孤立的片面效果。作为一种战略概念，供应链也是一种产品，而且是可增值的产品，其目的不仅是降低成本，更重要的是提供用户期望以外的增值服务，以产生和保持竞争优势。从某种意义上讲，供应链是物流系统的充分延伸，是产品与信息从原料到最终消费者之间的增值服务。

### 2. 系统具有复杂性、动态性

电子商务物流系统与传统物流系统相比更为复杂，这主要是由电子商务自身特点所决定的。电子商务要求物流系统提供更加完备、迅速和灵活的服务，并随时保持物流信息的畅通。符合电子商务快捷和灵活要求的物流系统将比以往的物流系统更为复杂，而且需要具有一定的柔性，以随时根据环境和需求的变化进行动态调整。

### 3. 服务系列化

在电子商务环境下，物流系统除强调物流配送服务功能的恰当定位与完善化、系列化，以及传统的储存、运输、包装和流通加工等服务外，还在外延上扩展至市场调查与预测、采购及订单处理，向下延伸至物流配送咨询、物流系统方案的选择与规划、库存控制策略建议、货款回收与结算、教育培训等增值服务，而且在内涵上提高了以上服务对决策的支持作用。

### 4．手段现代化、流程自动化

电子商务环境下的物流系统使用先进的技术、设备与管理手段为销售提供服务，生产、流通和销售的规模更大，范围更广，物流配送技术、设备及管理更现代化。而物流系统流程自动化是指运送规格标准，仓储及货箱排列、装卸、搬运等按照自动化标准作业，商品按照最佳路线配送等。

### 5．组织网络化和规模化

Internet 的无边界性特点导致了电子商务客户区域的离散性与不确定性，显然，过于分散的配送网络不利于物流企业实施集中的批量配送。但随着现代通信技术和网络技术的发展，构建跨地区的物流网络已经成为可能。为了保证对产品提供快速、全方位的物流支持，电子商务物流系统需要建立全国性、规模性的物流网络，以保证整个物流配送网络有最优的库存水平及库存分布。

### 6．经营市场化

电子商务物流系统的具体经营采用市场机制，无论是企业自营物流，还是委托第三方物流企业承担物流工作，都必须确保整个物流系统以最小的投入得到最佳的物流服务效果。在电子商务环境下，物流业要以服务市场为首要宗旨。从当前物流的现状来看，物流系统不仅要为本地区服务，还要提供长距离服务。因此，如何满足市场需要便成了物流系统的中心课题。

此外，物流系统不仅与生产厂家保持着紧密的伙伴关系，而且直接与客户联系，能及时了解客户的需求信息，起着沟通厂商和客户的桥梁作用。

### 7．目标分散化

在经济一体化、信息全球化日益明显的今天，电子商务企业要十分注意企业的灵活性和相对独立性。不要将企业的业务高度集中在一两个点上或一两个大城市，要分散目标，分散风险，而电子商务企业的目标分散也导致了物流系统的目标分散。

### 8．企业信息化

在电子商务时代，要提供最佳的服务，物流系统必须有良好的信息处理和传输系统。物流信息化不仅包括存储、运输等物流活动的信息管理和信息传送，还包括为物流过程中的各种决策活动提供支持，即充分利用计算机分析物流数据，进行决策，降低成本和提高效率。

大型的配送公司一般都建立了 ECR 和 JIT 系统。ECR（Efficient Customer Response）即有效客户信息反馈。一般仓库商品的周转次数每年为 20 次左右，若利用客户信息反馈这种有效手段，可增加到 24 次，使仓库的吞吐量大大增加。JIT（Just In Time）即准时制生产，通过该系统公司可从零售商店很快地得到销售反馈信息。配送不仅实现了内部的信息网络化，而且增加了配送货物的跟踪信息，大大提高了物流企业的服务水平，从而降低了成本，增强了竞争力。

## 6.2.3　传统物流系统与电子商务物流系统的比较

在电子商务环境下，顾客的购买行为与传统的购买行为有所不同，因此也就决定了电子商务物流服务形式、手段的特殊性。在网上购物的顾客希望在网上商店寻觅到所需的特定商品，并且希望能够得到实时的信息反馈，诸如是否有存货、何时能够收到货物等信息，同时顾客也十分关注如果在网上选购的物品不甚理想或物品在运输途中受损是否能够及时、便利地办理退货等。新兴的电子商务物流服务就是由具备实力的服务商来提供最大限度地满足顾客需求的外包服务。

传统物流系统与电子商务物流系统的区别如表 6-1 所示。

表 6-1　传统物流系统与电子商务物流系统的区别

| 比较内容 | 传统物流 | 电子商务物流 |
| --- | --- | --- |
| 业务推动力 | 物质财富 | IT 技术 |
| 服务范围 | 单项物流服务（运输、存储、包装、装卸、配送等） | 综合性物流服务 |
| 通信手段 | 电话、传真 | 大量使用互联网、EDI 进行数据交换 |
| 仓储 | 集中分布 | 分散分布 |
| 包装 | 批量包装 | 个别包装、小包装 |
| 运输频率 | 低 | 高 |
| 交付速度 | 慢 | 快 |
| IT 技术应用 | 少 | 多 |
| 订单 | 少 | 多 |

## 6.2.4　电子商务物流系统的合理化

对电子商务企业来说，要实现物流系统的合理化，必须注意以下五个方面。

### 1．仓储合理化

电子商务企业的流动资金大部分被库存商品所占用，降低库存可以减少占用的流动资金，加速资金周转速度。但是，库存降低是有约束条件的，它要以满足客户需求为前提。实现仓储合理化要考虑以下几方面的内容。

（1）实现 ABC 分类管理

一般来说，企业的库存物资种类繁多，每个品种的价格不同，且库存数量也不等。有的物资品种不多但价值很高，而有的物资恰恰相反。所以，均给予相同程度的重视和管理是不切合实际的。为了使有限的时间、资金、人力、物力等企业资源得到更有效的利用，应将管理重点放在重要的库存物资上，对库存物资进行分类管理和控制。ABC 分类管理方法就是将库存物资按重要程度分为特别重要的库存（A 类）、一般重要的库存（B 类）和不重要的库存（C 类）3 个类别，然后针对不同类别分别进行管理控制。ABC 分类管理法包括两个步骤：一是进行分类；二是进行管理。

（2）应用预测技术

销售额的估计和出货量的估计需要正确的预测，这是库存管理的关键。由于库存量和缺货率是相互制约的因素，因此要在预测的基础上制定正确的库存方针，使库存量和缺货率相互协调，取得最好的效果。

（3）科学的库存管理控制

库存管理控制是指使用相关方法、手段、技术、管理及操作方法进行库存控制，通过建立完善的反馈机制，严格控制物资的选择、规划、订货、进货、入库、储存直至最终出库。这些过程的作用结果最终实现了人们在满足销售情况下合理控制库存的目的。

库存管理控制应综合考虑各种因素，并满足以下三方面要求：①降低采购费和购入价格等综合成本；②减少流动资金，降低盘点资产；③提高服务水平，建立完善的反馈机制，防止缺货。

### 2．运输合理化

对于电子商务企业来说，运输是其物流系统的重要组成部分，这是由电子商务自身跨区域的特点决定的。因此，电子商务企业的运输合理化具有重要的意义，合理化的途径主要有以下几个。

（1）运输网络的合理配置

应该区别储存型仓库和流通型仓库，合理配置配送中心，配送中心的设置应该有利于货物直送比率的提高。

（2）选择最佳的运输方式

首先要决定使用水运、铁路、公路还是航空方式。如果使用公路还需要考虑车型，考虑使用自有车辆还是委托运输公司。

（3）提高运送效率

努力提高车辆的运行效率和转载率，减少空车行驶，缩短等待时间或者装载时间，延长有效的工作时间，降低燃料消耗。

（4）推进共同运输

提倡部门、集团、行业间的合作及批发、零售、配送中心之间的配合，提高运输工作的效率，降低运输成本。

当然，运输的合理化还必须考虑包装、装卸等有关环节的配合及其制约机制，必须依赖有效的信息系统才能实现改善的目标。

### 3．配送合理化

对于电子商务物流系统来说，配送是物流系统中的重要环节之一，推行配送合理化，有一些可供借鉴的办法。

（1）推行具有一定综合程度的专业化配送

通过采用专业设备、设施及操作程序，取得较好的配送效果，并降低配送复杂程度及难度，从而追求配送合理化。

（2）推行共同配送

通过共同配送，可以以最近的路程、最低的配送成本完成配送，从而追求配送合理化。

（3）推行准时配送系统

准时配送是配送合理化的重要内容。做到了配送准时，用户才有资源把握，可以放心地实施低库存或零库存，可以有效地安排接货的人力和物力，以追求最高效率的工作。另外，保证供应能力也取决于准时配送。

（4）推行即时配选

即时配送可以体现电子商务企业的竞争优势。即时配送是电子商务企业快速反应能力的具体化，是物流系统能力的体现。即时配送成本较高，但它是整个配送合理化的重要环节之一。此外，在 B2B 业务中，即时配送也是用户实行零库存的重要手段。

### 4. 物流成本合理化

物流成本合理化管理主要包括以下内容。

（1）物流成本预测和计划

物流成本预测就是对物流成本指标和计划指标实现进行测算平衡，寻找物流成本的有关技术经济措施，以指导成本计划的制订。物流成本计划是物流成本控制的主要依据。

（2）物流成本计算

在计划开始执行后，对产生的生产耗费进行归纳，并用适当的方法进行计算。

（3）物流成本控制

采取各种方法严格控制和管理日常的物流成本支出，使物流成本降到最低限度，以达到预期的物流成本目标。

（4）物流成本分析

对计算结果进行分析，检查和考核成本计划的完成情况，找出影响成本升降的主客观因素，总结经验，发现问题。

（5）物流成本信息反馈

收集有关数据和资料并提供给决策部门，使其掌握情况并加强成本控制，保证规定目标的实现。

（6）物流成本决策

根据物流成本信息反馈的结果，决定采取以最少耗费获得最大效果的最优方案，以指导今后的工作，更好地进入物流成本管理的下一个循环过程。

### 5. 建立健全物流信息系统

为了有效地对物流系统进行管理和控制，必须建立完善的信息系统，信息系统的水平是物流现代化的标志。电子商务时代最大的特征就是以信息为主，因此，物流信息系统建设要求有更高的起点。物流信息系统的组成如图 6-3 所示。

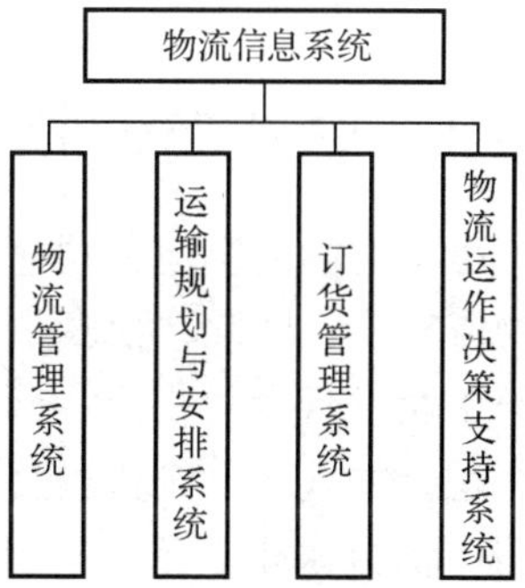

图 6-3　物流信息系统的组成

（1）物流管理系统

物流管理系统能够提供及时、准确的物流信息，充分满足物流系统各项作业需求，并能整合相关的硬件设备与软件系统，提供格式化的表单，对从入库到出库运送的各个作业环节，均能做到灵活的管理与控制。

（2）运输规划与安排系统

鉴于电子商务跨地区的特点，物流系统的运输规划及安排就显得非常重要。在运输作业及管理需求上，它要能提供全面性的运输作业信息管理，能够有效地处理运（配）送时间、运（配）送路线、人员薪资/运货账款、相关设备及客户订单等管理事项。同时，该系统也能全程提供整体运输作业中的管理功能，包括装卸和车辆专用场管理及回程载运管理等。

（3）订货管理系统

订货管理系统是一套完整的账务处理系统，它能处理物流中心每项货品的销售过程，控制每项货品的准确资料。该过程从电子商务客户下达订单开始到开立账单，直到信息进入仓储管理系统。

（4）物流运作决策支持系统

物流运作决策支持系统是进一步提高物流作业水平的一套决策支持系统。这个系统通过界面连接物流管理系统，成为高层管理者实现管理控制的工具。它能协助管理人员，在复杂的物流作业决策上，迅速而有效地做出正确的决定。

需要强调的是，物流系统的合理化追求的并非只是各个单一环节的合理化，而是应从整体效益出发，在确保实现整体目标的前提下，力求对各个物流环节的优化。

## 6.3 电子商务物流模式

电子商务的优势之一就是能大大简化业务流程，降低企业运作成本。而在电子商务环境下企业成本优势的建立和保持必须以可靠和高效的物流运输为保证。现代企业要在竞争中取胜，不仅需要生产适销对路的产品、采取正确的营销策略及提供强有力的资金支持，更需要加强“品质经营”，即强调“时效性”，其核心在于服务的及时性、产品的及时性、信息的及时性和决策反馈的及时性。这些都必须以强有力的物流能力为保证。因此，研究电子商务物流模式就成为一个重要的课题。按照活动的空间，物流可以分为企业物流、区域物流、国内物流和国际物流；按照物流的作用，物流可以分为供应物流、生产物流、销售物流、回收物流、废旧物资物流；按照运作的主体，物流可以分为企业自营物流、物流企业联盟、第三方物流和第四方物流；按照物流组织特征，物流可以分为虚拟物流、定制物流、精益物流和绿色物流等。电子商务物流模式与一般企业物流模式并无本质区别，下面介绍几种物流模式。

### 6.3.1 企业自营物流

由于国内的物流公司大多是由传统的储运公司转变过来的，还不能真正满足电子商务的物流需求，因此，很多企业借助自己开展电子商务的先进经验也开展物流业务，即电子商务企业自身经营物流，简称企业自营物流。

在该方式下，企业也会向仓储企业购买仓储服务，向运输企业购买运输服务，但是这些服务都只限于一次或一系列分散的物流功能，而且是临时性的、纯市场交易的服务，物流公司并不按照企业独特的业务流程提供独特的服务，即物流服务与企业价值链之间是松散的联系。

如果企业有很高的顾客服务需求标准，物流成本占总成本的比重极大，而企业自身的物流管理能力很强时，企业一般不应该选择外购物流服务，而应采用自营物流的方式。

目前，电子商务企业采用自营物流方式通常是由其发展方式所决定的，一般包括两类：一是电子商务与普通商务活动用一套物流系统；二是第三方物流企业建立电子商务系统。

### 1. 电子商务与普通商务活动用一套物流系统

这部分企业往往已经具有一定规模并正在进行普通商务活动，它们可以通过建立基于 Internet 的电子商务系统，利用原有的物流资源承担电子商务的物流业务，同拥有完善流通渠道的制造商或经销商开展电子商务业务。国内从事普通销售业务的公司主要包括制造商、批发商和零售商等。制造商进行销售的倾向在 20 世纪 90 年代表现得比较明显，从专业分工的角度看，制造商的核心业务是商品开发、设计和制造，但越来越多的制造商不仅有庞大的销售网络，还有覆盖整个销售区域的物流配送网，国内大型制造商的生产人员可能只有 3000～4000 人，但营销人员有 10000 多人，制造企业的物流设施普遍比专业流通企业的物流设施先进，这些制造企业完全可以利用原有的物流网络和设施支持电子商务业务，而不必新增投资。对这些企业来讲，比投资更为重要的是物流系统的设计和物流资源的合理规划。

另外，批发商和零售商显然比制造商更具有组织物流的优势，因为它们的主业就是流通，在美国，如 Wal-Mart（沃尔玛）、Kmart（凯玛特）、Sears（西尔斯）等，在国内，像北京的翠微大厦、西单商场等，为了顺应时代的发展趋势，保持市场地位，都开展了电子商务业务，其物流业务都与其一般销售的物流业务一起安排。

### 2. 第三方物流企业建立电子商务系统

区域性或全球性的第三方物流企业具有物流网络上的优势，当它们扩大到一定规模后，也想将其业务沿着主营业务向供应链的上游或下游延伸，向上延伸到制造业，向下延伸到销售业。例如，1999 年美国联邦快递公司（FedEx）决定与一家专门提供 B2B（B2C）解决方案的 Intershop（http://www.Intershop.com）通信公司合作，开展电子商务业务。FedEx 一直认为，该公司从事的不是快递业而是信息业。公司进军电子商务领域的理由有两个：第一，该公司已经有覆盖全球 211 个国家的物流网络；第二，公司内部已经成功地应用了信息网络，使消费者在全球通过 Internet 跟踪其发运包裹的状况。该公司认为，这样的信息网络和物流网络的结合完全可以为消费者提供完整的电子商务服务。像 FedEx 这样的第三方物流公司开展电子商务销售业务，完全可以利用现有的物流和信息网络资源，使两个领域的业务经营都做到专业化，实现公司资源的最大利用。但物流服务与信息服务领域不同，需要专门的经营管理技术，第三方物流公司涉足电子商务的销售和信息服务领域时要慎重。

## 相关链接

### 顺 丰 电 商

顺丰是中国一家非常优秀的物流公司，但是在很长的时间里其业务都集中在商务件领域。伴随着电子商务的迅猛发展，“通达”系（指申通快递、圆通速递、中通快递、百世汇通、韵达快递）物流企业快速崛起，占据了大部分电商件市场。因为守着自己利润丰厚的高端商务件市场，所以顺丰对此也并不介意。不过进入2013年，顺丰突然祭出了“价格战”的杀器，开始大力拓展电商件市场，发展电商客户。虽然快递仍旧是顺丰的核心业务，但是它并不满足于仅仅承担“搬箱子”的角色，CEO王卫在其对2014年顺丰的反思中明确表示：我一直认为，靠出卖劳力搬货不是顺丰的终极宿命，接下来我们的赚钱模式要从手脚过渡到嘴巴，从体力转向脑力，从注重公司品牌形象转向重视员工个人形象品牌。

自建物流是我国电商企业的一大特色，那么物流企业是否也可以向上延伸至电商领域呢？在物流领域打下稳固的基础之后，顺丰便踏上了探索这一问题答案的旅程。

2012年顺丰上线了尊礼会，定位于满足中高端商务人士的专业礼品需求，但是这项业务开展不久就被关闭。2012年5月31日，定位于生鲜食品速配的“顺丰优选”正式上线，这是顺丰目前力度最大，也是成效最为显著的电商尝试。目前，顺丰优选正在快速扩张中，覆盖的城市也越来越多。2014年5月18日，以零库存、虚拟展示等为主要特征的升级版便利店“顺丰嘿店”在全国高调亮相，而且一开业就是518家。一年之后，“顺丰嘿店”又被升级为“顺丰家”，预计在全国已有数千家之多。2014年12月，顺丰开始试运营海淘业务，“顺丰海淘”官方网站于2015年1月正式上线，涉及的品类主要包括母婴、保健品和美妆等，与“顺丰优选”的商品更多地通过一般贸易方式进入中国不同，“顺丰海淘”的商品则主要通过跨境直邮或保税的方式进入。

## 6.3.2 物流企业联盟

简单地说，物流企业联盟是指在物流方面通过签署合同形成优势互补、要素双向或多向流动、相互信任、共担风险、共享收益的物流伙伴关系。企业之间不完全采取使自身利益最大化的行为，也不完全采取使共同利益最大化的行为。

绝大多数物流服务利益产生于规模经济。因此，专业物流企业的要求是物流方面的规模经济。为了追求这种规模经济，就导致了物流联盟的产生。物流联盟的效益在于物流联盟内的成员可以从其他成员那里得到过剩的物流能力、处于战略意义的市场地理位置或卓越的管理能力等。

物流联盟一般具有三个基本特征。

（1）相互依赖

组成物流联盟的企业之间具有很强的相互依赖性。

（2）分工明确

无论对于何种企业来说，物流需求都产生于市场的需求。物流服务的供应商（物流联盟的各个组成企业）应该明确自身在整个物流联盟中的优势所在及应当担当的角色，这样物流联盟内部的对抗和冲突就会大大减少。这种明确的分工能够使供应商把注意力集中在提供用户指定的服务上。

（3）强调合作

既然是联盟，就要强调合作。高度成功的物流联盟的营销战略是建立一个合作平台。根据中国目前的物流发展状况，结合物流联盟的特征，我们可以看到，对中国当前的电子商务企业来说，物流联盟可以较好地满足其跨地区配送的特性，通过它可获得的收益有：

降低成本，减少投资；获得技术和管理技巧；提高为顾客服务的水平；取得竞争优势；降低风险和不确定性。

一般来说，如果企业自身物流管理水平比较低，组建物流联盟将会在物流设施、运输能力及专业管理技巧方面获得极大的收益。另外，如果物流在企业战略中不占据关键地位，但其物流水平很高，就应该寻找其他企业共享物流资源，通过增大物流量获得规模效益，降低成本。

另外，许多物流企业自身也利用联盟来改善其竞争能力。在物流企业之间形成战略联盟，普遍提高了它们的竞争能力和竞争效率。许多物流联盟致力于把专门承担特定服务的厂商的内在优势汇集在一起。许多不同地区的物流企业正在通过联盟共同为某一电子商务客户服务，满足电子商务企业跨地区、全方位的物流服务需求。

## 6.3.3　第三方物流

### 1. 第三方物流的概念

第三方物流（Third Party Logistics，TPL）是物流专业化的一种形式，指物流活动和配送工作由商品的供方和需方之外的第三方提供，第三方不参与商品的买卖，而是提供从生产到销售整个流通全过程的物流服务，包括商品运输、储存、配送及包装加工等一系列增值服务。第三方物流是建立在现代信息技术基础上的新型的物流组织形式，是电子商务的载体——Internet 为第三方物流的发展提供了良好的条件。

第三方物流产生于 20 世纪 70 年代的美国，由于市场竞争的白热化，物流作为联系客户和消费者的最后环节，其质量和水平直接影响到企业与客户的关系和企业的市场地位。而生产企业由于专注于技术和产品创新，不可能把太多人力、财力投入物流系统建设，因此，迫切需要有专门的企业提供高水平的专业化物流服务。第三方物流就是在这种条件下产生的，并因其适应现代市场经济环境而得到迅速推广，如今在发达国家已成为一种主流的物流模式。

常见的第三方物流服务内容包括：开发物流策略和物流系统，货物集运，选择承运人、货运代理、海关代理，进行运费谈判和支付，仓储管理，物流信息管理和咨询等。可以看出，第三方物流的服务内容大多集中于传统意义上的运输、仓储范畴之内，运输、仓储企业对这些服务较有经验，对业务内容有比较深刻的理解，因此，运输、仓储企业向第三方物流服务企业转变或转制比较容易，转变过程中，关键是要突破以往单项业务的思维定式，将单项服务内容有机地组合起来，提供物流运输的整体方案。随着物流技术的不断发展，第三方物流作为一个提高物流速度、节省物流费用和提高物流服务质量的有效手段，将在物流领域和社会经济生活中发挥越来越大的作用。

### 2. 第三方物流产生的原因

（1）第三方物流是社会分工发展的结果

在社会分工深化和市场竞争加剧的背景下，各企业为增强市场竞争力，纷纷将企业的资金、人力、物力集中到核心业务上，通过委托外包获得社会化分工协作带来的效率和效益，降低营运成本。企业业务的专业化分工重组的结果使许多非核心业务从企业经营活动中分离出来，其中包括物流业务。将物流业务委托给第三方专业物流公司负责，可降低物流成本，完善物流活动的服务功能，提高客户满意度。

（2）第三方物流的产生是新型管理理念的要求

20 世纪 70 年代以来，信息技术特别是计算机技术和网络技术的快速发展推动着管理技术和思想的更新，产生了供应链、虚拟企业等一系列强调外部协调和合作的新型管理理念，既增加了物流活动的复杂性，又对物流活动提出了零库存、快速反应、有效顾客反应等更高要求，一般企业很难在主营业务之外再提供这种高水平的物流服务，由此出现了对高水平专业化物流服务的需求。第三方物流正是为满足这种需求而产生的，它一方面适应个性需求时代企业间资源配置不断变化的要求，另一方面实现了进出物流的整合，提高了物流服务质量，有利于对供应链进行全面管理和协调，促进供应链整体效率的提高。

（3）物流业的观念更新和竞争激化促使第三方物流的发展

物流企业经历了成本导向、利润导向、竞争力导向等不同发展阶段。将物流改善与竞争力提高的目标相结合是物流观念与物流技术成熟的标志，是第三方物流产生的重要基础。随着经济自由化和贸易全球化的发展，物流领域的政策不断放宽，行业和地区垄断被打破，导致物流企业之间竞争激化，物流企业必须不断地拓展服务内涵和外延才能保持自己的市场份额，这也刺激了第三方物流的发展。

### 3. 第三方物流的特点

与传统的物流运作方式相比，第三方物流整合了多项物流功能，能使被服务的企业集中精力专注于生产和经营，减少雇员并节省在物流方面的开支。第三方物流具有以下三个方面的特点。

（1）第三方物流建立在现代电子信息技术基础之上

信息技术的发展是第三方物流产生的必要条件，电子数据交换（EDI）技术实现了数据的快速、准确传递；射频技术（RF）提高了仓库管理、装卸运输、订货采购、订单处理和配送发货的自动化水平；电子资金转账（EFT）技术实现了资金快速支付；通过 B2B 等电子商务模式，企业之间可以更方便地与物流企业进行交流与协作，同时，相关计算机专业管理软件的使用，能有效地管理物流渠道中的各种资源。

（2）第三方物流是合同导向的系列物流服务

从物流运行的角度看，第三方物流可以包括一切物流活动，以及货主可能从专业物流提供商处得到的各种增值服务。物流代理商提供这一服务，是以与委托人签订的正式合同为依据的，合同中明确规定服务费用、期限及相互责任等事项，因此第三方物流又常被称作“契约物流”“外协物流”。但第三方物流有别于传统的外协物流，传统的外协物流只提供一项或若干项分散的物流功能，如运输公司只提供运输服务，仓储公司只提供仓储服务，第三方物流则根据合同条款的规定而不是根据临时需要，提供多功能甚至全方位的综合物流服务。

（3）第三方物流是个性化的物流服务

第三方物流服务的对象一般都较少，只有一家或数家，服务时间却较长，可以根据合同长达几年。第三方物流有别于公共的物流服务，这是因为物流需求方的业务流程各不相同，而物流、信息流是随价值流流动的，因而要求服务应按客户的业务流程来定制，这也表明物流服务理论从“产品推销”阶段发展到了“市场营销”阶段。

## 6.3.4 国际物流

### 1. 国际物流的概念

国际物流是一种跨国界物流概念，它是指合理地组织货物在国家间流动，也就是发生在不同国家和地区间的物流活动。国际物流的实质是按照国际分工协作的原则，按照国际物流惯例和标准，利用国际物流网络、物流设施和物流技术，实现货物在国际的流动和交换，以促进区域经济的发展和世界资源的优化配置。

国际物流是不同国家之间的物流，这种物流是国家间有形商品贸易的必然组成部分，各国之间的贸易要借助国际物流来实现。国际物流的目标是为国际贸易和跨国经营服务，即选择最佳的方式与途径，以最少的费用和最小的风险，保质、保量、适时地将货物由一国的供方运到另一国的需方。

国际物流的流程如图 6-4 所示。它除涉及国内物流之外，还会涉及国际承运人、跨境运输、进出口、海关、检验检疫等诸多环节。

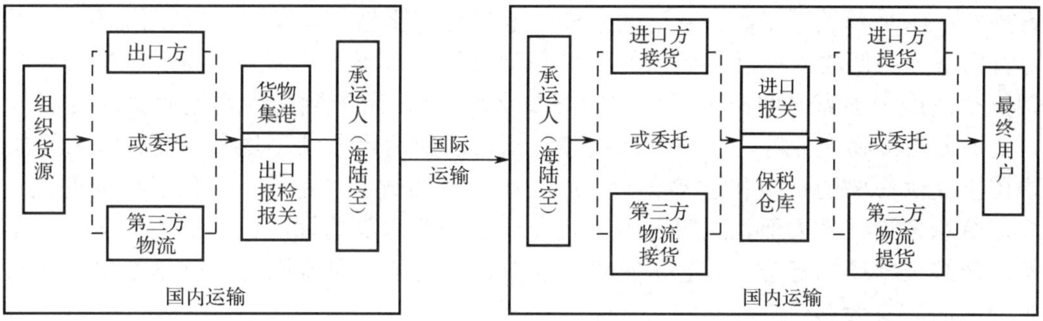


图 6-4 国际物流的流程

### 2. 国际物流的特点

与国内物流相比，国际物流有以下几个特点。

（1）物流环境存在差异

国际物流的一个非常重要的特点是各国物流环境存在差异，尤其是在物流软环境方面：不同国家的不同物流法律使国际物流的复杂性远远高于国内物流，甚至会因此阻断国际物流；不同国家的不同经济和科技发展水平使国际物流处于不同科技条件的支撑下，甚至有些地区根本无法应用某些技术而迫使国际物流系统整体水平下降；不同国家采用不同的技术和管理标准，也造成国家间“接轨”的困难，因而使建设国际物流系统的难度加大；不同国家的风俗人文差异也使国际物流受到一定的限制。

物流环境的差异使国际物流系统需要在不同的法律、人文、习俗、语言、科技、设施环境下运行，无疑会大大增加物流的难度和系统的复杂程度。

（2）物流系统范围广泛

物流本身的功能要素、系统与外界的沟通已相当复杂，国际物流又在这一复杂系统上增加了不同国家的要素，不仅是地域的广阔和空间的广阔，而且涉及的内外因素更多，所需的时间更长，这些因素带来的直接后果是物流的难度和复杂程度增加，风险增大。国际物流的风险主要包括政治风险、经济风险和自然风险。政治风险主要是指由于有关国家和地区的政局动荡，如战争、罢工等原因造成货物可能受到损害或丢失；经济风险又可分为利率风险和外汇风险等，从事国际物流必然要发生资金流动和国际汇兑，因而会产生利率风险和外汇风险；自然风险则指物流过程中，因长途运输和长期储存而可能增加自然灾害影响商品质量和数量的概率，如遭遇台风、海啸、暴风雨等引起的风险。

（3）国际物流的标准化要求较高

要使国际物流畅通起来，统一标准是非常重要的，可以说，如果没有统一的标准，国际物流水平很难提高。目前美国、欧洲基本实现了物流工具、设施标准的统一。例如，托盘采用1000mm×1200mm的尺寸，集装箱及条形码技术采取统一规格等，大大减少了物流费用，降低了转运的难度。而不采用统一标准的国家，必然在转运、换车底等许多方面耗费较多时间和费用，从而降低其国际竞争力。

国际物流还必须有国际化信息系统的支持。国际化信息系统是支持国际物流，尤其是国际联运的重要手段。建立国际信息系统是一项颇有难度的工作，一是管理困难，二是投资巨大。目前 Internet 的迅速扩展、跨洲光缆的敷设（如亚欧海底光缆、中美海底光缆等）都是国际化信息系统建立的重要进展。但是也应当指出，由于世界各地信息基础设施发展水平严重不平衡，发达国家经济信息化水平较高，发展中国家信息化水平较低，特别是一些低收入发展中国家的信息基础设施严重不足，信息使用水平极低，在发达国家和发展中国家之间出现了所谓的“数字鸿沟”，影响到国际物流业务的发展。所以，要扩大国际物流业务，应当重视克服各国信息应用水平的不均衡，发达国家应向发展中国家提供必要的资金和技术支持，以缩小双方的数字差距、减少信息沟通的困难。在物流信息传递技术方面，欧盟各国不仅实现了企业内部的标准化，而且实现了企业之间及欧洲统一市场的标准化，这就使欧盟各国之间的信息交流比其他亚非国家之间的交流更为简便、有效。

## 6.3.5 第四方物流

### 1. 第四方物流的概念

关于第四方物流的概念，一种定义是“集成商们利用分包商来控制与管理客户公司的点到点式供应链运作”；另一种定义是“一个集中管理自身资源、能力和技术并提供互补服务的供应链综合解决办法的供应者”；还有一种定义是“第四方物流是一个供应链集成商，它调集和管理组织自己的及具有互补性的服务提供商的资源、能力和技术，以提供一个综合的供应链解决方案”，由于这一定义更为贴切而被广泛采用。不管定义如何，第四方物流都可以通过整个供应链的影响力，提供综合的供应链解决方案，为其顾客带来更大的价值。

第四方物流不仅控制和管理特定的物流服务，而且对整个物流过程提出策划方案，并通过电子商务将这个过程集成起来，因此，第四方物流成功的关键在于为顾客提供最佳的增值服务，即迅速、高效、低成本和人性化服务等。发展第四方物流需平衡第三方物流的能力、技术及贸易流畅等，为客户提供功能性一体化服务并扩大营运自主性。图6-5说明了第四方物流和第三方物流及自营物流的主要区别。

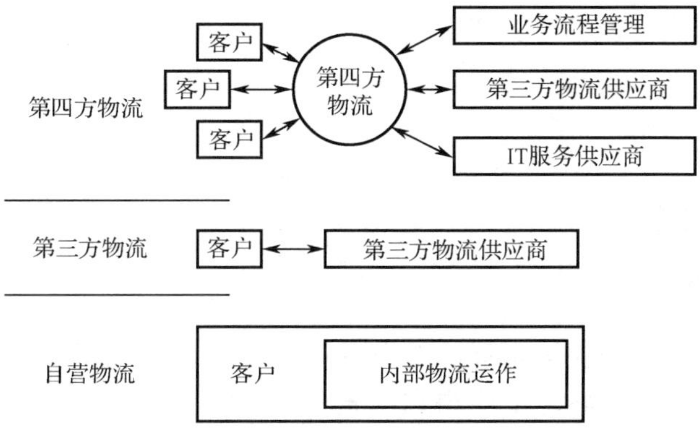


图 6-5　第四方物流和第三方物流及自营物流的主要区别

### 2．第四方物流的特点

（1）提供了一个综合性供应链解决方法

通过该方法有效地适应需方多样化和复杂的需求，集中所有资源为客户完美地解决问题。

① 供应链再建。通过供应链的参与者将供应链规划与实施同步进行，或利用独立的供应链参与者之间的合作提高规模和总量。供应链再建改变了供应链管理的传统模式，将商贸战略与供应链战略连成一线，创造性地重新设计了参与者之间的供应链，使之达到一体化标准。

② 功能转化。主要是销售和操作规划、配送管理、物资采购、客户响应及供应链技术等，通过战略调整、流程再造、整体性改变管理和技术，使客户间的供应链运作一体化。

③ 业务流程再造。将客户与供应商信息和技术系统一体化，把人的因素和业务规范有机结合起来，使整个供应链规划和业务流程能够有效地贯彻实施。

④ 实施第四方物流。开展多功能、多流程的供应链业务，其范围远远超出传统外包运输管理和仓储运作的物流服务。企业可以把整条供应链全权交给第四方物流运作，第四方物流可为供应链功能或流程的全部提供完整的服务。

（2）通过影响整个供应链来获得价值

与类似外包的供应链的区别之一在于第四方物流能够为整条供应链的客户带来利益。

① 利润增长。第四方物流的利润增长将取决于服务质量的提高、实用性的增加和物流成本的降低，由于第四方物流关注的是整条供应链，而非仓储或运输单方面的效益，因此其为客户及自身带来的综合效益惊人。

② 运营成本降低。这一目标可以利用运作效率提高、流程增加和采购成本降低实现，即通过整条供应链外包功能达到节约的目的。流程一体化、供应链规划的改善和实施将使运营成本和产品销售成本降低。

③ 工作成本降低。采用现代信息技术、科学的管理流程和标准化管理，使存货和现金流转次数减少，以期得到占总成本 30%的工作成本的降低。

④ 提高资产利用率。客户通过第四方物流减少了固定资产占用，提高了资产利用率，使得客户通过投资研究设计、产品开发、销售与市场拓展等获得经济效益的提高。

第四方物流成功地影响着大批服务者（第三方物流、网络工程、电子商务、运输企业等）、客户、供应链中的伙伴。它作为客户间的连接点，通过合作或联盟提供多样化服务。

第四方物流的优点在于可以迅速、高质量、低成本地完成各种服务。虽然不少人认为第四方物流由于难以获得委托者的信任而只是一个设想，但随着社会经济的不断发展，第四方物流将会得到广泛的运用。

## 6.3.6 绿色物流

### 1. 绿色物流的概念

绿色物流（Environmental Logistics）是指在物流过程中抑制物流对环境造成的危害，实现对物流环境的净化，使物流资源得到最充分的利用。

随着环境的恶化，人类生存和发展受到的威胁加大，人们对资源的利用和环境的保护越来越重视，在物流系统中的托盘、包装箱、货架等资源消耗大的物品方面出现了以下几个趋势，即包装箱采用可降解材料；托盘标准化以提高重复使用率；供应链管理的不断完善大大减少了托盘和包装箱的使用。

现代物流业的发展必须优先考虑在物流过程中减少环境污染，改善人类生存和发展的环境质量。可利用废弃物的回收已列入许多发达国家的可持续发展战略之中。

### 2. 绿色流通

绿色流通是指减少资源消耗、保护环境的商品流通活动。这里的商品流通，是指商品自离开生产领域至进入消费领域的整个所有权交易及实物流通的过程。其行为主体以专业流通企业为主，同时也涉及有关的生产企业和消费者。

（1）绿色流通的特点

绿色流通与一般的和传统的商品流通有以下几个不同点。

① 目标不同。传统商品流通活动在现实运行中表现出多重目标，如实现流通活动主体的盈利，满足用户或消费者对商品和服务的需求，以及扩大生产及流通企业的市场占有率等。这些目标均有一个共同点，即实现某一经济主体的经济利益；而绿色流通的目标则在上述各种经济利益目标之外，加上了节约资源、保护环境这一既具有经济属性又有人文及社会属性的目标。节约资源、保护环境与经济利益目标从长远的和宏观的角度讲是一致的，但对特定的流通活动的主体往往是矛盾的。如何把二者协调好就成为绿色流通所要处理和解决的一个中心问题。

② 流通活动的具体功能和内容不同。绿色流通在实现一般商品流通功能的同时，还要实现诸如支持绿色生产、经营绿色产品、促进绿色消费、回收废弃物等以环境保护为目的的特殊功能。

绿色营销是与绿色流通既密切联系又相互区别的概念。从涵盖的部门领域看，绿色营销较之绿色流通更为广阔。绿色营销是贯穿于整个生产及流通领域的活动，其内容包括绿色产品的产品选择、市场定位、价格策略及产品促销等活动，而绿色流通则只涉及发生于流通领域的绿色产品营销活动。然而，从两个概念的内涵来看，绿色流通又比绿色营销更为宽泛。绿色营销是以企业为本位的经营行为，而绿色流通则是对整个社会绿色流通活动的概括，是一个更高层次的概念。它既包括企业的绿色流通经营活动，又包括社会对绿色流通活动的管理、规范和调控。这使得对绿色流通的研究既具有政府政策的一面，又具有流通企业经营战略与策略的一面。

（2）绿色流通的内涵

从不同的研究和分析视角可以归纳出不同的绿色流通范畴，这些范畴从不同的层面反映了绿色流通的多重性质与内涵。与绿色流通相联系的有如下范畴。

① 绿色商流。这是指与节约资源及保护环境相联系的商流活动。其具体内容包括对绿色产品的经营与营销、对绿色消费的引导与鼓励、促进商品重复使用、再生利用以节约能源、保护环境的交易方式创新等。

② 绿色产品流通。这是直接与绿色商流相联系的范畴。绿色产品流通是指对节约资源和保护环境产品的经销。绿色产品流通一方面可以满足消费需求，支持绿色产品生产；另一方面还能促进绿色消费和绿色产品的生产。

③ 绿色流通经营战略与策略。随着社会的发展，节约资源、保护环境已不仅是企业出于对公众利益的关切而进行的一种公益事业，而且已成为企业必须履行的社会义务。绿色事业更为企业开辟了新的经营与发展领域，给企业带来了新的拥有巨大潜力的商机。企业必须树立自己的绿色经营战略与策略。在发达国家，很多企业都将绿色事业作为企业战略发展与日常经营活动中的重要部分。流通企业可采用的绿色流通战略包括绿色商品经营与营销战略、绿色企业文化与形象战略、绿色流通作业战略等。相应地，企业可采用采购、价格、营销及公关等经营策略实现绿色经营战略目标。

④ 绿色流通政策。造成资源浪费和环境污染的厂家和个人并不承担成本或仅承担其成本的很小一部分，而这种消极行为的所有或部分受害者并不是这些行为的履行者。这种外部无效性决定了在资源使用和环境保护领域尤其需要政府对整个社会进行干预。从这个意义上说，绿色流通事业既包括厂商和个人行为，又包括政府行为。政府环保政策的实施工具包括通过立法和制定行政规则，将节约资源、保护环境的要求制度化，动用舆论工具进行环境伦理、绿色观念、绿色意识的大众宣传，利用税收及收费手段对资源使用和污染制造行为予以限制和惩罚，以基金或补贴的形式对节约资源、保护环境的行为予以鼓励和资助，利用产业政策直接限制浪费资源和制造污染产业的发展，支持绿色产业的发展等。

⑤ 绿色消费。绿色消费是以消费者为主体的消费行为，体现为消费者对绿色产品的需求、购买和消费活动。绿色消费与绿色流通的分界线存在于流通组织与消费者之间的绿色产品交易及实物交接完成之际。绿色消费产生于绿色需求，而绿色需求可分为两类：一类是对直接有利于消费者个体的绿色商品（私益型绿色商品）的需求，如对不含任何化学添加剂的绿色食品的需求，对于这类需求，商品流通部门可通过直接宣传绿色产品对消费者的益处而促进绿色消费；另一类是对一些有益于社会环境，但并不直接有利于消费者本人的绿色商品（公益型绿色商品）的需求，如无氟冰箱，这类需求出自消费者对社会环境的关切意识和自觉维护环境的意愿。对这类绿色产品，流通部门的宣传、引导、促销活动及适当的价格及服务策略对促进绿色消费具有尤为重要的作用。

### 3. 绿色物流的构成

由于物流是与节约资源、保护环境相关的流通活动发生的主要领域，所以绿色物流也是绿色流通中的主要方面。绿色物流涉及绿色运输、绿色包装及绿色流通加工三个子范畴。

（1）绿色运输

绿色运输是指各种运输工具采用节约资源、减少污染和保护环境的原料作为动力。当一些大城市的车辆已大大饱和的时候，专业物流企业的出现使得大城市的运输车辆减少，有利于减轻城市的污染。专业物流企业的运输工具可以使用其他燃料，如改用液化气作为城市运输工具的动力等，也可以采用太阳能作为动力，这些还可以取得政府的政策支持。

（2）绿色包装

绿色包装是指采用节约资源、保护环境的包装。绿色包装的途径主要包括：促进生产部门采用尽量简化的以及由可降解材料制成的包装，商品流通过程中尽量采用可重复使用的单元式包装，减少流通部门自身经营活动中包装的使用，主动协助生产部门进行包装材料的回收及再利用。

（3）绿色流通加工

流通加工指在流通过程中继续对流通中的商品进行生产性加工，以便其成为更加符合消费者需求的最终产品。流通加工具有较强的生产性，也是流通部门对环境保护可以有大作为的领域。绿色流通加工的途径主要分两个方面：一方面，变消费者分散加工为专业集中加工，以规模作业的方式提高资源利用效率，以减少环境污染，例如，餐饮服务业对食品的集中加工，可以减少家庭分散烹调所造成的能源使用和空气污染；另一方面，集中处理消费品加工中产生的边角废料，以减少消费者分散加工所造成的废弃物污染，例如，流通部门对蔬菜的集中加工，减少了居民分散垃圾丢放及相应的环境治理问题。

## 6.4 电子商务物流技术

电子商务物流的发展是以电子商务技术和物流技术为支撑的。没有现代的电子商务技术和先进的物流技术的支撑，物流是难以得到发展的。

一次完整的商务过程一般都是由信息流、商流、资金流和物流组成的。就物流而言，它包括产品由生产厂家生产出来，通过包装、运输、仓储、加工及配送到用户和消费者的一系列过程。在经济活动过程中，要实现物流畅通、高效和低成本地运行，不仅要实现信息流、商流、资金流与物流的有效衔接，而且要科学合理地使用现代先进物流技术。

电子商务的飞速发展，一方面，给物流技术增添了新的内容，如条形码、EDI、GIS、GPS等；另一方面，它不仅给传统的以实物运作为主的物流技术提供了发展机遇，也使传统的物流技术面临着挑战。传统的物流技术只有与现代的电子商务技术紧密地结合，才能得到发展，才能发挥更大的作用，电子商务物流也才能得到有效的发展。

EDI技术在第2章已经讲过，下面主要介绍条形码和射频识别技术、GIS技术和GPS技术。

### 6.4.1 条形码和射频识别技术

在科学技术迅速发展的今天，信息在人们的生活中扮演着越来越重要的角色。计算机和网络技术的发展，从根本上改变了人们传统的工作方式，信息快速录入问题成为长期制约计算机应用范围的一个难题。传统的手工输入速度慢、出错率高，而且工作强度大。为此，人们迫切需要一种更有效的计算机识别技术，来提高工作效率。而在众多的识别技术中，条形码和射频识别技术因优点突出而受到人们的青睐，被广泛应用于社会经济的各个领域。

### 1. 条形码技术

条形码技术是在计算机的应用实践中产生和发展起来的自动识别技术，是为实现对信息的自动扫描而设计的数据采集的有效手段。条形码技术的应用解决了数据录入和数据采集的“瓶颈”问题，为供应链管理提供了有力的技术支持。

（1）条形码技术的相关概念

条形码分为一维条码和二维条码。一维条码是由一组宽度不同、反射率不同的条和空按规定的编码规则组合起来的，用以表示一组数据的符号，如图 6-6 所示。二维条码是用某种特定的集合图形按照一定规律在平面分布的黑白相间的图形记录数据符号信息的，如图 6-7 所示。二维条码与一维条码相比，能表达更多的信息内容。

图 6-6　一维条码

图 6-7　二维条码

条形码技术研究如何把计算机所需要的数据用一种条形码来表示，以及如何将条形码表示的数据转变为计算机可以自动采集的数据。因而，条形码技术主要包括：条形码编码原理及规则标准、条形码译码技术、光电技术、印刷技术、扫描技术、通信技术、计算机技术等。具体来说，条形码是一种可印制的机器语言，它采用二进制数的概念，用 1 和 0 表示编码的特定组合单元。直观看来，常用的条形码由一组字符组成，如数字 0～9、字母 A～E 或一些专用符号。

条形码系统是由条形码符号设计、制作及扫描识读装置组成的自动识别系统。条形码识读装置是条形码系统的基本设备，它的功能是译读条形码符号，即把条形码条符宽度、间隔等信号转换成不同时间长短的输出信号，并将该信号转化为计算机可识别的二进制编码，然后输入计算机。识读装置由扫描器和译码器组成。扫描器又称光电读入器，它装有照亮被读条形码的光束检测器件，接收条形码的反射光，产生模拟信号，经放大、量化后送译码器处理。扫描器可以是一支光笔或激光枪，由人手持作业；也可以是一种安装在某部位的自动扫描器，典型的有固定光束扫描器、直线扫描器、逐行扫描器和全方位扫描器。译码器存储有需译读的条形码编码方案的数据库译码算法。早期的识别设备中，扫描器和译码器是分开的，近年推出的设备大多已合成一体，整个设备完整、方便、灵巧。

当计算机配置了网络控制器之类的接口等软、硬件时，这个条形码系统就能同时处理多个条形码识读装置输入的条形码信息。

条形码技术在仓库管理中的应用如图 6-8 所示。条形码技术与信息技术相结合，通过对仓库的到货检验、入库、出库、调拨、领退补、库存盘点等各个作业环节的自动化录入，实现实时数据化监测管理，确保库存量的准确性。

（2）条形码技术的特点

条形码是迄今最经济、最实用的一种自动识别技术，具有以下四个方面的优点。

① 输入速度快。与键盘输入相比，条形码输入的速度是键盘输入的 5 倍，并且能实现“即时数据输入”。

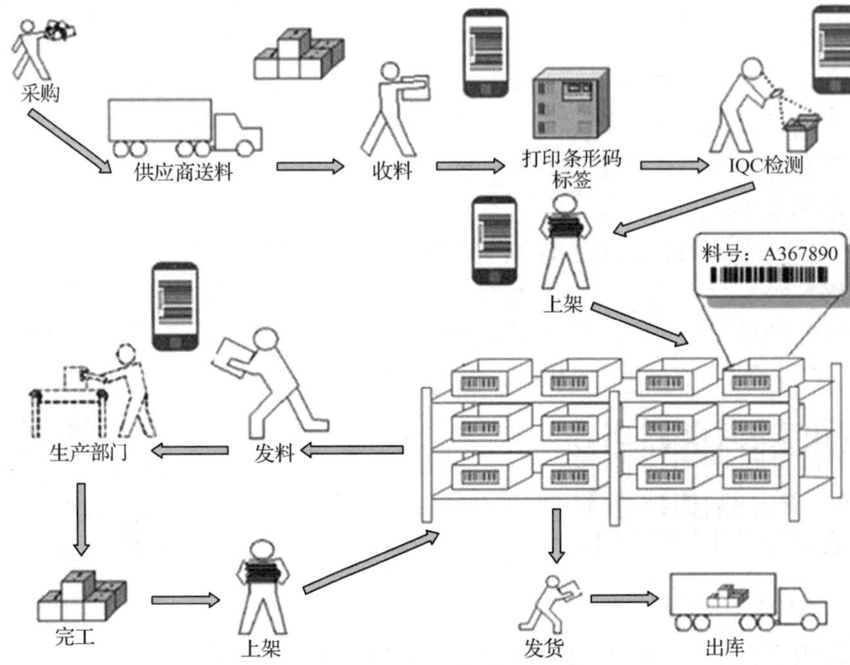


图 6-8　条形码技术在仓库管理中的应用

② 可靠性高。键盘输入数据出错率为三百分之一，利用光学字符识别技术出错率为万分之一，而采用条形码技术误码率低于百万分之一。

③ 采集信息量大。利用传统的一维条码一次可采集几十位字符的信息，二维条码更可以携带数千个字符的信息，并有一定的自动纠错能力。

④ 灵活实用。条形码标识既可以作为一种识别手段单独使用，又可以和有关识别设备组成一个系统，实现自动化识别，还可以和其他控制设备连接起来实现自动化管理。

另外，条形码标签易于制作，对设备和材料没有特殊要求，识别设备操作容易，不需要特殊培训，且设备也相对便宜。

### 2．射频识别技术

（1）射频识别技术的相关概念

射频识别技术（Radio Frequency Identification，RFID）是非接触式自动识别技术的一种，利用无线射频方式对记录媒体（电子标签或射频卡）进行读写，从而达到识别目标和数据交换的目的，被认为是21世纪最具发展潜力的信息技术之一。

射频识别技术依据其标签的供电方式可分为无源RFID和有源RFID。无源RFID的电子标签通过接收射频识别阅读器传输来的微波信号并通过电磁感应线圈获取能量来对自身短暂供电完成信息交换，自身结构简单，成本低，故障率低，使用寿命较长。但作为代价，无源RFID的有效识别距离通常较短，一般用于近距离的接触式识别。有源RFID通过外接电源供电，主动向射频识别阅读器发送信号，其体积相对较大，但也因此拥有了较长的传输距离与较高的传输速度。

一套完整的RFID系统由阅读器与电子标签（也就是所谓的应答器）及应用软件系统三个部分所组成。标签进入阅读器后，接收阅读器发出的射频信号，凭借感应电流所获得的能量发送出存储在芯片中的产品信息（Passive Tag，无源标签或被动标签），或者由标签主动发送某一频率的信号（Active Tag，有源标签或主动标签），阅读器读取信息并解码后，送至中央信息系统进行数据处理。

（2）射频识别技术的特点

射频识别技术具有如下特点。

① 适用性。RFID 依靠电磁波，并不需要连接双方的物理接触。这使得它能够透过尘、雾、塑料、纸张、木材等障碍物建立连接。

② 高效性。RFID 系统的读写速度极快，一次典型的 RFID 传输过程通常不到 100ms。高频段的 RFID 阅读器甚至可以同时识别、读取多个标签的内容，极大地提高了信息传输效率。

③ 独一性。每个 RFID 标签都是独一无二的，通过 RFID 标签与产品的一一对应关系，可以清楚地跟踪每一件产品的后续流通情况。

④ 简易性。RFID 标签结构简单，识别速率高，所需读取设备简单。尤其是随着 NFC 技术在智能手机上逐渐普及，每个用户的手机都将成为最简单的 RFID 阅读器。

## 6.4.2　GIS 技术

### 1．GIS 的含义

GIS（Geographic Information System）即地理信息系统，是在 20 世纪 60 年代开始迅速发展起来的地理学研究新成果，是将地理学、计算机科学、测绘遥感学、城市科学、环境科学、信息科学、空间科学、管理科学和信息科学融为一体的新兴学科。GIS 是多学科集成并应用于多领域的基础平台，这种集成是对信息的各种加工和处理过程的应用、融合和交叉渗透并实现各种信息数字化的过程，具有数据采集、输入、编辑、存储、管理、空间分析、查询、输出和显示功能，为系统用户进行预测、监测、规划管理和决策提供科学依据。

GIS 以地理空间为基础，利用地理模型的分析方法及时提供多种空间的、动态的地理信息，从而为有关经济决策服务。GIS 在物流领域应用，便于企业合理调配和使用各种资源，提高运营效率和经济效益。

### 2．GIS 的作用

在具体的应用领域中，GIS 可以帮助分析解决下列问题。

① 定位（Location）：研究对象位于何处？周围的环境如何？研究对象相互之间的地理位置关系如何？

② 条件（Condition）：有哪些地方符合某项事物（或业务）发生（或进行）所设定的特定经济地理条件？

③ 趋势（Trends）：研究对象或环境从某个时间起发生了什么样的变化？今后演变的趋势是怎样的？

④ 模式（Patterns）：研究对象的分布存在哪些空间模式？

⑤ 模拟（Modeling）：如果发生假设条件，研究对象会发生哪些变化？引起怎样的结果？

GIS 最明显的作用就是能够把数据以地图的方式表现出来，把空间要素和相应的属性信息组合起来就可以制作各种类型的信息地图。信息地图的制作从原理上讲并没有超出传统的关系数据库的功能范围，但把空间要素和属性信息联系起来后的应用功能大大增强了，应用范围也扩展了。

各数据区域在传统的关系数据库中是平等的，它们按照关系规范化理论分别被组织起来。而在 GIS 中，空间信息和属性信息是密不可分的有机整体，它们分别描述地理实体的两面，以地理实体为主线被组织起来。

除此之外，空间信息还包括了空间要素之间的几何关系，因而 GIS 能够支持空间查询和空间分析，空间分析往往是制定规划和决策的重要基础，传统的关系数据库却不能做到这一点。

### 3. GIS 在物流中的应用

GIS 不仅是一种查询信息的方法，还是一种挖掘信息模式的技术。因此，越来越多的商业领域已把 GIS 作为一种信息查询和信息分析工具，GIS 技术本身也融入了这些商业领域的通用模型，因而 GIS 技术在各个商业领域的应用无论是在深度上还是在广度上，都处于不断发展之中。事实上，GIS 技术可以应用到任何涉及地理分布的领域，其在经济管理方面的应用潜力巨大，现在还远未挖掘出来。

GIS 在物流领域中的应用主要是指利用 GIS 强大的地理数据功能来完善物流分析技术，合理调整物流路线和流量，合理设置仓储设施，科学调配运力，提高效率。目前，已开发出了专门的物流分析软件。完整的 GIS 物流分析软件集成了车辆路线模型、网络物流模型、分配集合模型和设施定位模型等。

（1）车辆路线模型

车辆路线模型用于研究在一个起始点、多个终点的货物运输中，如何减少物流作业费用并保证服务质量的问题，包括决定使用多少辆车、每辆车的行驶路线等。

（2）网络物流模型

网络物流模型用于解决寻求最有效的分配货物路径问题，也就是物流网点布局问题。例如，将货物从 $n$ 个仓库运到 $m$ 个商店，每个商店都有固定的需求量，因此需要确定由哪个仓库提货送给哪个商店，使得运输代价最小。

（3）分配集合模型

分配集合模型可以根据各个要素的相似点把同一层上所有或部分要素分为几个组，用以解决确定服务范围和销售市场范围等问题。例如，某一公司要设定 $x$ 个分销点，要求这些分销点要覆盖某一地区，而且要使每个分销点的顾客数目大致相等。

（4）设施定位模型

设施定位模型用于确定一个或多个设施的位置。在物流系统中，仓库和运输线共同组成了物流网络，仓库处于网络的节点上，节点决定着线路，如何根据供求的实际需要并结合经济效益等原则，在即定区域内设立多少仓库，每个仓库的位置、规模，以及仓库之间的物流关系等，运用此模型均能很容易地得到解决。

## 6.4.3 GPS 技术

### 1. GPS 简介

GPS（Global Positioning System）即全球卫星定位系统，最早是由美国军方在 20 世纪

70 年代初由“子午仪卫星导航定位”技术发展起来的，是具有全球性、全能性（陆海空）、全天候性优势的导航定位、定时、测速系统。

### 2．GPS 的构成

GPS 由空间卫星系统、地面监控系统、信号接收系统三大子系统构成（见图 6-9）。

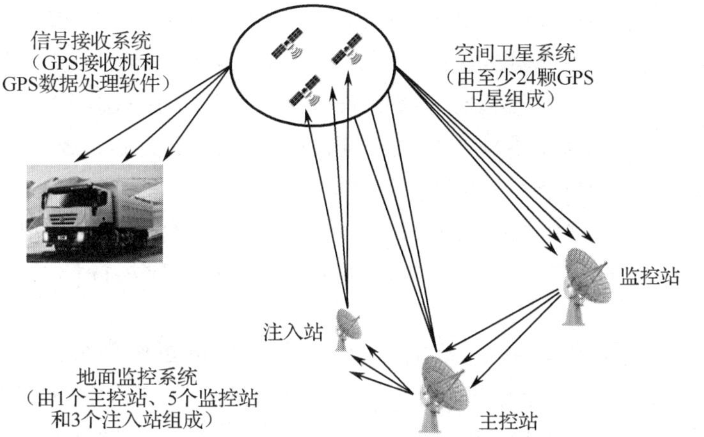


图 6-9　GPS 的构成

（1）空间卫星系统

空间卫星系统由均匀分布在 6 个平面上的 24 颗高轨道工作卫星构成，每个轨道平面与赤道平面的倾角为 55°，轨道平面间距 60°。在各轨道平面内，各卫星之间升交角距相差 90°，每个轨道上的卫星总比西边相邻轨道上的相应卫星超前 30°。在实际的应用中，空间卫星系统的卫星数量一般要超过 24 颗，以便能够及时更换损坏或老化的卫星，保障系统正常运行。

每 12 小时各卫星就要沿着近圆形轨道绕地球旋转一周，由星载高精度原子钟控制无线电发射机在“低噪音窗口”附近发射载波，向全球的信号接收系统不停地播发 GPS 导航信号。运用 GPS 工作卫星组网后，全球的任一地点在任一时刻都可以观测到 4 颗以上的卫星，最多可以达到 11 颗，来实现连续、实时的导航和定位。

GPS 卫星向用户发送的导航电文信号包括两种载波和两种伪噪声码，即 C/A 码和 P 码。这四种 GPS 信号的频率皆源于 10.23MHz（星载原子钟的基频）的基准频率。基准频率与各信号频率之间存在一定的比例关系，其中将 P 码作为精确码，只有美国军方、政府机关及得到美国政府批准的民用用户才能使用；C/A 码为粗码，其定位和时间精度均低于 P 码，目前，全世界的民用客户均可免费使用。

（2）地面监控系统

地面监控系统由 5 个监测站、1 个主控站和 3 个注入站构成。该系统的作用是对空间卫星系统进行监测、控制，并向每颗卫星注入更新的导航电文。

① 监测站。监测站的作用就是用 GPS 的接收系统来测量每颗卫星的伪距和距离差，采集气象数据，并将这些数据传送到主控点。5 个监控站的数据采集中心均无须人工值守。

② 主控站。主控站的作用是接收各监测站的 GPS 卫星观测数据、卫星工作状态数据、各监测站和注入站自身的工作状态数据。然后根据上述各类数据，完成以下工作：及时编制每颗卫星的导航电文并传送给注入站；控制和协调监测站间、注入站间的工作，检验注

入卫星的导航电文是否正确及卫星是否已将导航电文发给 GPS 用户系统；诊断卫星工作状态，改变偏离轨道的卫星位置及姿态，调整备用卫星以取代失效卫星。

③ 注入站。注入站的作用是接收主控站送达的各卫星导航电文并将之注入飞越其上空的每颗卫星。

（3）信号接收系统

信号接收系统主要由 GPS 卫星接收机和 GPS 数据处理软件构成。

① GPS 接收机。GPS 接收机分为天线单元和接收单元两部分。天线单元的主要作用是：当 GPS 卫星从地平线上升起时，能捕获、跟踪卫星，接收并放大 GPS 信号。接收单元的主要作用是：记录 GPS 信号并对信号进行解调和滤波处理，还原出 GPS 卫星发送的导航电文，以实时地获得定位、测速、定时等数据。

微处理器是 GPS 接收机的最重要部分，负责整个系统的管理、控制和实时数据处理。

目前，国际上已经推出了几十种测量用 GPS 接收机，各厂商的产品朝着实用、轻便、易于操作、美观价廉的方向发展。

② GPS 数据处理软件。GPS 数据处理软件是 GPS 的重要部分，其主要功能是对 GPS 接收机获取的卫星测量记录数据进行“粗加工”“预处理”，并对处理结果进行再处理，从而解得测站的三维坐标及测体的坐标、运动速度、方向和精确时刻。

### 3. GPS 在物流领域的应用

（1）货物跟踪

GPS 计算机信息管理系统可以通过 GPS 和计算机网络实时地收集全部列车、机车、车辆、集装箱及所运货物的动态信息，实现对陆运、水运货物的跟踪管理。只要知道货车的车型、车号或船舶的编号就可以立即从铁路网或水运网中找到该货车或船舶，知道它们现在所处的位置，距离运输目的地的里程，以及所有装运货物的信息。运用这项技术可以大大提高运营的精确性和透明度，为货主提供高质量的服务。

（2）与 GIS 结合解决物流配送

物流包括订单管理、运输、仓储、装卸、送递、报关、退货处理、信息服务及增值业务，全过程控制是物流管理的核心问题。供应商必须全面、准确、动态地把握散布在全国各个中转仓库、经销商、零售商及汽车、火车、飞机、轮船等各种运输环节之中的产品流动状况，并据此制订生产和销售计划，及时调整市场策略。因此，对于大型供应商，没有全过程的物流管理就不可能建立有效的分销网络；对于大型连锁零售商，没有全过程的物流管理就谈不上建立供应配送体系；对于第三方物流服务商、仓储物流中心，没有面向全过程的物流管理服务就很难争取到客户的物流业务；对于普通用户，没有快速、准确、安全、可靠的物流配送服务，网上采购和网上购物几乎是不可想象的。

物流配送的过程主要是货物的空间位置转移过程，在物流配送过程中，要涉及货物的运输、仓储、装卸、送达等业务环节，对各个环节涉及的问题如运输路线的选择、仓库位置的选择、仓库容量设置、合理装卸策略、运输车辆调度和投递路线选择等进行有效管理和决策分析，有助于物流配送企业有效地利用现有资源，降低消耗，提高效率。事实上，仔细分析上述各个环节存在的问题就可以发现，上面的问题都涉及地理要素和地理分布。正如上面所说，凡是涉及地理分布的领域都可以应用 GIS 技术。因此，GIS/GPS 技术是物流管理中不可缺少的组成部分。

## 前沿话题

### 无人仓、无人车、无人机和人工智能助力物流行业加速进化

今天，快递物流公司进入了一个全新的转型阶段，引领物流行业这场爆发式裂变的不仅仅是模式和资本，更是人工智能、云计算等新兴技术。

在这个物流行业剧变的时代，京东启用无人分拣中心、菜鸟网络用无人机跨海送货、苏宁力推物流云仓……目前，人工智能对物流行业改造成果如何？记者对此进行了采访。

走进京东昆山无人分拣中心，庞大的六轴搬运机器人负责用吸盘将货箱重新码放；AGV（自动导引运输车）利用地面贴着的二维码导航来搬运货架……整个分拣中心实现了真正的无人化，且效率大幅提升。据介绍，京东昆山无人分拣中心作业效率为 9000 件/小时，在同等场地规模和分拣货量的前提下，可以节省 180 人。

在分拣中心，人工智能游刃有余，走出仓库，人工智能借助无人机等设备参与“最后一公里”派送。2017 年 10 月，菜鸟网络公开进行无人机群组试验，满载 6 箱货品，耗时 9 分钟，飞越近 5 千米的海峡，为农村淘宝提供物流服务。这是国内首次完成无人机群组跨海快递飞行。

再如，顺丰与腾讯云合作，实现人工手写汉字的图像识别。而在这之前，顺丰雇用了 8000 名输单员来输入手写运单信息。

在效率方面，一方面，通过大数据分析和机器学习，可实现依据历史数据对现有作业流程和库内规划的不断优化；另一方面，人工智能技术能带来运输路径的优化，提高配送效率。得益于人工智能，2017 年“双 11”，菜鸟联盟仅用时 2.8 天就将第 1 亿个包裹送到消费者手中，比 2016 年再减少 0.7 天；“双 12”，仅用 15 小时就送完 2016 年全天的包裹量。

此外，人工智能还将带来服务质量的提升。信息化手段的使用可做到作业全程可追踪、过程可控和结果可预测，将运作中许多不可控因素排除在外，确保物流运营的质量。重组生产要素、重构运作流程、形成新物流生态，AI+物流未来可期。

（资料来源：根据新华网 http://www.xinhuanet.com/politics/2018-02/08/c_1122384666.htm 整理）

## 案例研究

### 京东物流抢“鲜”布局阳澄湖活蟹冷链服务

“秋风起，蟹子肥”，刚刚过完立秋，2018 年阳澄湖大闸蟹冷链物流保鲜战即已打响，8 月 8 日，京东物流抢“鲜”一步，联合苏州市阳澄湖大闸蟹行业协会、百余家阳澄湖原产地商家，共同开启“抢‘鲜’一步，为你而来——京东物流阳澄湖大闸蟹生鲜解决方案推介会”，宣布将在活蟹冷链就物流时效、覆盖范围、品质保障、售后服务、整合营销等维度进行创新升级，全面降低活蟹冷链物流成本，为消费者和商家提供最鲜、最优的极致服务，助推阳澄湖大闸蟹品牌实现跨越式发展。

**1. 首创三地“协同仓”，最快4小时抢“鲜”送达**

阳澄湖大闸蟹以肉肥味美、口感鲜嫩细腻闻名四海，想要把这道至鲜美味送上更多家庭的餐桌，“快”是第一要义。

大闸蟹的传统电商供应链模式，是从养殖户到商家仓库，再到分拣中心，然后到配送站，由配送人员送到客户手中。这种模式中间环节较多，不仅增加流通成本，配送时效也受影响。

推介会上，京东物流开放业务生鲜拓展负责人介绍，今年，京东物流进一步发挥供应链管理优势，全面创新，不仅将战线前移，在阳澄湖畔设立“协同仓”，确保原产地直发，第一时间抢“鲜”处理“身份纯正”的阳澄湖大闸蟹，而且在消费需求旺盛的北京、广州也设立了“协同仓”，通过大数据分析对当季大闸蟹销售进行精准预测，提前将阳澄湖大闸蟹从产地运送至协同仓暂存，消费者下单后，大闸蟹直接从协同仓发货，最大限度地提升配送时效，确保大闸蟹鲜活度。

据称，京东物流设立的三地协同仓将全部开放给大闸蟹商家使用，在协同仓的助力下，北京、上海、广州及其周边多个城市的消费者上午下单下午即能收到来自阳澄湖原产地的鲜活大闸蟹，甚至可享受最快4小时送达的极致服务体验。

**2. “陆空铁”合力，近300个城市“鲜”达万家**

吃大闸蟹最要紧的就是“鲜活”，为在72小时黄金生命周期内将活蟹送达更多消费者手中，增设运力支持、提升运输效率成为冷链物流最重要的一个挑战。今年京东物流在陆运和航空运输基础上，还特别增加了高铁运力，创新推出陆、空、铁多元化运力组合冷链解决方案，根据阳澄湖大闸蟹不同流向和配送需求，匹配不同的运输方式。

今年，京东物流将根据蟹农的出货时间，从上午10：00到晚上8：00，安排2小时一次循环接货，保证当天出水的活蟹，在阳澄湖本地打单、快速包装分拣，马上进入配送环节。在配送过程中，今年华北、华中流向增加了高铁运力，发挥高铁受天气影响较小、稳定性较高的运输特点；华南、西南、西北、东北流向，则继续采用航空+冷链车的运输形式；华东区内流向，则全程采用专业冷链车运输的形式。

据介绍，今年京东物流将进一步增设航空线路，并联合中国国际货运航空公司等深度合作“大闸蟹头等舱”服务，开设专门用于大闸蟹通行的机场快速通道，便于快速交接完成。

“陆空铁”联合的运输形式，将今年阳澄湖大闸蟹的配送服务范围一步拓展，全国近300个城市可在48小时内送达，其中190余个城市可实现24小时内送达。

**3. 恒温保鲜，全程可追溯，确保大闸蟹品质上乘**

今年，除原产地直采+协同仓的模式，确保阳澄湖大闸蟹的“纯正身份”外，在大闸蟹的品控环节，京东还自主研发了大闸蟹溯源系统，从蟹苗投放到捕捞时间、再到包装时是否鲜活，全程透明可追溯，同时为大闸蟹的品质安全再加一重保证。

而为了保证大闸蟹鲜活，京东物流不仅在包装上下足功夫，为大闸蟹量身定制了专用包装箱、专业冷媒（冰包、冰袋等）及封箱膜胶带，同时提供全程冷链解决方案，从商品打包、分拣、配送，一直到消费者手中的每一个环节，均可实现24小时全程监控，确保温度可控、时效可控、品质可控。

**4. 24小时专项客服，“死蟹包赔”无后顾之忧**

针对大闸蟹商家最为关心的售后问题，今年，京东物流设立24小时全天候大闸蟹专项客服，并建立了即时沟通、快捷咨询、极速理赔、应急处理等专项应对方案。为每个商家建立一对一异常反馈渠道，同时承诺商家建立“1 小时内首次响应、48 小时内回复处理结果”的投诉处理机制。

而对于消费者，网购大闸蟹的痛点之一就是收到死蟹。今年，京东将推出“死蟹包赔+闪电退款”服务。消费者签收后发现死蟹，只要在 6 小时之内申请“优鲜赔”，一对一客服就将专线联系处理，一旦审核通过，退款入账最快可在 11 秒内完成，让消费者全程安心。

大闸蟹作为生鲜市场的一个重要缩影，各大电商平台、物流企业都在铆足劲儿抢占，冷链物流网络成为其制胜的关键，作为中国最大的生鲜冷链电商宅配平台之一，京东物流冷链深耕多年，搭建起一整套供应链一体化解决方案，在全面开放的格局下，势必将进一步降低冷链物流成本，提升整个产业链条的服务品质，为消费者和商家、冷链行业，以及全社会创造价值。

（案例来源：http://www.jdwl.com/news/5b84bc5c560e4315740e2d68）

**案例思考题**

1. 生鲜产品的物流有什么特点？
2. 电子商务物流的品质应该包括哪些方面？
3. 在提高物流效率方面，京东都采取了哪些措施？

## 本章关键概念

电子商务物流、电子商务物流系统、物流企业联盟、第三方物流、国际物流、第四方物流、绿色物流、条形码、射频识别技术、GIS、GPS

## 本章复习思考题

1. 什么是电子商务物流？它有什么特点？
2. 电子商务与物流之间有何关系？
3. 电子商务物流系统的组成是什么？
4. 试述目前电子商务物流的主要模式及其特征。
5. 第三方物流与第四方物流有何异同？
6. 试述条形码和射频识别技术的概念及其特点。
7. GIS、GPS 的含义是什么，它们在物流领域有哪些应用？

## 本章论述题

1. 大型电商自建物流的利与弊。
2. 无人驾驶技术对物流行业的影响。

## ▶▶ 本章实践项目

1. 调查电子商务企业的物流现状，包括采用的物流模式、存在的主要问题及未来的发展规划等，写出调研报告。

2. 调查传统物流企业的业务发展情况，包括主要的业务类型、信息系统的使用情况、存在的主要问题及未来的发展规划，写出调研报告。

# 第7章

# 电 子 支 付

**本章学习目标**

- 掌握电子支付的概念与特征；
- 熟悉各种电子支付工具的特点和支付流程；
- 掌握网上银行的概念和运行特点；
- 了解我国网上银行的现状与发展；
- 掌握第三方支付的概念和支付流程。

**引导案例**

### 支 付 宝

支付宝是目前国内先进的第三方网上支付平台，由阿里巴巴集团创办，目的是为网络交易用户提供“简单、安全、快速”的网上支付服务。自 2004 年创办以来，支付宝迅速成为被广大用户广泛使用的网上支付工具。

支付宝公司以“信任”为产品和服务的核心。不仅从产品上确保用户在线支付的安全，同时让用户通过支付宝在网络上建立起相互的信任，为建立纯净的互联网环境迈出了非常有意义的一步。支付宝提出的“建立信任，化繁为简，以技术的创新带动信用体系完善”的理念深得人心。用户覆盖了整个 C2C、B2C 及 B2B 领域。截至 2018 年年底，支付宝及其附属公司的全球年度活跃用户超过 10 亿个。

目前，除淘宝网和阿里巴巴外，绝大多数网站也都接受支付宝付款，支持支付宝交易服务的线下商家更是遍布大街小巷，涵盖了虚拟游戏、数码通信、商业服务、机票和生活服务等几乎所有领域。这些商家在享受支付宝服务的同时，也拥有了一个极具潜力的消费市场。

支付宝在电子支付领域稳健的作风、先进的技术、敏锐的市场预见能力及极大的社会责任感赢得了银行等合作伙伴的认同。支付宝与国内外 180 多家银行及 VISA、MasterCard

国际组织等机构建立战略合作关系，成为金融机构在电子支付领域最为信任的合作伙伴。

支付宝支持快捷支付、网上银行支付、余额支付、找人代付、货到付款、网点付款、消费卡付款和国际银行卡支付等多种付款方式，其中前三种最为常用。快捷支付是支付宝联合各大银行推出的一种全新的支付方式。付款时无须登录网上银行，直接输入卡面信息及持卡人身份信息，根据安全规则可通过验证银行预留的手机接收校验码完成签约或支付，是一种便捷、快速、安全的付款方式；网上银行支付是支付宝通过签约的网络银行进行支付的付款方式。付款时跳转到银行网银页面，按银行的要求进行支付；余额支付是指当支付宝账户中有余额时，输入支付密码即可完成付款。

支付宝支付，是指买卖双方使用支付宝公司提供的“支付宝”软件系统，且约定买卖合同项下的付款方式为通过支付宝公司于买方收货后代为支付货款的中介支付。

以买方为例，交易流程为：买家选择商品→买家付款到支付宝→支付宝收到买家付款后即时通知卖家发货→买家收到货物满意后通知支付宝付款给卖家。

在买卖过程中，买家的支付对象为第三方的支付宝，这样买家就不用担心把货款直接付给卖家后卖家不给发货的问题。同时为了保证买卖双方的利益，在交易过程启动超时机制，买卖双方必须在未超时时间内进行交易，否则会造成一定的损失。

**案例思考题**

1. 与其他支付方式相比，支付宝有什么优势？
2. 支付宝对银行业产生了哪些冲击？
3. 支付宝对阿里巴巴公司业务的发展有什么意义？

## 7.1 电子支付概述

完全的电子商务活动需要整个交易活动都在网上进行，而传统的支付方式已经无法满足电子交易在线操作的要求，随着计算机技术和网络技术的发展，产生了各种电子支付方式，以满足电子商务活动中的在线支付要求。电子支付克服了传统支付方式的复杂、耗时、大量现金的携带所带来的不便等不利方面，能完全、便利和高效地完成支付功能，是电子商务活动中非常重要的一个环节。

### 7.1.1 电子支付的概念与特征

传统支付方式通过现金流转、票据转让及银行转账等物理实体的流转来实现款项的支付。而电子支付是指从事电子商务交易的当事人，包括消费者、商家和金融机构，以计算机和通信技术为手段，通过电子数据（二进制数据）的存储和传递来实现货币支付或资金流转的方式。

电子支付是电子技术和电子商务发展的产物。它采用先进的技术，通过电子数据流转来完成信息传输，其各种支付方式都采用数字化的方式进行。因此，电子支付不同于传统的支付方式，具有技术性、虚拟性等特点，其支付过程产生的法律关系也比传统支付方式复杂得多。

与传统的支付方式相比，电子支付具有如下特征。

① 电子支付是以先进的计算机技术和通信手段为支撑，通过数字流转来完成信息传输，进行存储、支付和流通的，它集储蓄、信贷和非现金结算等多种功能于一体；而传统支付是通过物理实体的流转来完成前述功能的。

② 电子支付工作在一个开放的系统（如互联网），可广泛应用于生产、交换、分配和消费领域；而传统支付则工作在一个较为封闭的系统。

③ 电子支付具有简便、快捷、高效和经济的优势；而传统支付则存在过程复杂、耗时和纸币的发行、流通和保管所带来的较高的支付成本等缺点。

④ 电子支付对软、硬件设施的要求比较高，一般要求有联网的微机、相关的软件及其他一些配套设施；而传统支付则不需要这些设施。

## 7.1.2　电子支付的方式

传统的支付方式包括现金支付、票据支付和银行卡支付等。现金交易受时间和空间的限制，对于不在同一时间、同一地点进行的交易，无法采用现金进行支付。另外，当交易金额较大时，现金携带不方便，也不安全。传统的票据包括汇票、本票和支票。票据支付可以克服现金交易的一些缺点，支持大额交易和异时异地的交易。但这些票据都是纸质的，携带或传递的效率较低。传统的银行卡支付主要是用银行发行的信用卡和借记卡通过 ATM 机或商家 POS 机来进行的，它本身就是电子支付的一种方式，但它不能通过互联网来完成。因而为了适应电子商务的发展需要，传统的支付方式必然产生新的变化，这里就来了解一下在电子商务中常用的一些支付方式。现在的电子支付大致可以分为电子现金支付、支付卡（如信用卡、借记卡和购物卡等）支付和电子支票（如电子支票、电子汇款和电子划款等）支付、第三方支付和移动支付等几种方式。

### 1．电子现金支付

电子现金又被称为电子货币或数字货币，是现实货币的数字模拟，以电子数据的形式存储在计算机系统中，通过计算机网络系统的传递来实现流通和支付功能。它用加密序列数来表示现实中的货币金额。电子现金比传统货币更加简便、安全、迅速、可靠，同时它与传统现金一样具有支付成本低和匿名性的特点，因此在小额支付和匿名支付方面有独特的应用。但目前的电子现金并不被人们广泛接受。

### 2．支付卡支付

支付卡分为银行卡和非银行卡，支付卡支付是一种使用非常广泛的支付方式。

银行卡是指经批准由商业银行向社会发行的具有消费信用、转账结算、存取现金等全部或部分功能的信用支付工具。比较常见的有信用卡和借记卡。

信用卡是一张正面印有发卡银行名称、有效期、号码等，背面有磁条、签名条等内容的具有消费信用的卡片。客户可使用信用卡随时、随地完成在线安全支付操作，个人、信用卡及密码信息经过加密后通过通信网络直接传送到银行进行支付结算。

借记卡是先存款、后消费、没有透支功能的银行卡。它除具有转账结算、存取现金、购物消费等功能外，还具有基金和股票买卖等理财功能。借记卡提供了大量增值服务，方便人们的生活。

非银行卡是指非金融机构发行的具有消费信贷或电子钱包等功能的卡片。这种卡片的种类很多，包括签账卡、储值购物卡、公共交通卡、校园卡、加油卡和社保卡等，在此不一一赘述。

### 3．电子支票支付

电子支票支付是一种以携带数字签名的以数据报文形式存在的一种支付方式。它通过使用数字签名确认支付者和收款者身份、支付银行和账户。电子支票与传统支票从功能上来讲几乎是相同的。利用它可以使传统支票支付的业务及处理过程实现电子化和自动化。因为数字签名具有很高的安全性，所以从某种意义上讲，电子支票比传统支票具有更高的安全性。电子支票具有方便、高效、受众面广、易于流通、适用性强、安全性高、业务自动化、省时省钱等优点。

电子支票呈现的结构和填写方式都类似于传统支票，除必需的收款者姓名、账号、金额和日期等信息外，电子支票还隐含了安全加密信息。当支付过程开始时，支付者把电子支票通过电子邮件发送给收款者，收款者取出电子支票并用数字签名签署收到的证实信息，再通过邮箱将电子支票发送到银行；支付者把电子付款通知单发到银行，银行确认收款者的身份信息后，再把款项转入收款者账户。

### 4．第三方支付

第三方支付是指具备一定实力和信誉保障的独立机构，通过与网联对接而促成交易双方进行交易的网络支付模式。第三方支付平台主要分为两种类型：一是以北京首信和网银在线为代表的网关型支付平台，二是以支付宝为代表的信用担保型支付平台。网关型第三方支付平台将多家银行的支付方式整合到一个界面上，为商家提供一个可以兼容多家银行支付方式的接口平台。而信用担保型第三方支付平台不仅可以提供统一的支付接口，还具有信用担保的功能。

### 5．移动支付

移动支付（Mobile Payment）也称为手机支付，是指用户使用其移动终端（通常是指手机）对所消费的商品或服务进行账务支付的一种新型支付方式。移动支付严格来说不是一种独立的支付方式，它往往只是借助手机等移动终端和无线网络，但实际上还是通过银行卡的在线支付或第三方支付的方式进行支付。但这种支付方式近几年发展迅猛，特别是在中国，已成为非常流行的一种支付方式。

## 相关链接

### 用智能手机支付？这在中国早已过时

美国《华尔街日报》2019年6月10日文章称，在普及移动支付方面，中国科技巨头超越了美企。如今他们正尝试让人们绕过智能手机，只需把目光投向屏幕就能成功付款。支付宝和微信竞相在中国各地零售店安装各自号称能加快销售的人脸识别屏幕，力争在中国下一阶段的无现金社会中占据主导地位。

分析人士说，此类设备将成一种未来趋势。在中国，人脸识别已发展到相当成熟的阶段，很可能被未来的无现金交易采用，作为一种标准方式。迄今已有多少商家采用这种新技术尚未被披露，但人脸识别支付设备已出现在中国各地的自动售货机、杂货店甚至医院里。

从用于政府和企业的监管到用于公厕中的定量发放厕纸，中国已置身于人脸识别技术发展的最前沿。杭州一家肯德基店成为中国首个使用人脸识别支付技术的商家，之后味多美蛋糕店也在300多家门店使用这种最新设备。该公司表示，此类设备已帮助人工收银员提高工作效率60%，其中一些门店70%以上的顾客选择“刷脸”支付。

（资料来源：http://www.sohu.com/a/320452080_120103105）

### 7.1.3 电子支付的发展历程

电子支付的发展经历了以下五个阶段：

第一阶段是银行间采用安全的专用网络进行电子资金转账（EFT），即利用通信网络进行账户交易信息的电子传输，办理结算。EFT的好处包括减少了管理费用，提高了效率，简化了簿记并且更加安全。

第二阶段是银行计算机与其他机构计算机之间资金的结算，如代发工资，代交水费、电费、煤气费、电话费等业务。

第三阶段是利用网络终端向用户提供各项银行服务，如用户在自动柜员机（ATM）上进行取、存款操作。ATM是由计算机控制的持卡人自我服务的金融专用设备，ATM可以向持卡人提供提款、存款、查询余额、更改密码等服务。

第四阶段是利用银行销售点终端（POS）向用户提供自动扣款服务。（POS）是英文Point of Sales的缩写，POS系统是由银行计算机与商业网点、收费网点、金融网点之间通过公用电话线或网络进行联机业务处理的银行计算机网络系统。

第五阶段是最新发展阶段，电子支付可随时随地通过互联网络进行直接转账结算，这一阶段的电子支付称为网络支付。

## 7.2 电子货币

随着Internet商业化的发展，电子商务的网上金融服务在世界范围内广泛开展。电子货币的出现给传统经济带来了巨大的影响。电子货币方便、快捷、安全、高效、通用的特点及信息时代的来临，促进了电子货币的快速发展。

### 7.2.1 电子货币的概念

电子货币是随着电子交易的发展而产生的，它是比其他货币形式及各种票据更为方便、快捷的一种支付工具。

#### 1. 电子货币的定义

虽然电子货币是一种在电子交易中广泛使用的电子支付工具，但目前对它还没有统一的定义。而且，世界各国推行的有关电子货币的试验项目也形态各异。各国对电子货币给出的定义主要有以下三种。

定义 1：电子货币是以金融电子化网络为基础，以商用电子化机具和各类交易卡为媒介，以电子计算机技术和通信技术为手段，以电子数据（二进制数据）的形式存储在银行的计算机系统中，并通过计算机网络系统以电子信息传递形式实现流通和支付功能的货币。

定义 2：用一定金额的现金或存款从发行者处兑换并获得代表相同金额的数据，通过使用某些电子化方法将该数据直接转移给支付对象，从而能够清偿债务，该数据本身即可称作电子货币。

定义 3：电子货币就是消费者向电子货币的发行者支付传统货币，而发行者把这些传统货币的相等价值，以电子、磁性等形式储存在消费者持有的电子设备中。依据国际清算银行的定义，指以电子形式储存在消费者持有的电子设备中并依现行货币单位计算的货币价值。

这三种定义代表了对电子货币的不同理解。就进行网上支付或刷卡消费等活动而言，定义 3 的解释比较贴近人们日常使用的电子货币。

我们认为，作为货币形态演变的最新形式，电子货币是一种在电子信用交换的基础上发展起来的、以电子信息交换形式进行资金传输和存储的一种信用货币。电子货币与其他货币形式（如纸币等）相比，具有便捷安全、处理简单、国际汇总简单、成本低廉（保存成本低、流通费用低、标准化成本低、使用成本低等）等优势。

### 2. 电子货币的作用

纵观货币的发展史，可以发现货币形态始终是朝着降低交易成本、提高交换效率的方向演绎和发展的。货币形态、货币制度的演进过程实际上也是不断降低交易费用的一种制度变迁过程。电子货币的作用可归纳为如下四点。

（1）促进电子商务的发展

电子货币以无形的数字形式存在，其在传递与转移过程中具有传统货币难以比拟的优势。通过电子货币进行结算，对生产厂商而言可在瞬间以最低的成本收回资金，面临的风险较小，因此可以放心地给顾客发送商品。而对顾客而言，由于免除了烦琐的支付手续，可轻松购物，从而能有效地拓宽市场交易面，因此电子货币对电子商务的发展可起到巨大的促进作用。

（2）极大地提高资金运行效率，降低结算成本

任何交易都包含着一个最基本的环节，即资金的支付与转移。传统的货币结算主要依靠银行与客户面对面地进行人工操作，或者借助于邮政、电信部门较完善的网络设施进行传递，从而出现资金占用多、资金周转速度慢等特点。而通过电子货币，采用先进的签章、加密等安全防护技术，使顾客足不出户便能利用网络迅速地完成款项的收支及资金的调拨，大大简化了资金转移手续，显著地提高了资金运营效率。

（3）促进社会经济活动更加虚拟化

电子货币的出现，为在虚拟空间开展经济活动提供金融服务，营造了在虚拟空间从事商业活动的金融环境。其结果必然是使社会经济活动虚拟化，使人们目前从事的实物经济活动向虚拟经济活动转移并形成虚拟社会和虚拟经济。

（4）加快世界经济一体化和金融全球化的进程

电子货币以计算机技术为依托进行存储与流通，无须进行实体交换，从而可有效地突

破物质世界的时空限制，使资金流、信息流的传递变得十分迅速，电子货币与网络技术的结合，将跨越时空的限制，使国际贸易变得非常简单。此外，电子货币与网络金融的发展也将使金融市场的自然疆界日趋模糊，资本的国际流动和全球性资本加速形成，为全球金融市场的融合构建起坚实的基础。显然，电子货币的应用与普及将加快世界经济一体化和金融全球化的进程。

虽然现在的电子货币还不完善，但是货币金融体系的电子化是一个必然趋势。未来，人们钱包里的人民币或美元将会被加了密的数据流（信用卡、电子现金、电子支票和电子钱包等各种电子货币）所代替。因此，我们有理由相信：一个全新的、可靠的、无比便捷的电子货币时代就要来临。

#### 3. 电子货币的主要功能

电子货币的主要功能表现在以下四个方面。

① 转账结算功能。电子货币可以代替现金完成转账功能，直接用于消费结算。

② 储蓄功能。使用电子货币可以存款和取款。

③ 兑现功能。异地使用货币时，进行货币汇兑。

④ 消费贷款功能。向银行贷款，提前使用货币。

### 7.2.2 电子货币的发展状况

电子货币的出现和发展经历了一个漫长的过程，其形式从之前的信用卡和电子资金传输系统一直发展到今天的电子货币。因此，信用卡和电子资金传输系统是电子货币发展的基础。世界上最早的银行信用卡是美国佛拉特布什国民银行在 1946 年发行的用于旅游的信用卡。这种信用卡具有货币支付的功能，但不能提供消费信贷，因而不是真正意义上的银行信用卡。真正意义上的银行信用卡是美国富兰克林国民银行于 1952 年发行的信用卡。继富兰克林国民银行之后，美洲银行从 1958 年开始发行“美洲银行信用卡”，并吸收中、小银行参加联营，发展成为今天的维萨（VISA）集团。西部各州银行组成联合银行协会，于 1966 年发行“万事达（Master Card）信用卡”，联合银行卡协会现已改名为万事达集团。维萨集团和万事达集团现已成为当今世界上最大的两个国际信用卡组织。

美国联邦储备委员会早在 1918 年就建立了自己的专用资金传送网。后经多次改进，于 1970 年开始用计算机化的高速远程通信和处理系统处理资金调拨业务。1982 年美联储开始组建一个更为完善的电子通信网，不仅能加速电子资金运行，而且能保证电子资金安全。1984 年 2 月，英国的票据交换所自动支付系统（Clearing House Automated Payment System，CHAPS）开始运营，它是英国的 14 家清算银行间的大额英镑方式的资金支付电子化系统。美国联邦储备通信系统 Fed Wire（Federal Reserve Communication System）是美国的第一个支付网络，也是美国国家级的支付系统。这个通信系统属于美国联邦储备体系所有，是美国联邦储备局（Federal Reserve Board，FRB）运营的大额美元清算系统，进行与联邦基金（银行同业外汇）交易、国债交易等有关的资金转账，以及票据交换所跨行支付系统（Clearing House Interbank Payment System，CHIPS）的接待差额的结算等。

1995 年 7 月，英国一个名为 Swindon 的城市在全世界率先推行“电子货币”的实验。在英国 Swindon 市推行的电子货币实验是以由英国最大的零售银行之一的米德兰银行（Midland Bank）和五大银行之一的国民西敏西银行（National Westminster Bank）共同出资开办的名为"Mondex UK"的企业的名义进行的一项电子货币实验，实验的内容就是对一种名叫"Mondex 卡"的 IC 卡进行测试。除了 Mondex 之外，目前世界各国正在进行一系列关于电子货币的实验和研究项目，并逐渐应用于现实中。例如，美国的 Net Cash、Net Cheque、First Virtual，荷兰的 E-Cash，丹麦的 Danmont，法国的"小电子钱包"，瑞士的"邮政卡"，芬兰的"先驱者"，新加坡的"NETS"等。

银行卡和电子资金传输系统是电子货币赖以存在的基础，但与国外相比，我国银行卡的发展历史很短。进入 21 世纪，我国的银行卡业务飞速发展，目前，我国的银行卡业务已经深入人心。央行报告显示，截至 2018 年年末，全国银行业金融机构共办理非现金支付业务 2203.12 亿笔，金额 3768.67 万亿元，同比分别增长 36.94%和 0.23%。在银行卡方面，截至 2018 年年末，全国银行卡在用发卡数量 75.97 亿张，同比增长 13.51%。全年银行卡渗透率为 48.97%，比 2017 年上升 0.26 个百分点。银行卡卡均消费金额为 1.22 万元，同比增长 19.06%；银行卡笔均消费金额为 943.28 元，同比下降 19.46%。此外，截至 2018 年年末，银行卡授信总额为 15.40 万亿元，同比增长 23.40%；银行卡应偿信贷余额为 6.85 万亿元，同比增长 23.33%。银行卡卡均授信额度 2.24 万元，授信使用率 844.51%。

中国在移动支付方面全球遥遥领先。艾瑞咨询的数据显示，2017 年中国移动支付达到 202.9 万亿元，同比增长 28.8%，稳居全球第一。中国移动支付 2017 年用户数达到 5.62 亿人，增长 21.6%。微信和支付宝这两个巨头占据中国第三方移动支付市场份额的 90%以上。在美国，信用卡依然是最主要的支付方式，但支付宝在美国通过与金融服务公司合作使移动支付方式覆盖超过 400 万家商户；而在德国，支持支付宝支付的商家已经超过 2000 家。而这一切，只是因为中国境外旅游的庞大需求，迫使中国的移动支付向发达国家输出。而在发达国家本地，移动支付使用率依然很低。

## 关键词语

### CHIPS

CHIPS（Clearing House Interbank Payment System）是"纽约清算所银行同业支付系统"的简称，于 1970 年建立，由纽约清算所协会（NYCHA）经营。它是全球最大的私营支付清算系统之一，主要为跨国的企业间和银行间的美元支付提供清算和结算服务。

2003 年 11 月 4 日，CHIPS 对系统接入方式做了新的调整，并且提供基于 Internet 的管理报告和更高效的清算处理，参与者和其他用户可以利用 Internet 更加方便地使用该系统。首先推出的网上服务是追加资金（Supplemental Funding），它允许参与者追加资金并指定某些支付指令优先处理，立即清算。CHIPS 作为具备终结性的多边净额结算系统，对多个参与者的支付指令进行匹配，然后进行实时清算和结算。大部分指令的清算在 15 秒内完成，但有时银行会希望某些指令具有更高的优先级，能够立即清算。通过这项服务，银行可以在网上控制这一过程，根据需要更改支付指令的处理顺序。

## 7.2.3 几种典型的电子货币

电子货币的形式多种多样，但基本形态是类似的，即电子货币的使用者以一定的现金或存款从发行处兑换并获得等量的电子货币，并以可读写的电子信息形式储存起来，当使用者需要清偿债务时，可以通过某些电子化的方法将该电子数据直接转移给支付对象。电子货币的种类有电子现金、电子支票和电子信用卡等。

### 1. 电子现金

电子现金（E-cash）又称数字现金，是一种以数据形式存在的现金货币。它把现金数值转换成一系列的加密序列数，通过这些序列数来表示现实中各种金额的币值。用户在开展电子现金业务的银行开设账户并在账户内存钱后，就可以在接受电子现金的商店购物了。电子现金带来了纸币在安全性和隐私性方面所没有的计算机化的便利，同时又具有手持现金的基本特点，在国外电子商务中已被应用，尤其是在小额交易中使用电子现金支付要比使用银行卡支付更方便、更节省。图 7-1 是电子现金的支付过程。

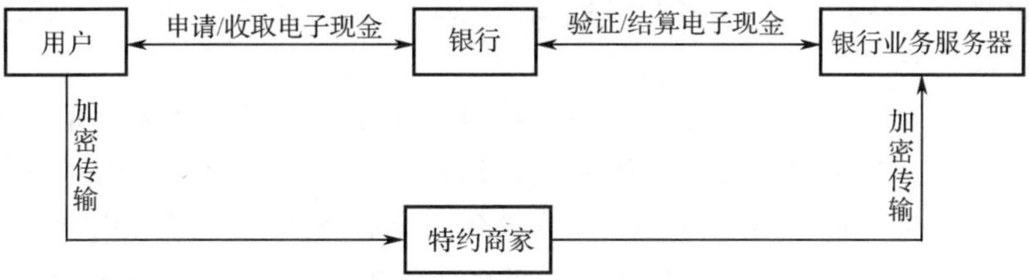


图 7-1　电子现金的支付过程

电子现金支付方式具有如下特点。

① 灵活性。电子现金和现实中的现金一样，可以存取和转让，适用于小额交易。

② 对软件的依赖性。使用电子现金的三方——用户、商家和银行都需要使用电子现金软件。

③ 协议性。电子现金的应用要求银行和商家之间具有协议和授权的关系，电子现金银行负责消费者和商家之间的资金转移。

④ 可鉴别性。身份验证是由电子现金本身完成的，银行在发放电子现金时使用数字签名，商家在每次交易中，将电子现金传送给电子现金银行，由银行验证买方支付的电子现金是否有效（是否被伪造或使用过等）。

⑤ 匿名性。电子现金用于匿名消费。买方用电子现金向卖方付款，除了卖方以外，没有人知道买方的身份或交易细节。如果买方使用了一个很复杂的匿名系统，那么甚至连卖方也不知道买方的身份。

⑥ 不可跟踪性。电子现金不能提供用于跟踪持有者的信息。不可跟踪性可以保证交易的保密性，也就维护了交易双方的隐私权。除了双方的个人记录以外，没有其他关于交易已经发生的记录。因为没有正式的业务记录，连银行也无法分析和识别资金流向，如果电子现金丢失了，就会同纸币现金一样无法追回。

目前，在实际网络交易中使用电子现金并不多，原因有三点：首先，只有少数商家接受电子现金，而且只有少数几家银行提供电子现金服务；其次，目前电子现金对于软件和硬件的技术要求都较高，买方和卖方的计算机上都要安装一个专门的软件，而且需要一个大型的数据库存储用户完成的交易和电子现金序列号，以防止重复消费；最后，由于电子货币仍然以传统的货币体系为基础，在进行跨国交易时还必须使用特殊的兑换软件。

## 前沿话题

### 比 特 币

2008年11月1日，一个自称中本聪（Satoshi Nakamoto）的人在某网站上发布了比特币白皮书《比特币：一种点对点的电子现金系统》，陈述了他对电子货币的新设想——比特币就此面世。2009年1月3日，比特币创世区块诞生。

和法定货币相比，比特币没有一个集中的发行方，而是由网络节点计算生成，谁都有可能参与制造比特币，而且比特币可以全世界流通，可以在任意一台接入互联网的计算机上买卖，不管身处何方，任何人都可以挖掘、购买、出售或收取比特币，并且在交易过程中外人无法辨认用户身份信息。

比特币网络通过“挖矿”来生成新的比特币。所谓“挖矿”实质上是用计算机解决一项复杂的数学问题，来保证比特币网络分布式记账系统的一致性。比特币网络会自动调整数学问题的难度，让整个网络约每10分钟得到一个合格答案。随后比特币网络会新生成一定量的比特币作为区块奖励，奖励获得答案的人。2009年比特币诞生的时候，区块奖励是50个比特币。诞生10分钟后，第一批50个比特币生成了，而此时的货币总量就是50比特币。随后比特币就以约每10分钟50个的速度增长。当总量达到1050万个时（2100万的50%），区块奖励减半为25个。当总量达到1575万个（新产出525万个，即1050万的50%）时，区块奖励再减半为12.5个。之后的总数量将被永久限制在约2100万个。

比特币是一种虚拟货币，数量有限，但是可以用来套现：可以兑换成大多数国家的货币。可以使用比特币购买一些虚拟的物品，如网络游戏中的衣服、帽子、装备等，只要有人接受，也可以使用比特币购买现实生活中的物品。

比特币的主要特征包括：①去中心化。比特币是一种分布式的虚拟货币，整个网络由用户构成，没有中央银行。②全世界流通。比特币可以在任意一台接入互联网的计算机上管理。不管身处何方，任何人都可以挖掘、购买、出售或收取比特币。③专属所有权。操控比特币需要私钥，它可以被隔离保存在任何存储介质中。除了用户自己之外无人可以获取。④低交易费用。可以免费汇出比特币，但最终对每笔交易将收取约1比特分的交易费以确保交易更快地执行。⑤无隐藏成本。作为由A到B的支付手段，比特币没有烦琐的额度与手续限制。知道对方比特币地址就可以进行支付。⑥跨平台挖掘。用户可以在众多平台上发掘不同硬件的计算能力。

---

#### 2. 电子支票

电子支票（E-Check）是一种利用数字传递将钱款从一个账户转移到另一个账户的电子付款形式。这种电子支票的支付是在与商户及银行相连的网络上以密码方式传递的，使用公用关键字加密签名或个人身份证号码（Personal Identifier Number，PIN）代替手写签名。电子支票几乎和纸质支票有着同样功能。电子支票既适合个人付款，也适合企业之间的大额资金转账。用电子支票支付，事务处理费用较低，而且银行也能为参与电子商务的商户提供标准化的资金信息，因而可能是最有效率的支付手段之一。

电子支票是以纸质支票的电子替代品而存在的，用来吸引不想使用现金而宁可使用信用方式的个人和公司。电子支票的安全认证工作是使用基于公开密钥算法的电子签名来完成的。它的运用使银行介入到网络交易中，用银行信用弥补了商业信用的不足。如今在一些国家，由于信息安全技术的应用，加上纸质支票的处理成本较高、支付速度慢等原因，使得纸质支票的使用已逐步减少，电子支票的使用正逐渐增加。但在国内，由于普通消费者大多对票据的使用不甚了解，再加上我国网上支付的相关法规不健全，同时，受金融电子化的发展程度和市场需求问题影响，在网上交易中电子支票的应用还是空白。

电子支票支付方式具有如下特点。

① 电子支票与传统支票工作方式相似，客户不必再接受培训，且因其功能更强，所以易于理解和接受。

② 加密的电子支票比数字现金更易于流通，买卖双方的银行只要有公开密钥认证支票即可，数字签名也可以自动验证。

③ 电子支票适于各种市场，可以很容易地与电子数据交换（EDI）应用结合，推动基于 EDI 的电子订货和支付。

④ 电子支票技术可连接公众网络金融机构和银行票据交换网络，可以通过公众网络连接现有金融付款系统。

电子支票系统是模拟现实支票交易过程成的一种电子支付系统。其主要工作步骤是：开具电子支票；使用电子支票进行支付；收款人银行进行清算。图 7-2 所示为电子支票的支付过程。

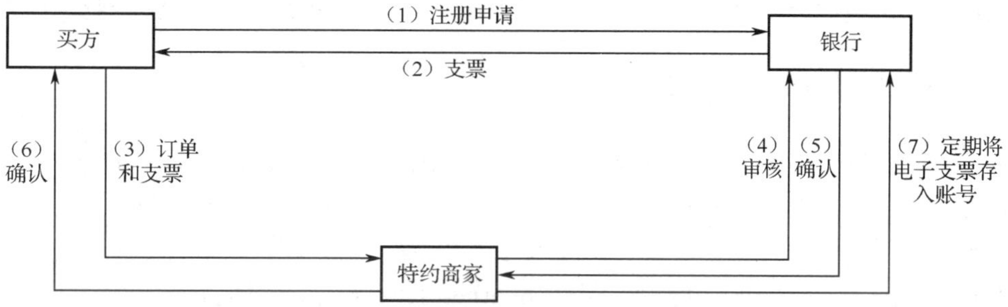


图 7-2 电子支票的支付过程

### 3. 电子信用卡

信用卡又叫贷记卡，是由商业银行或信用卡公司对信用合格的消费者发行的信用证明。持有信用卡的消费者可以到特约商业服务部门购物或消费，再由银行同商户和持卡人进行结算，持卡人可以在规定额度内透支。最初的信用卡是一张纸质卡片，现在都是电子信用卡，电子信用卡上有磁条或芯片（记录信用卡的相关信息），可以直接在 ATM 机或 POS 机上刷卡使用。

根据信用卡流通范围的不同，可分为国际卡和地区卡。国际卡是一种可以在发行国之外使用的信用卡，全球通用。境外五大集团（万事达卡组织、维萨国际组织、美国运通公司、JCB 信用卡公司和大莱信用卡公司）分别发行的万事达卡（Master Card）、维萨卡（VISA Card）、运通卡（American Express Card）、JCB 卡（JCB Card）和大莱卡（Diners Club Card）多数属于国际卡。地区卡是一种只能在发行国国内或一定区域内使用的信用卡。我国商业银行所发行的各类信用卡大多属于地区卡。

电子商务活动中使用的信用卡是电子信用卡，电子信用卡可以方便地通过网络进行支付。用户购买某种商品时，就把自己的信用卡号、持卡人姓名、有效期和验证码等信息提供给商家，申请购物。商家得到购物申请后，与开卡行取得联系，请求开卡行进行支付认可。开卡行在确认持卡人身份之后，给商家返回一个确认信息批准交易。之后商家供货给持卡人，银行则把相应的货款由持卡人的账户转到商家的账户上，如图 7-3 所示。但这种支付方式存在一定的安全隐患。因此就出现了基于第三方的信用卡支付、简单加密信用卡支付和基于 SET 协议的信用卡支付等几种支付方式，可以不同程度地保证信用卡网络支付的安全性。

图 7-3　无安全措施的电子信用卡网络支付过程

## 7.3 网上银行

网上银行是一种新型银行服务手段，它的出现与发展是网络经济发展的必然结果，也是电子商务发展的需要。自从 1995 年 10 月 18 日世界上第一家网上银行“安全第一网上银行”在美国诞生以来，网上银行借助 Internet、现代信息技术，以及其遍布全球、24 小时不间断、低成本、高效快捷的信息传递等优势，为用户提供全方位、全天候、便捷、实时的金融服务，显示出了强大的生命力，网上银行的扩展速度以几何级数增长。

### 7.3.1 网上银行的定义

网上银行（Internet Bank 或 Network Bank）是指银行利用 Internet 技术，通过 Internet 向客户提供开户、销户、财务查询、对账、行内转账、跨行转账、信贷、网上证券、投资理财等传统服务项目，使客户足不出户就能够安全、便捷地管理活期和定期存款、支票、信用卡及个人投资等。可以说，网上银行是 Internet 上的虚拟银行柜台。

网上银行是银行适应网络时代的发展需要而推出的新型金融服务方式，特别是在电子商务的发展浪潮中，网上银行提供一种先进的网络支付方式，以其高效率、低成本、简单方便代表着将来商业支付结算的趋势和方向，它将取代国际金融界长期以来一直讨论而未具体实施的家庭银行（Home Bank）、企业银行（Firm Bank）等而成为银行最便利的服务手段，这种趋势随着 Internet 应用的普及与技术进步更加明显。网络技术的发展对传统银行业的经营模式和理念形成巨大冲击，网上银行从各个方面影响着传统银行的经营模式和理念。网上银行同传统银行比较起来具有很多优势，总结起来有如下六点。

① 网上银行实现了无纸化、网络化运作，大幅提高了服务的准确性和时效性。

② 网上银行通过 Internet 提供内容更加丰富的高质量金融服务。

③ 网上银行打破了地域和时间的限制，实现银行机构虚拟化，优化传统金融机构的结构和运行模式。

④ 网上银行降低了银行的金融服务成本，简化了银行系统的维护升级。

⑤ 网上银行可以拓宽银行的金融服务领域。

⑥ 网上银行能够辅助企业强化金融管理，科学决策，降低经营风险。

## 7.3.2 网上银行运行的特点

网上银行是建立在计算机通信技术之上的网上金融，是一种以高科技、高智能为支持的“AAA”式银行，即在任何时候（Anytime）、任何地方（Anywhere），并以任何方式（Anyhow）为客户提供服务的银行。它的发展必将引发金融业运作方式、管理模式、经营理念、风险监管等一系列重大变革。网上银行的运行具有如下特点。

（1）业务智能化、虚拟化

传统银行主要借助物质资本，通过银行员工的劳动为客户提供服务。而网上银行没有建筑物，没有地址，只有网址，其分行是终端机和 Internet 带来的虚拟化的电子空间，主要借助智能资本，客户无须银行工作人员的帮助，自己可以在短时间内完成账户查询、资金转账、现金存取等银行业务，即可自助式地获得网上银行高质、快速、准确、方便的服务。

（2）服务个性化

传统银行一般单方面开发业务品种，向客户推销产品和服务，客户只能在规定的业务范围内选择自己需要的银行服务，而 Internet 为银行服务提供了交互式的沟通渠道，客户可以在访问网上银行站点时提出具体的服务要求，网上银行与客户之间采用一对一金融解决方案，使金融机构在与客户的互动中实行有特色、有针对性的服务，通过主动服务赢得客户。

（3）金融业务创新的平台

传统银行的业务创新主要围绕资产业务，针对商业银行的资产负债业务，进行资产证券化，对金融产品进行改造与组合，满足客户和银行新的需求。而网上银行侧重于利用其成本低廉的优势和 Internet 丰富的信息资源，提供企业资信评估、公司个人理财顾问、专家投资分析等业务的创新和完善，提高信息的附加价值，强化银行信息中介职能。

## 7.3.3 网上银行在我国的发展状况

目前，世界各个国家的网上银行随着 Internet 的发展、上网企业数量和人数的增加，以几何级数的速度飞速扩张着，大有取代传统银行的趋势。在我国，网上银行的发展存在如下四个有利条件。

① 我国基本具备适合网上银行发展的 Internet 环境且发展潜力巨大。

② 我国金融电子化的稳步发展为网上银行的建立奠定了坚实的物质基础。

③ 国外网上银行的成功运作和我国各个信息网的开通，给我国网上银行的建设提供了宝贵的经验。

④ 国家的政策支持和客户对金融创新产品需求的日益增长，为网上银行的发展提供了良好的环境。

我国最早的网上银行是 1997 年招商银行创办的“一网通”。而早在 1996 年 2 月，中国银行就在互联网上建立和发布了自己的主页，成为我国第一家在互联网上发布信息的银行。目前已有中国银行、中国工商银行、中国建设银行、中国招商银行、中国交通银行、光大银行等 40 多家银行开办了网上银行。根据银行业协会统计结果，2012 年，我国银行离柜交易额约为 923.71 万亿元，到 2018 年离柜交易额已增长至 1936.52 万亿元；同时，银行业平均业务离柜率由2012年的54.37%上升到2018年的88.67%。在各类电子银行中，网上银行业务形成了比较完备的体系，业务分类和市场定位日益清晰和成熟，因此仍占据着电子银行渠道的最主要地位。2018年，网上银行交易规模占离柜交易规模的比重仍达83.25%。受益于智能终端的广泛普及，电子银行业务逐步向移动端倾斜。2015年，手机银行交易规模占离柜交易规模的比例还仅为4.01%，到2018年这一比例已提升至14.62%。随着手机银行功能的完善，手机银行有望成为电子银行客户的首选，交易规模比例将进一步提升。

我国网上银行经过长时间发展已经取得一定的成果，但依然存在一定不足，如没有实现现代技术的充分利用，存在种类单一和经营特色不足的缺陷，各银行缺少特色业务，无法满足不同层次群体业务办理需求，不利于网上银行发展规模的扩张。此外，网上银行业务还暴露出一些风险，如网上银行业务的开展需要借助相关的电子设备和网络技术，随着大数据时代的到来，一些银行系统容易受到黑客的攻击，影响银行的数据安全。

网络银行业今后将集中于五个方面。一是加大业务创新。通过加大业务创新，可丰富电子银行的产品功能。这要求银行除了将传统业务与网上银行渠道结合起来外，还应创造出更多符合金融市场发展需求的银行产品。二是明确业务战略定位。商业银行需以网上银行创新发展战略为基础，将金融业务与当前的信息技术紧密结合，建立完善的在线金融服务体系，涵盖产品创新、客户服务、市场营销及效益创造等各项功能。三是提供个性化服务。为了满足用户不断增长的个性化需求，网上银行业务除了提供查询、转账、存款等基本的功能之外，还提供用户个性化服务，提升用户体验，实现精准营销。四是实现智能化服务。网上银行业务逐渐朝着智能化方向发展，实现自动划分客户群、自动推送产品信息、自动匹配银行客户经理等智能化服务。五是逐步国际化。随着各国经济联系逐渐密切，贸易往来更加频繁，网络银行需要逐步国际化。网络银行可以根据不同国家的实际情况，开展不同的业务服务，提供不同的语言服务和功能；根据不同国家的政策，完善网络银行业务，推出智能结售汇、智能退税、智能签证等服务。

## 7.4 第三方支付

随着电子商务的蓬勃发展，网上购物、在线交易已经成为广大消费者日常生活的一部分。电子商务运作模型和业务流程中的信息流、资金流和物流是促进电子商务发展的关键。而现实生活中，作为中间环节的网上支付已成为制约电子商务发展的“瓶颈”。由于电子商务中的商家与消费者之间的交易是在网上进行的，物流与资金流在时间和空间上分离，这导致了商家与消费者之间的博弈：商家不愿先发货，怕货发出后不能收回货款；消费者不愿先支付，担心支付后拿不到商品或商品质量得不到保证。最终导致网上交易无法进行。而第三方支付平台的出现，为商家与消费者提供了可信的交易平台，满足了双方对信誉和安全的要求，它的出现是电子市场发展的必然趋势。

### 7.4.1 第三方支付的概念

如前所述，第三方支付是指具备一定实力和信誉保障的独立机构，通过与网络对接而促成交易双方进行交易的网络支付模式，它分为网关型和信用担保型两种。本节的第三方支付指的是信用担保型的第三方支付。

在使用第三方支付平台交易时，买方选购商品后，使用第三方平台提供的账户进行货款支付，由第三方通知卖家货款到达，进行发货；买方检验物品后，再通知第三方支付平台付款给卖家，第三方再将款项转至卖家账户。第三方支付平台以银行的支付结算功能为基础，向政府、企业、事业单位提供中立的、公正的面向用户的个性化支付结算与增值服务。在第三方支付平台服务商的运营过程中，逐渐体现其优势所在，例如，它可以提高支付效率，降低交易风险，提高交易成功率，降低了交易、支付过程中的多种成本，同时，推动了电子银行业务的发展，使更多的消费者享受到了电子商务带来的便捷。

## 相关链接

### 全球最大线上支付系统 PayPal

华尔街日报报道，截止到 2017 年 10 月 13 日，线上支付平台 PayPal 控股公司的市值达到了 830 亿美元，正式超过美国老牌的运通公司。

1998 年，肯·霍威利、卢克·诺塞克、马克斯·列夫琴、彼得·泰尔和埃伦·穆斯克等人联合创立了康菲尼迪公司，这就是 PayPal 支付公司的前身。自此，PayPal 正式开始运营。发展初期，该公司在用户注册后只收取 5 美元、10 美元、20 美元不等的费用，这种方式大获成功，其每天的用户增长率几乎高达 10%。到 2000 年 3 月份，PayPal 的用户数量就实现了从一百万到五百万的飞跃。

2000 年 1 月，PayPal 开始与全球知名线上电商平台 eBay 接洽。在与后者达成合作后，PayPal 的用户数量飙升到 100000 人次。2002 年 1 月，eBay 宣布，以高达 15 亿美元的价格正式收购了 PayPal 支付公司。同年，在 eBay 的加持下，PayPal 正式宣布上市。到 2002 年年底，PayPal 在美国证券交易商自动报价系统协会的股值就增长了 55%。

此后，PayPal 公司进入了更为迅猛的扩张时期。先是于 2005 年收购了美国支付解决方案 VeriSign，后又于 2013 年以 8 亿美元的价格收购了支付网关 Braintree。一年后，PayPal 又收购了支付应用 Venmo。2015 年，更是接连并购了多家支付平台，如 Xoom、Paydiant 和 Modest。短短十年时间，PayPal 就收购了多家与支付相关的公司，迅速壮大了其规模。

2014 年 7 月 20 日，PayPal 从合作 12 余年的老东家 eBay 公司正式剥离。在其独立之后的首个证券交易日，PayPal 的市场价值就攀升到 490 亿美元。与此同时，PayPal 的收益也增长了 16%，交易金额则增长了 20%。到 2015 年第二季度，PayPal 的市场份额实现了 5.4%的增长率，相比之下，老东家 eBay 2.4%的增长率则要逊色得多。

PayPal 是一个颠覆性的支付平台，它改变了传统的货币服务业务。如今已经拥有了 2.03 亿个活跃用户。PayPal 平台拥有 1600 万个商业账户，支付交易总额已经达到 17 亿美元，平均每个商业账户达成 32 笔支付交易。在世界范围内，有 768745 个网站使用 PayPal 支付系统。PayPal 平台的官网 PayPal.com 的访问量也遥遥领先，在全球各个类型的网站中排第 73 位。PayPal 的支付实力也不容小觑。该平台在全球范围内共拥有 18000 余名员工，已经在 202 个国家开展了其支付业务。提取现金可用的流通货币种类达到 56 种，持有余额可用的流通货币种类达到 25 种，而收款可用的流通货币种类则高达 100 余种。多种流通货币通用的特点，为其用户带来了极大的便利，也进一步推动了其在全球的影响力。毫无疑问，PayPal 已经成为世界上最大的支付系统。

PayPal 支付平台主要被用在购物、商务、交通、技术、旅游、娱乐、健康等领域。其中，87%的消费者在旅游时会使用 PayPal 支付平台。大约 30%的 PayPal 交易是通过移动应用程序进行的。按收入划分消费者，在年收入 50000～74999 美元的消费人群中，PayPal 的使用率最高。按年龄来划分，使用该支付平台的线上购物人群中，有 44%的人年龄在 18～34 岁之间。如果按地区来划分，拉丁美洲和中东地区是 PayPal 跨区域支付消费者最多的两个地区。如果具体到国家，43.86%的消费者来自美国，14.39%的消费者来自英国，5.32%的消费者来自法国，其后分别是澳大利亚（4.62%）、意大利（2.56%）、西班牙（2.54%）、加拿大（2.35%）、荷兰（2.33%）及其他国家（4.43%）。

（资料来源：根据 https://yue.52wmb.com/article/18071 网文整理）

### 7.4.2 第三方支付的优缺点

相比其他支付方式，第三方支付主要有如下优点。

（1）保密性好。银行卡信息或其他账户信息仅需要告诉支付中介，而无须告诉每一个收款人，降低了信用卡或其他账户信息失密的风险。

（2）支付成本低。支付平台集中了大量的交易，形成了规模效应，可以有效降低支付成本。

（3）使用方便。对支付者而言，它只需要熟悉第三方支付简单的操作方法，不需要考虑背后复杂的实现过程。

（4）安全可靠。第三方支付的担保功能可以在一定程度上保证交易商品或资金的安全性。

（5）付款方式灵活。第三方支付平台合作金融机构数量众多，支持多种不同的付款方式，用户可以灵活地选择付款方式进行支付或充值。

同时第三方支付同样也存在一些缺点。

（1）第三方支付还不是一种独立的支付方式，需要其他实际的支付方式支持才能完成支付操作。

（2）付款人的银行卡信息将暴露给第三方支付平台，如果这个支付平台的信用不好或保密手段欠佳，将给付款人带来一定的风险。

（3）由于有大量资金寄存在支付平台账户内，而第三方平台非金融机构，平台一旦破产或所有者跑路，存在资金不能兑付的风险。

### 7.4.3 第三方支付平台的工作流程

第三方支付平台的工作流程主要分三步：第一步将买方货款转拨到第三方支付平台所在账户；第二步当转账成功后通知卖方发货；第三步接收到买方确认货物信息后，货款转拨到卖方账户。一次成功的第三方支付过程包括九个环节，其具体流程如图 7-4 所示。

① 买方（用户）进入买方市场（电子商务网站），浏览自己所需商品的信息。

② 买方如果觉得某件商品合适，就和卖方达成交易协议，卖方发送信息通知买方到与其结盟的第三方支付平台进行支付。

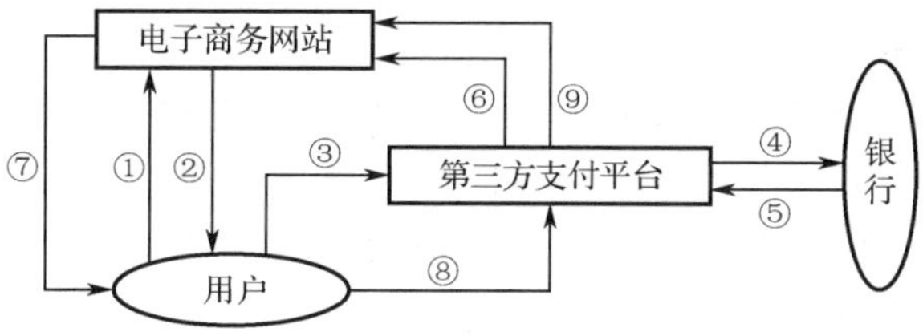


图 7-4 第三方支付平台的工作流程

③ 买方进入第三方支付平台，提交其账户和密码及所付款额等信息给第三方支付平台。

④ 第三方支付平台接收到买方提供的银行账户信息后，进入买方账户所在银行，对其提供的账户信息进行验证。

⑤ 验证成功后，第三方支付平台将买方所应支付的款额转拨到第三方支付平台所在账户，对其进行临时保管。

⑥ 第三方支付平台通知与其结盟的电子商务网站，买方应付货款已到，准备发货。

⑦ 电子商务网站配送商品到买方手中。

⑧ 买方收到商品后进行验证，如果满意就发送信息给第三方支付平台，确认商品已经验收，同意付款。

⑨ 第三方支付平台接收到用户确认信息后，将其临时保存的货款转拨给卖方，完成了一次完整的支付过程。

由此可见，第三方支付平台对整个支付流程全面介入，进行监管。买卖任何一方不满意，都可以通过第三方支付平台进行调节，直至双方满意。这样就使得支付能够顺利地完成，减少了交易的风险和成本，促进了电子商务的极大发展。

### 7.4.4 我国第三方支付的发展历程

从我国第一家第三方支付企业 1999 年诞生至今，第三方支付已经走过了 20 年的发展历程。根据艾瑞咨询的数据，2018 年中国第三方支付综合支付交易规模达到 312 万亿元，最近 5 年的复合增长率达 100%以上。我国第三方支付的发展大致经历了以下三个阶段。

第一阶段：萌芽阶段（1999—2004 年）。1999 年成立的北京首信和上海环迅两个企业是中国最早的第三方支付企业，由于电子商务在中国的缓慢发展，其影响力一直不大。直到 2004 年 12 月阿里巴巴公司支付宝的推出，在淘宝购物平台的强大影响下，其业务取得了突飞猛进的发展，第三方支付的交易规模也呈飞速增长趋势，仅用 4 年时间便以超过 2 亿个用户的绝对优势胜过美国的 PayPal，成为全球最大的第三方支付平台。此阶段由于第三方支付还处于早期发展阶段，其影响力和覆盖范围均有限。

第二阶段：快速发展阶段（2005—2013 年）。继阿里巴巴公司的支付宝推出后，国内企业相继出现了安付通、买卖通、微信支付、e 拍通、网银在线等产品，使得第三方支付平台呈现迅猛的发展态势，第三方支付企业进入了持续稳定的“黄金”增长期。由于这一时期第三方支付企业集中发展且影响力逐渐增大，甚至对银行等实体金融造成了较大冲击，导致它们之间竞争相当激烈。因此，从 2005 年开始，国务院及相关部门陆续发布了一系列相关政策和措施用于规范电子商务市场的发展和网上支付环境建设。这一时期政府对于第三方支付的态度是积极鼓励、引导和规范，第三方支付企业利用这一有利时机和环境不断拓展业务范围和大力发展多样性经营。

第三阶段：审慎发展阶段（2014 年至今）。由于国内的第三方支付发展迅速，存在片面发展和安全风险等隐患，因此从 2014 年开始，央行相继出台了《关于暂停支付宝公司线下条码（二维码）支付等业务意见的函》《关于加强商业银行与第三方支付机构合作业务管理的通知》《网络支付业务管理办法》《非银行支付机构分类评级管理办法》《二维码支付业务规范》《银行卡受理终端业务准入规则》等一系列政策和规范，引导第三方支付行业有序、健康发展。

## 案例研究

### 美国 Movenbank

Movenbank，2011 年 4 月由布雷特·金（Brett King）在美国纽约创立，是一家专门从事手机移动金融业务的银行服务商。和美国绝大多数银行服务商一样，Movenbank 本身并没有银行牌照，其运营模式采取的是 Moven 作为金融科技企业负责运营、联合美国传统银行 CBW 银行代为管理存款的合作模式。

目前，Movenbank 基于手机 App 面向客户提供的服务主要有：①智能财务管理功能 MoneyPluse 和 MoneyPath；②测试客户信用分数；③财务个性测试；④非接触式支付功能；⑤朋友间转账功能；⑥异常消费实时提醒功能；⑦直接存款功能，即工资和雇主发放的各项社会福利收入可关联 Movenbank 账户；⑧支票存款功能；⑨账单支付功能；⑩CRED 积分奖励功能。

Movenbank 提供的比较有特色的服务包括：

**1. CRED 信用评分系统**

Movenbank 对客户信用风险的衡量主要基于三个维度：财务健康程度、社交程度、客户价值。Movenbank 分别从这三个方面考量，会综合得出客户的信用分数，并依据这个分数来测算客户的贷款违约概率，设定相应的贷款利率水平。财务健康程度的评价基于客户 Movenbank 账户的各项消费和支出的类别和金额；根据客户在 Facebook、Twitter 等社交平台的好友数量，LinkedIn 职场社交平台的人脉分布，Klout、PeerIndex 的影响力，eBay 等电商平台的交易评价等多维度数据来衡量客户的社交活跃程度和社会影响力；客户价值是根据客户填写的有关个人年收入、每月储蓄金额、个人储蓄存款额、FICO 评分等信息来度量的。

值得注意的是，CRED 的应用价值并不在于分数本身，而是在于通过 CRED 分数的上升或下降来引导客户形成良好的消费习惯、建立广泛的社交圈层。客户可以根据 CRED 的考量指标有针对性地改善评级分数，进而获得 Movenbank 手续费的折扣或减免，或者优惠的利率水平。

**2. 智能理财 MoneyPulse 和 MoneyPath**

Movenbank 的智能理财服务 MoneyPulse 将客户的消费行为分为消费类、民生类和储蓄类三大项，并以图表的形式呈现给客户，方便客户了解自己各项消费明细，也可以让客户看到某个特定时间的消费明细，客户可以清晰地看到每笔消费的金额、时间，并能显示详细的地址和地图位置。其中消费类记录的是客户外出餐饮、购物、娱乐、旅行、提取现金的消费；民生类记录的是客户购买蔬菜粮食、交通、医疗、水电网等公共事业的支出；储蓄类记录的是客户目前储蓄账户下的资金储蓄情况。在消费类记录里，MoneyPulse 还用绿色、红色来提醒客户其整体消费水平的提高或降低，让客户对自己的消费行为一目了然。

MoneyPath 则以时间和曲线形式记录客户每个月消费行为的变化。其创新之处，是关联了 Movenbank 的消费数据与 Facebook 账户的社交行为数据，并用同一时间轴显示两者的相关性，客户可以看到其在 Facebook 上的社交活动，对客户消费行为产生的影响。例如，在客户 Facebook 好友生日的日期，客户当天消费金额显示上升。

**3. 实体借记卡与近场通信（NFC）无卡支付双保险**

与多数美国银行服务商免费寄给客户一张实体借记卡不同，Movenbank 除了免费提供给每位客户一张借记卡，还向客户提供无卡支付选择。也就是通过采用非接触式 NFC 技术的贴纸实现无卡支付。客户开户并向账户存钱后，可以申请得到一张 Mastercard 标志的支付纸贴，客户将纸贴贴在手机背面，购物支付时只须靠近销售终端（POS）而无须物理接触，贴纸存储的信息被 POS 机接收后，客户点击手机 App 的弹出支付按键，即完成了非接触式付款。当然，为了方便客户 ATM 机取现的需要，Movenbank 会寄给客户一张实体借记卡，方便客户在无法实现非接触式付款的情况下使用。

日常交易服务上，Movenbank 能够实时记录客户的每笔消费，防止出现客户不自知的异常交易发生；远程实现支票存款、朋友间实时转账等常规功能。Movenbank 作为银行服务商代表，这些功能应有尽有。

（案例来源：根据廖理、钱婧的《互联网银行 2.0：典型案例与思考》删减整理）

### 案例思考题

1. Movenbank 与传统银行有什么不同？
2. 从案例来看，网络银行应该如何发挥自身的优势？
3. 该案例对我国网络银行的发展有什么启示？

## 本章关键概念

电子支付、电子货币、支付卡、电子现金、电子支票、移动支付、网上银行、第三方支付

## 本章复习思考题

1. 什么是电子支付？电子支付具有哪些特征？
2. 简述电子货币的主要功能。
3. 什么叫电子现金，它具有哪些特点？
4. 什么叫电子支票，它具有哪些特点？
5. 电子支付与传统的支付方式相比具有哪些优势？
6. 简述网上银行运行的特点。
7. 什么是第三方支付，它的支付流程是怎样的？

## ▶▶ 本章论述题

1. 比特币能作为流通货币使用吗?
2. 我国第三方支付的发展现状、问题与对策。

## ▶▶ 本章实践项目

1. 用第三方支付工具完成一次支付行为，记录账号注册和支付的整个过程。
2. 调查各个大型电商购物网站接受的支付方式，总结其中存在的规律。

# 第 8 章

# 电子商务安全

**本章学习目标**

- 掌握电子商务的安全性需求、安全策略和安全体系；
- 了解计算机网络安全的内涵和技术；
- 掌握对称密钥与公开密钥加密算法的基本原理；
- 掌握数字签名和数字证书的原理和应用；
- 了解基本的计算机安全协议。

## 引导案例

### 国家电网公司 PKI/CA 系统和安全认证网关建设

**1. 项目背景**

随着国家电网公司“SG-186”工程的竣工，“SG-ERP”工程开始建设，国家电网公司信息化工程的建设应用给工作和业务管理模式带来了巨大的变革。移动办公、远程维护、电网智能化与社会大众互动化等需求日益迫切，电力监控系统和数据网络系统的安全性和可靠性建设已成为非常紧迫的问题，整个公司亟待建立一个统一的信息网络安全接入与防护体系。而 PKI/CA（公钥基础设施/认证中心）作为一种建立在密码技术基础上的信息安全技术和安全体系架构，是目前唯一能够同时解决身份认证、访问控制、信息保密和不可抵赖的安全技术，是保证电子商务、电子政务、网上核心业务的权威性、可信任性的关键技术。

在此大背景下，通过建设国家电网统一的证书信任体系来保障国家电网信息系统的安全和稳定运转，为公司集约化、集中化管理提供有力的支撑。

**2. 方案概述**

本项目的主要建设内容包含以下几部分。

（1）建设覆盖国网公司总部、30 个网省公司及蒙东公司的 PKI/CA 体系，为国网公司的应用安全提供基础设施支持，进而解决设备、人员的可靠身份标识问题。

（2）制定相关标准规范，提供全面的售后和培训服务，保证国网公司 CA 证书信任体系的平稳运营与可靠维护，实现 PKI/CA 体系在国网公司的可持续发展。

（3）部署安全认证网关，为安全认证网关与关键业务应用开发接口，完成数字证书与关键应用系统的集成，解决应用系统的安全访问与人员身份认证问题。

（4）扩展国网公司 CA 系统的信任体系，解决已存在的多个网省安全认证中心与国网公司 CA 中心的数字证书整合问题。

在本方案中，采用中国国际电子商务有限公司电子证书安全认证系统（GFA CA），商用密码产品型号为 SRT0803。安全认证网关产品采用中国国际电子商务有限公司安全认证网关产品（GFA iPass），商用密码产品型号为 SHJ0801。

CA 体系总体架构设计部署上需涉及总公司、下属网省公司，结合中国国际电子商务有限公司多年来在数字证书信任体系建设和运营项目中的经验和技术总结，提出了其整体架构方案：

（1）国家电网公司总部建设包括根 CA、运行 CA、KMC 系统、RA 系统在内的完整 CA 体系，同时设计后期能够支持容量和性能的扩展，系统采用根独立部署方式，支持树状、网状及桥状三种信任域的扩展方式。

（2）国家电网公司 CA 系统是一套独立和完整的数字证书认证体系，可实现证书申请、审批、签发、下载、冻结、解冻管理，以及证书吊销列表（CRL）查询服务、目录查询服务、CA 管理、密钥管理和日志审计等证书生命周期管理的全部功能。

（3）系统满足业务系统对证书类型和证书格式的灵活需求：可以根据业务需求定制数字证书类型，主要包括单位证书、部门证书、个人证书、服务器证书等，也可以根据业务具体需求签发不同格式的数字证书。数字证书可应用于国家电网公司内网及外网应用系统。

（4）安全认证网关是身份认证体系和应用系统之间的中间环节，该中间环节起到承上启下作用，可以保证应用系统方便、快速地实现和数字证书之间的整合，为业务系统提供人员身份认证、移动终端设备认证、单点登录、移动设备的安全接入功能，享受到身份认证体系提供的各类安全服务。

（案例来源：根据 http://www.cacenter.com.cn/cgal/caanli/2012-07-20/1105.html 删减整理）

**案例思考题**

1. 国家电网公司为什么建设 CA 系统？
2. CA 系统的主要功能是什么？
3. 如果没有 CA，会有什么安全隐患？

## 8.1 电子商务安全问题

传统交易虽然也存在很多安全性问题，如商业欺诈等，但由于买卖双方是面对面的，他们之间容易建立安全感和信任感。而对电子商务来说，买卖双方通过网络进行远程交易，这种交易依赖一定的技术基础设施，并且是在双方不见面的情况下进行的，势必会带来一系列新的安全性问题，如黑客攻击、网络病毒、网上诈骗等危及交易安全的行为时常发生。安全问题已经成为制约电子商务发展的最重要的障碍之一。那么电子商务有哪些安全性需求呢？下面首先对这个问题进行阐述。

## 8.1.1　电子商务的安全性需求

电子商务的安全性需求就是指为了保证电子商务顺利、正常地开展，人们对电子商务提出的一些要求。总结起来主要包括以下几个方面。

（1）有效性。电子商务以电子形式取代了纸张，有效性是指对网络故障、操作错误、应用程序错误、硬件故障、系统软件错误及计算机病毒所产生的潜在威胁加以控制和预防，以保证贸易信息在确定的时刻、确定的地点是有效的。

（2）保密性。保密性是指网络信息不被泄露给非授权的实体（人、进程或系统）。电子商务是建立在一个较为开放的网络环境上的，电子形式的贸易信息直接代表着个人、企业或国家的商业机密，维护商业机密是电子商务全面推广的重要保障。

（3）完整性。完整性是指要预防未经授权就对信息随意生成、修改和删除，同时要防止数据传送过程中信息的丢失和重复，并保证信息传送次序的统一。贸易各方信息的完整性将影响贸易各方的交易和经营策略，保障贸易各方信息的完整性是电子商务应用的基础。

（4）真实性。真实性是指参与交易各方的身份不能被假冒或伪装，任何交易方都可以有效鉴别和确定对方的身份。

（5）可靠性。可靠性是指系统能够在规定条件和规定的时间内完成规定的功能的特性。可靠性是系统安全的基本要求之一，是所有网络信息系统建设和运行的基本目标。

主要从三个方面衡量网络信息系统的可靠性：抗毁性、生存性和有效性。这三个方面是指系统在受到人为破坏、随机破坏和系统部件失效情况下的性能。可靠性主要表现在硬件可靠性、软件可靠性、人员可靠性和环境可靠性等方面。

（6）可用性。可用性是指当用户需要使用网络时，网络能够及时地提供服务。可用性一般用系统正常使用时间和整个工作时间之比来度量。

（7）可控性。可控性是对网络信息的传播及内容具有的控制能力的特性。不允许不良内容通过公共网进行传输。

（8）不可抵赖性。电子商务要确定合同、契约、单据的可靠性并预防抵赖行为的发生。利用信息源证据可以防止发信方否认已发送信息，利用递交接收证据可以防止收信方否认已经接收信息。

要建立一个安全的电子商务环境，需要逐一采取有效措施实现以上安全要素。

## 8.1.2　安全策略与安全体系

安全策略是实施计算机信息系统的安全措施及安全管理的指导思想；是对所需保护的资产、保护的原因、谁负责进行保护、哪些行为可接受、哪些行为不可接受等的书面描述；是在特定的环境下，为保证一定级别的安全要求所提出的一系列条例、规则和方法。安全策略可分为政策法规层、安全管理层、安全技术层三个层次。安全策略一般要陈述物理安全、网络安全、访问授权、病毒保护、灾难恢复等内容。安全策略不是一成不变的，由于组织在不断变化，必须对安全策略进行定期更新以反映组织在商业上和技术上的变化。

信息系统安全体系属于典型的防御体系，在构建防御体系的过程中应坚持下列原则：

① 最小特权原则；

② 纵深防御；

③ 建立控制点；

④ 监测和消除薄弱连接。

安全体系结构的内容包括以下两点。

① 提供安全服务与有关安全机制在本系统下的一般描述，这些服务和机制必须为本系统所配备。

② 确定本系统内部可以提供这些服务的位置。

图 8-1 展示了通用型的电子商务安全体系框架。

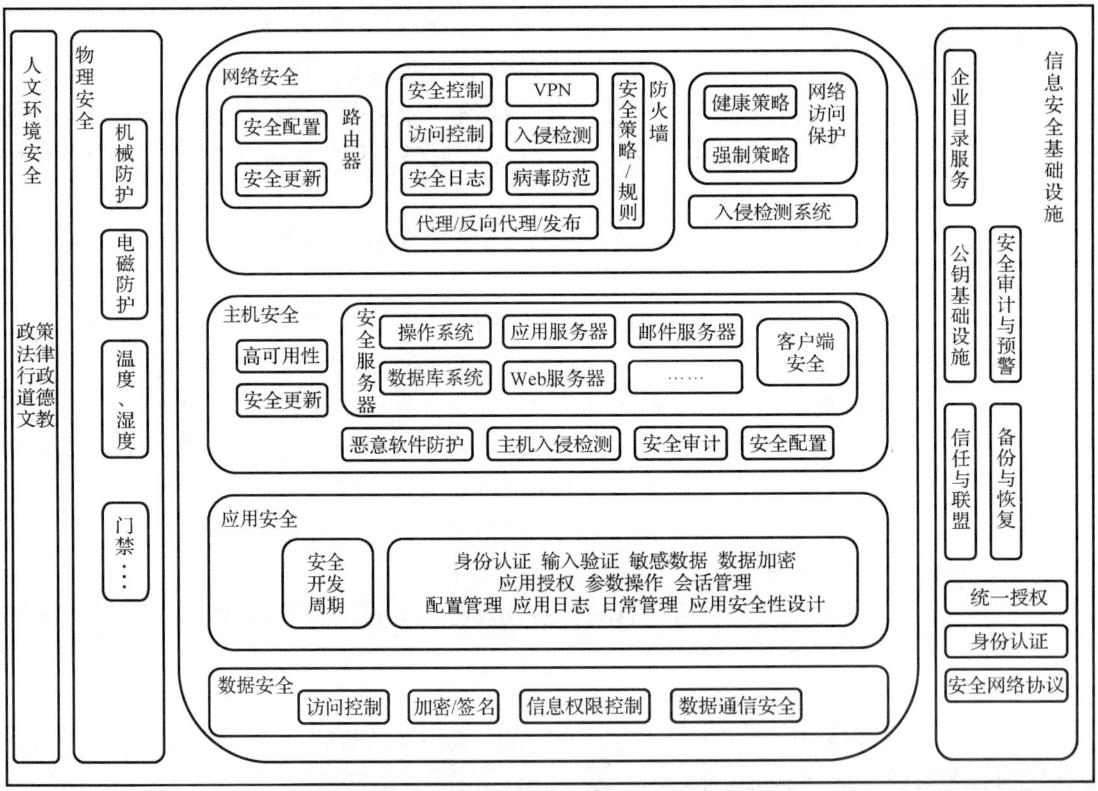


图 8-1 通用型的电子商务安全体系框架

## 相关链接

# 阿里巴巴互联网金融安全解决方案

阿里巴巴的互联网金融安全解决方案（见图 8-2）从数据、网络、业务等多个角度出发，为互联网金融客户提供经过整合的多项安全服务，方案囊括了阿里云业界领先的高防

IP、WAF、众测、应急响应等多项服务。助力互联网金融客户持续发展，永久在线。

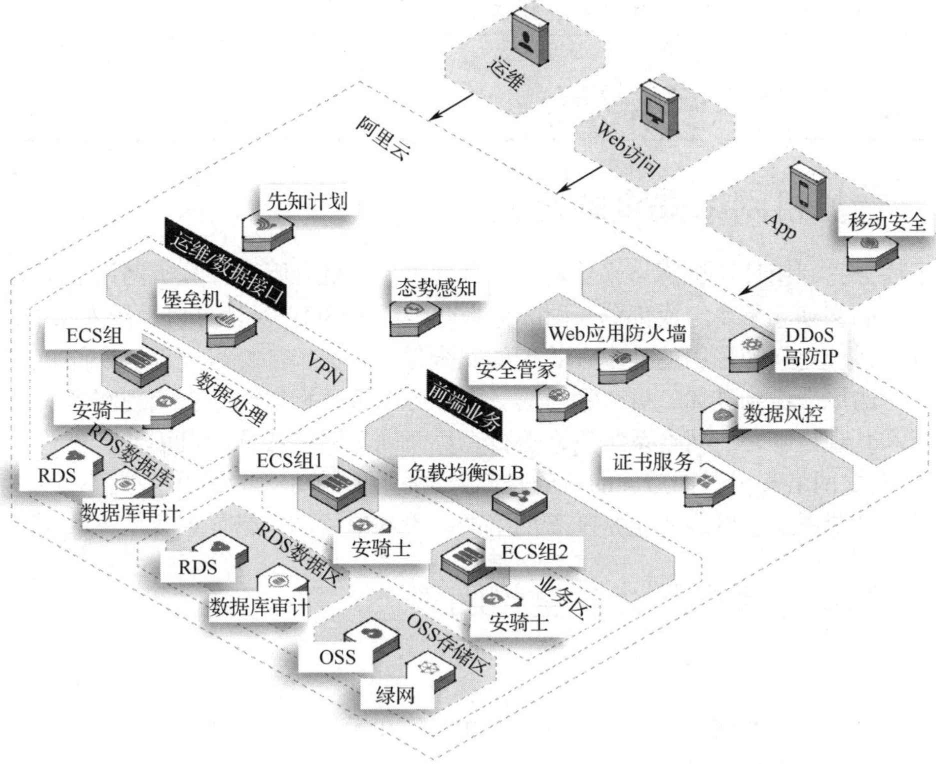


图 8-2　阿里巴巴互联网金融安全解决方案

互联网金融行业的安全环境。

（1）攻击。数据显示，金融行业被 DDoS 攻击的次数仅次于游戏、直播等行业。2016 年下半年，国内 500 强金融机构遭到 600 次 DDoS 攻击，近三成为 CC 攻击，互联网金融行业遭到攻击的情况尤其严重。

（2）App 仿冒。89%的热门应用被仿冒，55%的仿冒应用具有恶意行为。某金融机构发现 30 多个仿冒应用，全部出现了劫持用户短信的行为。

（3）泄露。金融机构对信息泄露的敏感度远大于其他行业。信息泄露不但给自己造成了巨大的损失，也为对手送去了极佳的机会。

（4）漏洞。报告显示，互联网金融行业的漏洞存量在金融行业名列前茅。大量漏洞未经处理，被利用的难度极低。

安全解决方案：阿里云为客户构建从网络层、主机层、应用层、数据层、移动端的完整安全体系，并提供一站式的等保合规服务。覆盖场景为所有业务均在云上、所有业务均在 IDC 上、云上云下都有业务。

方案输出的主要能力包括以下几点。

（1）DDoS 防护，单线 300Gbps 能力，小于 30ms 的网络延时，8 线接入智能调度，百万级 QPS 防护，网络无抖动。

（2）应用安全、主机安全能有效拦截各类攻击，态势感知实时掌握安全整体状况，及时响应、反击。

（3）业务安全，通过人机识别、信誉体系等技术，有效降低垃圾注册、活动作弊、短信盗刷等风险。

（4）为客户提供等保一站式服务，快速、高效完成备案。

# 8.2 计算机网络安全

## 8.2.1 计算机网络安全的定义

电子商务是利用计算机网络来传输和处理商务信息的，因此计算机网络安全是整个电子商务安全的基础和重要组成部分。国际标准化组织（ISO）对计算机系统安全的定义是：为数据处理系统建立和采用的技术和管理的安全保护，保护计算机硬件、软件和数据不因偶然和恶意的原因遭到破坏、更改和泄露。由此可以将计算机网络安全理解为：通过采用各种技术和管理措施，使网络系统正常运行，从而确保网络数据的可用性、完整性和保密性。所以，建立网络安全保护措施的目的是确保经过网络传输和交换的数据不会发生增加、修改、丢失和泄露等。网络安全是随着网络的建设和应用的丰富而产生的一种需求。

## 8.2.2 影响计算机网络安全的因素

### 1．软件漏洞

每一个操作系统或网络软件都不可能是无缺陷和无漏洞的，这就使我们的计算机处于危险的境地，一旦连接入网，就可能被攻击。

### 2．TCP/IP 的脆弱性

Internet 的基石是 TCP/IP，该协议对于网络的安全性考虑得并不多。并且，由于 TCP/IP 是公之于众的，如果人们对 TCP/IP 很熟悉，就可以利用它的安全缺陷来实施网络攻击。

### 3．网络结构的不安全性

Internet 是一种网间网技术，它是由无数个局域网所连成的一个巨大网络。当人们用一台主机和另一局域网的主机进行通信时，通常情况下它们之间互相传送的数据流要经过很多机器重重转发，如果攻击者利用了一台处于用户数据流传输路径上的主机，就可以劫持用户的数据包。

### 4．易被窃听

由于 Internet 上大多数数据流都没有加密，因此人们利用网上免费提供的工具就很容易对网上的电子邮件、口令和传输的文件进行窃听。

### 5．特洛伊木马

最典型的做法就是把一个能帮助黑客完成某一特定动作的程序依附在某一合法用户的正常程序中，改变合法用户的程序代码。一旦用户触发该程序，那么依附在内的黑客指令程序就被激活，这些代码往往能完成黑客指定的任务。

### 6. 病毒

计算机病毒是一种程序，它通过在计算机之间传播，感染经过的每一个地方。病毒具有感染性、潜伏性、触发性和破坏性等特点。

### 7. 缺乏安全意识

虽然网络中设置了许多安全保护屏障，但人们普遍缺乏安全意识，使得这些保护措施形同虚设。例如，人们为了避开防火墙代理服务器的额外认证，进行直接的 PPP 连接，从而避开了防火墙的保护。

## 8.2.3 计算机网络安全技术

### 1. 防火墙

防火墙是一种用来保护本地系统或网络的设备，以防止网络攻击破坏系统或网络。它通常位于被保护的网络和外部网络的边界，根据防火墙所配置的安全策略监控和过滤内部网络和外部网络之间的所有通信量。根据防火墙所采用的技术，防火墙包括包过滤防火墙和应用代理防火墙。

（1）包过滤防火墙

网络上传输的每个数据包头都会包含一些特定信息，如源地址、目标地址、所用的端口号和协议类型等标志。数据包过滤技术就是根据每个数据包头内的标志来确定是否允许该数据包通过防火墙，其中过滤的依据是系统内设置的过滤规则。

由于包过滤防火墙只能根据数据包头中的有限信息进行选择过滤，不能根据数据包的数据部分进行过滤处理，因此它不可能充分满足各种安全要求，也无法识别基于应用层的恶意侵入。

包过滤防火墙是一种最为简单的防火墙。它简单易行、网络性能和透明性好，特别是在利用适当的路由器来实现防火墙功能时，往往不需要再额外增加硬/软件配置。但要实现复杂的过滤，则需要管理人员设置相当详细的过滤规则。这就要求管理人员必须充分理解协议本身及该协议在不同应用程序中的作用。例如，若包过滤防火墙允许部分主机访问 Telnet 服务，则需要为每个允许访问 23 端口的 IP 地址定义过滤规则，从而使得过滤规则集变得很长。过滤规则数目的增大，不仅增加了出错的概率，而且系统的性能也会受到极大的影响。

此外，由于包过滤防火墙每次只对单个数据包进行检查，而不考虑任何之前的数据包，因此数据包之间缺乏上下文关联信息，无法检查到分布在多个数据包中的攻击信号。为此引出了另外一种防火墙技术——状态检测（Stateful Inspection）防火墙。这类防火墙能够从接收到的数据包中提取状态信息，并将这些信息保存在一个动态状态表中，以便利用该状态表验证后续的数据包。然后防火墙将依据当前数据包的状态、状态表及过滤规则判断是否允许该数据包通过防火墙。因此，该类防火墙通过跟踪输入流的包序列和数据包所处的状态来增强防火墙的控制能力。

（2）应用代理防火墙

应用代理防火墙位于外部网络和内部网络之间，主要用于防范应用层攻击，它能够为应用软件解释协议流，并能根据协议内部可见部分控制它们通过防火墙的行为，从而使得应用软件只接受正常的活动请求。该类防火墙完全分隔了两个网络之间的直接通信。每当外部网络的客户端软件请求访问内部网的某个应用服务器时，该请求总是首先被送到代理，并通过代理的安全检查后，再由代理代表外部客户端请求内部网络中的服务，如图 8-3 所示。因此，代理扮演着外部网络和内部网络“中间人”的角色，介入了外部客户端软件和内部网服务之间的协议交换。由于所有内部网络和外部网络之间的数据流都必须经过防火墙的授权检查，因此防火墙可以有选择地过滤已知的攻击或可疑的数据，从而防止任何未授权的访问。

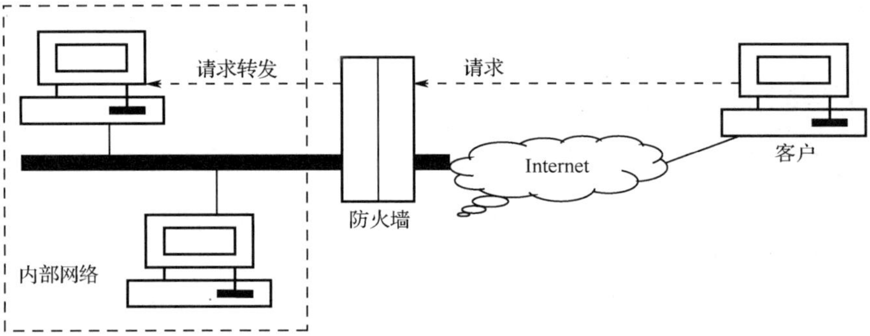


图 8-3　应用代理防火墙

代理类型防火墙工作于应用层，它不像包过滤防火墙那样只能看数据包头的数据。而是可以依据数据包内的数据部分对数据进行过滤，可以防范应用层攻击。但它的缺点也同样突出，即实现起来比较复杂。由于每个应用都要求提供相应的代理软件来实现监控过滤功能，因此它要求代理软件的设计者能够理解每个应用协议及它们的缺陷。它的另外一个缺点是处理速度较慢。由于应用代理需要在应用层过滤每一个数据包，它的处理延迟会很大。

防火墙只能保护内部网免受外部攻击者的攻击，而不能解决计算机的所有安全问题，即不能阻止所有的安全威胁，如它不能阻止不经过防火墙的攻击。如果有一台主机连接到一个外部地址，那么攻击者可以通过这台主机攻击整个内部网。此外，由于防火墙只能对允许进入内部网的内容进行很少的控制，因此需要内部网提供其他方式对恶意代码实施控制。防火墙也很难阻止来自网络内部的攻击。

**2．虚拟专用网**

虚拟专用网（Virtual Private Network，VPN）是指在公共网络中建立一个专用网络，并且数据通过建立的虚拟安全通道在公共网络中传播。构建在公共网络服务平台上的专用网能够为用户提供一个虚拟的网络，它具备了公共网和专用网的特点，为企业提供了一种廉价而又安全可靠的通信方法。它可以帮助企业与远程用户、分支机构或商业伙伴建立安全的连接。为了在不安全的公共数据网络上向用户提供安全的专用网络，VPN 必须解决网络的安全问题，VPN 主要通过隧道技术和加密技术解决安全问题。

（1）隧道技术

隧道技术是 VPN 的基本技术，它可以将某种协议的数据包重新封装为新的数据包，其中新的数据包头提供了路由信息，可以使封装的负载数据能够通过公共网络传递到目的地；在到达目的地后，数据包被解封并还原为原始数据包。重新封装的数据包在公共网络上传递时所经过的逻辑路径被称为隧道。因此，企业内部网络的数据包可以利用隧道在公共网络上传输，而这种功能是利用网络隧道协议来实现的。

（2）加密技术

加密是一种强有力的技术，能够为数据提供保密性、真实性、完整性，使得非授权者不能了解被保护信息的内容。加密技术可以在协议栈的任意层进行，它既可以在链路层进行，以保护两台主机之间传输的消息，又可以在网络层进行，使两个进程之间传输的消息以加密的数据形式通过整个网络。在链路层传输，由于目前还没有统一的加密标准，因此所有链路层加密方案基本上都是生产厂家自己设计的，需要加密硬件。而在网络层中的加密标准是 IPSec，某些 VPN 设备采用了 L2TP 和 IPSec 相结合的技术，即它们采用 L2TP 作为隧道协议，而采用 IPSec 协议来加密数据。

### 3. 入侵检测系统

防火墙能够阻止一些已知的入侵事件发生，但它只是一种被动性、防御性工具，无法识别并处理一些非预期的攻击，也无法阻止内部人员引起的各种安全事故。而且外部攻击者也可能会利用防火墙的漏洞，绕过防火墙而入侵系统。入侵检测系统（Intrusion Detection System，IDS）可以弥补防火墙的不足，是一种主动保护网络免受攻击的网络安全系统。它可以实时监视、分析用户及系统的活动，并识别出由内部人员或外部攻击者进行的不正常活动，并对此做出相应的反应。

目前的入侵手段越来越复杂，某些分布式入侵活动需要依靠若干分布式的 IDS 协同工作才能发现。为了实现不同的入侵检测系统之间的互操作，美国国防高级研究计划署（DARPA）和互联网工程任务组（IETF）的入侵检测工作组（IDWG）分别制定了一系列的标准草案。DARPA 提出了通用入侵检测框架（CIDF）。而 IDWG 主要负责制定入侵检测、响应系统及管理系统之间共享信息的数据格式和交换规程。其中一个 IDWG 草案建议入侵检测系统可以由传感器（Sensor）、分析器、管理器组成，组件的关系如图 8-4 所示。在该模型中，管理员负责设置系统的安全策略，并根据这些安全策略部署和配置 IDS。安全策略不仅定义了在受监控的网络中允许有哪些服务，而且定义了从外部网络可以访问哪些主机。为了检测入侵企图，传感器将向各种数据源收集数据并将检测到的事件转发给分析器；分析器将采用一个或多个入侵检测方法分析这些事件以识别出未授权或不正常的行为及安全管理员应关注的事件；如果检测到异常情况，分析器将向管理器发出告警消息，管理器可以根据安全策略及时做出响应。这些响应可能是由 IDS 中的某些实体自动执行的，也可能是由某个用户驱动的。例如，管理器可以通知操作员已经检测到了某个告警，然后操作员将对此告警做出响应。此外，操作员还可以利用管理器管理 IDS 的各个组件，如执行传感器配置、分析器配置、事件通知管理、数据合并等管理功能。这里需要说明的是，并不是每个 IDS 都具有图 8-4 显示的所有独立组件，某些系统可能将某几个组件组合成一个更大的组件，许多现有的 IDS 将传感器和分析器设计为一个组件。

尽管目前 CIDF 和 IDWG 都还不成熟，仍需不断改进和完善，但标准化是入侵检测系统发展的必然方向。

（1）入侵检测系统的分类

根据入侵检测系统的输入数据来源，可以把入侵检测系统分为基于主机的入侵检测系统和基于网络的入侵检测系统。基于主机的入侵检测系统主要用于保护单个主机，它根据主机系统提供的系统日志和审计记录识别针对该主机的恶意或可疑事件。基于网络的入侵检测系统使用原始网络数据包作为分析的数据源，并通过对这些数据的分析识别出各种入侵事件。入侵检测系统一旦检测到了攻击行为，就可以通过多种方式对攻击采取相应的行动，如报警、切断相关用户的网络连接等。该类系统通常包含多个传感器，这些传感器需要和入侵检测系统分析器协同工作以完成安全分析和检测。

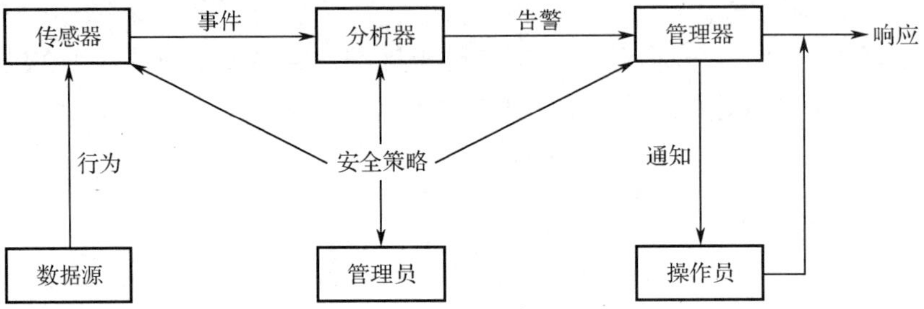


图 8-4　入侵检测系统组件

（2）入侵检测的检测方法

两种常用的入侵检测方法是误用入侵检测方法和基于异常的检测方法。

误用入侵检测方法首先需要预先定义入侵模式，以描述那些将导致安全突破或其他误用事件的特征和条件，然后入侵检测系统将这些入侵模式和入侵检测系统所收集的信息进行匹配，以识别出用户或系统活动中存在的已知攻击模式。这种入侵检测只能检查已知入侵模式，无法检测出新的入侵模式。该方法的关键就是如何设计入侵模式，使它既能够表达入侵现象又不会将正常的活动包含进来。

基于异常的检测方法认为入侵活动不同于正常主体的活动，它是异常活动的子集。如果能检测出异常活动，那么就可以通过对异常活动的进一步分析来检测出入侵活动。为实现该类检测，异常入侵检测系统需要为主体建立正常行为模式的特征轮廓，然后将当前主体行为与该主体的正常特征轮廓进行比较，以检测出偏离情况。因此异常入侵检测寻找的是异常活动，而不是寻求匹配。它不受已知入侵模式的限制，能够检测出新的入侵行为及未知、潜在的系统缺陷。

上面介绍的检测方法均有各自的特点。它们虽然能够在某些方面取得好的效果，但也有不足之处。目前许多入侵检测系统同时采用几种方法以相互弥补缺点，共同完成检测任务。

## 关键词语

### 网 络 攻 击

网络攻击（Cyber Attacks）是指针对计算机信息系统、基础设施、计算机网络或个人计算机设备的任何类型的进攻动作。对于计算机和计算机网络来说，破坏、揭露、修改、使软件或服务失去功能、在没有得到授权的情况下偷取或访问任何一台计算机的数据，都会被视为计算机和计算机网络中的攻击。

从对信息的破坏性上看，网络攻击可以分为主动攻击和被动攻击。主动攻击会导致某些数据流的篡改和虚假数据流的产生。这类攻击可分为信息篡改、信息伪造和拒绝服务等。被动攻击中攻击者不对数据信息做任何修改，通常包括窃听、流量分析、破解弱加密的数据流等攻击方式。

# 8.3 数据加密与信息安全

## 8.3.1 数据加密技术简介

一般来说，电子商务中的数据以两种方式存在：一是由数据库收集或存储的数据；二是在传输过程中的数据。传输数据使用的公共信道和存储数据的计算机系统非常脆弱，容易受到两种形式的攻击：一种是从传输信道上截取信息，或者从存储的载体上偷窃或复制信息，人们称之为被动攻击，其结果是导致重要数据的泄露；另一种是对在传输过程中或存储的数据进行非法删除、更改或插入等操作，人们称之为主动攻击，其结果可能引起数据或文件的混乱，严重时可能导致信息失真，造成巨大的经济损失。对于这两种可能遭受的攻击，除了制定法律外，还需要采取合适的保护措施。数据加密技术就是一种有效的方法。事实证明，这也是最经济可行的方法，它能够在一种潜在不安全的环境中保证通信的安全。应当强调的是，不安全的数据加密技术比没有该技术还要危险，因为它给人们以安全的假象。

数据加密技术广泛应用于保护电子商务的数据传输。加密是一把双刃剑，它在使商务信息受到保护的同时，也使得法律执行机构无法监视私人活动。如果一个有效的加密算法落入别有用心的人手中，将使犯罪分子可以肆无忌惮地进行破坏活动而不被发现。

现在市场上提供的加密技术使用了若干种不同的算法，最基本的有两种：一种是对数据通过替换或编码达到加密目的：另一种是使用密钥对数据进行加密。

### 1. 替换或编码加密算法

不使用密钥的加密技术十分简单，它通过替换或编码以达到加密目的。如可以通过给每一个字母的 ASCII 值加上一个数来加密一组英文信息。

ROT13 是一个简单的加密程序，通常可在 UNIX 系统中找到它。它使每一字符移动 13 个位置，例如，A 用 N 替代，B 用 O 替代，等等。如果设已知信息为 M，经过 ROT13 转换，生成密文 C，即 C=ROT13(M)；如果用 ROT13 两次加密一个文件，则恢复成原文件，即 M=ROT13［ROT13(M)］。

这种算法看起来似乎已经很安全了，但实际上并非如此，用这种算法加密的数据很容易被破译。

### 2. 密钥加密算法

简单地说，使用密钥的加密算法就是在数据加密中，有一组含有参数 $K$ 的变换。假设已知信息 $M$，通过变换 $E_K$ 得到密文 $C$，即 $C=E_K(M)$，这个过程称为加密，参数 $K$ 就称为密钥。加密算法确定之后，由于密钥不同，密文 $C$ 也就不同。

较安全的加密算法是将数据与一种密钥配合使用。有两种主要的密钥加密算法：私有密钥加密算法和公开密钥加密算法。私有密钥也被称为单钥、秘密密钥或对称密钥，公开密钥也被称为非对称密钥。

（1）私有密钥加密算法

就私有密钥加密算法而言，算法中只存在一个密钥。同一个密钥被用于加密和解密两个过程。私有密钥加密的另一特点，就是其使用的密钥长度一般都比较短，这使得它的算法实现比非对称加密要快速和容易。私有密钥加密的一个主要缺陷是密钥要分配给每个需要的人，尤其是密钥分配本身就必须保密。如果暴露或损坏密钥，那么就等于暴露或损坏了用它加密过的信息。因此，很有必要经常更改密钥，并且通信双方都必须秘密掌控密钥。若丢失了密钥，则密码系统不攻自破。因此，密钥的重要性可想而知。

举一个简单的例子，假设已知明文 $M$ 为："during the last twenty years there has been an explosion of public academic research in cryptography"，明文的意思是"近 20 年来，对密码学的公开研究已急剧增加"。先将明文分成 5 个字符一组，得到"durin gthel asttw entyy earst hereh asbee nanex plosi onofp ublic acade micre searc hincr yptog raphy"，再将每组按相反顺序写下，如 durin 写成 nirud，于是得到的密文如下："nirudlehtgwttsayytnetsraeh-ereheebsaxenanisolp pfonocilbuedacaercimcraesrcnihgotpyyhpar"。这里的加密算法是将明文先分组再逆序书写，密钥是每组的字符长度，在本例中，$K$=5。如果不知道加密算法，以上密文相对于明文变得面目全非，从而达到加密的目的。当然这个加密算法不是很安全，破译起来并不困难。

（2）公开密钥加密算法

公开密钥也被称为非对称密钥。在这种密码系统中，若一个用户 B 有加密密钥 $K_0$、解密密钥 $K_1$，B 可将加密密钥 $K_0$ 公开、$K_1$ 保密。当然，这里的加密算法保证了 $K_0$ 的公开，不至于影响 $K_1$ 的安全。若用户 A 向用户 B 传输明文 $M$，可查看 B 的公开密钥 $K_0$，用 $K_0$ 加密明文 $M$，得到 $C=E_{K_0}(M)$并传输 $C$；B 收到 $C$ 后，用只有自己才掌握的解密密钥 $K_1$ 对 $C$ 进行解密，得到明文 $M=E_{K_1}(C)$。由于加密密钥 $K_0$ 不同于解密密钥 $K_1$，并且加密密钥 $K_0$ 只可以用来解密由解密密钥 $K_1$ 加密的明文，而不可以解密由自己加密的密文，因此公钥密码也叫作非对称密码，以区别于传统的对称密码。任何第三者即使截获密文 $C$，由于无法由公开的加密密钥 $K_0$ 推算出解密密钥 $K_1$，也就无法恢复明文 $M$。公开密钥加密体制除可以对信息进行加密外，还可以有其他方面的运用，如签名文件和电子时戳。

## 前沿话题

### 量子信息技术为加密与安全通信带来颠覆性变革

量子信息技术主要包括量子计算、量子通信与量子测量。其中，量子计算是能破解现有传统加密技术的一支利矛；量子通信则被认为是迄今唯一被严格证明的"无条件安全"的通信方式，成为安全通信领域的一面坚盾。

现代密码学所采用的加密通常利用数学算法的复杂度来增加破译难度。而量子计算作为一种与传统计算完全不同的计算模型，在运算效率方面的潜力大大超过传统计算方式，使利用量子计算机迅速破解传统加密技术成为可能。2018 年，在美国、欧盟国家、日本、澳大利亚的领跑下，各国就研制量子计算机及能够抵御量子计算机攻击的数学密码展开了如火如荼的竞赛，期望早日掌握量子计算这支破解传统加密技术的利矛并对量子解密攻击做好防御准备。美国一直走在量子计算研究领域的最前沿，并于 2018 年 12 月 19 日通过一项法案，以建立国家级量子项目，进一步加快美国在该领域的研究进展。2018 年年底，美国科技巨头一直宣称的“即将实现稳定运行的量子计算机”仍未问世，但其未来可能率先取得突破，引领新一轮科技进步和技术创新浪潮。

量子通信可将某信息的量子态安全传递到另外一个地方，从而实现信息传递（量子隐形传态），或利用“不可分割、不可复制”的量子作为密钥实现点对点安全通信（量子密钥分发），为经典通信增加一把量子密码锁，保障信息安全传递。当前，量子隐形传态仍处在理论探索和实验验证阶段，是基础科研领域热点，离产业化还较为遥远，而我国在技术层面走在世界前列；量子密钥分发在提升保密通信安全性方面的应用则已成功实现产业化，当前基于量子密钥分发的信息最远安全传输距离纪录由我国创造和保持。2018 年，在欧洲、美国相继提出建立量子通信互联网战略规划时，我国科学家已开始利用 2016 年升空的世界首颗量子通信实验卫星“墨子号”作为中继，不断扩大我国城际量子通信网络覆盖范围，并计划未来发射更多量子通信卫星，形成一个庞大的量子卫星群，利用量子通信这面坚盾维护我国信息安全，引领网络安全新时代。

## 8.3.2　私有密钥加密

私有密钥加密的特征是加、解密双方在加、解密过程中使用相同的密钥。它包括序列密码与分组密码两类。在电子商务中广泛使用的是分组密码，主要用于对发送的数据（如交易票据）进行加密保护，只有合法的接收方才能够知道数据的内容。国际通用的分组密码算法是 DES 及其替代算法 AES。

### 1. DES

DES 即数据加密标准（Data Encryption Standard，DES），由美国联邦信息处理标准 FIPS46-3 定义，其加密技术是 IBM 公司在 20 世纪 70 年代中期开发的，主要用途是保护商业信息和政府无密级的敏感信息，目前在金融界广泛使用。美国国家标准技术研究协会每隔五年就重新审议 DES 是否继续作为联邦信息处理标准。1994 年，NIST 宣布 DES 标准要延续到 1998 年，1998 年之后就不再批准 DES 作为联邦信息处理标准。DES 算法是迄今得到最广泛应用的一种算法。但是随着近年来计算能力的与日俱增，DES 密钥较短（56 位）的弱点受到了强大的攻击，1998 年 5 月，美国 EFF（Electronic Frontier Foundation）宣布，它们一台由 20 万美元的计算机改装成的专用解密机，用 56 小时就破译了 DES 算法。为了克服 DES 密钥较短的缺点，又提出了 3DES 这个变异的加密标准，虽然安全性得到了较大程度的提高，但是也带来了运算效率降低的负面影响。

客观地说，即使在今天，DES 仍不失为一个优秀的密码算法，因为有这样一个事实是不容否认的：在 DES 公布 10 多年后，密码研究人员研制出破译 DES 最为有效的几项技术，在 DES 的设计之初就已经被 DES 的设计者们考虑到了。因此，DES 的不安全不是说它的编码原理不安全，而是体现在以下两个方面：一是密钥太短；二是其设计原则没有公开，有理由怀疑它有陷门。因此，DES 最终退出历史舞台也是一种必然。

### 2. AES

1997 年 1 月 2 日，美国国家标准技术研究所（NIST）宣布启动高级加密标准（Advanced

Encryption Standard，AES）的开发研究计划，并于 1997 年 9 月 12 日正式发出征集算法的公告，算法要求在 1998 年 6 月之前提交。征集公告同时指明 NIST 的目标，就是要确定一种无密级的、公开透露加密算法的、免费使用的、全世界通用的 AES。算法的最低要求是：必须是采用对称密钥密码实现的分组密码，并支持 128 位分组长度和 128 位、192 位、256 位密钥长度。

2000 年 10 月 2 日，美国商务部部长宣布美国最终推荐的高级加密标准是 Rijndael。开发并提交 Rijndael 算法的是两位比利时密码专家，一位是国际质子世界（Proton World International）公司的 Joan Daemen 博士，另一位是利文 Katholieke 大学电气工程系的 Vincent Rijmen 博士。一旦把 AES 作为 FIPS 颁布，该算法就成为美国政府机构保护敏感（无密级）信息的正式加密算法。NIST 建议商业和美国的非政府机构接受并使用 AES 和 NIST 的其他密码标准，但不做硬性规定。

在 AES 成为正式标准后，NIST 会像对待其他加密标准一样，继续对 Rijndael 进行密码分析，跟踪其发展情况，每隔五年进行一次正式评估。并在充分考虑具体情况的基础上，在适当时间补充完善这一新标准。一旦发生问题需要立即处理，NIST 会当机立断地用其他加密标准代替 Rijndael。从目前的分析上看，除非有比密钥穷举更有效的攻击，或者未来的科技有了新的发展，否则，AES 的潜在安全期会超过 20 年。

对称算法最主要的问题是：由于加密、解密双方需要使用相同的密钥，因此在发送、接收数据之前，必须完成密钥的分发。因此，密钥的分发便成了该加密体系中的最薄弱、风险最大的环节，需要采用相配套的密钥管理机制来确保其安全应用。

## 8.3.3 公开密钥加密

公开密钥加密的特征是加密、解密密钥不同，发送方与接收方都有自己的公私钥对。对应于传统的加密、解密，发送方使用接收方的公开密钥对信息进行加密，接收方使用自己的私钥进行解密，只有合法的接收方能够恢复正确的信息。公钥密码的应用突破了传统密码在密钥管理和身份认证等方面的局限，使用公钥密码技术能够进行签名和认证，使密钥交换能够在公开信道上进行，能够提供有效手段确保信息数据的完整性和防止交易方的抵赖行为。下面简要描述得到广泛使用的 Diffie-Hellman 加密钥交换系统、RSA 公钥密码系统。

### 1. Diffie-Hellman 密钥交换

Diffie-Hellman 密钥交换算法用于解决密钥交换的难题，但不适用于加密、解密消息。其安全性基于有限域上计算离散对数的难度，数学原理很简单。在公开商定两个大整数 $g$ 和 $n$（$g$ 为 mod $n$ 的一个本原根）的情况下，Alice 与 Bob 可以通过下列协议获取仅他们知道的共享密钥 $K$，此共享密钥 $K$ 一般作为对称密码的加密、解密密钥。

① Alice 随机选择 $X$（保密），计算 $X = g^x \bmod n$，将 $X$ 发送给 Bob。

② Bob 随机选择 $Y$（保密），计算 $Y = g^y \bmod n$，将 $Y$ 发送给 Alice。

③ Alice 计算 $K = Y^x \bmod n$，Bob 计算 $K = X^y \bmod n$。

$n$ 的选择对 Diffie-Hellman 密钥交换系统的安全性有很大影响，一般要求 $n$ 为素数，并且至少 512 位，随着密码分析技术的发展，目前一般要求 $n$ 为 1024 位的。

2．RSA 公钥密码系统

RSA 由 Rivest、Shamir 和 Adleman 提出，是第一个公钥密码体制，适合于签名与认证，也可用于加密、解密消息，是迄今理论上最为成熟完善的一种公钥密码体制。它的安全性是基于大整数的分解（已知大整数的分解是 NP 问题），而体制的构造基于 Euler 定理。

RSA 的使用需要产生如下参数：先产生两个足够大的强素数 $p$、$q$，计算乘积 $n=pq$，选择$[e,\varphi(n)]=1$［其中 $\varphi(n)=(p-1)(q-1)$］，计算 $ed=1\bmod\varphi(n)$，由此得到公钥（$n,e$）和私钥（$p,q,d$）。

（1）RSA 加密方案

假设 Alice 要给 Bob 发送秘密信息，则双方的加密、解密操作如下。

加密操作：Alice 使用 Bob 的公钥（$n,e$）对明文 $m$ 进行加密：$c=m^e\bmod n$，并将 $c$ 发送给 Bob。

解密操作：Bob 使用自己的私钥（$p,q,d$）对密文 $c$ 进行解密：$m=c^d\bmod n$。

对于 RSA 来说，其算法原理简单，实际应用中的一个关键问题是密钥参数的安全性指标的确定和生成。参数 $p$、$q$、$e$ 的选取对安全性与运算效率有很大的影响，$p$、$q$ 要求使用安全素数，$e$ 不能太小，$n=pq$ 的长度至少为 512 位。最新的研究及密码分析结果显示，512 位的 RSA 挑战问题在网络环境下宣告被破译。因此，在使用 RSA 的安全应用系统设计时，要慎重选择 RSA 算法的密钥参数，包括模长度及素数选取等安全性要求，建议使用 1024 位或更长的 RSA。

（2）RSA 的缺点

① 产生密钥很麻烦，受到素数产生技术的限制，难以做到一次一密。

② 分组长度太大，为保证安全性，$n$ 至少也要在 600 位以上，使得运算代价很高，尤其是速度较慢，较对称密码算法慢几个数量级，且随着大数分解技术的发展，这个长度还在增加，不利于数据格式的标准化。目前，SET（Secure Electronic Transaction）协议中要求 CA 采用 2048 位长的密钥，其他实体使用 1024 位的密钥。

③ 由于进行的都是大数计算，使得 RSA 最快的情况也只有 DES 速度的 1/100，因此无论是软件还是硬件实现方面，速度一直是 RSA 的缺陷，一般来说它只用于少量数据加密。

提示

**解密和破解**

解密是在知晓解密密钥的情况下，通过一定算法将密文还原成明文的过程。而破解是指在不知道解密密钥的情况下，通过一定的技术手段，从密文中恢复明文或找到解密密钥的过程。

## 8.4 电子商务安全认证技术

### 8.4.1 电子商务安全认证技术发展背景

随着 Internet 在国内的日益普及，以网上银行、网上购物为代表的电子商务已越来越受到人们的重视，越来越深入到普通百姓的生活中。目前，在国内的电子商务中缺少相应的技术手段来保障网上交易的安全性、权威性。众所周知，在常规业务中，交易双方现场交易，可以确认购买双方的身份，即对客户而言，商家是要购物的现实中的地方。对商家而言，购买者在现场，无须担心假冒。同时，由于有商场开具的发票并且客户现场支付商品费用，因此无须担心发生纠纷，可以做到有证可依。但在网上做交易时，由于交易双方并不在现场交易，因此无法确认双方的合法身份。同时，交易信息是交易双方的商业秘密，在网上传输时必须保证安全，必须提供安全的技术保证。

因此，在电子商务中，必须从技术上保证在交易过程中能够实现身份认证、安全传输、不可否认性、数据一致四个目标。在采用认证技术之前，交易安全一直未能真正地得到解决。由于认证技术采用了加密传输和数字签名技术，能够实现上述要求，因此在国内外的电子商务中，认证技术得到了广泛采用，以保证交易的安全、正常进行。

认证技术是保证电子商务安全的重要技术之一。认证分为实体认证和信息认证。这里的实体是指个人、客户程序或服务程序等参与通信的实体。实体认证是指对实体的身份认证。信息认证是指对信息进行认证，以确定该信息的合法性。信息认证发生在信息接收者接收到信息后，使用相关技术对信息进行认证，以确认信息的发送者是谁，信息在传输的过程中是否被修改、替换等。

## 8.4.2 数字签名

### 1. 数字签名的基本概念

政治、军事、外交等文件、命令和条约，以及商业中的契约、个人之间的书信等，传统上用手书签字或印章确认，以便在法律上能够认证、核准、生效。随着计算机通信网络的发展，人们希望通过电子设备实现快速、远距离的交易，数字签名应运而生，并开始用于商业通信系统中，如电子邮件、电子转账和办公自动化等系统。

类似于手书签字，数字签名也应该满足以下要求：

① 接收方能够确认或证实发送方的签字，但不能伪造，简记为$R_1$-条件；

② 发送方发出签字的消息给接收方后，就不能再否认其所签发的消息，简记为 S-条件；

③ 接收方对收到的签字消息不能否认，即有收报认证，简记为$R_2$-条件；

④ 第三者可以确认收发双方之间的消息传送，但不能伪造这一过程，简记为T-条件。

手书签字与数字签名的区别在于：手书签字是模拟的，且因人而异；数字签名是0和1组成的数字串，因消息而异。数字签名与消息认证的区别在于：消息认证使接收方能检验消息发送者及所发消息内容是否被篡改过，在收发者之间没有利害冲突时，这足以防止第三者的破坏；当接收方和发送方之间有利害冲突时，单纯用消息认证技术就无法解决可能产生的纠纷，此时需借助满足前述要求的数字签名技术。

为了达到签名的目的，发送方必须向接收方提供足够多的非保密信息，以使其能验证消息的签名信息，但又不能泄露用于产生签名的机密信息，以防止他人伪造签名。因此，签名者和证实者之间可共用的信息不能太多。任何一种产生签名的算法或函数都应当提供这两种信息，而且从公开的信息很难推测出用于产生签名的机密信息。另外，任何一种数字签名的实现都有赖于精心设计的通信协议。

利用数字签名可以实现以下三个方面的功能。

（1）保证信息传输过程中的完整性

安全单向哈希函数的特性保证：如果两条信息的信息摘要相同，那么它们的信息内容也相同。因此，可以通过比较发送前的信息摘要与接收到的信息摘要来判断信息在传输过程中是否被篡改或改变过。由于在传输过程中信息摘要是经过发送者的私钥加密的，其他人生成相同加密摘要的可能性很小，因此只要重新计算的信息摘要与解密后的信息摘要相同，就可以证明该信息在传输过程中没有被篡改或改变过。

（2）发送者的身份认证

数字签名技术使用公开密钥加密算法，发送者使用自己的私钥对发送的信息进行加密。接收者可以通过发送者的公钥解密接收的信息。这样，接收者便可以证实该信息是由发送者发送的，同时也可以确认发送者的身份。因为除了发送者之外，没有人可以生成这样的密文。

（3）防止交易中的抵赖发生

当交易中的抵赖行为发生时，接收者可以将接收到的密文呈现给第三方。该密文由发送者的私钥生成，其他任何人都不可能产生该密文。而发送者的公钥是对公众公开的，任何人都可以获得该公钥，任何人都可以解开该密文。这样，第三方就可以通过公钥解密接收者呈送的密文，同时判断发送方是否发生了抵赖行为。

数字签名有两种：一种是对整体消息的签名，它是消息经过密码变换的被签名消息整体；另一种是对压缩消息的签名，它是附加在被签名消息之后或在某一特定位置上的一段签名图样。

尽管数字签名技术通常采用公开密钥加密算法实现，但是数字签名的作用与通常意义上的数据加密的作用是不相同的。对在网络中传输的数据信息进行加密是为了保证数据信息传输的安全，即使黑客截获了该密文信息，由于没有相应的密钥，也无法理解信息的内容。而数字签名则不同，数字签名是为了证实某一信息确实由某一人发出，它并不关心网络中是否有人看到该信息。数字签名和数据加密的区别如图 8-5 所示。

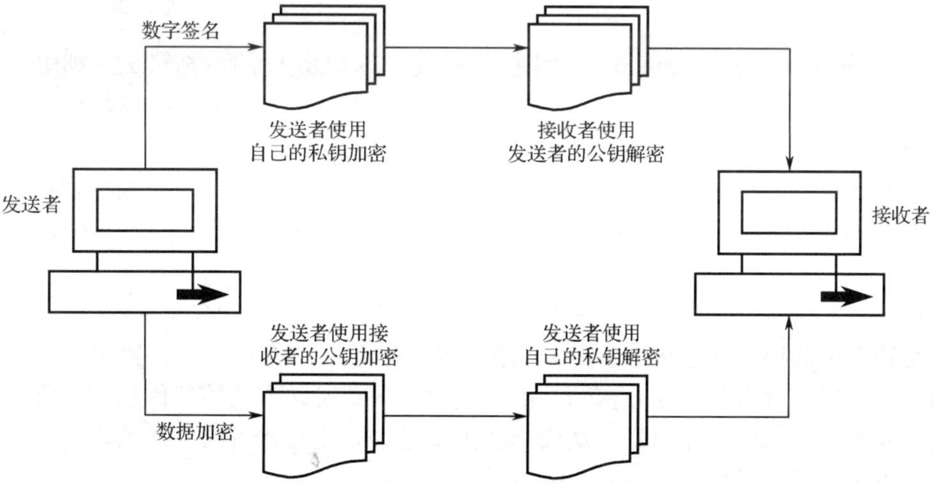


图 8-5　数字签名与数据加密的区别

### 2．数字签名的实现方法

实现数字签名有很多方法，目前数字签名采用较多的是公开密钥加密技术（也称非对称密码算法），如基于 RSA Data Security 公司的 PKCS（Public Key Cryptography Standards）、DSA（Digital Signature Algorithm）、X.509、PGP（Pretty Good Privacy）。1994 年，美国标准与技术协会公布了数字签名标准（DSS），使公开密钥加密技术得到广泛应用。另外，应用哈希算法（Hash）也是实现数字签名的一种方法。

（1）用公开密钥加密算法进行数字签名

① 算法的含义。公开密钥加密算法使用两个密钥，即公开密钥和私有密钥。它们分别用于对数据的加密和解密，即若用公开密钥对数据进行加密，则只有用对应的私有密钥才能进行解密；若用私有密钥对数据进行加密，则只有用对应的公开密钥才能解密。

② 签名和验证过程。发送方（甲）首先用公开的单向函数对报文进行一次变换，得到数字签名，然后利用私有密钥对数字签名进行加密后附在报文之后一同发出；接收方（乙）用发送方的公开密钥对数字签名进行解密变换，得到一个数字签名的明文，发送方的公钥可以由一个可信赖的技术管理机构即认证中心（CA）发布；接收方将得到的明文通过单向函数进行计算，同样得到一个数字签名，再将两个数字签名进行对比，如果相同，则证明签名有效，否则无效。

这种方法使任何拥有发送方公开密钥的人都可以验证数字签名的正确性。出于发送方私有密钥的保密性，使得接收方既可以根据结果来拒收该报文，也能使其无法伪造报文签名及对报文进行修改。原因是数字签名是对整个报文进行的，是一组代表报文特征的定长代码，同一个人对不同的报文将产生不同的数字签名。这就解决了银行通过网络传送一张支票而接收方可能对支票数额进行改动的问题，也避免了发送方逃避责任的可能性。

（2）用私有密钥算法进行数字签名

① 算法含义。私有密钥算法（也称对称密码算法）所用的加密密钥和解密密钥通常是相向的，即使不同也可以很容易地由其中的任意一个推导出另一个。在此算法中，加密、解密双方所用的密钥都要保密。由于这个算法在计算机中运算速度较快而被广泛应用于大量数据的加密过程中，如 RD4 和 DES，用 IDEA 进行数字签名是不提倡的。

使用分组密码算法进行数字签名，通用的加密标准有 DES、Triple-DES、RC2、RC4、CAST 等。

② 签名和验证过程。Lamport 发明了名为 Lamport-Diffle 的对称算法：利用一组长度是报文的比特数（$n$）两倍的密钥 $A$ 来产生对签名的验证信息，即随机选择 $2n$ 个数 $B$，由签名密钥对这 $2n$ 个数 $B$ 进行一次加密变换，得到另一组 $2n$ 个数 $C$。

发送方从报文分组 $M$ 的第一位开始依次检查 $M$ 的第 $i$ 位，若为 0 则取密钥 $A$ 的第 $i$ 份，若为 1 则取密钥 $A$ 的第 $i+1$ 位；直至报文全部检查完毕。所选取的 $n$ 个密钥位形成了最后的签名。

接收方对签名进行验证时，也是从第一位开始依次检查报文 $M$，如果 $M$ 的第 $i$ 位为 0，它就认为签名中的第 $i$ 组信息是密钥 $A$ 的第 $i$ 位，若为 1 则为密钥 $A$ 的第 $i+1$ 位；直至报文全部验证完毕，就得到了 $n$ 个密钥。由于接收方具有发送方的验证信息 $C$，所以可以利用得到的 $n$ 个密钥检验验证信息，从而确认报文是否是由发送方所发送的。

（3）用哈希算法进行数字签名

公开密钥算法与私有密钥算法各有利弊。目前，利用公开密钥加密算法进行数字签名是数字签名中最常用的方法。但是，由于公开密钥加密算法的效率低，且对所要加密的信息块长度有一定的限制，因此在使用公开密钥加密算法进行数字签名之前，通常使用安全单向哈希函数对要签名的信息进行处理，生成信息摘要，然后对其信息摘要进行签名。由于安全单向哈希函数生成的信息摘要具有固定的长度，因此非常适用于公开密钥加密算法。数字签名的具体实现过程如图 8-6 所示。

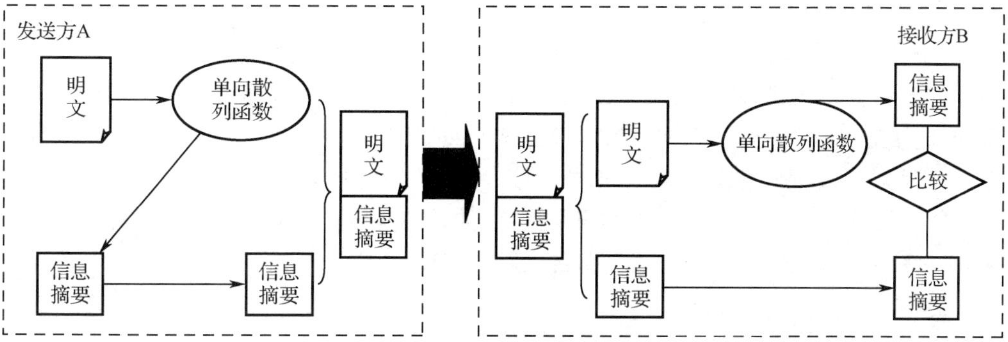


图 8-6　数字签名

① 发送方使用安全单向哈希函数对要发送的信息进行运算，生成信息摘要；

② 发送方使用自己的私钥，利用公开密钥加密算法对生成的信息摘要进行数字签名；

③ 发送方通过网络将信息本身和已进行数字签名的信息摘要发送给接收方；

④ 接收方使用与发送方相同的安全单向哈希函数对收到的信息本身进行操作，重新生成信息摘要；

⑤ 接收方使用发送方的公钥，利用公开密钥加密算法解密接收的信息摘要；

⑥ 将解密的信息摘要与重新生成的信息摘要进行比较，判断信息是否在发送过程中被篡改过，同时也可以进行身份验证。

## 8.4.3　身份认证和报文认证

### 1. 身份认证的方法

（1）身份认证的概念

身份认证是实现网络安全的重要机制之一，在安全的网络通信中，涉及的通信各方常以某种形式的身份认证机制来验证彼此的身份，即验证其身份与其所宣称的是否一致，以确保通信的安全。

身份认证的基本思想是：通过验证被认证对象的属性，来达到确认被认证对象是否真实有效的目的。被认证对象的属性可以是口令、数字签名或者像指纹、声音、视网膜这样的生理特征。

身份认证一般涉及两个方面的内容。

① 身份标识。这是身份认证的前提。首先，通信方的身份标识要明确，要求可区分不同的通信对象，如使用不同的用户标识符。举个例子，假设 Alice 和 Bob 之间需要进行电子交易，Alice 发送信息告诉 Bob 他是 Alice，可是 Bob 如何确认他是 Alice？就像住旅店时，旅店的登记员往往不能只凭顾客的口头言语就能相信他。为防止他人冒充，顾客需要出示他的“身份”证明——身份证，身份证就是顾客的身份标识，它是身份认证的基础。同样，在网络通信环境下，为了能区分不同的通信对象，各通信对象要有自己的身份标识，且该标识应该是被其他通信对象所认可的。

② 验证。认证关系到两类实体：一类实体是被验证对象，它们要向另一类实体证明自己的身份；另一类实体是验证者，它们要验证被验证对象的身份。电子交易过程中通信的一方表明了自己的身份，另一方必须通过验证信息来验证其身份是否真实。

（2）身份认证的方式

一般来说，用户身份认证可通过三种基本方式或其组合方式来实现。

① 所知：仅个人所知道的或所掌握的知识，如只有用户知道自己的口令或密码等。可以通过直接方法（如输入口令）或间接方法（如通过正确的计算）回答验证者的提问。

② 所有：个人所拥有的东西，如身份证、护照和信用卡等。

③ 个人特征：个人所具有的某些生物学特征，如指纹、声音、DNA图案、视网膜等，这些特征必须是可识别的，即对个人而言是唯一的。

### 2. 电子商务中的身份认证方案

根据被认证对象的属性，电子商务中的身份认证方案有多种，其中主要的有三类：基于口令的身份认证方案、基于智能卡的身份认证方案和基于生物特征的身份认证方案。

（1）基于口令的身份认证方案

基于口令的身份认证方案是最常用的一种认证技术。口令通常是通信对象自己设置的某个秘密值，同时认证中心保存通信对象设置的口令或口令的变换值。当通信对象登录认证中心时，需要输入自己的口令，如在电子支付系统中，用户登录网上银行，需要输入自己设置的银行口令信息。基于口令的认证方案属于单因素认证系统，认证是建立在通信对象自己掌握秘密口令的基础上的。基于口令的认证存在严重的安全问题：①容易遭受各种猜测口令程序的攻击；②安全性仅依赖于口令，口令一旦泄露，用户即可被冒充，更严重的是用户往往选择简单、容易被猜测的口令，如与用户名相同的口令、生日、单词等，这往往成为安全系统最薄弱的突破口；③口令的存储问题，口令一般不是直接存储在文件中的，而是经过加密后存放在口令文件中的，如果口令文件被窃取，那么就可以进行离线的字典式攻击，这也是攻击者最常用的手段之一。

因此，从安全的角度考虑，单纯的基于口令的身份认证方案在现代电子商务应用中并不是很多。

（2）基于智能卡的身份认证方案

智能卡（Smart Card）是一种带有智能的集成电路卡，不仅具有读写和存储数据的功能，还具有加密数据、处理数据的能力。智能卡能够存储用户的秘密信息或数字证书，这些信息存放在智能卡的微处理器当中，外部是不可见的。为了防止智能卡遗失或遭窃，智能卡一般需要和用户的身份识别码（Personal Identification Number，PIN）同时使用，即在使用智能卡前必须输入PIN码。因此，基于智能卡的身份认证方案属于双因素认证系统（智能卡+PIN码）。

通信对象持有一张智能卡，智能卡存储其个性化的秘密信息，同时在验证服务器中也存放该秘密信息。进行验证时，用户输入PIN码，智能卡先验证PIN码的正确性，如果正确，即可读出智能卡中的秘密信息，进而利用该秘密信息与验证服务器之间进行验证。当然，验证时还需要与身份验证等安全协议一起使用才能完成。

（3）基于生物特征的身份认证方案

近几年来，随着计算机技术及其他相关技术的发展，生物识别技术也得到迅速发展，人们在寻找新的、更加安全可靠的身份识别途径时，自然而然地想到了利用通信对象的生物特征标识身份。基于生物特征的认证方案以人体唯一的、可靠的、稳定的生物特征（如指纹、虹膜、脸部、掌纹等）为依据，采用计算机和网络技术进行图像处理和模式识别等方式实现认证功能，与传统的身份认证方式相比，该技术具有很好的安全性、可靠性和有效性。近几年来，全球的生物识别技术已从研究阶段转向应用阶段，对该技术的研究和应用如火如荼，因此基于生物特性的身份认证在电子商务中的应用前景十分广阔。当前，常用的生物特征是指纹和虹膜，其中基于指纹的身份认证方案是应用最为广泛的。

指纹是每个人都拥有的，且指纹具有以下两个特征：①唯一性，任何人的指纹都是独一无二的，不存在相同的指纹，因此指纹可以区分不同的通信对象；②稳定性，即人的指纹一般是不会发生变化的，这一点与人的其他特征不同，这样可保证通信对象身份标识信息的长期有效性。因此，利用指纹识别通信对象的身份，相对于其他认证方式，具有得天独厚的优点。指纹识别主要包括指纹图像的采集、指纹图像处理、指纹特征提取、数据保存、比较等过程。用户的指纹特征信息事先需要通过物理的方式或者其他方式存入验证服务器，当用户通过网络从事电子商务交易时，首先通过指纹仪输入自己的指纹，指纹仪的作用是读取指纹图像，并对图像做相应的增强、细化等处理，通过提取指纹的特征，在密码体制及身份验证协议的控制下，验证服务器通过验证指纹是否匹配来确定通信对象的身份真实性。基于虹膜的身份验证与基于指纹的身份验证类似，只不过提取的生物特征是虹膜，同样也需要采集、匹配等过程。

上面所讲的三种验证方案是按照身份标识的差异来区分的，无论是哪一种身份认验方案，都需要在身份验证协议的控制下才能实现安全的验证，因为指纹特征在传输过程中可能被非法用户窃取，而验证协议可以保证认证的安全。

### 3. 身份验证协议

身份验证协议是一种特殊的通信协议，它定义了在身份验证过程中，参与验证的所有通信方所交换报文的格式、报文发生的次序及报文的语义。大多数身份验证协议都是基于密码学原理的。验证协议也称鉴别协议。根据验证的目标数目，分为单向验证和双向验证，单向验证是指只验证通信一方的身份，如在网上银行交易中，通常只需要验证用户那一方的身份；双向验证是指通信双方互相验证身份。

根据验证时使用对称密码体制还是公钥密码体制，存在多种多样的身份验证协议，如一次一密验证协议、X. 509 证书身份验证协议、Kerberos 验证协议。其中 Kerberos 是依赖公正的第三方参与的典型验证协议。Kerberos 是以可信任的第三方为基础的身份验证协议，采用对称密码体制实现。完整的 Kerberos 验证系统包括验证服务器（Authentication Server）、授予许可证服务器（Ticket Granting Server）、网络应用服务器（Server）及网络用户（Client）。

### 4. 报文验证

报文验证是指当两个通信实体建立通信联系后，每个通信实体对收到的报文信息进行验证，以保证收到的信息是真实可靠的。报文加密与报文验证的区别在于：前者用于防止被动攻击（窃听信息）；后者主要用于防止主动攻击，包括防止对信息内容进行更改、删除和添加，防止改变信息的源点和终点等。因此，在报文验证过程中必须确定两个方面：

一是报文确实是由确认的发送方发送的；二是报文内容在传输过程中没有被修改过。报文验证包括报文来源的验证及报文完整性验证：报文来源验证是指验证报文的确是由所信任的另一方所发送的，报文完整性验证是指验证报文在传输过程中没有被非法的第三方破坏或篡改。

（1）报文完整性验证

为了防止报文在传输过程中出现差错，传统的方法是计算报文奇偶校验和 CRC，发送方计算校验和，并将计算结果附加在要发送的报文后面，接收方在收到报文后，以与发送方相同的算法计算奇偶校验和，如果所得结果与发送方计算结果相等，则表明报文在传输过程中未出现任何差错。奇偶校验和的目的是防止在通信链路上因为物理的因素，如信号受干扰，导致报文在传输过程中出现差错，并没有考虑到网络环境下非法的攻击者主动地“干扰”传输的报文，如果攻击者在篡改报文时故意修改偶数个比特，使得修改后报文的 CRC 校验和仍然与修改前的校验和一样，那么接收者根据校验和结果无法判断报文是否被修改，因此以奇偶校验和的方法验证报文完整性的方法可信度较低。

但是可以借鉴奇偶校验和的“思想”，思考一下，能不能有这样的一种方案：对传输的报文做任何微小的变动，其校验和都会发生变化。如果真的有，那么报文在传输过程中，攻击者对其做的任何一点修改都会影响到接收方校验和计算结果，接收者计算修改后的报文，得到的校验和必然与发送方发送的校验和不一致，由此判断报文是否具有完整性。实质上，具有这种“功能”的方案涉及网络安全中一项重要的技术：报文摘要与散列函数。报文摘要就是通信双方判定报文完整性的参数依据，散列函数就是计算报文摘要的函数，该函数的输入与输出能够反映报文的特征。奇偶校验和验证的方法仍然有待改进。

（2）报文来源验证

报文来源验证用于判断报文发送者的真实身份，验证技术的共性通常都是检验一些参数是否满足某些事先预定的关系或特征。报文来源的验证可以使用多种不同的系统特征和参数，这些参数可以是通信双方共有的。例如，通信双方共享某个秘密，即共享密钥，在同一个信任域内也可以使用最简单的网络参数，如 IP 地址。通常，报文来源验证和报文完整性验证是同时进行的。

（3）报文验证的方法

使用共享密钥验证报文来源可以有多种方式，最简单的是通过加密、解密的方式，还可以通过计算报文验证码的方式完成。

① 加密报文的方法。这是最简单的报文来源验证方法。通信的双方 Alice 与 Bob 共享某个密钥 *K*，发送报文 *M* 之前。发送方 Alice 使用密钥 *K* 对整个报文加密得到密文 *C*，然后将密文 *C* 一起发送给对方。接收方 Bob 收到报文后，使用共享密钥 *K* 解密得到明文 *M*，由于共享密钥 *K* 只有 Alice 拥有，因此可以证实报文来源的真实性，如图 8-7 所示。

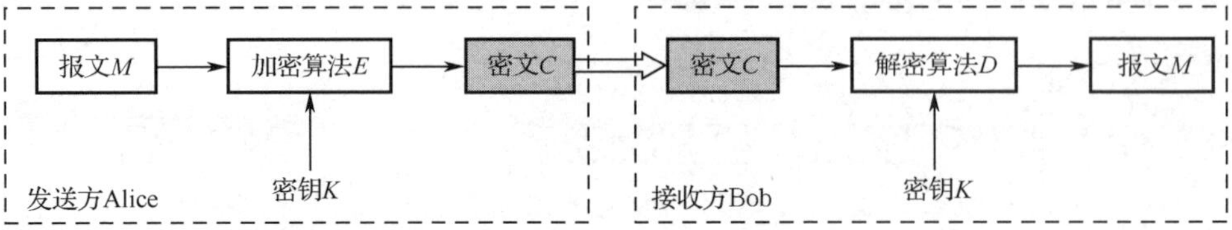


图 8-7　使用加密方法验证报文

使用对称密钥加密时系统的效率比较低，加密、解密均需要花一定的时间，如果只需要验证报文来源真实可靠，而不需要对传输的数据保密，则该方法的处理效率太低。

② 报文验证码的方式。如果只需要验证报文，不必加密整个报文，可以只加密反映报文特征的一小部分数据即可，这样验证报文对系统的性能与效率影响较小。前面提到的报文摘要能反映报文的本质特征，因此可以考虑只加密报文摘要验证报文的方式，加密报文摘要得到的报文验证代码就是报文验证码（Message Authenticate Code，MAC），相对整个报文来说，报文摘要的长度固定并且小得多，如 128 位或 160 位。因此，如果利用共享密钥加密报文摘要，则加密、解密的效率要比加密整个报文提高很多。如图 8-8（a）所示，发送方首先通过某散列算法（如 SHA-1）计算报文 $M$ 的摘要 $H(M)$，然后用共享密钥 $K$ 加密 $H(M)$，得到报文验证码 MAC，然后，将 $M$ 与 MAC 一起发送给通信的另一方；接收方在收到报文之后，首先计算报文 $M$ 的摘要 $H'(M)$，接着使用共享密钥 $K$ 解密报文验证码 MAC 得到另一个摘要值 $H(M)$，比较 $H(M)$与 $H'(M)$的值，如果相等，则说明报文来源真实且未被篡改；否则，丢弃该报文。

共享密钥除加密报文摘要的方法之外，还可以使用另外一种方式验证报文，如图 8-8（b）所示，即将共享密钥 $K$ 附加在报文 $M$ 的开头或报文的末尾，假设 $K$ 附加在 $M$ 的结尾，得到 $M \mid K$，然后计算已添加共享密钥的报文摘要 $H(M \mid K)$。其结果附加在报文 $M$ 后面，最后将 $M \mid H（M \mid K）$发送出去；接收方接收到报文 $M \mid H(M \mid K)$之后，利用与发送方一样的方法将共享密钥添加到报文 $M$ 的末尾，然后计算其报文摘要，得到报文认证码 $H'(M \mid K)$，比较 $H(M)$与 $H'(M)$的值，若相等，则说明报文的确来源于信任的发送方，且保持了完整性。由于第二种方式不需要涉及加密和解密过程，因此执行方法简单，在多数情况下，采取该方式验证报文。

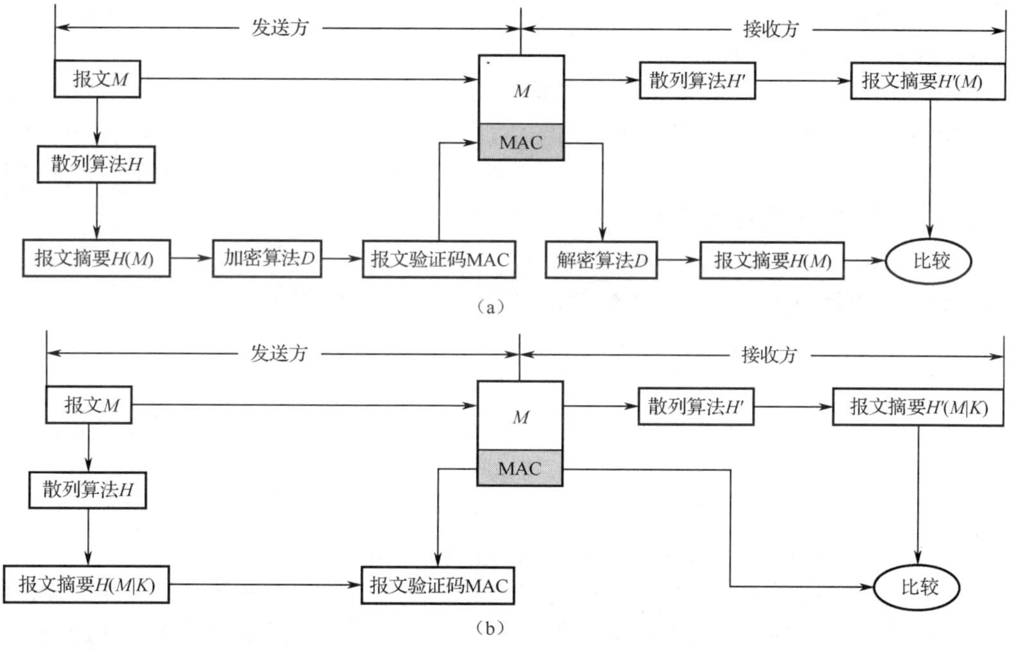


图 8-8　使用 MAC 验证报文

## 8.4.4　数字证书技术

### 1. 数字证书

公开密钥数字证书，是一种将某方的身份（证书主体）与某个公开密钥值安全地联系在一起的数据结构。数字证书是由认证机构颁发的、包含了公开密钥持有者信息及公开密钥的文件，证书上还有认证机构的数字签名。就和驾驶证能将照片、姓名、出生日期进行有公证效果的关联一样，一个用户的数字证书就是一个有公证效果的将公开密钥与持有者的身份信息相联系的“数字身份证”。在电子交易中，如果双方出示了各自的数字证书，并用它们进行交易操作，那么双方都不必为对方的身份担心。

（1）数字证书的内容

数字证书中一般包含证书持有者的名称、公开密钥、认证机构的数字签名，此外还包括密钥的有效时间、认证机构的名称及该证书的序列号等信息。交易伙伴可以利用数字证书来交换彼此的公开密钥。

国际电信联盟（ITU）在其制定的 X.509 标准中，对数字证书进行了详细的定义。

一个标准的 X.509 数字证书主要包含如下内容：

- 证书的版本信息；
- 证书序列号（每个证书都有一个唯一的证书序列号）；
- 证书所使用的签名算法；
- 证书发行机构的名称；
- 证书的有效期；
- 证书持有人的名称：
- 证书持有人的公开密钥；
- 证书发行者对证书的签名。

（2）数字证书的类型

数字证书一般分为三种类型。

① 个人数字证书。个人数字证书主要为某一个用户提供，以帮助个人用户在和其他用户交换信息或使用在线服务时，验证用户的身份，保证信息的安全，通常针对个人的电子邮件安全。个人身份的数字证书通常安装在浏览器内，并通过安全的电子邮件来进行操作。目前常用的 IE 浏览器支持该功能。

个人数字证书一般有两个级别：

- 第一级提供个人电子邮件的认证，仅与电子邮件地址有关，并不对个人信息进行认证，这是最初级的认证；
- 第二级提供个人姓名、个人身份等信息的认证。

个人数字证书是通过浏览器申请获得的，认证中心对申请者的电子邮件地址、个人身份及信用卡号等进行核实后，就发放个人数字申请证书，并将数字证书安置在用户所用的浏览器中或电子邮件的应用系统中，同时通知申请者。个人数字证书的使用方法集成在用户浏览器的相关功能中，只要在浏览器中进行相应的选择就可以了。

个人数字证书用于电子邮件时，可起到类似密封的信封和手写签名的作用。让接收方确定信件的发送方，并为邮件的内容和附件加密，只有发送方指定的接收方才能解密，从而防止了其他人截获阅读。

② 服务器证书。服务器证书主要为网上的某个 Web 服务器提供，拥有 Web 服务器的企业就可以用具有凭证的互联网站点进行安全的电子交易。拥有数字证书的服务器可以自动与客户进行加密通信，具有数字证书的 Web 服务器会自动地将其与客户端的 Web 浏览器的通信加密。服务器拥有者有了此类证书，就可以进行安全的电子交易了。

服务器证书的发放比较复杂。因为服务器证书是企业在网上的形象，是企业在网络空间信任度的体现，所以权威的认证中心对每一个申请者都要进行信用调查，包括企业的基本情况、营业执照、纳税执照、纳税证明等。此外，认证中心还要对以下几个方面进行考察：

- 对企业服务器的管理情况进行考察，一般通过事先准备好的详细验证步骤来进行，主要考察其是否具有完善的管理规范；
- 对企业的技术条件进行考察，主要看其是否有完善的加密技术和保密措施；
- 对设备的安全性、可靠性进行调查，主要看其是否有多层逻辑访问控制、生物统计扫描仪、红外线监视器等。

认证中心通过考察，来决定是否发放或者撤销服务器数字证书。一旦认证中心发放了数字证书，该服务器就可以安装认证中心提供的服务器证书，成功后即可投入服务。服务器得到数字证书后，就会有一对密钥（公开密钥和私有密钥），密钥与服务器是密不可分的。数字证书与这对密钥一起代表了该服务器的身份，是整个认证的核心。

③ 开发者证书。开发者证书通常由互联网中被下载的软件提供。开发者证书又称为代码签名数字证书，借助这种数字证书，软件开发者可以为软件做数字标识，在互联网上安全地传送。在用户从互联网上下载软件时，开发者证书与微软的认证码（Authenticode）技术共同提供所需的软件信息和对该软件的信任凭证。当客户从开发者网站上下载经过数字标识了的 Active X 控制命令、Java 程序、动态链接库、HTML 内容时，就能够确信该代码的确来自开发者，而且没有被改变或破坏。开发者证书就像软件的外包装，如果它被篡改了，客户就知道代码实际已经不可信了。

在上述三类证书中，前两类是常用的证书，第三类则用于特殊场合。大部分认证机构都只提供前两类证书，能提供全部三类证书的认证机构并不多。

### 2. 认证机构

认证机构（CA）又称认证中心、证书授予机构，是承担网上认证服务、能签发数字证书并能确认用户身份的受大家信任的第三方机构。CA 通常是企业性的服务机构，其主要任务是受理数字证书的申请、签发及对数字证书进行管理。

认证机构是保证电子商务安全的关键，是公正的第三方，它为建立身份认证过程的权威性奠定了基础，为交易的参与方提供了安全保障，为网上交易构筑了一个相互信任的环境，解决了网上身份认证、公钥分发及信息安全等一系列问题。

认证机构对含有公开密钥的证书进行数字签名，使证书无法伪造。每个用户都可以获得认证机构的公开密钥，以此来验证任何一张数字证书的数字签名，从而确定该证书是否由某认证机构签发、该数字证书是否合法。数字证书与驾驶执照一样，用来表示个人的身份，且有一定的有效期，有效期结束后必须重新申请。认证机构作为证书的发行机构具有一定的权威性，因而数字证书能够被社会所承认和接受。

数字证书与认证机构相结合为电子商务带来的好处是：如果两个用户都信任某个认证机构并从该认证机构处得到一个证书，那就可以通过互相交换证书来得到对方的公开密钥。由于证书上有认证机构的数字签名，因此用户只要得到正确的认证机构的公开密钥，就可以通过对认证机构数字签名的鉴定来判断证书中的内容是否正确。数字证书和认证机构的结合减少了公开密钥交换过程中验证公开密钥的麻烦。也就是说，有了数字证书和认证机构，用户就不需要通过验证来信任每一个想要交换信息的用户的公开密钥，而只要验证和信任颁发证书的认证机构的公开密钥就可以了。

在电子商务的认证体系中，认证机构担当了权威的认证中心的职责。在电子交易中，无论是数字时间戳服务还是数字证书的发放，都不是靠交易双方完成的，而需要由一个具有权威性和公正性的第三方来完成。这个第三方可以是某个政府机构，也可以是某个独立的企业，关键是大家都要信任它。因此，电子商务需要建立一个全国性甚至全球性的认证中心。

目前，在全球处于领导地位的认证机构是美国的 VeriSign 公司。VeriSign 公司提供的数字证书服务遍及世界各地，提供了前面提到的三类数字证书，即个人数字证书、服务器证书和开发者证书。

#### 3. 利用数字证书实现信息安全

下面分别从信息的发送方和接收方的角度来介绍如何利用数字证书实现信息安全。发送方的工作主要有下面几步（对应图中的编号），如图 8-9 所示。

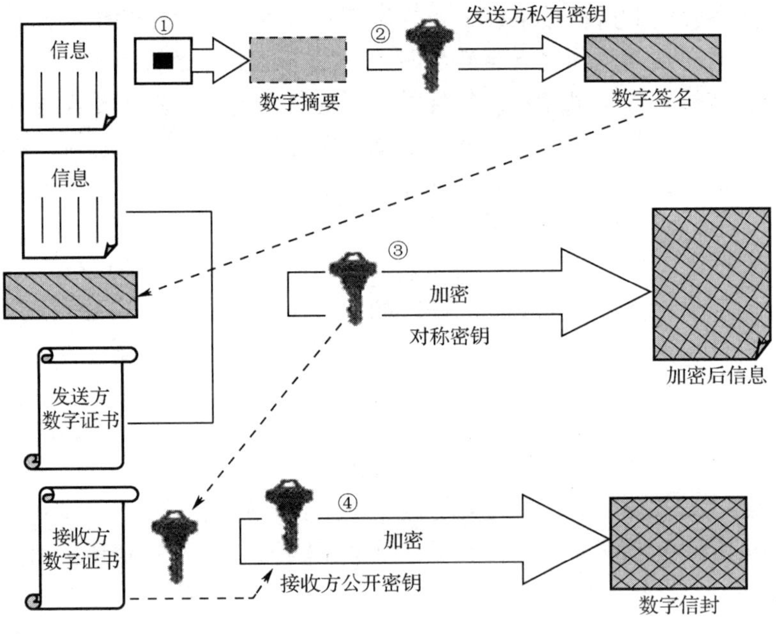


图 8-9 发送方的工作

① 发送方利用散列函数把要发送的信息散列成固定长度的数字摘要。

② 发送方用自己的私有密钥对数字摘要进行加密，形成数字签名。

③ 发送方把数字签名和自己的数字证书附加在原信息上，利用对称密钥进行对称加密，形成加密后的信息。

④ 发送方用接收方数字证书中给出的公开密钥，对要发送的对称密钥进行加密，将加密结果装入数字信封。

完成上述工作后，发送方把加密后的信息与数字信封一起通过网络发送出去。

接收方的工作主要有下面几步（对应图中的编号），如图 8-10 所示。

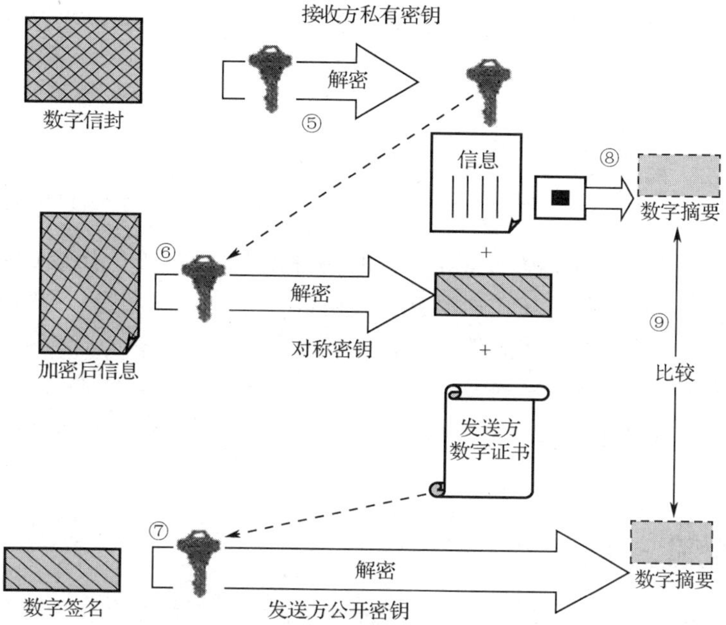


图 8-10　接收方的工作

⑤ 接收方用自己的私有密钥对接收到的数字信封进行解密，得到发送方用于加密的对称密钥。

⑥ 接收方用解密得到的对称密钥对接收到的加密后信息进行解密，得到信息、数字签名和发送方的数字证书。

⑦ 接收方用得到的发送方数字证书中的公开密钥对数字签名进行解密，得到数字摘要。

⑧ 接收方运用同样的散列函数，把解密得到的信息散列成固定长度的数字摘要。

⑨ 接收方比较两个数字摘要。若比较结果一致，则说明信息在传递的过程中未被篡改过，即保证了数据的完整性。

## 相关链接

### 中国金融认证中心

中金金融认证中心有限公司（China Financial Certification Authority，CFCA）是由中国人民银行于 1998 年牵头组建、经国家信息安全管理机构批准成立的国家级权威安全认证机构，是国家重要的金融信息安全基础设施之一。

在《中华人民共和国电子签名法》颁布后，CFCA 成为首批获得电子认证服务许可的电子认证服务机构。截至目前，有超过 2400 家金融机构使用 CFCA 的电子认证服务，在使用数字证书的银行中占 98%的份额。

自 2000 年挂牌成立以来，CFCA 一直致力于全方位网络信任体系的构建，历经十多年的发展，已经成为国内最大的电子认证服务机构。自 2009 年启动战略转型以来，已逐步由单一的电子认证服务机构发展为综合的信息安全服务提供商。目前公司业务涵盖七大业务板块，即电子认证服务、互联网安全支付、信息安全产品、信息安全服务、大数据服务、互联网媒体及软件测评。

## 8.5 电子商务安全协议

电子商务安全协议是保障电子商务安全的关键技术之一。安全协议（Security Protocol）又称密码协议，是以密码学为基础的消息交换协议，是网络安全的一个重要组成部分。通过安全协议，可以实现实体之间的认证、密钥的安全分配等目标。迄今，为了保障电子商务的安全，人们开发了各种各样的安全协议，应用比较广泛的电子商务安全协议有安全套接层协议（Security Socket Layer，SSL）和安全电子交易协议（Secure Electronic Transaction，SET）。

### 8.5.1 安全套接层协议

安全套接层协议是美国网景公司（Netscape）研发的一种安全通信协议，旨在 Internet 环境下提供两个应用层之间的安全可靠的数据传输，通过采用公钥技术，可在服务器端和客户端同时实现支持。SSL 支持数据的可靠性、完整性和 C/S 认证。SSL 主要包括 SSL 记录协议和 SSL 握手协议两层协议。SSL 记录协议工作在 TCP 的基础上，对高层协议提供数据封装、压缩、加密等基本功能的支持；而 SSL 握手协议则在信息传输前，进行身份认证、协商加密算法、交换加密密钥。

SSL 协议是一种比较成熟的通信传输协议。由于 SSL 已嵌入 Web 浏览器和服务器，它不仅使用方便，而且对应用层来说是透明的，不需要修改应用程序，给用户带来了极大的便利，因此 SSL 协议被广泛应用于电子支付中机密数据的传输。

### 8.5.2 安全电子交易协议

安全电子交易协议是由 VISA 和 Master Card 两大信用卡公司提出的规范，主要是为了解决用户、商家和银行之间通过信用卡支付的交易而设计的，以保证支付信息的机密、支付过程的完整、商户及持卡人的身份合法，并使其具备可操作性。SET 中的核心技术主要有公开密钥加密、数字签名、电子信封、电子安全证书等。

SET 协议最大的特点是通过 CA 认证，建立交易各方的信任关系。它不仅能进行数据的加密，更为重要的是能通过数字签名、数字信封等实现身份识别和提供不可抵赖性。SET 为商家和客户提供了更加周到的安全保护，最大限度地降低了遭受欺诈的风险。SET 规范了电子商务的流程，即规范了从持卡人到商家、支付网关、认证中心及银行的信息流向和严格的加密、认证标准。

### 8.5.3 SSL 协议与 SET 协议的比较

SSL 协议和 SET 协议的共同点是都采用了加密技术。它们的区别在于：①SET 是一个多方的报文协议，它定义了商家、银行、持卡人之间的报文规范，工作在应用层，规范了整个电子商务的流程；而 SSL 只在通信双方之间建立一条安全的连接，属于传输层的安全技术规范，并不涉及电子商务流程。②SET 报文能够在银行内部网或其他网络上传输，而 SSL 协议只能与 Web 浏览器捆绑在一起。但在电子商务中，采用 SET 协议比采用 SSL 协议要昂贵，这主要是因为完成 SET 交易需要大量的基础设施费用开支。当前电子商务安全协议将 SSL 协议和 SET 协议一起使用，以增加互补性。

## 案例研究

### 2017 年勒索病毒爆发事件

2017 年 5 月 12 日 WannaCry（想哭）比特币勒索病毒在全球范围内爆发，被认为是人类历史上最严重的勒索病毒事件，至少有 150 个国家、30 万名用户中招，造成损失达 80 亿美元。此后，勒索病毒持续活跃，6 月，Petya 勒索病毒席卷欧洲多个国家，政府机构、银行、企业等均遭大规模攻击。10 月，“Bad Rabbit”（坏兔子）勒索软件导致“东欧陷落”，乌克兰与俄罗斯等国的公司受灾严重。勒索病毒及其变种频繁出现，严重威胁到普通用户的上网安全。此次勒索事件与以往相比最大的区别在于：勒索病毒结合了蠕虫的方式进行传播。由于在 NSA 泄露的文件中，WannaCry 传播方式的漏洞利用代码被称为“EternalBlue”，因此也有报道称此次攻击为“永恒之蓝”。

不法黑客通过文件加密或屏幕锁定的方式要求中招者支付一定数额的赎金，其中文件加密是最为普遍的勒索方式。不法黑客往往利用 RSA、AES 等加密算法对文件进行加密，除非拿到对应的密钥，否则难以通过第三方自行解密。

勒索病毒不仅能加密文件、破坏力大，而且传播范围也相当广。常见的勒索病毒家族如 Cerber、Locky、GlobeImposter 等系列，通过挂马、钓鱼邮件等多种传播方式，往往能在短时间内达到数十万甚至上百万的传播量级，并且无明显的地域限制。

**1. 邮件附件传播**

通过邮件附件进行传播的勒索病毒通常会伪装成用户常查看的文档，如信用卡消费清单、产品订单等。附件中会隐藏恶意代码，当用户打开后恶意代码便会开始执行，释放病毒。不法黑客往往会将携带病毒的文件通过邮件批量发送给企业、高校、医院机构等单位，这些单位的计算机中通常保存着较为重要的文件，一旦被恶意加密，使用者支付赎金的可能性将远远超过普通个人用户。

**2. 网站挂马传播**

网站挂马是在获取网站或者网站服务器的部分或全部权限后，在网页中插入一段恶意代码，这些恶意代码主要是一些 IE 等浏览器的漏洞利用代码。用户访问被挂马页面时，如果系统此前没有修复恶意代码中利用的漏洞，计算机就会执行相关恶意代码。

病毒也可以利用已知的软件漏洞进行攻击。例如，利用 Flash、PDF 等软件漏洞向网页中加入带有恶意代码的文件，用户使用带有漏洞的软件打开文件，计算机便会执行恶意代码，下载病毒。

**3. 入侵服务器**

针对服务器的攻击多通过远程登录的方法实现。由于部分服务器会使用弱口令远程登录，不法黑客可暴力破解远程登录密码，并手动下载运行勒索病毒。即使服务器安装了安全软件，不法黑客也可手动退出。

**4. 利用系统漏洞传播**

2017 年 5 月爆发的 WannaCry 就是利用 Windows 系统漏洞进行传播的，利用系统漏洞传播的特点是被动式中毒：用户即使没有访问恶意站点、没有打开病毒文件也会中招。利用系统漏洞传播的蠕虫病毒还会扫描同网络中存在漏洞的其他 PC 主机，只要主机没有打上补丁，就会被攻击。

**5. 网络共享文件**

一些小范围传播的敲诈勒索病毒会通过共享文件的方式进行传播，不法黑客会将病毒上传到网络共享空间、云盘、QQ 群、BBS 论坛等，以分享的方式发送给特定人群，进而诱骗其下载安装。此外，不法黑客还常会提示用户“杀毒软件会产生误报，运行之前需要退出杀毒软件”，来逃避安全软件的查杀。

**6. 软件供应链传播**

病毒制作者通过劫持正常软件的安装、升级服务，在用户进行正常软件安装、升级时植入勒索病毒。这种传播方式利用了用户与软件供应商之间的信任关系，成功绕开了传统安全产品的围追堵截，传播方式上更加隐蔽。此前侵袭全球的 Petya 勒索病毒便是通过劫持 Medoc 软件更新服务进行传播的。

**7. 文件感染传播**

利用感染型病毒的特点进行传播，如 PolyRansom 就利用了感染型病毒的特点，加密用户所有文档后再弹出勒索信息，而由于 PE 类文件被感染后具有了感染其他文件的能力，因此如果此文件被用户携带（U 盘、网络上传等）到其他计算机上运行，就会使得该计算机的文件也被全部感染加密。

（案例来源：根据 https://guanjia.qq.com/news/n1/2277.html 摘录整理）

### 案例思考题

1. 勒索病毒的主要特征是什么？
2. 为什么说即使我们发现了勒索病毒，也很难解密被加密的文件？
3. 通过了解病毒的传播方式，我们应该如何防范这种勒索病毒？

## 本章关键概念

保密性、完整性、真实性、不可抵赖性、安全策略、病毒、防火墙、入侵检测系统、私有密钥加密、公开密钥加密、数字签名、数字证书、身份认证、SSL、SET

## 本章复习思考题

1. 电子商务有哪些安全性需求？
2. 什么是计算机网络安全？影响计算机网络安全的因素有哪些？
3. 计算机网络安全技术有哪些？
4. 数据加密有哪几种基本算法？简述这些算法的演变过程。
5. 什么是数字签名？数字签名的功能和实现方法有哪些？

6. 身份认证的定义是什么？电子商务中身份认证的方案有哪些？
7. 什么是报文验证？报文验证的方法有哪些？
8. 简述数字证书的内容和类型。

## ▶▶ 本章论述题

1. 电子商务中存在的安全隐患及解决方案。
2. 电子商务和传统商务的安全性对比分析。

## ▶▶ 本章实践项目

1. 采用任意一种编程语言实现 RSA 的原理性算法。

2. 对自己路由器上的防火墙或计算机上的软件防火墙进行设置，设置不同的过滤规则，包括 IP 地址过滤、URL 过滤、MAC 地址过滤等，并观察过滤的效果，体会防火墙的作用。写出实践报告。

# 第9章

# 电子商务法律规范

**本章学习目标**

- 理解电子商务引发的法律问题；
- 掌握电子商务法的概念和特征；
- 了解我国电子商务法的立法思路和法律框架；
- 了解隐私权保护的有关法律规范；
- 了解知识产权保护的有关法律规范。

## 引导案例

### 3·15晚会：用户隐私泄露，沦为骚扰电话帮凶

2019年的3·15晚会上，用户隐私这个话题再一次刺痛了大众的神经。

晚会上爆料，有的商家通过在便利店、商场等人流密集处安装一种称为探针盒子的设备，获取周边人群手机的MAC地址，然后通过一系列第三方数据交叉匹配，获得其手机号码。这些号码随即被卖给房地产、汽车、金融、教育行业的营销中心，用于电话营销。借助拨号机器人，营销中心一天就能拨打出成千上万个电话。更甚者，如果接入更多第三方数据，商家甚至还能知道手机机主的姓名、性别、年龄、收入等详细信息，实现“大数据下的精准营销”。

所谓WiFi探针，是指一种基于WiFi探测技术来识别AP（无线访问接入点）附近已开启WiFi的智能终端的技术。假如你的手机开启了WiFi，当你走进探针信号覆盖区域时，无论你有没有连接WiFi，都会被侦测到，同时探针还会获取你的手机MAC地址，每一个MAC地址都对应了一位用户（假设每位用户只有一部手机）。WiFi探针技术曾广泛应用于商场和购物中心的客流统计，通过MAC地址来粗略统计进出商场的客流人数和频次。如果在商场内安装多个探针设备，还能根据同一MAC地址被不同探针识别的时间，分析用户的移动轨迹。

但 WiFi 探针是如何通过 MAC 地址获得手机号码，进而获得更多用户隐私数据的呢。

在今天的数字世界中，我们每个人几乎都是透明的。你手机里的每一个 App 都在向你索要各种权限，获取各种数据。几乎每一个 App 都会获取你的手机 IMEI（International Mobile Equipment Identity，即通常所说的手机序列号、手机“串号”，用于在移动电话网络中识别每一部独立的手机等移动通信设备，相当于移动电话的身份证），有些 App 还会要求用手机号码注册。如果在 App 中填写过信息或进行过各种操作，那么将留下更多信息。App 背后的平台越大，它所掌握的信息就越完善。

当数据非法流通时，互联网上就形成了一部个人数据的字典，通过拼音或部首就可以找到任何一个字（人），以及它背后的释义（详细的个人信息）。WiFi 探针收集到的 MAC 地址就像这样的一个拼音或部首。

因此，3·15 晚会曝光的关键并不是探针盒子或 WiFi 探针技术，而是背后大量的非法数据交换和买卖问题。

**案例思考题**

1. 商家用 WiFi 探针盒子收集用户数据违法吗？
2. 商家在经营过程中能否收集和使用用户的数据？
3. 如何解决个性化服务和用户隐私保护之间的矛盾？

## 9.1 电子商务中的法律问题

如前所述，电子商务正深刻地影响着人类社会、经济和生活的方方面面，同时也引发了许多新的法律问题，给传统法律制度带来前所未有的冲击和挑战。电子商务涉及的法律和规范很多，既涵盖原有的传统法律体系，又包括专门的电子商务法律和规范。由于学时数所限，本章在讨论电子商务引发的法律问题及电子商务法的基本概念和特征的基础上，重点介绍 2019 年 1 月刚刚实行的《中华人民共和国电子商务法》的有关内容，而后专门对隐私权保护和知识产权保护方面的法律规范进行探讨。

### 9.1.1 电子商务引发的法律问题

电子商务引发的法律问题与电子商务本身的特性有关。第一，电子商务实现了电子化和无纸化的交易，使得传统交易中订立合同的形式受到挑战；第二，信息技术让信息的复制和传递变得极为方便，且成本极低，使得传统的知识产权保护显得捉襟见肘；第三，电子商务突破了时间和空间的限制，实现了贸易的全球性，使得跨国或跨地区的税收问题和司法管辖权问题变得异常复杂；第四，电子商务中信息更加丰富，且收集更加容易，使得个人的隐私保护出现了很多新的特点；第五，电子商务中出现了许多诸如虚拟财产（等级较高的游戏账号、游戏装备）等新生事物，对这些新生事物也需要进行规范和保护。

总的来说，电子商务所引发的法律问题主要体现在如下几个方面。

#### 1. 无纸化合同的法律效力问题

电子商务在给人们带来便利的同时，也带来了无纸化合同的有效性方面的问题。身份认证与电子签名的可靠性如何？电子签名有无被篡改的可能？无纸化合同与传统的合同是否具有同等的法律效力？这些都是电子商务环境下需要考虑的问题。

### 2．数字化产品的知识产权问题

随着智能终端的普及，数字期刊和数字图书等因其易携带性等原因受到众多阅读爱好者的喜爱。传统的纸质印刷品在一定程度上限制了知识的传播，而在计算机系统中复制文件是一件极其容易的事情。对于传统的纸质版文献，特别是绝版文献，其数字化产品（即相应的电子版）的知识产权的归属情况如何？如何在知识传播与知识产权保护之间找到平衡？

### 3．虚拟财产的价值和所有权问题

随着网络游戏，特别是手游的发展，与网络游戏中的卡、币和装备相关的纠纷时有出现。一般地，虚拟社区中的虚拟财产的价值如何认定？虚拟财产的所有权是否允许转让？若相关财产被盗，有无相关的法律规定或救济措施？

### 4．电子商务交易的征税问题

如何确定电子商务交易的时间和地点？哪个机构或部门负责对电子商务交易征税？特别是对于跨境电子商务，向谁缴税？如何缴税？

### 5．电子商务案件管辖权问题

当电子商务纠纷出现时，如何确定案件由哪个法院管辖？当消费者的个人维权成本很高时，有没有相关的法律救济措施？

### 6．电子商务中的隐私权和知情权问题

电子商务企业和平台可能拥有数量庞大的用户信息，有些信息可能是用户的敏感信息。有的企业可能会利用这些信息进行精准营销，有的企业可能会向第三方提供这些信息。作为普通消费者，是否有权了解相关信息的处理目的和传播方式？是否有权限制或终止相关信息的使用？信息的搜集者是否有权处理和传播用户的信息？一旦出现用户信息泄露，各方应承担什么责任？

### 7．电子商务的商务欺诈问题

电子商务以互联网为交易平台，使得电子商务活动主体的网络行为具有匿名性、虚拟性和自由性，使得电子商务活动中出现了很多的新的商业欺诈行为，如传播虚假信息、通过钓鱼网站骗取客户信息、网络传销、刷单炒信等。这些行为如何界定？如何进行量化？

## 9.1.2 电子商务法的概念和特征

### 1．电子商务法的概念

电子商务法是指调整电子商务活动中所产生的社会关系的法律规范的总称，是一个新兴的综合法律领域，它有广义和狭义之分。广义的电子商务法包括所有调整以数据交换方式进行的商务活动的法律规范，其内容非常丰富，至少可以分为调整电子商务交易形式和电子商务交易内容的两大规范，前者如联合国的《电子商务示范法》，后者如联合国国际

贸易法委员会的《电子资金传输法》及美国的《统一计算机交易法》等。狭义的电子商务法则是调整以数据电文为交易手段引起的商务关系的法律规范体系，它包括以电子商务命名的法律法规和其他现有法律中有关电子商务的条款。

#### 2. 电子商务法的特征

电子商务法具有国际性、技术性、安全性、开放性、复合性和程序性等特点。

（1）国际性

电子商务突破了国家和地区之间的界限，成为一种世界性的经济活动，它的法律框架自然不应只局限在一个国家或地区的范围之内，应得到国际社会的广泛认可和遵守。

（2）技术性

电子商务依赖一定的技术基础设施，这些技术基础设施包含异常复杂的现代信息技术。电子商务法的制订必然要考虑相应的技术特点和技术规范。

（3）安全性

互联网的开放性使得它具有极大的脆弱性，建立在互联网之上的电子商务也面临诸多的安全性威胁。电子商务法必须对电子商务的安全问题进行规范，才能保证电子商务的顺利开展。

（4）开放性

电子商务是一个新生事物，还在不断发展变化之中。因此，电子商务法必须以开放的态度看待新的技术手段和商业模式，让所有有利于电子商务发展的设想和技巧都能容纳进来。

（5）复合性

电子商务法的复合性源于电子商务技术手段的复杂性。在电子商务法中必然涉及多学科知识的应用。

（6）程序性

电子商务法作为交易形式法是实体法中的程序性规范，主要解决交易的形式问题，一般不直接涉及交易的具体内容，而是反映当事人所享有的利益，表现为一定的权利义务。

### 9.1.3 电子商务法的立法目的

立法目的是立法者制定法律的方针和目标，也是评价立法好坏的标准。制定电子商务法主要希望达到以下几个目的。

#### 1. 为电子商务发展创造良好的法律环境

电子商务的发展需要通过法律加以鼓励、引导和促进。因此，通过立法，为电子商务的主体提供交易规则，从法律上为电子商务创造良好、宽松的经营环境。这里包括通过立法保障电子商务交易的安全。

#### 2. 弥补现有法律的缺陷和不足

由于现有法律是在没有预见到电子商务的情况下制定的，因此无法或者不能准确地对电子商务中出现的新的行为和现象进行界定和规范。电子商务法可以弥补现有法律的缺陷和不足。

### 3. 鼓励利用现代信息技术促进交易活动

电子商务法的立法目的还包括促进电子商务的普及或者为此创造条件，平等对待基于纸张的文件用户和基于电子报文的用户，充分发挥高科技手段在商务活动中的作用，有助于商业伙伴间过电子商务高效率地开展贸易活动。

## 9.2 中华人民共和国电子商务法

2018 年 8 月 31 日，第十三届全国人民代表大会常务委员会第五次会议表决通过了《中华人民共和国电子商务法》（以下简称《电子商务法》），并由中华人民共和国主席令第七号公布，自 2019 年 1 月 1 日起施行。

《电子商务法》是我国电子商务领域的第一部综合性、基础性法律。该法的颁布，对于充分发挥立法的引领和推动作用，保障电子商务各方主体的合法权益，规范电子商务行为，促进电子商务持续健康发展，具有重要意义。

《电子商务法》适用于中华人民共和国境内的电子商务活动。这里所说的电子商务，是指通过互联网等信息网络销售商品或提供服务的经营活动。而金融类产品和服务，以及利用信息网络提供新闻信息、音视频节目、出版及文化产品等内容方面的服务，不适用该法。

### 9.2.1 《电子商务法》的立法过程

我国电子商务迅速发展，在转方式、调结构、稳增长、促就业、惠民生等方面发挥了重要作用。“十二五”期间，电子商务年均交易额增长速度超过 30%。2015 年，我国电子商务交易额超过 20 万亿元，电子商务交易市场规模跃居全球第一，电子商务就业人员达 2690 万人；互联网对中国经济增长的贡献率达到 7%。

尽管电子商务的发展突飞猛进，但由于在我国总体起步较晚，仍面临着发展不平衡、不充分的问题，地区差异、城乡差异明显，法律政策环境和市场治理模式有待完善。近年来，国家出台一系列政策、法规。例如，2005 年出台了《国务院办公厅关于加快电子商务发展的若干意见》（国办发〔2005〕2 号），2015 年出台了《国务院办公厅关于促进跨境电子商务健康快速发展的指导意见》（国办发〔2015〕46 号）和《国务院办公厅关于促进农村电子商务加快发展的指导意见》（国办发〔2015〕78 号）。2005 年银监会颁布《电子银行业务管理办法》，2009 年商务部发布《网络交易服务规范》（SB/T 10519—2009），2014 年国家工商行政管理总局出台《网络交易管理办法》，2015 年中国人民银行颁布《非银行支付机构网络支付业务管理办法》，2018 年国务院颁布《快递暂行条例》，这些规定对促进电子商务健康发展、规范电子商务市场秩序发挥了重要作用。就总体而言，相关规定比较分散，有的层级较低，难以充分满足促进电子商务发展的需要和规范电子商务市场秩序的需要。近年来，不少部门、地方政府、专家学者都建议加快制定电子商务法，电子商务企业也期待国家通过立法鼓励和促进电子商务的发展，广大消费者希望通过立法加强消费者权益保护，许多全国人大代表都提出了制定电子商务法的议案和建议。

2013 年 9 月，中央批准十二届全国人大常委会立法规划，电子商务法列为立法项目，由全国人大财政经济委员会负责牵头起草；2013 年 12 月，全国人大财政经济委员会牵头组织成立由国务院十二个部门参加的电子商务法起草组。经过近三年的调研、论证，形成电子商务法草案；2016 年 4 月，电子商务法起草领导小组会议讨论并原则同意草案。此后，将草案发到各省区市人大财经委，广泛听取当地有关部门、企业、专家，特别是全国人大代表、地方人大代表的意见，根据各地意见对草案进行了修改完善；2016 年 7 月，全国人大财政经济委员会召开第 49 次全体会议，审议并原则通过草案，之后又根据委员意见进行了修改。

2016 年 12 月，《中华人民共和国电子商务法（草案）》提请十二届全国人大常委会第二十五次会议审议。草案分总则、电子商务经营主体、电子商务交易与服务、电子商务交易保障、跨境电子商务、监督管理、法律责任和附则，共八个章节九十四条。

2017 年 10 月，十二届全国人大常委会第三十次会议对草案进行了第二次审议；2018 年 6 月，十三届全国人大常委会第三次会议对草案进行了第三次审议；2018 年 8 月 31 日，十三届全国人大常委会第五次会议审议通过了《中华人民共和国电子商务法》。

## 9.2.2 《电子商务法》的立法思路

第一，保障并支持电子商务创新发展。发展电子商务是我国做出的完善社会主义市场经济体制、加速国民经济和社会信息化进程、提高国民经济运行质量和效率的战略决策。《电子商务法》充分认识到电子商务在经济社会发展中的地位和作用，坚持“创新是引领发展的第一动力”的要求，充分发挥立法的引领和推动作用，保障并支持电子商务的创新发展。

第二，规范经营与促进发展并重。我国电子商务市场存在三方面的问题：假冒伪劣和侵犯知识产权现象时有发生；“刷单”等通过虚假交易增加信用评级的违规行为难以根治；不公平竞争现象依然存在。《电子商务法》遵循规范经营与促进发展并重的思路，针对电子商务活动的特点和实践中反映的突出问题，聚焦于规范电子商务经营者特别是平台经营者，对其义务与责任做出规定，以更好地保证交易安全，保护用户和消费者权益，维护市场秩序。

第三，处理好与有关民事法律和行政管理法律的关系。对现行法律已有明确规定的，不再做重复规定，同时明确与相关法律的衔接。《电子商务法》主要针对电子商务实践中的突出问题和特有领域确立了新的规范，体现了法律体系的完整性、统一性和协调性。

## 9.2.3 《电子商务法》的主要内容

《中华人民共和国电子商务法》共七章八十九条，主要从电子商务经营者、电子商务合同的订立与履行、电子商务争议解决、电子商务促进、法律责任等方面对相关的问题进行了规范。下面就《电子商务法》的几个主要方面进行阐述。

### 1. 市场主体登记方面

《电子商务法》第十条规定：电子商务经营者应当依法办理市场主体登记。但是，个人销售自产农副产品、家庭手工业产品，个人利用自己的技能从事依法无须取得许可的便民劳务活动和零星小额交易活动，以及依照法律、行政法规不需要进行登记的除外。

根据《电子商务法》，电商平台内的个人卖家也必须取得营业执照，虽然这种提高门槛的监管方式增加了现有电商平台卖家的行政成本负担，但是对于越过门槛的商家而言，可以获得小微经营者离场后的利润空间。

#### 2. 税收方面

《电子商务法》第十一条规定：电子商务经营者应当依法履行纳税义务，并依法享受税收优惠。依照前条规定不需要办理市场主体登记的电子商务经营者在首次纳税义务发生后，应当依照税收征收管理法律、行政法规的规定申请办理税务登记，并如实申报纳税。

《电子商务法》第二十八条规定：电子商务平台经营者应当依照税收征收管理法律、行政法规的规定，向税务部门报送平台内经营者的身份信息和与纳税有关的信息，并应当提示依照本法第十条规定不需要办理市场主体登记的电子商务经营者依照本法第十一条第二款的规定办理税务登记。

《电子商务法》进一步明确了电子商务经营者的纳税义务以及电子商务平台向税务部门提供经营者纳税相关信息的义务。实际上，《电子商务法》并未加重电子商务经营者的负担，即使没有《电子商务法》，税务部门也会依据《税法》对所有的电商卖家征收企业所得税、营业税等税款。

#### 3. 知识产权方面

《电子商务法》第四十一条规定：电子商务平台经营者应当建立知识产权保护规则，与知识产权权利人加强合作，依法保护知识产权。

《电子商务法》第四十二条规定：知识产权权利人认为其知识产权受到侵害的，有权通知电子商务平台经营者采取删除、屏蔽、断开链接、终止交易和服务等必要措施。通知应当包括构成侵权的初步证据。（节选）

《电子商务法》第四十三条规定：平台内经营者接到转送的通知后，可以向电子商务平台经营者提交不存在侵权行为的声明。声明应当包括不存在侵权行为的初步证据。（节选）

《电子商务法》第四十五条规定：电子商务平台经营者知道或者应当知道平台内经营者侵犯知识产权的，应当采取删除、屏蔽、断开链接、终止交易和服务等必要措施；未采取必要措施的，承担连带责任。

《电子商务法》使得被投诉人有了对投诉信息的知情权。如果电商平台（如淘宝、京东等平台）依法执行，那么卖家们想要知道投诉人的投诉信息，就是一个完全合法的行为。《电子商务法》明确了投诉人的举证义务，在《侵权责任法》的基础上，要求投诉者须自证受害。卖家侵权，平台承担连带责任。

#### 4. 隐私保护方面

《电子商务法》第十八条规定：电子商务经营者根据消费者的兴趣爱好、消费习惯等特征向其提供商品或服务的搜索结果的，应当同时向该消费者提供不针对其个人特征的选项，尊重和平等保护消费者合法权益。电子商务经营者向消费者发送广告的，应当遵守《中华人民共和国广告法》的有关规定。

《电子商务法》第二十三条规定：电子商务经营者收集、使用其用户的个人信息，应当遵守法律、行政法规有关个人信息保护的规定。

《电子商务法》第二十四条规定：电子商务经营者应当明示用户信息查询、更正、删除及用户注销的方式、程序，不得对用户信息查询、更正、删除及用户注销设置不合理条件。电子商务经营者收到用户信息查询或更正、删除的申请的，应当在核实身份后及时提供查询或更正、删除用户信息。用户注销的，电子商务经营者应当立即删除该用户的信息；依照法律、行政法规的规定或双方约定保存的，依照其规定。

《电子商务法》第二十五条规定：有关主管部门依照法律、行政法规的规定要求电子商务经营者提供有关电子商务数据信息的，电子商务经营者应当提供。有关主管部门应当采取必要措施保护电子商务经营者提供的数据信息的安全，并对其中的个人信息、隐私和商业秘密严格保密，不得泄露、出售或非法向他人提供。

根据《电子商务法》，电子商务经营者在根据用户个人信息提供个性化服务时，应当尊重用户的知情权和选择权，有保护用户个人信息的义务，并应在服务终结时即时删除用户的个人信息。同时，也规定掌握用户个人信息的有关主管部门也有对个人信息、隐私和商业秘密进行保密的义务。

#### 5. 商业欺诈方面

《电子商务法》第十六条规定：电子商务经营者自行终止从事电子商务的，应当提前三十日在首页显著位置持续公示有关信息。

《电子商务法》第十七条规定：电子商务经营者应当全面、真实、准确、及时地披露商品或服务信息，保障消费者的知情权和选择权。电子商务经营者不得以虚构交易、编造用户评价等方式进行虚假或引起误解的商业宣传，欺骗、误导消费者。

《电子商务法》第十九条规定：电子商务经营者搭售商品或者服务，应当以显著方式提请消费者注意，不得将搭售商品或者服务作为默认同意的选项。

《电子商务法》第二十一条规定：电子商务经营者按照约定向消费者收取押金的，应当明示押金退还的方式、程序，不得对押金退还设置不合理条件。消费者申请退还押金，符合押金退还条件的，电子商务经营者应当及时退还。

《电子商务法》第三十三条规定：电子商务平台经营者应当在其首页显著位置持续公示平台服务协议和交易规则信息或者上述信息的链接标识，并保证经营者和消费者能够便利、完整地阅览和下载。

《电子商务法》第三十七条规定：电子商务平台经营者在其平台上开展自营业务的，应当以显著方式区分标记自营业务和平台内经营者开展的业务，不得误导消费者。电子商务平台经营者对其标记为自营的业务依法承担商品销售者或者服务提供者的民事责任。

《电子商务法》第三十九条规定：电子商务平台经营者应当建立健全的信用评价制度，公示信用评价规则，为消费者提供对平台内销售的商品或者提供的服务进行评价的途径。电子商务平台经营者不得删除消费者对其平台内销售的商品或者提供的服务的评价。

《电子商务法》第四十条规定：电子商务平台经营者应当根据商品或服务的价格、销量、信用等以多种方式向消费者显示商品或服务的搜索结果；对于竞价排名的商品或服务，应当显著标明“广告”。

《电子商务法》对信息披露的方式做出了明确的规定，保证消费者的信息知情权，不能误导和欺骗消费者。故意混淆信息、虚构交易、编造或删除用户评价记录都是违法行为。

#### 6. 电子合同方面

《电子商务法》第四十七条规定：电子商务当事人订立和履行合同，适用本章和《中华人民共和国民法总则》《中华人民共和国合同法》《中华人民共和国电子签名法》等法律的规定。

《电子商务法》第四十八条规定：电子商务当事人使用自动信息系统订立或者履行合同的行为对使用该系统的当事人具有法律效力。在电子商务中推定当事人具有相应的民事行为能力。但是，有相反证据足以推翻的除外。

《电子商务法》第四十九条规定：电子商务经营者发布的商品或者服务信息符合要约条件的，用户选择该商品或者服务并提交订单成功，合同成立。当事人另有约定的，从其约定。电子商务经营者不得以格式条款等方式约定消费者支付价款后合同不成立；格式条款等含有该内容的，其内容无效。

《电子商务法》第五十条规定：电子商务经营者应当清晰、全面、明确地告知用户订立合同的步骤、注意事项、下载方法等，并保证用户能够便利、完整地阅览和下载。电子商务经营者应当保证用户在提交订单前可以更正输入错误。

《电子商务法》明确电子商务当事人使用自动信息系统订立或者履行合同的行为对使用该系统的当事人具有法律效力。对合同成立的条件也做了相应规定。电子商务中的订立和履行合同，同时也适用《中华人民共和国民法总则》《中华人民共和国合同法》《中华人民共和国电子签名法》等法律的规定。

## 9.3 隐私权保护

### 9.3.1 什么是隐私权

隐私权是指公民享有的私人生活安宁与私人信息依法受到保护，不被他人非法侵犯、知悉、收集、利用和公开的一种人格权。主要包括个人生活宁静权、私人信息保密权、个人通信秘密权及个人隐私利用权。

在互联网和电子商务时代，人们出于某种目的会向政府部门和商业机构提交一些个人信息，人们的网络行为和通信的信息也会被各种不同的机构准确地记录在各种数据库中。一些机构为了谋取商业利益将用户数据出售，或者由于数据保护不当，用户数据被窃取和盗用，都会引起用户隐私的泄露。

在电子商务领域，个人隐私主要包括姓名、住址、身份证号码、电话号码、银行卡卡号和征信情况等。例如，消费者的姓名、住址和电话号码在电子商务交易过程中会提供给卖方和承运方。卖方和承运方可能会出于一定的目的，向交易无关方泄露消费者的这些信息，进而对数据主体的隐私权构成威胁。电子商务领域中消费者的个人信息在消费者不知情的情况下被任意收集、开发和再次利用以及被非法出售和转让已成为侵害消费者隐私权的三种主要形式。消费者的个人信息被非法使用，主要目的有两个：向其发送广告和对其进行诈骗。

### 9.3.2 我国有关隐私权保护的法律法规

目前，隐私权在我国法律上采取的是间接保护的方法，没有把隐私权确立为一项独立的人格权。相关的法律法规除了《中华人民共和国电子商务法》，还包括《中华人民共和国广告法》、《中华人民共和国网络安全法》和《信息安全技术个人信息安全规范》等。其中《信息安全技术个人信息安全规范》对个人信息的保护做出了非常明确和具体的规定。

《中华人民共和国广告法》于 1994 年 10 月 27 日第八届全国人民代表大会常务委员会第十次会议通过，2015 年 4 月 24 日第十二届全国人民代表大会常务委员会第十四次会议修订。修订后的《中华人民共和国广告法》自 2015 年 9 月 1 日起施行。修订后的《中华人民共和国广告法》第四十三条规定，“任何单位或者个人未经当事人同意或者请求，不得向其住宅、交通工具等发送广告，也不得以电子信息方式向其发送广告。以电子信息方式发送广告的，应当明示发送者的真实身份和联系方式，并向接收者提供拒绝继续接收的方式。”

《中华人民共和国网络安全法》由全国人民代表大会常务委员会于 2016 年 11 月 7 日发布，自 2017 年 6 月 1 日起施行。《中华人民共和国网络安全法》第四章“网络信息安全”中的第四十条至第四十五条对个人信息的收集和使用等做了较为系统的规定。如其第四十一条规定，“网络运营者收集、使用个人信息，应当遵循合法、正当、必要的原则，公开收集、使用规则，明示收集、使用信息的目的、方式和范围，并经被收集者同意。”再如，其第四十二条规定，“网络运营者不得泄露、篡改、毁损其收集的个人信息；未经被收集者同意，不得向他人提供个人信息。但是，经过处理无法识别特定个人且不能复原的除外。”

《信息安全技术个人信息安全规范》(以下简称《个人信息安全规范》)由全国信息安全标准化技术委员会制定，并于 2018 年 5 月 1 日正式施行，该规范于 2019 年 2 月进行了第一次修订。《个人信息安全规范》主要针对个人信息面临的安全问题，规范个人信息控制者在收集、保存、使用、共享、转让、公开披露等信息处理环节中的相关行为，旨在遏制个人信息非法收集、滥用、泄露等乱象，最大限度地保障个人的合法权益和社会公共利益。

首先，个人信息的收集问题。根据《个人信息安全规范》，在个人信息的收集过程中，需要遵循合法性及信息收集最小化的要求。即对个人信息的收集，既不得采取欺骗等非正当手段，也不得收集任何为法律所明令禁止的个人信息内容。同时，由于个人信息在一定程度上被划入隐私范畴，与个人息息相关，因此对于个人信息的收集，必须遵循最小化要求，即直接关联、最低频率和最少数量。同时，在收集个人信息时，一般情形下必须获得个人信息主体在明确该收集行为前提下的完全同意，只有当该信息与国家安全、公共安全或者犯罪侦查等公共项目相关时，方可不经个人信息主体同意而对其个人信息进行强制收集。而对于个人信息中的敏感内容，必须经过个人信息主体的明示同意方可收集。

其次，个人信息的保存问题。《个人信息安全规范》要求对于信息的保存要做到去标识化处理，同时保存时间要遵循所需时间的最短要求，在信息的传输过程中也必须采取高度的安全防范措施，以避免个人信息在传输或者保存过程中出现不当泄露。

再次，个人信息的使用问题。无论是个人信息使用者的范围限制、身份要求，个人信息在展示及使用时的场合、范围限制，还是个人信息的访问、删除、更正及撤回问题，都有严格的程序及原则要求。同时，在接受个人信息处理的委托过程中，也必须对该委托进行完整、充分的审核，以确保该委托的真实性。

最后，个人信息的共享、公开、披露、转让问题。对于个人信息的共享、公开、披露、转让等，均需要以《个人信息安全规范》的要求为准，遵循一系列严格的要求，包括事先评估、事中监督等诸多措施，来确保个人信息在一系列过程中的安全性。

## 相关链接

### 对个人敏感信息的判定

个人敏感信息是指一旦泄露、非法提供或滥用可能危害人身和财产安全、损害个人名誉和身心健康、导致歧视性待遇等的个人信息。通常情况下，隐私信息属于个人敏感信息。可从以下角度判定信息是否属于个人敏感信息。

泄露：个人信息一旦泄露，将导致个人信息主体及收集、使用个人信息的组织和机构丧失对个人信息的控制能力，造成个人信息扩散范围和用途的不可控。某些个人信息在被泄露后，被以违背个人信息主体意愿的方式直接使用或与其他信息进行关联分析，可能对个人信息主体权益带来重大风险，应判定为个人敏感信息。

公开披露：某些个人信息仅因在个人信息主体授权的范围外扩散，即可对个人信息主体权益带来重大风险，应判定为个人敏感信息。

滥用：某些个人信息在被超出授权合理界限时使用（如变更处理目的、扩大处理范围等），可能对个人信息主体权益带来重大风险，应判定为个人敏感信息。

下面是个人敏感信息的示例。

1. 个人财产信息

包括银行账号、鉴别信息（口令）、存款信息（包括资金数量、支付收款记录等）、房产信息、信贷记录、征信信息、交易信息、消费记录、流水记录等，以及虚拟货币、虚拟交易、游戏类兑换码等虚拟财产信息。

2. 个人健康生理信息

个人因生病医治等产生的相关记录如病症、住院志、医嘱单、检验报告、手术及麻醉记录、护理记录、用药记录、药物食物过敏信息、生育信息、以往病史、诊治情况、家族病史、现病史、传染病史等，与个人身体健康状况相关的信息，以及体重、身高、肺活量等。

3. 个人生物识别信息

包括个人基因、指纹、声纹、掌纹、耳廓、虹膜、面部特征等。

4. 个人身份信息

包括身份证、军官证、护照、驾驶证、工作证、出入证、社保卡、居住证等。

5. 虚拟身份标识信息

包括软件系统账号、社交类软件昵称、IP 地址、邮箱地址及与前述有关的密码、口令、口令保护答案、用户个人数字证书等。

6. 其他信息

包括性取向、婚史、宗教信仰、未公开的违法犯罪记录、通信记录和内容、行踪轨迹、住宿信息、精准定位信息等。

（资料来源：根据《信息安全技术个人信息安全规范》附录B整理）

## 9.3.3　欧盟的通用数据保护条例

2018 年 5 月 25 日，欧盟的《通用数据保护条例》( General Data Protection Regulation )，开始实施。这个专门关于数据保护的条例引起了全世界的关注，对欧盟以外关于个人隐私保护的立法具有很高的参考价值。

《通用数据保护条例》是一部全面的法律，赋予了欧盟居民对个人数据的更多控制权，并试图澄清在线服务商在收集、利用欧洲用户个人数据中的规则和责任。它取代了 1995 年通过的欧盟关于数据保护的法律，并对现有的公约做出了一些重大改变。该规定扩大了公司必须考虑的个人数据范围，并要求它们密切跟踪所存储的欧盟居民的数据。如果欧盟的某个人想要一个公司删除他或她的数据、发送数据副本，或者更正数据中的错误，该公司必须遵守。欧盟居民可以反对公司使用他们数据的具体方式，但只要公司停止将这些信息用于特定目的，他们就不介意这家公司保留这些数据。更重要的是，GDPR 要求公司需要在数据泄露的 72 小时内通知用户——目前做到这点的公司还很少。

欧盟的每个成员国都将有自己的执行机制，每个国家都将有一个 GDPR 主管。居民可以向各自国家的管理机构投诉。违反该法律的公司将面临非常严厉的处罚。对 GDPR 违规的最高罚款是 2000 万欧元，或者一家公司年度全球收入的 4%，将取两者中的较高者。

该规定适用于广泛的个人数据，包括一个人的姓名和身份证号码。它还能保护一个人在网上和现实世界中所做活动的信息数据。这包括位置信息、IP 地址、Cookies 和其他数据。

GDPR 适用于任何收集、处理、管理或存储欧洲公民数据的组织，包括大多数主要的在线服务和收集、处理、管理或存储数据的企业。正因为如此，GDPR 本质上是为数据保护设置了一个新的全球标准。其主要特点如下。

### 1．地域适用范围广

任何收集、传输、保留或处理涉及欧盟所有成员国内的个人信息的机构组织（即使该组织机构不属于欧盟成员国的公司），只要其是“为了向欧盟境内可识别的自然人提供商品和服务（包括免费服务）或者为了监控欧盟境内可识别的自然人的活动而收集、处理他们的信息”，那么均受该条例的约束。

### 2．数据主体权利多

数据主体的权利包含知情权、访问权、更正权、可携权、删除权、限制处理权、反对权及与自动化个人决策相关的权利。数据主体不仅有权知道谁基于什么目的在处理哪些数据，还有删除权（又称为被遗忘权）。如果数据主体不再希望数据控制者和数据处理者处理其个人数据，并且它们没有合法的理由保留它，那么数据主体可以要求它们删除其个人数据。

### 3．禁止处理的数据多

（除非另有规定）禁止处理揭示种族或族裔出身、政治观点、宗教或哲学信仰、工会成员身份的个人数据，以及用于识别唯一自然人而处理的遗传数据和生物特征数据、与健康或与自然人的性生活或性取向有关的数据。

#### 4．设置数据保护官

在多种情形下（如对大规模数据主体进行定期和系统的监测时和处理刑事定罪和犯罪有关的个人数据时），数据控制者和处理者需要指定一名数据保护官。数据保护官作为监管机关的联络点，需要就与数据处理有关的问题与监管机构合作。数据主体可就与处理其个人数据和行使本条例所规定的权利有关的所有问题联系数据保护官。

#### 5．对违规者处罚重

对违规者的罚款可高达 2000 万欧元或相关组织机构全球年营业总额的 4%（以较高者为准）。这样的处罚力度，足以让很多违规企业破产。

在我国，对隐私权的保护相对薄弱。欧盟《通用数据保护条例》的实施，对我国跨境电子商务企业提出了新的要求，对我国隐私权保护相关法律的制定和修改具有很好的参考价值。为了遵守该条例，建议企业在系统设计之初就应把隐私权保护和默认隐私权保护考虑进来，在处理数据的活动中做好详细记录，否则很容易违反该条例，从而遭受巨额处罚。

## 9.4 知识产权保护

### 9.4.1 什么是知识产权

知识产权是保护人类智力成果的一种无形产权，主要包括著作权、专利权、商标权等，随着信息技术的发展，知识产权保护对象的范围也扩大到了计算机软件、数据库产品及域名等方面。

与电子商务相关的知识产权主要包括著作权、商标权和专利权。电子商务领域侵犯著作权的行为主要包括以下三种：侵犯复制权（如把纸质版文献扫描为电子版，擅自复制和使用计算机软件）、侵犯网络传播权（把受著作权保护的电子版作品在网上随意传播）和侵犯网络邻接权（通过超链接非法链接他人的作品）。电子商务领域侵犯商标权的行为主要包括以下两种：销售侵犯他人商标权的商品，注册与已有商标相同或相近的域名并足以造成误认。电子商务领域侵犯专利权的行为主要表现为销售侵犯他人专利权的商品。

### 9.4.2 网络著作权保护

著作权，也称版权，是基于文学、艺术和科学作品而产生的法律赋予公民和其他组织等民事主体的一种特殊的民事权利。网络著作权，是指著作权人对受著作权法保护的作品在网络环境下所享有的著作权。因此，网络著作权包含了两个方面的含义：一是传统作品被上传至网络时著作权人所享有的权利，这里特指“信息网络传播权”；二是网上数字作品著作权人所享有的权利，如复制权、发表权、署名权、发行权等权利。

网络上的著作权侵权，大致分为三种类型。①上传。上传有两种形式，一是将传统作品数字化后上传到网上，二是将本身就是数字化形式的作品直接上传到网上。②转载。转载是指未经著作权人许可，擅自将其网络作品在网络上转载，其实是网络间的复制、传输。③下载。它是指未经著作权人许可，擅自将发表在网上的作品下载并发表在报刊上，或储存在存储器上，或打印在纸介质上。

我国目前关于网络环境下的著作权法律主要有四个：一是《中华人民共和国著作权法》，简称《著作权法》。修正后的《著作权法》规定了信息网络传播权、技术措施和权利管理电子信息等著作权人的权利；二是国务院《计算机软件保护条例》；三是最高人民法院颁布并实施的《关于审理著作权纠纷案件适用法律若干问题的规定》和《关于审理计算机网络纠纷案件适用法律若干问题的解释》等；四是 WTO 规则涉及知识产权保护的《与贸易有关的知识产权协议（TRIPS 协议）》及两个“因特网条约”——“WCT”和“WPPT”。

为了对网络环境下的著作权提供切实有效的司法保护，最高人民法院自 1999 年以来，就开始针对有关法院审理涉及计算机网络著作权纠纷案件的情况进行调查研究，于 2000 年 12 月 19 日发布了《关于审理涉及计算机网络著作权纠纷案件适用法律若干问题的解释》（以下简称《解释》)。《解释》以《民法通则》、《著作权法》及《民事诉讼法》等法律为依据，对涉及网络著作权纠纷案件的管辖、作品数字化形式与著作权的关系、著作权人享有的通过网络传播作品的权利、网络传播作品行为的性质、网络环境下的法定许可使用作品、侵权行为的认定、网络服务提供者的法律责任、权利管理信息保护、侵权损害赔偿的责任范围等问题的法律适用等都做了规定。2001 年 10 月 27 日，根据加入世界贸易组织的需要，第九届全国人大常委会第二十四次会议审议通过了《关于修改〈中华人民共和国著作权法〉的决定》。修改后的《著作权法》进一步完善了著作权的权利内容，增加了著作权人和表演者、录音录像制作者的信息网络传播权，并规定对与信息网络传播权有关的技术措施和权利管理信息予以保护，这些规定对于建立和完善我国的著作权保护制度、维护网络环境下著作权人及邻接权人的合法权益，提供了直接的法律依据，达到了 TRIPS 协议的最低保护要求。根据 2010 年 2 月 26 日第十一届全国人民代表大会常务委员会第十三次会议《关于修改〈中华人民共和国著作权法〉的决定》对《著作权法》进行了第二次修正。修正后的《中华人民共和国著作权法》于 2010 年 4 月 1 日起施行。在审理电子商务活动涉及著作权纠纷的案件中，认定侵犯著作权人发表权、向公众传播作品侵犯使用权、剽窃抄袭他人作品侵犯获得报酬权利的，都可适用《著作权法》中的相关规定；对网络服务商侵犯著作权的，尚不能从《著作权法》中找到适合条款时，则适用于《中华人民共和国民法通则》相关规定。

### 9.4.3　域名保护

域名是网络设备和主机在互联网中的字符型地址标识。由于域名本质上不是一种知识产权，因此它本来并不能像商标那样作为知识产权受到保护。但是随着域名商业价值的不断提高，人们开始认识到域名的滥用会在很大程度上侵犯、干扰和削弱商标或其他名称的价值，法律已经开始将某些知识产权的权利内容赋予域名，保护权利人的利益。

域名具有全球唯一性和排他性。目前域名注册申请遵循“先申请先注册”的原则，一个域名一经注册，就意味着全球范围内的其他任何机构都不能注册相同的域名。有关域名的法律纠纷常见的是“域名抢注”和“域名盗用”。域名抢注是指行为人将他人的知名商标、商号或其他商业标识抢先注册为域名，自己却不使用的行为。而域名盗用是指自己没有商标或者商标的知名度低，将他人具有一定知名度的商标抢先注册为域名，并使用该域名为自己谋取利益。域名盗用和域名抢注的区别在于是否对该域名进行实际使用。它们的目的主要有三个：①利用他人先前积累的商业信誉实现自己的商业目的；②阻止竞争对手注册这个域名；③通过出租或出售域名来获利。

域名抢注和域名盗用争议的解决途径主要有两个：一是行政途径，二是司法途径。用行政处理机制解决方便、快捷、成本较低。域名争议解决机构是经由中国互联网络信息中心（CNNIC）认可与授权的机构。域名争议主要适用《中国互联网络信息中心域名争议解决办法》。该办法第五条第1款规定："任何机构或个人认为他人已注册的域名与该机构或个人的合法权益发生冲突的，均可以向争议解决机构提出投诉。"第八条规定："符合下列条件的，投诉应当得到支持：①被投诉的域名与投诉人享有民事权益的名称或者标志相同，具有足以导致混淆的近似性；②被投诉的域名持有人对域名或者其主要部分不享有合法权益；③被投诉的域名持有人对域名的注册或者使用具有恶意。"第九条规定："被投诉的域名持有人具有下列情形之一的，其行为构成恶意注册或者使用域名：①注册或者受让域名是为了出售、出租或者以其他方式转让该域名，以获取不正当利益；②多次将他人享有合法权益的名称或者标志注册为自己的域名，以阻止他人以域名的形式在互联网上使用其享有合法权益的名称或者标志；③注册或者受让域名是为了损害投诉人的声誉，破坏投诉人正常的业务活动，或者混淆与投诉人之间的区别，误导公众；④其他恶意的情形。"同时，《中国互联网络信息中心域名争议解决办法程序规则》也对争议处理有严格的期间限制，具有快捷方便的特点。该办法是比较完善和实用的，但是作为一个行业规范，其法律效力是有限的。相对于行政处理机制来说，司法解决是较传统的途径，也是最具法律效力的。争议解决因被抢注或盗用的是否为驰名商标而不同。如果被抢注或盗用的是驰名商标，由于国际公约和各国法律对驰名商标都有特殊保护，故不难处理。但是，如果被抢注的是普通商标或商号，在我国的司法实践中，一般认为抢注或盗用行为违反诚实信用原则，故援引《民法通则》和《反不正当竞争法》等相关规定予以解决。

## 相关案例

### 腾讯诉暴风信息著作权纠纷案

**1. 案情简介**

深圳市腾讯计算机系统有限公司（以下简称"腾讯公司"）依法拥有由上海灿星文化传播有限公司（下称"灿星公司"）制作的大型励志专业音乐评论节目《中国好声音（第三季）》独家信息网络传播权，暴风集团股份有限公司（以下简称"暴风公司"）在未取得节目信息网络传播权的情况下，在其经营的网站上播放该节目第四期"08087位90后小鲜肉扎堆飙歌"（以下简称"涉案节目"）。腾讯公司遂以暴风公司侵犯其作品信息网络传播权为由向法院提起诉讼。法院经审理后，认定暴风公司构成侵权，并判令被告赔偿原告经济损失及合理支出1 010 000元。

**2. 法律法规**

《最高人民法院关于审理侵害信息网络传播权民事纠纷案件适用法律若干问题的规定》第三条：网络用户、网络服务提供者未经许可，通过信息网络提供权利人享有信息网络传播权的作品、表演、录音录像制品，除法律、行政法规另有规定外，人民法院应当认定其构成侵害信息网络传播权行为。

《最高人民法院关于审理侵害信息网络传播权民事纠纷案件适用法律若干问题的规

定》第十三条：网络服务提供者接到权利人以书信、传真、电子邮件等方式提交的通知，未及时采取删除、屏蔽、断开链接等必要措施的，人民法院应当认定其明知相关侵害信息网络传播权行为。

《著作权法》第十一条：如无相反证明，在作品上署名的公民、法人或者其他组织为作者。

《著作权法》第十条：著作权包括下列人身权和财产权：……信息网络传播权，即以有线或者无线方式向公众提供作品，使公众可以在其个人选定的时间和地点获得作品的权利……。著作权人可以许可他人行使前款第（五）项至第（十七）项规定的权利，并依照约定或者本法有关规定获得报酬。著作权人可以全部或者部分转让本条第一款第（五）项至第（十七）项规定的权利，并依照约定或者本法有关规定获得报酬。

（资料来源：《2017 年度互联网领域十大典型知识产权案件》）

## 案例研究

### Facebook 再陷“泄密门” 或面临 16.3 亿美元罚款

（2018 年 10 月 2 日消息）继今年 3 月份 Facebook 被曝出数据泄露丑闻后，北京时间 9 月 29 日，据彭博社报道，Facebook 在美国加州被用户起诉，称由于其疏忽让黑客侵入多达 5000 万个用户账户。今日，据澎湃新闻报道称，该数据泄露事件已有了新进展，Facebook 或将因数据泄露面临欧洲隐私监管机构高达 16.3 亿美元的罚款。

Facebook 又是因何导致被黑客侵入呢？据 Facebook 在 29 日宣称，因 Facebook 的“View As”（访客视图）功能存在缺陷，允许黑客获取访问权限，从而控制用户账号。而此次受到波及的账号数量将高达 5000 万个，该事件的出现对于 Facebook 来说无疑是雪上加霜。

事实上，在今年 3 月份，Facebook 本就因数据泄露丑闻在国内外引起轩然大波。一家名为 Cambridge Analytica 的数据分析公司通过一个应用程序收集了 5000 万个 Facebook 用户的个人信息。随着事件调查的不断深入，5000 万的用户数量上升至 8700 万。而此事经过不断发酵，引起了社会的剧烈震动，该事件也成为 Facebook 史上最大的数据外泄事件。

原本以为该事件发生后 Facebook 会安稳度过 2018 年的下半年，但没想到近日 Facebook 再因数据泄露事件被推至风口浪尖。9 月 29 日，在曝出 Facebook 被黑客入侵多达 5000 万个用户账户后，9 月 30 日，据纽约时报消息，在此次入侵事件中，就连创始人马克·扎克伯格（Mark Zuckerberg）和他的两个高管的账户也未能幸免。可见事件殃及范围之广，不过目前对于该事件的具体影响规模并不知晓。

事件发展至今，虽然 Facebook 的“View As”（访客视图）功能已被关闭，Facebook 的产品副总裁 Guy Rosen 也表示公司正在与执法部门和联邦调查局合作以获取更多信息，但不可否认的是数据泄露的危机仍在蔓延。

就目前来看，Facebook 仅在短短半年多的时间内就接连发生两起数据外泄事件，可见信息泄露问题越来越严重。加之随着时下互联网的普及，以及大数据时代的到来，用户信息逐渐呈现半透明状态，国内国外都深受数据泄露事件的困扰，而像该类事件中涉及的互联网企业该做出哪些努力，监管部门又该如何加强管制，成了当下急需思考的问题。

（案例来源：https://news.qudong.com/article/520993.shtml）

### 案例思考题

1. 在这个案例中，Facebook侵犯了客户的什么权利？
2. 由于黑客入侵导致客户信息泄露，Facebook能否免除法律责任？
3. 如果参照我国的《电子商务法》和《信息安全技术个人信息安全规范》，Facebook违反了哪些条款？

## 本章关键概念

电子商务法、中华人民共和国电子商务法、隐私权保护、个人信息安全规范、GDPR、知识产权保护、域名保护

## 本章复习思考题

1. 电子商务引发的法律问题有哪些？
2. 什么是电子商务法？它有哪些特征？
3. 电子商务法立法的目的有哪些？
4.《中华人民共和国电子商务法》的立法思路是怎样的？它主要从哪些方面对电子商务行为进行规范？
5. 什么是隐私权？我国涉及隐私权保护方面的法律和规范主要有哪些？
6. 欧盟的《通用数据保护条例》有什么特点？
7. 什么是知识产权？我国涉及知识产权保护方面的法律和规范主要有哪些？

## 本章论述题

1. 电子商务时代隐私权保护的难点与建议。
2. 中外电子商务法律规范比较。

## 本章实践项目

收集3～4个知名网站或手机App的隐私保护政策，比较它们的异同，并依照《信息安全技术个人信息安全规范》和《中华人民共和国电子商务法》对它们进行评价。

# 第 10 章

# 电子商务项目规划与管理

**本章学习目标**

- 理解电子商务项目的内涵；
- 掌握电子商务项目收益和成本估算、电子商务项目开发策略；
- 认识电子商务项目规划的目的、步骤和任务；
- 了解电子商务项目运作。

## 引导案例

### 酒　仙　网

2011 年 11 月，成立仅两年的酒类垂直电子商务网站（自主型 B2C）酒仙网，一月之内迎来“双喜”：11 月 11 日当天，酒仙网单日销售额突破千万元，创中国酒业单日销售额最高纪录；11 月 15 日，红杉资本与东方富海联手向酒仙网注资 5000 万美元，再创中国酒业单笔融资最高纪录。

双喜临门的酒仙网与目前其他“入冬”的电商企业恰成对比。于是，一直不被业内看好的“电商”领域开始重回人们的视野，许多持质疑态度的业内人士也开始重新审视“酒类电商”。“酒类电商”的“春天”来临了吗？在“电商入冬”的市场环境下，酒仙网凭什么逆势飞扬？电子商务又将给中国酒业带来怎样的改变？

**一、电子商务的迟到者**

进入电商领域，酒仙网是一个迟到者。但探寻中国电子商务的发展轨迹，不难发现，酒类电商本身就是电子商务领域的迟到者。中国的电子商务从 20 世纪 90 年代后期开始发展，但直到 2007 年之后，一大批传统行业企业，包括酒水行业才开始尝试进入电子商务领域。

酒类开始“触网”是在 2008 年。2008 年 6 月，“也买酒”在上海成立，同时期黄酒龙头企业古越龙山在淘宝商城开了店铺，并且在 2008 年依托自身拥有全国最大原酒基地的优势建立起中国黄酒交易网。而酒类电商真正进入发展阶段则是在 2009—2010 年。2009 年，美酒网在深圳成立，酒仙网在山西成立；2010 年，五粮液宣布投入 200 万元资金用于电子商务网站的建设，贵州茅台也在其官方网站开辟了茅台网上商城，直接针对消费者开展 B2C 销售。

酒仙网虽然进入电商领域的时间并不是最晚的，但是酒仙网真正成为 B2C 电商网站并进行规模化、专业化运作，其实是在 2010 年下半年。所以，酒仙网是中国电子商务领域的迟到者，同时也是酒类电商领域的迟到者。

**二、电子商务的革命者**

来得迟不代表速度慢。虽然来得迟了一些，但今天的酒仙网随着销售业绩的不断飙升及资本市场的持续进入，迅猛发展的态势已经奠定了其在酒类电商领域“领头羊”的地位。从某种意义上讲，酒仙网实现了酒类行业新的“革命”。

从行业的角度来看，首先，酒仙网创造了历史，单天销售额逾千万元，依靠传统渠道显然不可能做到；其次，酒仙网改变了渠道模式。传统的中国白酒，多年来形成了从厂家到经销商，再到消费者，中间甚至多了一个分销商的销售模式。而随着互联网的广泛普及，消费者的网购习惯已经形成，电子商务成为必然趋势。在目前厂家不知该如何切入这一渠道的情况下，酒仙网正好弥补了空缺。另外，酒仙网对产业带来了很大的影响。中国酒业普遍存在“上游强、下游弱”的现象，由此形成了上游过于强势而下游过于脆弱的现实。这对一个产业的发展肯定是不利的。而酒仙网给产业所带来的最大影响在于，酒类电商模式实现了上下游企业之间的公平对话。从这些价值来看，酒仙网无疑是在进行一场“革命”，引领了一种趋势。

作为目前酒类电商的引领者，酒仙网的成功为传统酒类销售提供了新模式，也为酒类电商的发展提供了方向。从这个意义上看，酒仙网的成功，与曾经改变酒业历史的广告酒模式、盘中盘模式、文化酒模式、年份酒模式一样，在颠覆传统的同时，驱动了中国酒业的发展，“革命”意义不言而喻。

**三、电子商务的探索者**

酒仙网的创业轨迹，实际上正是其创业者郝鸿峰作为一个年轻的企业家，不断追求梦想、实现梦想、超越梦想、积极探索企业发展的必然结果。

机遇来自偶然。2009 年 7 月，在清华读 EMBA 的郝鸿峰，在最后一节课听到了教授讲电子商务，虽然是个并不陌生的名词，但这是他第一次深入了解这个领域。听完之后他一下子有了“豁然开朗”的兴奋感：原来这个世界上还有这样一个生意！本来沮丧的他，忽然间找到了一个新的工具、新的模式和路径。

2009 年 10 月 9 日，酒仙网在太原成立。抱着实验的态度，郝鸿峰投入 200 万元开始着手。然而，仅仅几个月，200 万元资金就全部用完，但是作为一个电子商务网站，订单却寥寥无几。转机在不经意间来临，一天早上，远在外地的郝鸿峰接到一个十万火急的电话，说不得了了，呼叫中心一天就接到 8000 多个电话。一天就接到 8000 多个电话？这让郝鸿峰既激动又兴奋。呼叫中心也从过去的 20 个人逐渐扩增到 50 人、80 人、100 人。这个时候，郝鸿峰才终于在这样一个新的渠道里看到了曙光。后来酒仙网将总部搬到了北京，并且建立了有 120 个席位的呼叫中心。

一开始酒仙网还并非真正意义上的电子商务网站，主要采取的是比较简单的电话营销模式。“必须转型，否则很难在北京或电子商务领域立足”，郝鸿峰说。在用了 6 个月的时间对酒仙网重新改版、人员结构重新构建之后，酒仙网才真正从一个半专业的电话经销公司转型为一个真正意义上的互联网公司。

**四、电子商务的建设者**

革命容易建设难。如何让更多的企业看到酒类电商的价值，如何让消费者真正认可酒仙网，如何真正实现全国市场快速送达，这是一个“战略工程”。

为了最大限度地让利给消费者，在酒仙网的经营上，核心产品50%以上实现了厂家直购，保证了中间只有一个环节。中间环节的减免，保证了消费者能够享受到市场上没有的价格实惠。同时，在推广上，与其他 B2C 企业拼命在广告上“烧钱”不同的是，酒仙网非常注重消费者的体验，尽可能给消费者提供高性价比的产品，而不是把钱浪费在广告费用上。

为了达到全国市场及时送达、无盲点覆盖的目的，随着第二轮资金的进入，不仅北京酒仙网仓储中心正在扩建，酒仙网在广州、上海、武汉、成都四地的集中仓规划和建设也已经基本完成。同时，酒仙网将运用新进驻的风险投资在各省会城市建立省会分仓。在郝鸿峰的计划中，集中仓和分仓建设完毕后，酒仙网将在全国大多数地区实现 24 小时送达的目标。

当然，硬件建设的同时，专业人才的引进、品牌的整合、配送队伍的完善、办公场地的扩张、培训机构的加盟等系列软件建设也在同步进行。

（案例来源：根据 http://www.100ec.cn/detail--6018767.html 的文章删减整理）

**案例思考题**

1. 分析酒仙网是如何打破传统并开辟电子商务销售模式的。
2. 以酒仙网为例，总结电子商务项目成功的因素有哪些。
3. 你认为酒仙网的商业模式还有哪些需要改进的地方。

# 10.1　电子商务项目内涵

## 10.1.1　什么是项目

项目的思想古已有之，战国时代蜀郡守李冰父子主持设计修建的四川都江堰水利工程和古代建筑奇迹之一的万里长城就是两个突出的范例。现在，项目有着更广泛的含义，策划、组织大中小型会议乃至一场婚礼，都可以视为项目。对个人而言，规划一次自助旅游、家庭住房装修都是项目；对企业而言，开发一种新产品、开拓一个新市场、新建一个工厂等都是项目。

虽然古今中外关于项目的思想由来已久，但是其定义是在 20 世纪 50 年代开始出现并逐步呈现“百家争鸣”的局面的。

虽然关于项目的定义各有千秋（见表 10-1），但是归纳起来，项目都具有下面一些典型特征。

表 10-1　项目的定义

| 作　　者 | 定　　义 | 来　　源 |
|---|---|---|
| 美国项目管理协会 | 项目是为创造独特的产品、服务或成果而进行的临时性工作 | 《项目管理知识体系指南》 |

续表

| 作　者 | 定　义 | 来　源 |
| --- | --- | --- |
| Harold Kerzner | 项目是具有下列特征的一系列活动和任务：①有一个依据计划书来完成的特定目标；②有确定的开始日期和结束日期；③有经费限制；④消耗人力和非人力资源（如资金、人员和设备）；⑤多职能（可能横跨几条职能线） | 《项目管理计划、进度和控制的系统方法》 |
| 维基百科 | 项目是为完成某一独特的产品或服务所做的临时性努力。临时性是指计划有确定的开始日期和结束日期。独特意味着项目的最终结果不重复 | |
| 王树进，胡家香 | 项目是指以一套独特而相互联系的任务为前提，有效地利用资源，为实现一个特定的目标所做的努力 | 《电子商务项目运作》 |

（1）项目开发有一个或一组特定的目标

每个项目都有自己明确的目标，为了在一定的约束条件下实现目标，项目经理在项目实施前必须进行周密的计划，事实上，项目实施过程中的各项工作都是为项目的预定目标而进行的。企业系统通过开展电子商务项目要实现的目标是提高现有市场的销售额、开拓新市场、为客户提供更好的服务、寻找新的供应商、提高招聘效果和效率等。不同规模的企业，电子商务的目标也不一样。例如，中小企业希望建一个网站来进行信息发布或产品推广而不是进行网上交易。

（2）项目管理是一项综合性管理

《项目管理知识体系指南》中提到项目管理知识体系包括整合、范围、进度、成本、质量、资源、沟通、风险、采购、相关方等。项目管理有四大要素：工作范围、时间、质量和成本。除此之外，沟通、风险、采购等对项目管理而言也非常重要。项目管理本质上就是一种整合管理，是为满足各方需求而进行协调以达到预期目的的过程。它是一项综合性、全局性的工作，主要内容是在相互冲突的目标或可选择的目标中权衡得失。

（3）项目具有独特性和一次性

每个项目都有自己的特点，每个项目都不同于其他的项目。项目所产生的产品、服务或完成的任务与已有的相似产品、服务或任务在某些方面有明显的差别。项目自身有具体的时间期限、费用和性能质量等方面的要求。因此，项目的过程具有自身的独特性。一次性是项目与日常运作的最大区别。项目有明确的开始时间和结束时间，项目在此之前从来没有发生过，而且将来也不会在同样的条件下再发生，而日常运作是无休止或重复的活动。例如，电子商务网站建设项目，当网站建好投入使用时，该项目就结束了，因此建网站这个项目是一次性的。

（4）项目是以客户为中心的

客户是为项目提供资金，以达到目标的个人或组织。项目的承建商要用客户提供的资金来完成项目的建设，达到预期的目标，使客户满意。任何一个项目都有客户，一个企业与承建商为建设网站签订合同后，该企业即为客户。项目的成功与否，要以客户的满意度为重要的衡量标准之一。

（5）项目具有不确定性

项目具有较大的不确定性，它的过程是渐进的，潜伏着各种风险。任何项目在执行之前都要有一定时间、成本、资源等计划和预算，这些计划和预算都是以假设估计为基础的，必然产生各种不确定性，从而影响项目目标的达成。例如，项目完工时间估计不足，造成实际工期的延长，或者实际成本高于预算成本。

## 相关链接

### PMP

PMP（Project Management Professional）指项目管理专业人员资格认证。美国项目管理协会（PMI）举办的项目管理专业人员认证考试在全球 190 多个国家和地区推广，是目前项目管理领域含金量最高的认证。获取 PMP 证书，不仅提升项目经理的项目管理水平，也直接体现项目经理的个人竞争力，是项目管理专业人员身份的象征。

国内自 1999 年开始推行 PMP 认证，由国际监考机构普尔文进行监考及考试组织。要想获得 PMP 专业认证，考生须达到美国项目管理协会（PMI）规定的对项目管理专业知识的掌握程度及其相应的工作经验和要求；另外，获得 PMP 证书的专业人员应继续从事项目管理工作，以不断适应项目管理发展的要求。

## 10.1.2　电子商务项目的定义及特征

### 1. 电子商务项目的定义

电子商务项目是指各类主体在实施电子商务过程中，为了达到所需要的绩效目标，在一定的期限内，依托一定的资源而进行的一系列活动。这一系列活动的过程有其丰富的内容，构成了许许多多、大大小小的项目。

电子商务项目的范围比较广泛，从个人、企业、社会组织到政府部门等各种电子商务活动都可以归入电子商务项目范畴。其中，企业的电子商务建设构成电子商务项目的主要内容，主要包括传统企业的电子商务改造和一般 IT 企业进行的信息化承建活动。

传统企业的电子商务改造，根据企业的目标不同，范围和难度也不同。有些中小型企业依据自身资源的实际情况，将企业电子商务定位于信息发布；而有些企业则倾向于构建电子商务交易中心；有些企业加深应用电子商务的层次，将 ERP、CRM 及 SCM 进行系统集成，形成企业信息化系统。因此，以上这些企业电子商务改造的难度逐渐加大。

一般 IT 企业进行的信息化承建活动，主要指 IT 企业承建或部分承建其他企业的电子商务网站、企业管理信息系统，以及进行信息集成或商务经营等活动。

### 2. 电子商务项目的特征

电子商务项目除具有一般项目的特征之外，还有如下一些典型的特征。

（1）电子商务项目牵涉的角色多

在一般项目中，主要角色大多是两个：一个是项目的投资者（客户或业主），一个是项目的承建商。对电子商务项目来说，比较复杂的项目所涉及的角色往往还可以有独立的策划者、设计者和承建商。在小的、简单的电子商务项目中，策划者和设计者往往是一体的，或者是独立实体，或者是客户本身，或者是项目承建商。在特殊情况下，一个人也可以做一个电子商务项目，自己出资、自己设计和执行，那么这个人就承担了双重角色，既是项目的客户又是项目的承建商。

（2）电子商务项目具有复杂性

电子商务项目具有复杂性的原因，主要是在项目的实施中，管理、技术、商业活动、竞争及其他因素混合在一起，需要控制多重关联的商业和业务活动中的变化。这些变化跨越了公司和公司内部的部门，从而使沟通与协调变得更加困难，也使得电子商务的管理面临着新的挑战。

复杂性主要表现在：①高层管理者的期望值很高；②为适应电子商务的要求，很多单位的内部机构需要调整；③项目的实施过程中存在着紧迫的时间压力；④电子商务的应用软件，尤其是电子交易软件在不断发展，而且新产品层出不穷，这些因素会带来竞争、机遇与挑战；⑤项目信息技术的基础结构十分复杂；⑥项目存在着的预算压力，而电子商务项目实施初期很少能获得大规模的利润。

（3）电子商务项目具有动态性

当今电子商务项目正处于一个激烈的竞争环境中，快速演变升级的基本技术、持续竞争和新的工具改变了以前项目运行所必须遵循的逻辑顺序，电子商务项目不再只是一个按部就班的软件生产过程，必须以快速应变和充满创造力的开发过程应对市场压力。

电子商务项目的实施是动态的，主要表现在：①客户在电子商务项目的实施过程中，往往会频繁改变要求和需要，这就要不断调整商务和业务规划，使其与电子商务系统同步；②在项目实施中很多问题会浮现出来，项目实施方将不得不修改原来的规划和设计；③新的软件、硬件或网络技术诞生，比已有的技术更有吸引力；④若竞争者改进了电子商务网站的创意和改善了市场推广方式，项目实施方必须快速对此做出反应，否则，正在进行的电子商务项目就将面临困难；⑤上级管理层在未与项目实施团队商议的情况下，改变了业务方向、范围或进度。

（4）电子商务项目中无形资产比重较大

一般建设项目执行的结果往往是形成较大比例的固定资产，但电子商务项目在软件方面投入比重较大，其执行结果主要是形成无形的管理与服务能力，项目投资主要是形成无形资产而不是固定资产，这是电子商务项目和一般工程建设项目的不同之处。

（5）电子商务项目存在较大的风险

电子商务项目通常不是简单地将现有业务搬到网上运作，而是其实施将改变现有的业务流程，影响业务结构，不仅涉及技术问题，还涉及内部管理、外部渠道及同业竞争等多种因素，一旦失败将很难弥补。

（6）电子商务项目的生命周期较短

由于电子商务项目都需要以信息系统为支撑，而信息技术生命周期短、项目使用到的计算机系统更新换代快，因而一个电子商务项目不可能持续太长的时间，否则项目尚未建成就要面临被淘汰的危险。

### 3. 电子商务项目的分类

一个企业要将电子商务作为日常经营管理的手段，至少需要经历三个过程：首先需要对电子商务的运作模式进行策划，其次要进行电子商务系统的建设，然后在电子商务系统的基础上，承接订单、按订单组织生产和配送，进行电子商务的运营。显然，电子商务的模式策划、系统开发、按订单运营可以分别看作三种不同类型的项目，即电子商务策划项目、电子商务系统项目、电子商务运营项目。它们都可以按照项目的方式来管理，这是因为上述三类有关电子商务的活动符合一般项目的特点：都是一次性的任务，都有一定的任务范围和质量要求，都有时间或进度的要求，都有经费或资源的限制。因此，我们可以采用项目管理的思想和方法来指导有关电子商务的活动。

（1）电子商务策划项目，是指根据企业的战略目标和产品定位，选择合适的电子商务运作模式、明确电子商务需求的过程。例如，需要确定到底是采用 B2C 模式还是 B2B 模式、电子商务的盈利模式如何等。

（2）电子商务系统项目，是指在明确电子商务需求的基础上，对电子商务网站或系统进行分析、设计、实施和试运行的过程。这里的实施可能有多种情况：①电子商务应用系统全新的开发和测试；②电子商务套装软件的部署和二次开发；③企业内外系统之间的集成和相应的开发；④外包商出租的电子商务系统客户化定制等。

（3）电子商务运营项目，是指在电子商务网站或系统已经投入运行的基础上，企业在网上承接订单，然后按订单组织生产和交付的过程。这时企业将一个订单或一批订单的实现确定为项目的目标，企业关于订单的处理流程称为电子商务运营项目的生命周期。

从学术界对电子商务项目的理解来看，电子商务项目有狭义和广义之分。狭义的电子商务项目仅指电子商务系统项目；广义的电子商务项目则认为电子商务项目有三种类型，即电子商务策划项目、电子商务系统项目、电子商务运营项目。

## 10.2　电子商务项目规划

所谓规划，是指企业对其长远发展进行总体上的、战略上的计划。企业发展电子商务不是一个简单的、一蹴而就的事情，其中不仅涉及企业组织结构、企业文化上的调整和改变，还可能涉及企业流程再造等复杂性活动。因此，企业实施电子商务必须经过构思、分析和科学的规划，并且需要长期、不懈的努力。电子商务项目规划就是企业将组织发展战略和目标衔接起来，分析组织内外部环境，结合所在行业电子商务发展的现状和趋势，科学地制定企业电子商务系统的发展战略和设计方案。

### 10.2.1　电子商务项目规划的目的

#### 1．衔接企业发展战略和电子商务项目的目标

企业发展电子商务不只是网络销售，还有其他多种应用方式，企业可以利用网络来完善其商业发展战略和巩固其核心竞争力。因此，在发展电子商务之初，就必须了解企业发展战略，从而通过电子商务项目规划制定同发展战略一致的电子商务系统。

#### 2．制定企业电子商务系统发展战略和解决方案

制定企业电子商务系统发展战略，首先要根据企业的目标和经营战略，评价当前项目的功能和应用状况，然后制定电子商务系统的目标和发展战略。电子商务解决方案是指用于特定类型的电子商务系统或针对电子商务的某些环节的全套解决方法，通常包括开展电子商务所需的全部软件、硬件、系统集成方案及相关服务。电子商务解决方案一般建立在

对相关行业和某种类型的电子商务应用的专业分析研究和成功经验的基础上，具有很高的专业性、标准性、成熟性。如果按行业分有制造业电子商务解决方案、流通业电子商务解决方案、媒体与互联网行业电子商务解决方案、政府机关电子商务解决方案、电力行业电子商务解决方案、跨行业电子商务解决方案等。

要在电子商务项目规划中制定发展战略和解决方案，必须对开展电子商务的全过程进行全盘考虑，解决电子商务各环节的需求，在当前企业流程的基础上进行系统需求分析，通过匹配合适的电子商务模式，形成电子商务系统框架、设计方案、实施维护方法等。

## 10.2.2 电子商务项目规划的步骤

电子商务项目的重要特征之一是以客户为中心，这不同于企业信息系统建设项目的以改善企业生产和管理效率为中心。因此，电子商务项目中客户关系管理被视为核心业务模块。由于电子商务系统中涉及信息流、资金流和物流，因此电子商务系统的业务环节涵盖了企业的营销、支付、物流、客户等。整个电子商务系统整合了企业信息流和外部信息系统，形成复杂的信息网络。

电子商务项目规划是一个非常复杂的过程，可以从以下几个方面展开。

（1）确定电子商务项目规划范围、目标、任务和要求。确定电子商务项目规划空间范围是整个企业还是企业内部某一个部门；确定规划时间范围，太短的话，规划可能过于短浅，太长的话，规划可能过时；确定电子商务项目目标，项目目标是对企业战略、组织需求的一个综合，为后期选择解决方案、成本控制、进度控制等提供评判依据。

（2）建立电子商务系统项目规划小组。项目规划小组由组长和小组成员构成，组长是规划小组的主管，其负责整个小组的运作和与外部的沟通；小组成员由管理人员、技术人员及专家顾问构成。

（3）制定项目规划进度表。在项目开展前就需要规划将要完成的任务和时间，因此需要制定一个详细的任务进度表，包括任务的开始时间、结束时间、任务优先次序等，以此核查和控制时间进度并为小组成员分配具体任务。

（4）企业现行电子商务系统的初步调查和分析。初步调查主要是调查企业的组织结构、资源和约束、企业愿景、企业的优劣势等。

（5）确定系统开发策略。电子商务系统开发策略可以分为自主开发、外包、合作开发及购买成熟软件套件等方式，企业可根据自身实际情况选择合适的开发方式和方法。

（6）提出新系统的开发方案。新系统开发方案主要由系统目标、功能、结构、计划安排、成本和效益、资源需求等构成。

（7）可行性研究。对新系统开发方案从技术上、经济上、管理上、环境上进行可行性分析。

（8）形成电子商务项目规划报告。通过上述几个步骤，最终形成电子商务系统的规划成果，即电子商务规划报告，内容主要包括绪论、项目背景、必要性和意义、系统开发方案、可行性研究及方案比较和选择等。

## 10.2.3 电子商务项目规划的任务

不同规模、不同行业的企业，其电子商务建设目标不尽相同，在设定电子商务目标时，企业管理者应该根据项目的战略意义、实施范围和可用的资源，事先规划电子商务项目。电子商务项目规划任务的关键是使电子商务系统的战略与整个企业的战略和目标协调一致。要完成的具体任务有以下几个。

（1）做好电子商务项目需求分析

电子商务项目需求分析就是通过需求调研，了解企业的内、外部环境和条件，分析企业存在的问题，发现电子商务带来的机会，掌握现阶段企业具有哪些电子商务需求，以便确定是否有必要开展电子商务，以及用什么方式开展电子商务的过程。

由于不同的企业对电子商务的需求存在巨大差异，同一个企业在不同的发展阶段对电子商务的需求也不相同；对于招标项目，承建商要准确地了解需求才能规划出好的项目，企业的电子商务应用需求如果不能准确地传达给承建商，往往会导致项目失败。因此，在进行电子商务规划时，做好需求分析是第一步。

（2）制定电子商务项目的总体开发方案

在对企业进行实地考察或问卷调查等的基础上，在企业电子商务发展战略和目标的指引下，初步设计电子商务系统的总体结构及系统各子系统、元素的结构和组成，形成系统的技术开发方案，为安排项目开发计划做准备。

（3）制订电子商务项目建设的资源分配计划

结合企业自身的实际情况，制定企业实施电子商务系统的每个子项目所对应的进度表，并完成各个阶段软/硬件资源、数据通信设备、人员、技术、资金等的分配计划，提出整个系统的建设预算。根据电子商务系统的资源条件，估算电子商务项目收益和成本，判断电子商务项目的必要性并预估项目开始时间等。

（4）制订电子商务项目变化管理和风险管理计划

在电子商务项目推进和实施过程中，会对企业相关方（管理者、职工、客户、供应商等）带来利益、流程、管理等方面的变革，因此会受到来自利益各方的影响，甚至是抵制。在项目管理过程中，人的因素是最大的成功因素也是最大的风险因素，因此如何减少项目实施过程中人的负面影响是变化管理要解决的问题。统一而完整的变化管理既可以确保项目的成功，也可以缩短项目实施周期，降低企业成本。

电子商务项目可能存在的风险主要包括项目识别风险、质量控制风险、财务风险、运营风险、战略风险等。电子商务项目风险管理是指通过风险识别、风险分析和风险评价去认识项目风险，并以此为基础合理地使用各种风险应对措施、管理方法技术和手段对项目的风险实行有效的控制，妥善处理风险事件造成的不利后果，以最低的成本保证项目总体目标实现的管理工作。因为电子商务项目具有高风险的特点，所以电子商务项目的风险管理非常重要。

（5）制订电子商务项目实施计划

根据电子商务项目总体开发方案确定要完成的任务，制定一个详细的进度表。进度表中应规定每个任务的优先次序和任务的时间安排，给项目组成员分配具体任务并确定任务完成时间。

### 10.2.4　电子商务项目成本和效益分析

国内很多企业在规划电子商务项目时并没有进行成本和效益分析，往往以“拍桌子”的形式仓促上马电子商务，从而导致很多项目以失败告终。在 2000 年前后，以电子商务为主的虚拟经济在全国如火如荼地展开，产生了大量网络“泡沫”，使得电子商务的发展受到沉重的打击。在此后的近二十年间，对于电子商务项目，企业的投资也越来越慎重，开始运用一些科学的方法来衡量开展电子商务项目的可行性。

很多企业在开展电子商务项目时，想当然地认为这样的项目代表着未来的发展方向，必然是可行的，因而没必要再花费时间和资金成本去做效益和成本分析。正因为如此，使得我国企业在电子商务应用初期失败率较高，打击企业应用新技术的信心。下面将从电子商务的成本构成、效益分类等方面来讨论企业进行电子商务投资时，如何进行成本/效益分析，使企业在实施电子商务项目时有章可循。

**1．电子商务项目成本构成**

电子商务项目成本包括固定成本和变动成本两部分。固定成本一般能够进行比较精确的测定，而变动成本则需要根据历史资料加以预测，有的较好预测，而有的难以预测。电子商务项目成本构成如图 10-1 所示。

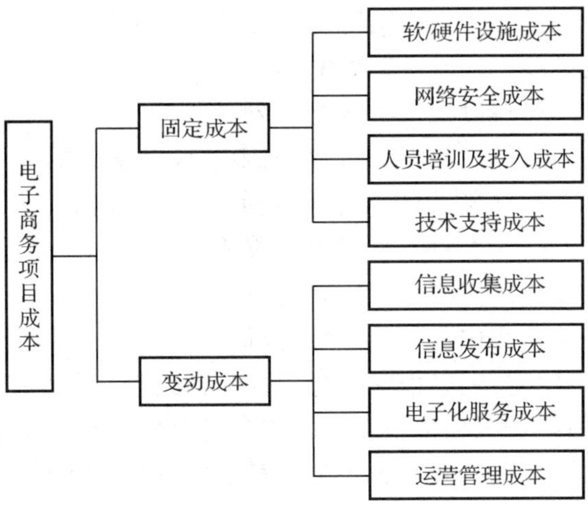


图 10-1　电子商务项目成本构成

（1）电子商务项目固定成本

① 软/硬件设施成本。

电子商务的软/硬件设施是企业通过电子商务有效开展业务的物质基础。软件成本包括企业自行开发商务软件和购买商务软件所支付的费用。例如，用专门的财务会计软件来管理企业财务报表等。硬件成本则包括企业购买计算机、服务器等相关设备的费用及搭建企业局域网的开支。此外，企业还要为运行和维护这些软/硬件设施而支付一定的费用，从而能更好地保证它们在企业经济业务中能够稳定地运作。

② 网络安全成本。

与大企业一样，中小企业在具有开放性的网络环境下进行商务活动，不得不考虑安全问题，如交易的公正性和安全性、交易方身份的真实性、传递信息的准确性和完整性及交易的不可抵赖性等。为了企业能安全地实施电子商务，必然要制定必需的安全标准、开发安全技术，采取一系列的安全技术措施。而这些保障交易安全的协议、规章制度及技术措施的使用、学习和运用无疑增加了电子商务应用的成本。

③ 人员培训及投入成本。

人员培训主要是指对企业内部负责实施电子商务的人员进行上岗培训和继续教育。大部分培训费用属于电子商务先期的开发成本，即在使用电子商务之前发生的，如对员工进行商务软件操作培训所支付的费用；另有一小部分成本是在电子商务运行后产生的，主要是为了让已在从事电子商务工作的员工能够及时跟上技术和标准方面的发展变化而支付的员工继续教育费用。人员投入成本包括为了电子商务系统的正常运行，除了构建系统时所需的技术人员成本，在投入运行后必须配备相关人员、支付人员工资等方面的费用。

④ 技术支持成本。

技术支持成本包括在电子商务系统的设计、运行、维护和管理等方面所需的技术含量较高的经济代价。从中小企业的情况来看，90%以上的企业由于技术力量薄弱、人才资源匮乏，在电子商务系统建设方面往往没有自己专门的技术队伍，大多数企业需要以租赁的方式求助于计算机软件公司或近年新兴的 ASP（应用服务提供商），因此所付出的代价是相当高昂的。此外，技术支持成本还包括应用信息技术后必须发生的各种支持服务费用等，这对于中小企业来说也是一大笔开支。

## 相关链接

### ASP、ISP 和 ICP

ASP（Application Service Provider）即应用服务提供商。ASP 可为用户设备的配置、租赁和管理提供解决方案。ASP 是在因特网产业发展中产生的一种服务模式，这种新的应用服务模式正在国际范围内悄然兴起。最早的 ASP 成立于 1998 年，如 Breakaway Solutions、Corio 和 Usinternet Working 等。它们的商业模式是：在因特网或其他网络上出租非核心企业应用程序的访问。这与传统的应用程序外包有很大的不同：传统的应用程序外包通常按合同规定的 IT 服务收取费用，而且 ASP 通常提供软件的租赁、服务等选项，而无须预先购买软件。

ISP（Internet Service Provider），互联网服务提供商，即向广大用户综合提供互联网接入业务、信息业务和增值业务的电信运营商。

ICP（Internet Content Provider）是互联网内容提供商，是向广大用户综合提供互联网信息业务和增值业务的电信运营商。

在互联网应用服务产业链“设备供应商—基础网络运营商—内容收集者和生产者—业务提供者—用户”中，ISP/ICP 处于内容收集者、生产者及业务提供者的位置。

（2）电子商务项目变动成本

① 信息收集成本。

在企业进行经济交易之前，需要进行信息的收集整理，以找到最合适的交易对象。物色到合适的贸易伙伴是开展交易的前提。利用电子商务提供的网络平台，企业可以通过查询企业黄页或访问门户网站来寻找交易对象，了解相关企业信息，然后将搜索到的信息进行分类比较，初步选出有合作意向的企业进行进一步联系洽谈。企业还可以通过网络搜索竞争对手的商业情报，如对商品方面的报价、销售行情等。

② 信息发布成本。

及时有效地发布企业产品和服务的相关信息可以为企业赢得更多的商业机会。最常用的方法是利用企业的门户网站发布信息。一个好的企业门户网站不仅可以为企业树立良好的企业形象，还能提高企业的工作效率。因此，企业需要投入一定的人力、财力做好网站的更新及维护工作，提高网站的链接速度。此外，企业还可以通过其他网络服务商提供的发布平台发布企业的相关信息，进行商品促销宣传等活动，但须向服务提供商交纳一定的服务费用。

③ 电子化服务成本。

企业通过电子商务进行网上汇款交易，必然要使用信用卡、网上银行和电子支票进行网上款项结算，这就需要在银行和信用卡公司开设结算账户。因此，企业在进行网上交易时须向银行或信用卡公司支付一定的服务费和手续费，从而获得银行等金融系统的外部支持。

④ 运营管理成本。

运营管理是中小企业实施电子商务并获取企业利益的关键所在，在这一环节中发生的成本主要有交易成本、物流配送成本和管理成本等。

交易成本指企业利用电子商务环境与交易对方或其他企业进行商务贸易活动所发生的各种成本。这一过程中所需的费用主要发生在组织网上交易，对交易对方的调研，交易双方协商、起草和签订合同，监督和实施合同等环节。例如，企业利用电子商务平台发布产品信息，向交易商提供交易结算、货款收付等服务，所发生的成本大约占运营管理总成本的 20%。

物流配送是电子商务的最后环节，也是重要的环节。它需要商品的存放网点，需要增加运输、配送人员的开支，由此而增加的成本是不可忽视的，大约占运营管理总成本的 30% 以上。因此，很多电子商务企业在物流方面一般不自行组建物流部门，而是将其外包，寻求第三方物流服务。

管理成本是指为了正常应用电子商务系统，建立相关管理机构，制定管理制度，对运行系统进行各方面的计划、协调、控制，对交易活动进行监督和管理所需要的成本。这一成本无法准确估算，但对中小企业来说尤其重要。不少企业投入巨额资金，好不容易建立起电子商务的应用环境，却由于管理不善而将设备闲置、系统丢弃，电子商务成了一种摆设，流于形式，且这种浪费对于经济实力有限的中小企业而言更是雪上加霜。因此，管理成本是必须严格控制的。

### 2. 电子商务项目效益构成

企业通过电子商务所得的效益可以分为直接效益（如销售量的增大、广告费用的节约等）和间接效益两种。直接效益主要是指通过电子商务活动而得到的可以进行定量分析的货币价值，从测量方法来讲，可以比较企业在应用电子商务前后的各个方面指标（根据统计数据得到）。间接效益主要是企业在更广泛意义上的收益或减少的不利因素。

（1）电子商务的直接效益构成

① 管理成本的降低。

电子商务通过电子手段、电子货币大大降低了传统的书面形式下的费用，大大降低了单位贸易成本。有统计显示，使用电子商务方式处理单证的费用是原来书面形式的 1/10，可以有效降低管理成本。

② 降低库存成本，可以实现“零库存”。

大量的库存意味着企业流动资金的占用和仓储面积的增加，利用电子商务可以有效地管理企业库存，降低库存成本，这是电子商务在企业的生产和销售环节最突出的一个特点。通过电子商务还可以减少商品库存的时间、减轻商品积压程度，进而可以实现“零库存”。库存量的减少意味着企业在原材料供应、仓储和管理开支上将实现大幅节省，尤其是在土地价格不断上涨的今天，更可以大幅降低成本。

③ 降低采购成本。

企业采购原材料是一项很复杂的工作，通过计算机网络的商务活动，企业可以加强与主要供应商之间的协作关系，将原材料的采购与产品的制造过程有机地结合起来，形成一体化的信息传递和信息处理体系。目前，已经有许多大公司通过商业增值网络使用 EDI（电子数据交换）建立一体化的电子采购系统，从而降低劳动力、打印和邮寄成本。采购人员有更多的时间致力于合同条款的谈判，并注重与供货商建立更加稳固的购销关系。如果说大公司通过增值网络降低采购成本，那么国际互联网的出现同样可以为中小企业提供降低采购成本、获取新交易的机会。

④ 降低交易成本。

虽然企业从事电子商务需要一定的投入（如域名、软件系统、硬件系统的维护费用），但是与其他销售方式相比，使用电子商务进行贸易的成本将会大大降低。例如，将 Internet 当作媒介做广告，进行网上促销活动，可以节约大量的广告费用而增加商品的销量。同时电子商务可以不受时间、空间的限制，全天候地进行网上交易。

⑤ 时效效益。

电子商务能够使商家提前回笼货品的应收账款，从而减少资金占用。时效效益通常根据商家应收账款的数量和提前回笼时间的长短来估算（主要是测算利息）。

⑥ 扩大销售量。

通过电子商务，企业的产品可以打破地域的限制，扩大销售量，使企业获取更多的利润。

（2）电子商务的间接效益构成

① 更好的客户关系管理（CRM）。

电子商务在 Internet 上介绍产品，可以为客户提供商品的技术支持，客户可以自己查询已订购商品的处理信息，这使客户服务人员从烦琐的日常事务中解放出来，去更好地处理与客户的关系，而且可使客户更加满意。

② 促进信息经济的发展和全社会的增值。

电子商务是目前信息经济中最具前途的发展趋势之一，是未来的贸易发展方向，必将推动信息经济的发展。同时，电子商务还大幅增加了世界各国的贸易活动，大大提高了贸易环节中多数角色的成交数量。

（3）潜在效益分析

电子商务给企业带来的某些利益有时是暂时看不到的，但存在潜移默化的效果及强大的后劲，这就是潜在效益。例如，开展电子商务可以使企业的传统经营理念及经营模式逐渐转向先进、科学的经营理念和经营模式；可以使传统的商业结构模式发生变化，使其更加适应网络经济的环境；可以使企业以团队合作的方式参与符合电子商务特性的运作工作，直接与市场接轨，并以市场的最终效果来衡量流程的组织状况；可以提升企业文化，提高员工知识水平和综合素质等。潜在效益对于中小企业的竞争能力、长期目标、长远利益具有深刻的意义。

例如，全力服务于中国—东盟自贸区的“南博网”，是为从事中国—东盟双边贸易的企业提供专业化的信息服务、营销服务及交易服务的贸易门户网站。南宁利用南博网这一特殊的电子商务平台，以其崭新的理念和精心的设计，为广大客户提供真诚、周到、高效、优质的服务，树立了企业的良好形象，不断扩大影响，逐渐赢得客户的信任，将来会获得预期的效益。

从长远利益看，电子商务是企业未来发展的趋势，是一种特殊的交易方式和商务环境，因而不能完全按一个市场化项目的评估标准来衡量它的投入与产出，而应当把它的经济效益和社会效益结合起来综合考虑。作为市场竞争弱者的传统中小企业，在很大程度上要依靠电子商务来降低交易成本，提升专业服务水平，提高企业的核心竞争力。

### 3．电子商务成本/效益分析方法

电子商务成本/效益分析方法有成本分析法、效益分析法及投资回报法。

（1）成本分析法

电子商务的成本包括固定成本和变动成本两部分。对于固定成本，可以根据企业实施电子商务的实际需要和当时的价格水平测算。在变动成本中，人员培训费用、宣传费用、维护费用及管理费用也比较好预测，通信费用则需要根据企业电子商务的信息传输模式来确定，如果企业电子商务需要敷设特定的线路或租用通信线路，则费用主要取决于线路成本，如果使用第三方提供的增值网和网络软件，则成本包括向从事电子商务的商家一次预收的费用和网络的使用费用（根据信息量或时间计算）两部分。

电子商务变动成本中，软件开发费用难以预测，可以根据一般软件开发的成本估算理论来测算。目前对软件开发费用的估算方法很多，分类也不统一，一般较常用的有算法模型方法、任务分解方法和专家评定方法等几类。

成本分析应该尽可能使成本的估算值接近实际成本，特别是固定成本部分。同时，由于成本分析应在电子商务建设的前期做出，因此在分析过程中不应使用那些要等到开发完成后才能清楚了解的信息。成本分析的方法本身应易于理解和使用，有较强的可操作性，而且在电子商务的技术条件、规模和环境因素基本相同时，成本估算的结果应基本一致，不能因分析人员不同而得到不同的结果。

（2）效益分析法

电子商务的直接效益可以通过调查数据来分析。例如，实施电子商务将使得管理成本的下降，可以比较在实施电子商务前后同一类业务分别需要的成本，其差额即为电子商务所带来的直接效益。间接效益的分析可以从组合评价和电子商务的贡献程度两个方面来衡量。组合评价方法将专家评价方法、经济模型方法及其他数学评价方法（如模糊数学方法）中的具体模型或方法进行有机结合，获得电子商务的贡献程度。

（3）投资回报法

投资回报技术能够量化投入的净收益，并可以调整递减的未来回报。虽然多数企业在开展电子商务项目前都要进行某种形式的价值评价，但越来越多的企业把此项目看作必要的投资，因此就不像对其他资本项目那样，对电子商务项目进行同样严格的审查。它们担心错过进入电子商务市场的时机或者被竞争对手超越。尽快进入一个新市场的价值如此之大，以至于许多公司投入大量资金而不考虑短期的效益。但是，在新一轮电子商务浪潮来临时，企业也变得越来越慎重，公司对电子商务项目预算进行严格审核，许多公司采用投资回报法来评估电子商务项目。

测算投资的回收期。投资回收期的分析就是确定经过多长时间累计收入可以超过累计成本及后续成本，当累计折现收益与成本之差大于零时，回收就宣告完成。

投资回报法偏重于成本，因为成本比收益更易于定量表示，而许多电子商务计划带来的收益是难以预见和量化的；其次，投资回报法更强调短期收益而非长期收益，因为短期收益容易预计，长期收益难以预计和量化。

## 10.3　电子商务网站开发策略

企业刚开始建立网站时，网站基本以静态页面展示为主，信息更新不及时，也没有一定的业务处理功能，因此无法与客户或者供应商进行交互。当网站不断更新发展，能够办理各种在线业务的动态处理后，网站就成为企业管理信息系统的重要组成部分。

由静态网页展示到动态业务网站的转变，经历的时间非常短暂，有时只是一两年的时间。当前，网站建设的关注点的转移速度很快，多数企业不能及时通过改变网站的开发和维护方式来有效应对这些变化。

信息技术的发展日新月异，网站开发和维护需要的软件工具可选范围不断增大，同时也提高了企业选择技术的机会成本。作为企业基础建设项目，网站开发建设不仅耗时长、投入和风险大，还面临初期选择的当期先进的模式很快就被新兴模式所取代和超越的风险。这里面不仅包括硬件方面，还有软件方面。

企业在开发电子商务网站时，可以选择自主开发、外包、外购商品化套装软件等方式，有些项目因其特殊行业特点存在其他开发方式，如对套装软件的二次开发等。许多公司认为可以将整个电子商务项目外包，但是也有很多公司认为自主开发才是电子商务项目实施的最佳策略。其实，无论采用何种电子商务方案，项目的成功都取决于电子商务与企业的集成和支持程度。企业要根据资源、技术力量和外部环境等因素选择电子商务网站开发方式。

### 10.3.1　电子商务网站开发方式

#### 1．自主开发

自主开发指企业依靠自己的力量独立完成电子商务网站的开发。自主开发方式有利于企业培养电子商务技术人才，能够应对后续的技术升级和软件更迭。但是这种开发策略首先要求企业具备较强的经济、技术实力，能够利用自己的员工开发企业的电子商务网站；其次自主开发的电子商务软件产品在软件规范化、质量标准等方面无法达到专业公司的高度，人员流动后对后期的维护和更新造成障碍；最后当外部的其他软件接口如电子支付、物流等发生变更时，企业应用的软件开发技术可能会面临兼容性问题。

### 2．外包

委托开发即项目外包，是指当企业本身不具备独立完成项目的能力和条件时，由企业提出项目的目标、需求等方面的要求，将整个项目的具体工作委托给开发商进行，最后根据委托开发合同，开发商将产品或服务交付给企业，企业进行全面的验收。

外包能够简化项目，帮助企业降低风险和成本。帮助企业在不受限于既有的专业知识技能的同时致力于塑造自身核心竞争力，从而让企业资金更有价值，提升效益与客户满意度。但是外包也有一些缺点，如企业要花大量的精力让开发商理解企业的目标和需求，往往最后的产品不满足自身的需要，甚至泄露企业商业机密，电子商务软件的更新和维护比自主开发要困难得多，且会产生较高的软件维护成本并对外部开发商产生依赖。

### 3．外购商品化套装软件

目前，市场上存在很多电子商务商品化软件。例如，国外软件有 Shopify、Bigcommerce、WooCommerce、Easy Digital Downloads、Volusion 等，国内软件有 ECshop、Shopex 等。购买商品化应用软件时，要根据用户的需求，在系统分析的基础上，选择并购买市场上符合要求的商品化应用软件。

购买商品化套装软件，优点是可以省去大量开发时间，系统安全性高，功能齐全，上线速度快且风险小，同时商品化软件价格较低，系统接口开放性、集成性好，产品一般也可以根据用户需求进行定制和升级；缺点是通用的商品化套装软件无法满足企业个性化需求，有些商品提供商在服务、升级上存在问题，容易使企业丧失信息化建设的主动权，甚至造成投资失败。

### 4．云电子商务

云电子商务是利用云计算模式提供的电子商务平台服务。云计算的核心思想是将大量用网络连接的计算资源统一管理和调度，构成一个计算资源池，向用户提供按需服务。“云”中的资源在使用者看来是可以无限扩展的，并且可以随时获取、按需使用、随时扩展、按使用付费。在云平台上，所有的电子商务供应商、代理商、策划服务商、制作商、行业协会、管理机构、行业媒体、法律结构等都集中于云，整合成资源池。

大数据和云计算也与电子商务相融合，这也造就了云电子商务解决方案的成功。因为云电子商务解决方案可以极大地降低基础建设的成本，相关企业可以省下一笔不小的开销。因为云电子商务解决方案结合了云计算技术，所以企业可不用购置高性能的服务器，而可以享用高速和高准确度的数据收集及计算服务。云电子商务还具有一个非常重要的特点，那就是它可以实现不同企业之间的共享与合作，不会受到距离等客观因素的影响，能够实时计算并同步各种数据。

### 5．合作开发

在合作开发方式下，企业与外部电子商务开发商或开发人员组成专门小组，共同承担电子商务网站开发任务。

合作开发的优点是项目需求比较明确，系统能够符合企业要求。在合作过程中，企业可以培养项目开发技术人才，为系统后续的开发与维护提供服务。

合作开发的缺点是风险高、投入大，而合作过程中培养的人才随着系统的交付，会出现人才冗余的现象，浪费人力资源。

#### 6. 套装软件基础上的二次开发

电子商务软件的二次开发就是在现有套装软件的基础，针对企业的个性化需求进行开发，一般可以由软件产品的开发商进行，或由其提供二次开发接口和源代码，由企业或第三方进行开发。二次开发不是从头开始，而是在已有软件的基础上进行的。例如，ECShop 是一款 B2C 独立网店系统，适合企业及个人快速构建个性化网上商店，是基于 PHP 语言及 MySQL 数据库构架开发的跨平台开源程序。在实际使用过程中用户会有各种不同的需求，往往需要进行二次开发，针对这些需求，PHP 服务中心专门建立 ECShop 二次开发部门，来解决用户个性化需求问题。

二次开发的优点是需求明确，能够快速为企业部署合适的电子商务网站，也可以为企业培养少部分技术人才；缺点是开发有一些风险，对外部软件有一定的依赖。

## 10.3.2 如何处理自主开发与外包之间的平衡

企业在电子商务项目开发上有较多的选择，无论采用何种电子商务解决方案，项目的成功都取决于电子商务与企业业务的集成和支持程度。电子商务项目开发策略各有优缺点，企业根据自身规模、行业类别、企业目标、占有资源等选择适合自身需求的方法。从了解企业特殊需求、能够保证项目符合企业目标的角度出发，企业优先考虑自主开发，但是大多数企业规模不大或自身拥有的系统规划、软件开发人才较少，无法在没有外部帮助的情况下开展电子商务项目。因此，大多数企业在电子商务项目开发中面对的关键问题是如何处理外包和自主开发之间的平衡。

#### 1. 处理两者关系的总原则

企业可以选择自主开发、外包或者两者结合的方式开展电子商务项目。如何正确处理两者的关系，实际上是正确认识社会分工协作和市场经济的特点。从专业、效率、成本的角度出发，企业会选择外包；而从企业自身的成长、可持续发展及不受制于人的角度出发，企业会选择自主开发。此外，外包的部分是否涉及企业核心竞争力也是需要考虑的地方。因此，企业需要进行综合评估，以确定外包和自主开发的比例问题。

#### 2. 组建内部团队

企业为实施电子商务项目会组建内部团队。该团队不仅要负责从目标设定到最终实施和运营的整个过程，还要决定项目各个部分进行外包和自主开发的比例分配问题，以及外包对象是谁的问题。

内部团队成员应该是企业多个层面的精英，包括网络技术及应用的技术人员、计算机专家、项目管理人员、销售人员、高层管理人员等，他们不仅了解技术，还对企业的技术需求、企业现状和发展目标都有深入的理解。

#### 3. 外包方式的选择

外包从时间范围上可以分为早期外包和晚期外包。早期外包是企业在项目之初就将项目的分析和设计外包出去，然后外部承包商负责企业信息技术人员的培训，以便项目交接后由其运营。晚期外包是相对传统的电子商务外包形式而言的，企业内部信息系统人员完成项目的最初分析、设计和开发工作，并最终实施运营企业电子商务业务，当该系统能够稳定获得系统带来的竞争优势后，就将系统的维护工作外包。

外包从空间范围上可以分为部分外包和全部外包。部分外包是企业将电子商务一部分交由外部专业电子商务系统公司进行分析、设计、实施、维护和运营。许多企业常常将在线客户服务工作外包处理，这样在电子商务网站运营过程中，客户就可以得到及时和周到的回复。除此之外，企业电子商务网站一般还会将电子支付结算系统外包给国内外用户使用频率高的第三方支付系统，如支付宝、微信支付、银联支付等。中小企业虽然需要电子商务网站，但是不想在网络服务器硬件和技术人员上进行投资，因此选择互联网接入商（ISP）、应用和服务提供商（ASP）来提供服务器托管。全部外包是企业没有将电子商务视为公司重要的战略项目，因此选择将电子商务系统项目从分析、设计、开发全盘交由外部承包商，IT 部门直接接手承包商完成的电子商务系统成品。

最近几年，电子商务项目外包又出现了一些新的形式和方法，如孵化器及快速风险投资等。总而言之，企业选择电子商务外包的方式有很多，通过审视自身的资源和需求，有效管控外包风险，最终实现外部的优势资源为己所用。

## 10.4 电子商务项目运作

电子商务项目运作，就是传统企业、电子商务项目承包商或者独立的中介咨询公司运营及管理电子商务项目。当前，随着网络时代的来临及企业竞争环境的加剧，新创企业乃至传统企业在经营过程中都无法回避电子商务的冲击，着手运作电子商务项目。从事电子商务项目开发的 IT 企业及中介咨询公司，正逐步成为电子商务项目的专业运作者。本节概括介绍电子商务项目运作流程及如何为成功运作电子商务项目做准备。

### 10.4.1 电子商务项目运作的目的

电子商务项目运作的目的，是在深入研究电子商务对企业价值的基础上，发掘市场上的商机，克服发展电子商务过程中的障碍和困难，协助企业发起电子商务项目，构建电子商务系统，维持或创造企业核心竞争力。中小型企业由于技术、资金等限制，或者大企业由于系统过于复杂等原因，无法一蹴而就地实现全面电子商务，可以根据企业当前发展需求，逐步导入合适的电子商务项目，由点到线再到面。

（1）帮助企业树立发展电子商务的决心

随着信息技术步入互联网+移动网络时代，电子商务的作用早已深入人心。但是，对于不同层次、不同行业的企业，是不是要发展电子商务以及实施电子商务项目会不会有风险等问题仍然困扰着企业管理者。身处信息大爆炸的时代，正面、负面的信息扑面而来，企业管理者无所适从。因此，电子商务项目运作人员需要从现实出发，从企业实际情况出发，发掘企业电子商务潜在需求，帮助企业管理者鉴别信息，使之树立发展电子商务的决心。

（2）使企业从电子商务中获得最大收益

企业发展电子商务的最终目的，归根结底是提升企业利润水平。但是，电子商务对于企业盈利水平的提升不会是立竿见影的，短期还有可能是负向的，这也是很多企业对电子商务存疑的地方之一。电子商务项目运作人员要从根本上引导和说服企业管理者，从长期和本质上看待电子商务对企业的促进作用。例如，电子商务改进企业流程、改造企业营销模式、降低企业沟通成本等，这些都是隐性效益的提升。

当然，电子商务项目导入过程中，企业可以先上马那些边际效益较高的项目，让企业管理者看到电子商务最直接的效益，从而提高管理者积极性，不断运作，逐步实现全面电子商务。

## 10.4.2　电子商务项目运作的模式

电子商务项目运作的模式按照发起人的不同，可以分为中介咨询公司主导模式、客户主导模式和承运商主导模式三种，如图 10-2 所示。

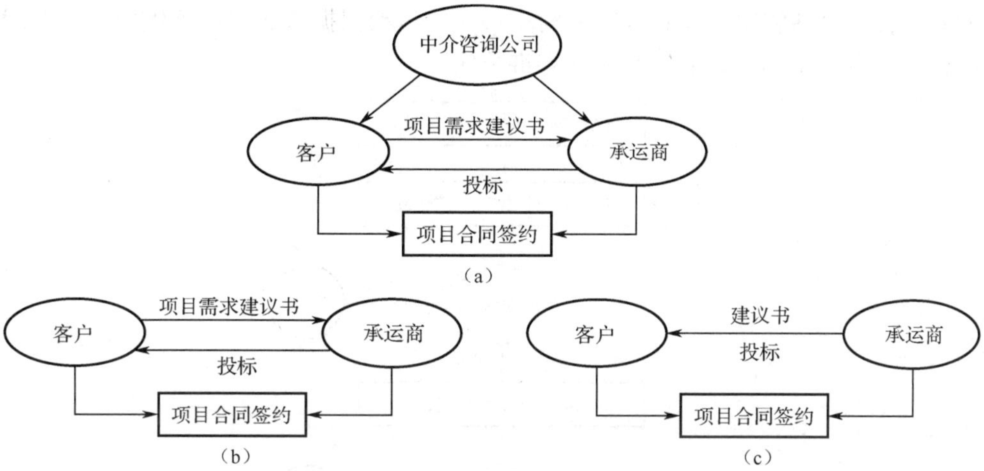


图 10-2　电子商务项目运作的模式

在图 10-2 中，（a）图是中介咨询公司主导模式，中介咨询公司主动帮助客户发现电子商务需求，并得到对方的确认，同时帮助客户寻找承运商，基于自身对客户了解的优势，指导承运商编制项目需求建议书，促使客户和承运商达成共识，进而签署项目合同；（b）图是客户主导模式，客户自己基于发展需要，产生电子商务需求，向承运商发出需求建议书，承运商回应客户要求，提出电子商务解决方案，客户批准该方案，最终签署项目合同；（c）图是承运商主导模式，承运商主动帮助客户发现电子商务需求并同时向客户发送项目建议书，客户确认后，客户与承运商签署项目合同。

## 10.4.3　电子商务项目运作的流程

### 1. 项目运作与项目管理的关系

所有项目都有开始时间和结束时间，这段历程就称为项目生命周期，其共分为 4 个阶段，即识别需求、提出解决方案、项目执行及项目完结。

项目管理是将项目作为管理对象，由项目经理对其进行计划、组织、控制、协调等管理活动，最终实现项目目标的过程。因此，可以说项目管理贯穿了项目周期的全过程；而项目运作是项目从无到有的过程，涵盖了项目周期的前两个过程。

从项目周期的视角来看，项目管理的范围大于项目运作。

从执行的组织来看，项目运作通常由企业规划部门或发展战略部门负责，而项目管理由专门的项目团队执行。

项目管理者需要对项目运作过程有所了解，这关乎项目目标生成过程、客户需求形成过程等；同样地，项目运作成功与否，项目最终达成的预期效果是衡量的唯一标准，因此项目运作者要了解项目管理的全过程。

### 2. 电子商务项目运作步骤

项目运作是完成项目生命周期的前两个阶段，即识别需求和提出解决方案，因此电子商务项目运作的任务是识别企业电子商务需求和提出电子商务解决方案。具体的运作步骤如图 10-3 所示。每一个步骤的任务包括：分析需求，向用户提出建议；客户内部进行初步可行性研究；客户确认需求；准备并发布需求建议书；承运商决定是否投标；研究并提出解决方案；客户评估解决方案；合同签约。每一个步骤根据模式不同承担的主体不同，有些是承运商，有些是客户，有些是中介咨询公司。

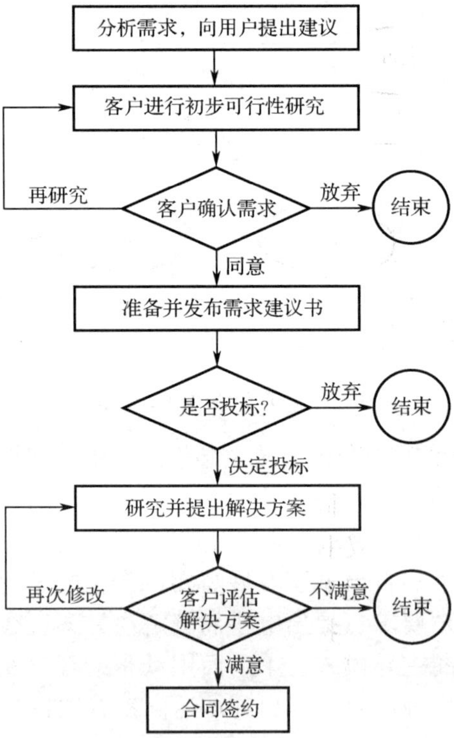


图 10-3　电子商务项目运作步骤

（1）分析需求，提出建议

这个步骤的任务是通过调查研究寻找商机，从企业中找寻发展电子商务的需求，并提出相应的建议。该项任务的主体根据运作模式的不同而不同。在中介咨询公司主导模式中，由中介咨询公司发挥自身见多识广、信息获取渠道多的先天优势，深度挖掘企业需求，从而向客户提出建议；在客户主导模式中，由客户内部的管理人员从企业生产经营的现实需求出发，提出发展电子商务项目的建议；在承运商主导模式中，向客户提出需求建议者为承运商，因为有时承运商在完成其他企业电子商务项目承建案例后，对该行业客户需求有了充分的了解，从而主动与之沟通，展示成功案例，提出相关项目建议。

（2）客户内部进行初步可行性研究

内部初步可行性研究是企业从自身实际情况出发，公司管理层委派或成立专门小组对企业经济、技术、管理等方面的可行性进行初步调查和分析，以确定企业是否有能力进行电子商务项目开发。在中介咨询公司主导模式中，企业可以从中介咨询公司那里获得帮助，甚至直接委托咨询公司进行可行性研究。最终企业专门小组或中介咨询公司提出详细的可行性报告，交给公司决策层讨论。

（3）客户确认需求

企业决策层对提交的初步可行性报告进行讨论，这是客户内部的决策。如果认可该可行性报告，则进入下一个步骤；如果否决该报告，则放弃项目运作；如果决策层同意投资电子商务项目，但是对可行性研究报告不满意，则重新由专门小组或者中介咨询公司修正该方案，再次提交决策层研讨。

（4）准备并发布需求建议书

需求建议书（RFP）即招标书，由客户公司内部或者委托中介咨询机构协助起草发布，可以采用公开招标或邀标的方式。当然在承运商主导或中介咨询公司主导模式下，招标阶段可以简化甚至取消，此时的需求建议书则由企业高层以口头或指令方式直接下达承运商或中介咨询公司。

（5）承运商研究是否投标

投标与否是承运商的决策结果。承运商综合考虑各种情况，如果自身实力不足、利润太微薄等，放弃投标，则对于承运商而言，工作结束；如果承运商认为可以投标，则进入下一步骤，提出相应电子商务项目解决方案。承运商主导模式下，项目原本由其向客户提出需求建议，因此一般不会放弃投标。

（6）研究并提出解决方案

在承运商决定投标的情况下，对客户电子商务需求及项目进行深入研究，并提出相应的解决方案。这项工作是承运商承担并独立完成的。但是，在中介咨询机构主导模式下，该机构会给予承运商一定的信息支持，帮助承运商更好地理解客户需求。

（7）客户评估

该步骤由客户承担。客户组建专业评审小组，评议所有投标承运商的电子商务解决方案，结果送交企业决策层，由其选择中标承运商。也可能有其他情况发生，如所有解决方案均未达到要求，则工作结束；如果投标承运商都有一些可取之处，则有可能以其中一家为主，吸收其他申请者合理方案，重新修正。

（8）合同签约

这个步骤由客户和承运商共同参与。双方在由其中一方初步拟定的合同框架协议下，进入协商讨论环节，达成一致意见后，签订合作合同，进入电子商务项目执行阶段。在中介咨询公司主导模式下，中介咨询公司也会参加合同的制定或签订，形成三方协议。

电子商务项目运作全过程由以上步骤组成，每个步骤包括此阶段的任务和主体承担方。其中涉及电子商务需求分析、可行性研究及解决方案的部分等，需要承担主体的工作人员具备一定技术、方法和能力，因此也能够体现相应企业的素质和实力。

## 案例研究

# 小蓝单车兴亡史

2017年11月15日，BiaNews上发表了一篇暗示小蓝单车已经解散的文章。次日，36氪发表的文章称小蓝单车创始人李刚对上述报道的绝大部分内容做了确认。这家被公认为最好骑的共享单车正面临自创业以来最大的困局。而李刚发布声明的这一天，距离小蓝单车正式创业满一年只差一个星期。

**一、小蓝单车的诞生**

2016年，作为国内首创共享单车的ofo小黄车已经野蛮生长了两年，同年4月，摩拜携资本入局，国内正式形成两大共享单车对垒局面。与此同时，越来越多的创业者开始进入共享单车市场。到2016年9月，已有数十家企业入局，角逐共享单车市场。2016年11月22日，已经隔岸观战许久的野兽骑行创始人李刚宣布进军共享单车领域。

2016年11月22日，小蓝单车在深圳首发，在随后的四个月内扩张到广州、成都、南京、佛山。得益于野兽骑行在自行车行业两年多的行业积累，小蓝单车在自行车本身的用户体验及联网智能模块上都能够得到足够的保障。李刚将小蓝单车定位于看重用户产品体验的共享单车公司。小蓝单车从上线开始便取得了迅速发展。小蓝单车在正式上线的125天里，已经投放35.5万辆共享单车，累计用户数量625万；骑行次数达到6313万次，骑行距离超1.6亿千米。供应链、产品是小蓝单车的优势所在，小蓝单车一推出就被用户称为最好骑的共享单车。

**二、小蓝单车的发展之路**

2017年1月12日，小蓝单车进驻第四座城市南京。在两个月的时间内，投放了2.5万辆共享单车，单车日均骑行数达到10.5次，单车日最高骑行数达到69次。南京小蓝单车的日活跃占比高达88%，是活跃度最高的共享单车。在首发的深圳，小蓝单车的日均骑行数达到8次，运营效率更是达到了竞品的1.4倍和2.9倍。而在深圳和南京这两座城市，小蓝单车的市场份额分别为46%和52%。在南方站稳脚跟的小蓝单车进军共享单车竞争最为激烈的市场——北京。2017年2月21日，首辆小蓝单车落地望京，标志着公司正式进军北京。在一个月的时间里，已累计投放车辆10万辆，骑行历程超过240万千米。

为了吸引更多的用户，小蓝单车打出了“免费骑行”的口号。以半年为期限，如果用户花199元买了半年卡并骑了6次，那么钱就会返还给用户，然后实现无限次免费骑行。

自从共享单车开始疯狂投放之后，各种问题开始浮出水面。为了解决用户乱停乱放和任意损毁自行车的问题，由用户自发组织的“小蓝侠”已经开始发挥作用。小蓝单车旗下有1万多名“小蓝侠”，“小蓝侠”是用户自发组成的群体，当看到违规使用现象时，可以向后台举报，同时，对有故障未报修的车辆及时上报，对于一些被上了私锁的共享单车，“小蓝侠”上报单车藏匿地点。可以说，在国家关于共享单车的规范出台之前，小蓝单车应该是最先引导平台用户自发做出共享单车监督行为的公司。

**三、一次无疾而终的出海**

从2017年年初开始，共享单车开启“大航海”模式，ofo进军泰国、新加坡、美国、英国、哈萨克斯坦的五座海外城市，摩拜则已进入意大利、英国、日本、新加坡的四座海外城市。到 2017 年年底，两家公司的目标都是进入全球 20 个国家的 200 座城市。

而早在 2017 年的 1 月 11 日，第一批小蓝单车已经从中国运至美国，小蓝单车在美国的首站是旧金山，之后会扩张到美国其他城市。但小蓝单车在 2017 年 1 月 25 日宣布进入美国旧金山的几个月后，黯然退出旧金山市场。

**四、始终追求用户体验的最大化**

李刚始终坚持小蓝单车是一件注重用户产品体验的公司，他认为“不是在行业里跑得快、扩张得快，就可以最终胜出”。当共享单车作为工具满足了用户基本出行需求后，在密度相同、价格一样时，用户必然会选择体验最好的产品。

基于这样的理念，小蓝单车在 2017 年 3 月的发布会上推出了全球首款变速自行车 bluegogo pro 和轻运动概念车 bluegogo pro2。带有变速器的 bluegogo pro 造价太高，产量始终不高，但有很多挑剔的用户非 bluegogo pro 不骑，为此宁愿花费更多时间去寻找。

尽管与摩拜和 ofo 相比，小蓝单车在几乎所有方面（市场份额、造车能力、成本、运营效率、管理能力、资本储备等）都处在下风，甚至不在一个数量级。但李刚始终认为，极致的用户体验可以让小蓝单车“后发制人”，高昂的造车成本不是决定性因素，公众质疑最厉害的盈利模式甚至根本不应该成为问题。然而李刚没有想到，在接下来的一个月，共享单车的大变局就到来了。

**五、麒麟计划**

5 月 19 日，小蓝单车发布了新版本的车型。除了碳纤维车身、减震等设计，最令人出乎意料的就是在车把正中增加了一块显示屏。

小蓝单车创始人李刚用“分众+今日头条”来形容这块屏的作用。除了导航等基本功能，还可以在静止状态下向用户展示视频、图片广告。对于广告商而言，单车的广告效果虽未被验证，但根据地铁、公交等大众出行方式的投放经验判断，充满想象力。按照小蓝单车官方发布的车辆总数 72 万辆计算，如果一辆车一天被骑 5 次，一次播放 6 条广告，CPM 平均值 150 元，小蓝单车每天可获得广告收入 300 万元左右，一年的收入就是 10 亿元。而共享单车整体的市场价值更将被推升至千亿元级别。

唯一值得担忧的可能是成本上升的幅度能否控制在合理的范围内。相对于单车其他零部件的损耗，屏幕是脆弱的贵重物品，除了会增加造车成本，折旧率更是难以预估。

**六、大变局**

在李刚信誓旦旦地推出共享单车领域的“麒麟计划”，做到超越“今日头条”的广告投放渠道的时候，两件他没有意料到的事情接连发生了，而这正是这场共享单车行业大变局的开幕。

第一件事，是资本变得冷静了。在李刚的计划里，小蓝单车会在 2017 年 5 月末完成新一轮融资，进而一次性解决资金问题，然而随着资本趋于冷静，融资变成了泡影，并购丧失了最佳时机。

第二件事，北京市政府出台两项共享单车新政，这是压死骆驼的最后一根稻草了。2017 年 9 月 7 日，北京市交通委决定，暂停在北京市新增投放共享自行车。北京是继上海、广州、深圳、武汉等 11 个城市之后，暂停共享自行车新增投放的第 12 个城市。遇到了“禁投新车”等政策影响，pro2 始终未在市场上大规模投放。而雪上加霜的是，共享单车新政还专门提出了不得利用共享单车设广告，不得在车身上进行商业行为。因此，小蓝单车寄希望通过广告拓展商业模式从而翻身的梦想也彻底被终结了。

**七、退款之路，何去何从**

从2017年10月开始，已经陆续有用户反映不能在小蓝单车上退还押金的问题了。除押金问题外，小蓝单车员工表示，小蓝单车员工的工资已经被拖欠到了2018年2月10日。押金无法退还、投放减缓、拖欠员工工资，以及拖欠供应商造车款，成为小蓝单车迫在眉睫需要解决的问题。

（案例来源：根据电子商务研究中心《电子商务创新创业案例》删减改编）

**案例思考题**

1. 小蓝单车失败的原因是什么？
2. 小蓝单车的商业模式有没有什么问题？
3. 这个案例带给你什么启示？

## 本章关键概念

项目、电子商务项目、电子商务项目规划、电子商务潜在效益、外包、电子商务项目运作

## 本章复习思考题

1. 电子商务项目的概念及特点是什么？
2. 电子商务项目成本和效益估算的方法有哪些？
3. 电子商务项目运作的模式有哪些？
4. 电子商务项目开发方式有哪些？
5. 电子商务项目规划的主要步骤是什么？

## 本章论述题

1. 电子商务项目成功的关键因素。
2. 电子商务项目成本和收益分析的难点与特殊性。

## 本章实践项目

撰写电子商务项目策划书，包括项目背景、商业模式、市场环境、资金预算、组织结构、风险分析等。

# 附录 A
# 中华人民共和国电子商务法（全文）

（2018 年 8 月 31 日第十三届全国人民代表大会常务委员会第五次会议通过）

## 第一章　总　　则

第一条　为了保障电子商务各方主体的合法权益，规范电子商务行为，维护市场秩序，促进电子商务持续健康发展，制定本法。

第二条　中华人民共和国境内的电子商务活动，适用本法。本法所称电子商务，是指通过互联网等信息网络销售商品或者提供服务的经营活动。法律、行政法规对销售商品或者提供服务有规定的，适用其规定。金融类产品和服务，利用信息网络提供新闻信息、音视频节目、出版以及文化产品等内容方面的服务，不适用本法。

第三条　国家鼓励发展电子商务新业态，创新商业模式，促进电子商务技术研发和推广应用，推进电子商务诚信体系建设，营造有利于电子商务创新发展的市场环境，充分发挥电子商务在推动高质量发展、满足人民日益增长的美好生活需要、构建开放型经济方面的重要作用。

第四条　国家平等对待线上线下商务活动，促进线上线下融合发展，各级人民政府和有关部门不得采取歧视性的政策措施，不得滥用行政权力排除、限制市场竞争。

第五条　电子商务经营者从事经营活动，应当遵循自愿、平等、公平、诚信的原则，遵守法律和商业道德，公平参与市场竞争，履行消费者权益保护、环境保护、知识产权保护、网络安全与个人信息保护等方面的义务，承担产品和服务质量责任，接受政府和社会的监督。

第六条　国务院有关部门按照职责分工负责电子商务发展促进、监督管理等工作。县级以上地方各级人民政府可以根据本行政区域的实际情况，确定本行政区域内电子商务的部门职责划分。

第七条　国家建立符合电子商务特点的协同管理体系，推动形成有关部门、电子商务行业组织、电子商务经营者、消费者等共同参与的电子商务市场治理体系。

第八条　电子商务行业组织按照本组织章程开展行业自律，建立健全行业规范，推动行业诚信建设，监督、引导本行业经营者公平参与市场竞争。

## 第二章　电子商务经营者

第九条　本法所称电子商务经营者，是指通过互联网等信息网络从事销售商品或者提供服务的经营活动的自然人、法人和非法人组织，包括电子商务平台经营者、平台内经营者以及通过自建网站、其他网络服务销售商品或者提供服务的电子商务经营者。本法所称电子商务平台经营者，是指在电子商务中为交易双方或者多方提供网络经营场所、交易撮合、信息发布等服务，供交易双方或者多方独立开展交易活动的法人或者非法人组织。本法所称平台内经营者，是指通过电子商务平台销售商品或者提供服务的电子商务经营者。

第十条　电子商务经营者应当依法办理市场主体登记。但是，个人销售自产农副产品、家庭手工业产品，个人利用自己的技能从事依法无须取得许可的便民劳务活动和零星小额交易活动，以及依照法律、行政法规不需要进行登记的除外。

第十一条　电子商务经营者应当依法履行纳税义务，并依法享受税收优惠。依照前条规定不需要办理市场主体登记的电子商务经营者在首次纳税义务发生后，应当依照税收征收管理法律、行政法规的规定申请办理税务登记，并如实申报纳税。

第十二条　电子商务经营者从事经营活动，依法需要取得相关行政许可的，应当依法取得行政许可。

第十三条　电子商务经营者销售的商品或者提供的服务应当符合保障人身、财产安全的要求和环境保护要求，不得销售或者提供法律、行政法规禁止交易的商品或者服务。

第十四条　电子商务经营者销售商品或者提供服务应当依法出具纸质发票或者电子发票等购货凭证或者服务单据。电子发票与纸质发票具有同等法律效力。

第十五条　电子商务经营者应当在其首页显著位置，持续公示营业执照信息、与其经营业务有关的行政许可信息、属于依照本法第十条规定的不需要办理市场主体登记情形等信息，或者上述信息的链接标识。前款规定的信息发生变更的，电子商务经营者应当及时更新公示信息。

第十六条　电子商务经营者自行终止从事电子商务的，应当提前三十日在首页显著位置持续公示有关信息。

第十七条　电子商务经营者应当全面、真实、准确、及时地披露商品或者服务信息，保障消费者的知情权和选择权。电子商务经营者不得以虚构交易、编造用户评价等方式进行虚假或者引人误解的商业宣传，欺骗、误导消费者。

第十八条　电子商务经营者根据消费者的兴趣爱好、消费习惯等特征向其提供商品或者服务的搜索结果的，应当同时向该消费者提供不针对其个人特征的选项，尊重和平等保护消费者合法权益。电子商务经营者向消费者发送广告的，应当遵守《中华人民共和国广告法》的有关规定。

第十九条　电子商务经营者搭售商品或者服务，应当以显著方式提请消费者注意，不得将搭售商品或者服务作为默认同意的选项。

第二十条　电子商务经营者应当按照承诺或者与消费者约定的方式、时限向消费者交付商品或者服务，并承担商品运输中的风险和责任。但是，消费者另行选择快递物流服务提供者的除外。

第二十一条　电子商务经营者按照约定向消费者收取押金的，应当明示押金退还的方式、程序，不得对押金退还设置不合理条件。消费者申请退还押金，符合押金退还条件的，电子商务经营者应当及时退还。

第二十二条　电子商务经营者因其技术优势、用户数量、对相关行业的控制能力以及其他经营者对该电子商务经营者在交易上的依赖程度等因素而具有市场支配地位的，不得滥用市场支配地位，排除、限制竞争。

第二十三条 电子商务经营者收集、使用其用户的个人信息，应当遵守法律、行政法规有关个人信息保护的规定。

第二十四条 电子商务经营者应当明示用户信息查询、更正、删除以及用户注销的方式、程序，不得对用户信息查询、更正、删除以及用户注销设置不合理条件。电子商务经营者收到用户信息查询或者更正、删除的申请的，应当在核实身份后及时提供查询或者更正、删除用户信息。用户注销的，电子商务经营者应当立即删除该用户的信息；依照法律、行政法规的规定或者双方约定保存的，依照其规定。

第二十五条 有关主管部门依照法律、行政法规的规定要求电子商务经营者提供有关电子商务数据信息的，电子商务经营者应当提供。有关主管部门应当采取必要措施保护电子商务经营者提供的数据信息的安全，并对其中的个人信息、隐私和商业秘密严格保密，不得泄露、出售或者非法向他人提供。

第二十六条 电子商务经营者从事跨境电子商务，应当遵守进出口监督管理的法律、行政法规和国家有关规定。

第二十七条 电子商务平台经营者应当要求申请进入平台销售商品或者提供服务的经营者提交其身份、地址、联系方式、行政许可等真实信息，进行核验、登记，建立登记档案，并定期核验更新。电子商务平台经营者为进入平台销售商品或者提供服务的非经营用户提供服务，应当遵守本节有关规定。

第二十八条 电子商务平台经营者应当按照规定向市场监督管理部门报送平台内经营者的身份信息，提示未办理市场主体登记的经营者依法办理登记，并配合市场监督管理部门，针对电子商务的特点，为应当办理市场主体登记的经营者办理登记提供便利。电子商务平台经营者应当依照税收征收管理法律、行政法规的规定，向税务部门报送平台内经营者的身份信息和与纳税有关的信息，并应当提示依照本法第十条规定不需要办理市场主体登记的电子商务经营者依照本法第十一条第二款的规定办理税务登记。

第二十九条 电子商务平台经营者发现平台内的商品或者服务信息存在违反本法第十二条、第十三条规定情形的，应当依法采取必要的处置措施，并向有关主管部门报告。

第三十条 电子商务平台经营者应当采取技术措施和其他必要措施保证其网络安全、稳定运行，防范网络违法犯罪活动，有效应对网络安全事件，保障电子商务交易安全。电子商务平台经营者应当制定网络安全事件应急预案，发生网络安全事件时，应当立即启动应急预案，采取相应的补救措施，并向有关主管部门报告。

第三十一条 电子商务平台经营者应当记录、保存平台上发布的商品和服务信息、交易信息，并确保信息的完整性、保密性、可用性。商品和服务信息、交易信息保存时间自交易完成之日起不少于三年；法律、行政法规另有规定的，依照其规定。

第三十二条 电子商务平台经营者应当遵循公开、公平、公正的原则，制定平台服务协议和交易规则，明确进入和退出平台、商品和服务质量保障、消费者权益保护、个人信息保护等方面的权利和义务。

第三十三条 电子商务平台经营者应当在其首页显著位置持续公示平台服务协议和交易规则信息或者上述信息的链接标识，并保证经营者和消费者能够便利、完整地阅览和下载。

第三十四条 电子商务平台经营者修改平台服务协议和交易规则，应当在其首页显著位置公开征求意见，采取合理措施确保有关各方能够及时充分表达意见。修改内容应当至少在实施前七日予以公示。平台内经营者不接受修改内容，要求退出平台的，电子商务平台经营者不得阻止，并按照修改前的服务协议和交易规则承担相关责任。

第三十五条　电子商务平台经营者不得利用服务协议、交易规则以及技术等手段，对平台内经营者在平台内的交易、交易价格以及与其他经营者的交易等进行不合理限制或者附加不合理条件，或者向平台内经营者收取不合理费用。

第三十六条　电子商务平台经营者依据平台服务协议和交易规则对平台内经营者违反法律、法规的行为实施警示、暂停或者终止服务等措施的，应当及时公示。

第三十七条　电子商务平台经营者在其平台上开展自营业务的，应当以显著方式区分标记自营业务和平台内经营者开展的业务，不得误导消费者。电子商务平台经营者对其标记为自营的业务依法承担商品销售者或者服务提供者的民事责任。

第三十八条　电子商务平台经营者知道或者应当知道平台内经营者销售的商品或者提供的服务不符合保障人身、财产安全的要求，或者有其他侵害消费者合法权益行为，未采取必要措施的，依法与该平台内经营者承担连带责任。对关系消费者生命健康的商品或者服务，电子商务平台经营者对平台内经营者的资质资格未尽到审核义务，或者对消费者未尽到安全保障义务，造成消费者损害的，依法承担相应的责任。

第三十九条　电子商务平台经营者应当建立健全信用评价制度，公示信用评价规则，为消费者提供对平台内销售的商品或者提供的服务进行评价的途径。电子商务平台经营者不得删除消费者对其平台内销售的商品或者提供的服务的评价。

第四十条　电子商务平台经营者应当根据商品或者服务的价格、销量、信用等以多种方式向消费者显示商品或者服务的搜索结果；对于竞价排名的商品或者服务，应当显著标明“广告”。

第四十一条　电子商务平台经营者应当建立知识产权保护规则，与知识产权权利人加强合作，依法保护知识产权。

第四十二条　知识产权权利人认为其知识产权受到侵害的，有权通知电子商务平台经营者采取删除、屏蔽、断开链接、终止交易和服务等必要措施。通知应当包括构成侵权的初步证据。电子商务平台经营者接到通知后，应当及时采取必要措施，并将该通知转送平台内经营者；未及时采取必要措施的，对损害的扩大部分与平台内经营者承担连带责任。因通知错误造成平台内经营者损害的，依法承担民事责任。恶意发出错误通知，造成平台内经营者损失的，加倍承担赔偿责任。

第四十三条　平台内经营者接到转送的通知后，可以向电子商务平台经营者提交不存在侵权行为的声明。声明应当包括不存在侵权行为的初步证据。电子商务平台经营者接到声明后，应当将该声明转送发出通知的知识产权权利人，并告知其可以向有关主管部门投诉或者向人民法院起诉。电子商务平台经营者在转送声明到达知识产权权利人后十五日内，未收到权利人已经投诉或者起诉通知的，应当及时终止所采取的措施。

第四十四条　电子商务平台经营者应当及时公示收到的本法第四十二条、第四十三条规定的通知、声明及处理结果。

第四十五条　电子商务平台经营者知道或者应当知道平台内经营者侵犯知识产权的，应当采取删除、屏蔽、断开链接、终止交易和服务等必要措施；未采取必要措施的，与侵权人承担连带责任。

第四十六条　除本法第九条第二款规定的服务外，电子商务平台经营者可以按照平台服务协议和交易规则，为经营者之间的电子商务提供仓储、物流、支付结算、交收等服务。电子商务平台经营者为经营者之间的电子商务提供服务，应当遵守法律、行政法规和国家有关规定，不得采取集中竞价、做市商等集中交易方式进行交易，不得进行标准化合约交易。

## 第三章　电子商务合同的订立与履行

第四十七条　电子商务当事人订立和履行合同，适用本章和《中华人民共和国民法总则》《中华人民共和国合同法》《中华人民共和国电子签名法》等法律的规定。

第四十八条　电子商务当事人使用自动信息系统订立或者履行合同的行为对使用该系统的当事人具有法律效力。在电子商务中推定当事人具有相应的民事行为能力。但是，有相反证据足以推翻的除外。

第四十九条　电子商务经营者发布的商品或者服务信息符合要约条件的，用户选择该商品或者服务并提交订单成功，合同成立。当事人另有约定的，从其约定。电子商务经营者不得以格式条款等方式约定消费者支付价款后合同不成立；格式条款等含有该内容的，其内容无效。

第五十条　电子商务经营者应当清晰、全面、明确地告知用户订立合同的步骤、注意事项、下载方法等事项，并保证用户能够便利、完整地阅览和下载。电子商务经营者应当保证用户在提交订单前可以更正输入错误。

第五十一条　合同标的为交付商品并采用快递物流方式交付的，收货人签收时间为交付时间。合同标的为提供服务的，生成的电子凭证或者实物凭证中载明的时间为交付时间；前述凭证没有载明时间或者载明时间与实际提供服务时间不一致的，实际提供服务的时间为交付时间。合同标的为采用在线传输方式交付的，合同标的进入对方当事人指定的特定系统并且能够检索识别的时间为交付时间。合同当事人对交付方式、交付时间另有约定的，从其约定。

第五十二条　电子商务当事人可以约定采用快递物流方式交付商品。快递物流服务提供者为电子商务提供快递物流服务，应当遵守法律、行政法规，并应当符合承诺的服务规范和时限。快递物流服务提供者在交付商品时，应当提示收货人当面查验；交由他人代收的，应当经收货人同意。快递物流服务提供者应当按照规定使用环保包装材料，实现包装材料的减量化和再利用。快递物流服务提供者在提供快递物流服务的同时，可以接受电子商务经营者的委托提供代收货款服务。

第五十三条　电子商务当事人可以约定采用电子支付方式支付价款。电子支付服务提供者为电子商务提供电子支付服务，应当遵守国家规定，告知用户电子支付服务的功能、使用方法、注意事项、相关风险和收费标准等事项，不得附加不合理交易条件。电子支付服务提供者应当确保电子支付指令的完整性、一致性、可跟踪稽核和不可篡改。电子支付服务提供者应当向用户免费提供对账服务以及最近三年的交易记录。

第五十四条　电子支付服务提供者提供电子支付服务不符合国家有关支付安全管理要求，造成用户损失的，应当承担赔偿责任。

第五十五条　用户在发出支付指令前，应当核对支付指令所包含的金额、收款人等完整信息。支付指令发生错误的，电子支付服务提供者应当及时查找原因，并采取相关措施予以纠正。造成用户损失的，电子支付服务提供者应当承担赔偿责任，但能够证明支付错误非自身原因造成的除外。

第五十六条　电子支付服务提供者完成电子支付后，应当及时准确地向用户提供符合约定方式的确认支付的信息。

第五十七条　用户应当妥善保管交易密码、电子签名数据等安全工具。用户发现安全工具遗失、被盗用或者未经授权的支付的，应当及时通知电子支付服务提供者。未经授权的支付造成的损失，由电子支付服务提供者承担；电子支付服务提供者能够证明未经授权的支付是因用户的过错造成的，不承担责任。电子支付服务提供者发现支付指令未经授权，或者收到用户支付指令未经授权的通知时，应当立即采取措施防止损失扩大。电子支付服务提供者未及时采取措施导致损失扩大的，对损失扩大部分承担责任。

## 第四章　电子商务争议解决

第五十八条　国家鼓励电子商务平台经营者建立有利于电子商务发展和消费者权益保护的商品、服务质量担保机制。电子商务平台经营者与平台内经营者协议设立消费者权益保证金的，双方应当就消费者权益保证金的提取数额、管理、使用和退还办法等作出明确约定。消费者要求电子商务平台经营者承担先行赔偿责任以及电子商务平台经营者赔偿后向平台内经营者的追偿，适用《中华人民共和国消费者权益保护法》的有关规定。

第五十九条　电子商务经营者应当建立便捷、有效的投诉、举报机制，公开投诉、举报方式等信息，及时受理并处理投诉、举报。

第六十条　电子商务争议可以通过协商和解，请求消费者组织、行业协会或者其他依法成立的调解组织调解，向有关部门投诉，提请仲裁，或者提起诉讼等方式解决。

第六十一条　消费者在电子商务平台购买商品或者接受服务，与平台内经营者发生争议时，电子商务平台经营者应当积极协助消费者维护合法权益。

第六十二条　在电子商务争议处理中，电子商务经营者应当提供原始合同和交易记录。因电子商务经营者丢失、伪造、篡改、销毁、隐匿或者拒绝提供前述资料，致使人民法院、仲裁机构或者有关机关无法查明事实的，电子商务经营者应当承担相应的法律责任。

第六十三条　电子商务平台经营者可以建立争议在线解决机制，制定并公示争议解决规则，根据自愿原则，公平、公正地解决当事人的争议。

## 第五章　电子商务促进

第六十四条　国务院和省、自治区、直辖市人民政府应当将电子商务发展纳入国民经济和社会发展规划，制定科学合理的产业政策，促进电子商务创新发展。

第六十五条　国务院和县级以上地方人民政府及其有关部门应当采取措施，支持、推动绿色包装、仓储、运输，促进电子商务绿色发展。

第六十六条　国家推动电子商务基础设施和物流网络建设，完善电子商务统计制度，加强电子商务标准体系建设。

第六十七条　国家推动电子商务在国民经济各个领域的应用，支持电子商务与各产业融合发展。

第六十八条　国家促进农业生产、加工、流通等环节的互联网技术应用，鼓励各类社会资源加强合作，促进农村电子商务发展，发挥电子商务在精准扶贫中的作用。

第六十九条　国家维护电子商务交易安全，保护电子商务用户信息，鼓励电子商务数据开发应用，保障电子商务数据依法有序自由流动。国家采取措施推动建立公共数据共享机制，促进电子商务经营者依法利用公共数据。

第七十条　国家支持依法设立的信用评价机构开展电子商务信用评价，向社会提供电子商务信用评价服务。

第七十一条　国家促进跨境电子商务发展，建立健全适应跨境电子商务特点的海关、税收、进出境检验检疫、支付结算等管理制度，提高跨境电子商务各环节便利化水平，支持跨境电子商务平台经营者等为跨境电子商务提供仓储物流、报关、报检等服务。国家支持小型微型企业从事跨境电子商务。

第七十二条　国家进出口管理部门应当推进跨境电子商务海关申报、纳税、检验检疫等环节的综合服务和监管体系建设，优化监管流程，推动实现信息共享、监管互认、执法互助，提高跨境电子商务服务和监管效率。跨境电子商务经营者可以凭电子单证向国家进出口管理部门办理有关手续。

第七十三条　国家推动建立与不同国家、地区之间跨境电子商务的交流合作，参与电子商务国际规则的制定，促进电子签名、电子身份等国际互认。国家推动建立与不同国家、地区之间的跨境电子商务争议解决机制。

## 第六章　法律责任

第七十四条　电子商务经营者销售商品或者提供服务，不履行合同义务或者履行合同义务不符合约定，或者造成他人损害的，依法承担民事责任。

第七十五条　电子商务经营者违反本法第十二条、第十三条规定，未取得相关行政许可从事经营活动，或者销售、提供法律、行政法规禁止交易的商品、服务，或者不履行本法第二十五条规定的信息提供义务，电子商务平台经营者违反本法第四十六条规定，采取集中交易方式进行交易，或者进行标准化合约交易的，依照有关法律、行政法规的规定处罚。

第七十六条　电子商务经营者违反本法规定，有下列行为之一的，由市场监督管理部门责令限期改正，可以处一万元以下的罚款，对其中的电子商务平台经营者，依照本法第八十一条第一款的规定处罚：（一）未在首页显著位置公示营业执照信息、行政许可信息、属于不需要办理市场主体登记情形等信息，或者上述信息的链接标识的；（二）未在首页显著位置持续公示终止电子商务的有关信息的；（三）未明示用户信息查询、更正、删除以及用户注销的方式、程序，或者对用户信息查询、更正、删除以及用户注销设置不合理条件的。电子商务平台经营者对违反前款规定的平台内经营者未采取必要措施的，由市场监督管理部门责令限期改正，可以处二万元以上十万元以下的罚款。

第七十七条　电子商务经营者违反本法第十八条第一款规定提供搜索结果，或者违反本法第十九条规定搭售商品、服务的，由市场监督管理部门责令限期改正，没收违法所得，可以并处五万元以上二十万元以下的罚款；情节严重的，并处二十万元以上五十万元以下的罚款。

第七十八条　电子商务经营者违反本法第二十一条规定，未向消费者明示押金退还的方式、程序，对押金退还设置不合理条件，或者不及时退还押金的，由有关主管部门责令限期改正，可以处五万元以上二十万元以下的罚款；情节严重的，处二十万元以上五十万元以下的罚款。

第七十九条　电子商务经营者违反法律、行政法规有关个人信息保护的规定，或者不履行本法第三十条和有关法律、行政法规规定的网络安全保障义务的，依照《中华人民共和国网络安全法》等法律、行政法规的规定处罚。

第八十条　电子商务平台经营者有下列行为之一的，由有关主管部门责令限期改正；逾期不改正的，处二万元以上十万元以下的罚款；情节严重的，责令停业整顿，并处十万元以上五十万元以下的罚款：（一）不履行本法第二十七条规定的核验、登记义务的；（二）不按照本法第二十八条规定向市场监督管理部门、税务部门报送有关信息的；（三）不按照本法第二十九条规定对违法情形采取必要的处置措施，或者未向有关主管部门报告的；（四）不履行本法第三十一条规定的商品和服务信息、交易信息保存义务的。法律、行政法规对前款规定的违法行为的处罚另有规定的，依照其规定。

第八十一条　电子商务平台经营者违反本法规定，有下列行为之一的，由市场监督管理部门责令限期改正，可以处二万元以上十万元以下的罚款；情节严重的，处十万元以上五十万元以下的罚款：（一）未在首页显著位置持续公示平台服务协议、交易规则信息或者上述信息的链接标识的；（二）修改交易规则未在首页显著位置公开征求意见，未按照规定的时间提前公示修改内容，或者阻止平台内经营者退出的；（三）未以显著方式区分标记自营业务和平台内经营者开展的业务的；（四）未为消费者提供对平台内销售的商品或者提供的服务进行评价的途径，或者擅自删除消费者的评价的。电子商务平台经营者违反本法第四十条规定，对竞价排名的商品或者服务未显著标明“广告”的，依照《中华人民共和国广告法》的规定处罚。

第八十二条　电子商务平台经营者违反本法第三十五条规定，对平台内经营者在平台内的交易、交易价格或者与其他经营者的交易等进行不合理限制或者附加不合理条件，或者向平台内经营者收取不合理费用的，由市场监督管理部门责令限期改正，可以处五万元以上五十万元以下的罚款；情节严重的，处五十万元以上二百万元以下的罚款。

第八十三条　电子商务平台经营者违反本法第三十八条规定，对平台内经营者侵害消费者合法权益行为未采取必要措施，或者对平台内经营者未尽到资质资格审核义务，或者对消费者未尽到安全保障义务的，由市场监督管理部门责令限期改正，可以处五万元以上五十万元以下的罚款；情节严重的，责令停业整顿，并处五十万元以上二百万元以下的罚款。

第八十四条　电子商务平台经营者违反本法第四十二条、第四十五条规定，对平台内经营者实施侵犯知识产权行为未依法采取必要措施的，由有关知识产权行政部门责令限期改正；逾期不改正的，处五万元以上五十万元以下的罚款；情节严重的，处五十万元以上二百万元以下的罚款。

第八十五条　电子商务经营者违反本法规定，销售的商品或者提供的服务不符合保障人身、财产安全的要求，实施虚假或者引人误解的商业宣传等不正当竞争行为，滥用市场支配地位，或者实施侵犯知识产权、侵害消费者权益等行为的，依照有关法律的规定处罚。

第八十六条　电子商务经营者有本法规定的违法行为的，依照有关法律、行政法规的规定记入信用档案，并予以公示。

第八十七条　依法负有电子商务监督管理职责的部门的工作人员，玩忽职守、滥用职权、徇私舞弊，或者泄露、出售或者非法向他人提供在履行职责中所知悉的个人信息、隐私和商业秘密的，依法追究法律责任。

第八十八条　违反本法规定，构成违反治安管理行为的，依法给予治安管理处罚；构成犯罪的，依法追究刑事责任。

## 第七章　附　　则

第八十九条　本法自2019年1月1日起施行。

# 参 考 文 献


[1] 肯尼思·C 劳顿. 电子商务[M]. 褚晓菲，张渤雯，译. 北京：清华大学出版社，2015.

[2] 徐雅卿. 电子商务导论[M]. 西安：西安电子科技大学出版社，2017.

[3] 杨立钒. 电子商务概论[M]. 北京：北京邮电大学出版社，2018.

[4] 赵芳. 电子商务概论[M]. 大连：东北财经大学出版社，2015.

[5] 杨兴凯. 电子商务概论[M]. 大连：东北财经大学出版社，2014.

[6] 张荣. 电子商务案例分析[M]. 北京：北京理工大学出版社，2018.

[7] 王鑫鑫. 电子商务概论[M]. 北京：北京大学出版社，2014.

[8] 顾明. 电子商务概论[M]. 南京：南京大学出版社，2018.

[9] 陈德人. 电子商务概论与案例分析[M]. 北京：人民邮电出版社，2017.

[10] 毛晶莹. 电子商务概论[M]. 北京：北京大学出版社，2016.

[11] 郭献强. 电子商务概论[M]. 北京：电子工业出版社，2016.

[12] 敖山. 电子商务概论[M]. 北京：清华大学出版社，2016.

[13] 彭玲. 电子商务项目管理[M]. 北京：中国电力出版社，2018.

[14] 张润彤. 电子商务概论[M]. 北京：中国人民大学出版社，2018.

[15] 刘常宝. 电子商务物流[M]. 北京：机械工业出版社，2018.

[16] 徐寿芳. 电子商务案例分析[M]. 北京：电子工业出版社，2018.

[17] 胡娟. 电子商务支付与安全[M]. 北京：北京邮电大学出版社，2018.

[18] 张锁通. 电子商务概论[M]. 西安：西安交通大学出版社，2017.

[19] 孙静. 电子商务技术基础[M]. 北京：北京理工大学出版社，2017.

[20] 郭鹏. 电子商务法[M]. 北京：北京大学出版社，2017.

[21] 王玉珍. 电子商务概论[M]. 北京：清华大学出版社，2017.

[22] 王小黎. 电子商务实务[M]. 北京：中国纺织出版社，2017.

[23] 欧伟强. 电子商务物流管理[M]. 北京：电子工业出版社，2018.

[24] 孙静，芦亚柯. 电子商务技术基础[M]. 北京：北京理工大学出版社，2017.

[25] 卢少平. 电子商务概论[M]. 北京：清华大学出版社，2017.

[26] 刘权，张莉. 电子商务安全[M]. 北京：化学工业出版社，2017.

[27] 黄海滨. 电子商务概论[M]. 杭州：浙江大学出版社，2017.

[28] 柴天姿，周顺奎. 电子商务实验教程[M]. 北京：清华大学出版社，2016.

[29] 管有庆，王晓军，董小燕. 电子商务安全技术[M]. 北京：邮电大学出版社，2005.

[30] 张宽海. 电子商务概论[M]. 北京：机械工业出版社，2008.

[31] TURBAN E，et al. Electronic Commerce: a Managerial Perspective (third edition)[M]. 北京：高等教育出版社，2006.

[32] 王全胜. 电子商务原理[M]. 北京：北京大学出版社，2002.

[33] PERRY J T. 电子商务新视野[M]. 陈锡筠，等，译. 北京：清华大学出版社，2002.
[34] BISHOP M. 计算机安全学导论[M]. 王立斌，黄征，译. 北京：电子工业出版社，2005.
[35] 洪国彬. 电子商务安全与管理[M]. 北京：清华大学出版社，2008.
[36] 张爱菊. 电子商务安全技术[M]. 北京：清华大学出版社，2006.
[37] 胡伟雄. 电子商务安全认证系统[M]. 武汉：华中师范大学出版社，2005.
[38] 管有庆，王晓军，董小燕. 电子商务安全技术[M]. 北京：邮电大学出版社，2005.
[39] 胡祥培，霍云福. 电子商务[M]. 北京：人民交通出版社，2005.
[40] 缪启军. 电子商务概论[M]. 上海：立信会计出版社，2005.
[41] 陈鸿，范更华. 供应链管理与运筹[M]. 北京：清华大学出版社，2008.
[42] 施先亮，李伊松. 供应链管理概论[M]. 北京：首都经济贸易大学出版社，2006.
[43] 胡军. 供应链管理习题与案例[M]. 上海：复旦大学出版社，2006.
[44] 张成海. 供应链管理技术与方法[M]. 北京：清华大学出版社，2002.
[45] 马佳琳，周传生. 电子商务原理与技术[M]. 北京：人民邮电出版社，2008.
[46] 燕春蓉. 电子商务与物流[M]. 上海：上海财经大学出版社，2006.
[47] 陈长顺. 网站建设与管理[M]. 北京：中国铁道出版社，2006.
[48] 常金玲. 电子商务网站的质量管理与评价研究[M]. 北京：北京航空航天大学出版社，2007.
[49] 戴夫·查菲. 企业电子化运营和电子商务管理（第 2 版）[M]. 北京：中国人民大学出版社，2007.
[50] 刘兰娟. 电子商务网站开发[M]. 上海：上海财经大学出版社，2003.

华信SPOC官方公众号

欢迎广大院校师生 **免费**注册应用

www. hxspoc. cn

# 华信SPOC在线学习平台

专注教学

数百门精品课
数万种教学资源

教学课件
师生实时同步

多种在线工具
轻松翻转课堂

电脑端和手机端（微信）使用

测试、讨论、
投票、弹幕……
互动手段多样

一键引用，快捷开课
自主上传，个性建课

教学数据全记录
专业分析，便捷导出

登录 www. hxspoc. cn 检索 华信SPOC 使用教程 获取更多

华信SPOC宣传片

教学服务QQ群： 1042940196
教学服务电话：010-88254578/010-88254481
教学服务邮箱：hxspoc@phei. com. cn

電子工業出版社 PUBLISHING HOUSE OF ELECTRONICS INDUSTRY 华信教育研究所